UTB Mittlere Reihe **2039**

Eine Arbeitsgemeinschaft der Verlage

Wilhelm Fink Verlag München
A. Francke Verlag Tübingen und Basel
Paul Haupt Verlag Bern · Stuttgart · Wien
Hüthig Fachverlage Heidelberg
Verlag Leske + Budrich GmbH Opladen
Lucius & Lucius Verlagsgesellschaft Stuttgart
Mohr Siebeck Tübingen
Quelle & Meyer Verlag Wiesbaden
Ernst Reinhardt Verlag München und Basel
Schäffer-Poeschel Verlag Stuttgart
Ferdinand Schöningh Verlag Paderborn · München · Wien · Zürich
Eugen Ulmer Verlag Stuttgart
Vandenhoeck & Ruprecht in Göttingen und Zürich

Jörg Meibauer / Monika Rothweiler
(Hrsg.)

Das Lexikon im Spracherwerb

A. Francke Verlag Tübingen und Basel

Dr. Jörg Meibauer, geb. 1953 in Reinbek, Studium Deutsch/Philosophie in Köln, Promotion 1985 in Köln, Habilitation 1993 in Tübingen, Monographien über Rhetorische Fragen (1986), Modalpartikeln (1994), Hg. eines Sammelbands zum Satzmodus (1987), ist Professor für Sprachwissenschaft des Deutschen an der Johannes Gutenberg-Universität Mainz.

Dr. Monika Rothweiler, geb. 1956 in Düren, Lehramtsstudium Deutsch/Biologie in Köln, Promotion 1989 in Tübingen, Forschungstätigkeit zum kindlichen Grammatikerwerb an der Universität Düsseldorf, von 1992 bis 1998 Wissenschaftliche Assistentin an der Universität Bremen im Studiengang Behindertenpädagogik, vertritt z.Zt. eine Professur für Angewandte Sprachwissenschaft und Phonetik an der PH Heidelberg.

Die Deutsche Bibliothek – CIP-Einheitsaufnahme

Das **Lexikon im Spracherwerb** / Jörg Meibauer/Monika Rothweiler (Hrsg.). –
Tübingen ; Basel : Francke, 1999
   (UTB für Wissenschaft: Mittlere Reihe ; 2039)
   ISBN 3-8252-2039-7 (UTB)
   ISBN 3-7720-2261-8 (Francke)

© 1999 · A. Francke Verlag Tübingen und Basel
Dischingerweg 5 · D-72070 Tübingen
ISBN 3-7720-2261-8

Einbandgestaltung: Jürgen Reichert, Stuttgart, unter Verwendung einer Zeichnung
von Gustav Meibauer (4 Jahre)
Satz: Hack, Dußlingen
Druck und Bindung: Pustet, Regensburg
Printed in Germany

ISBN 3-8252-2039-7 (UTB-Bestellnummer)

Vorwort

Schon immer dürfte es Eltern fasziniert haben, wenn ihre kleine Tochter oder ihr kleiner Sohn mit dem Sprechen anfing. Und »mit dem Sprechen anfangen« heißt dabei soviel wie »die ersten Wörter sagen«. Etwas von dieser Faszination teilt sich in Tagebuchaufzeichnungen wie der folgenden mit: »Einige Worte sprach er am 27. November aus, wußte auch deren Bedeutung genau: *Papa* nämlich und *Mama*.« Das Zitat stammt aus Protokollen, die Dietrich Tiedemann über seinen Sohn Friedrich im Alter zwischen einem halben Jahr und zwei Jahren angefertigt hat. Das war zwischen 1782 und 1784, vor mehr als 200 Jahren.

Sprachpsychologie und Sprachwissenschaft haben sich seitdem gewiß weiterentwickelt. Dennoch ist es noch nicht lange her, daß der Erwerb des kindlichen Wortschatzes die wissenschaftliche Aufmerksamkeit gefunden hat, die ihm gebührt. Vielleicht mußte dazu erst das Lexikon als eigener, der Grammatik ebenbürtiger Untersuchungsgegenstand mehr in den Vordergrund des wissenschaftlichen Interesses rücken.

Wir legen hier einen Band vor, der das Lexikon im Spracherwerb zum Thema hat. Aus unterschiedlichen theoretischen und methodischen Perspektiven, immer aber unter engem Bezug zur sprachlichen Wirklichkeit, wird hier zum ersten Mal im deutschsprachigen Raum ein Gebiet erkundet, das durchaus mit einem breiten Interesse rechnen darf. Das Lexikon im Spracherwerb – das ist nicht nur ein Thema für Sprachwissenschaftler und Sprachpsychologen, sondern auch für Lehrer und Erzieher, für Therapeuten und nicht zuletzt für interessierte Studenten und Laien.

Um den Band zu einem nützlichen Arbeitsinstrument auch für diejenigen zu machen, die sich zum ersten Mal mit dem Thema beschäftigen, stellen wir einen ausführlichen Überblick voran, der auch Hinweise auf die Fachliteratur enthält. Ein Glossar mit wichtigen Fachbegriffen und ein Sachregister helfen darüber hinaus bei der Erschließung des Inhalts. Für ihre Mitarbeit bei der Erstellung des Glossars bedanken wir uns herzlich bei Frau Dr. Niedeggen-Bartke (Marburg). Dem Francke Verlag (Tübingen) danken wir für die Aufnahme in das UTB-Programm.

Im November 1998

Jörg Meibauer (Mainz)   Monika Rothweiler (Bremen/Heidelberg)

Inhalt

Das Lexikon im Spracherwerb – Ein Überblick

Monika Rothweiler & Jörg Meibauer

Wörter sind universelle und zentrale Bausteine von Sprache (Miller 1993). Der aktive oder produktive Wortschatz eines Erwachsenen umfaßt 20.000 bis 50.000 Wörter, während der passive oder rezeptive Wortschatz mehr als das Doppelte davon betragen kann. Kinder erwerben Wörter und ihre konventionelle Bedeutung, wenn sie sprechen lernen. Die Alltagsvorstellung vom Beginn des kindlichen Spracherwerbs orientiert sich daran, wann ein Kind seine ersten Wörter produziert. Aber auch in Psychologie und Sprachwissenschaft wird der Beginn des *eigentlichen* Spracherwerbs mit der Produktion erster Wörter gleichgesetzt, auch wenn vorsprachliche Entwicklungen, vor allem die Lautentwicklung, immer stärker als grundlegend für den Spracherwerb berücksichtigt werden. Sechsjährige Kinder verfügen im Durchschnitt über einen passiven Wortschatz von 9.000 Wörtern (Templin 1957) bis 14.000 Wörtern (Clark 1993), während der aktive Wortschatz bei 3.000 bis 5.000 Wörtern liegt.

Angesichts dieser immensen Erwerbsaufgabe und -leistung ist es erstaunlich, daß die Struktur des kindlichen Lexikons und der lexikalische Erwerb nach den frühen Tagebuchstudien (z.B. Ament 1899; Stern/Stern 1928), die sich u.a. mit der Wortschatzentwicklung und dem Aufbau morphologischer Fähigkeiten befaßten, bis in die 90er Jahre hinein im deutschsprachigen Raum und von der deutschsprachigen Spracherwerbsforschung eher stiefmütterlich behandelt wurde. Neben wenigen Arbeiten, die sich mit dem Bedeutungserwerb befassen (z.B. Gipper 1985; Grimm/Wintermantel 1975; Miller 1976; Szagun 1983), gibt es einige Studien zum Aufbau und Umfang des kindlichen Wortschatzes (August 1984; Pregel/Rickheit 1987; Wagner 1985) und Untersuchungen zum Erwerb grammatischer Flexion (z.B. Clahsen 1982, 1988; Clahsen et al. 1990; Park 1978; Schaner-Wolles 1988; Schöler & Kany 1989). Die Zunahme von Forschungsarbeiten zum lexikalischen Erwerb im anglo-amerikanischen Raum, die sich seit den 80er Jahren abzeichnet, wird mittlerweile auch im deutschsprachigen Raum wahrgenommen, und allmählich gewinnen Untersuchungen zum lexikalischen Erwerb auch hier an Bedeutung.

Auf diesem Hintergrund hat der vorliegende Band einen besonderen Stellenwert. Erstmals liegt mit diesem Buch eine Sammlung von Beiträgen zum Deutschen vor, die sowohl Aufbau und Struktur des kindlichen Lexikons als auch den Erwerb von Wörtern, Wortformen und Wortarten sowie den Erwerb lexikalischer Elemente wie Flexive und Affixe thematisieren und empirische Arbeiten dazu vorstellen.

Das Lexikon als aktiver Speicher

Das mentale Lexikon ist ein aktiver Speicher, in dem wir lexikalische Einheiten sammeln und organisieren. Der Begriff *lexikalische Einheit* soll verdeutlichen, daß in vielen Lexikonmodellen nicht nur Wörter oder Lexeme (d.h. abstrakte Worteinheiten) als Speichereinheiten im Lexikon angenommen werden, sondern auch Affixe und Flexive. Grundsätzlich lassen sich zwei Typen von Lexikonmodellen unterscheiden: modulare Stufenmodelle wie das von Levelt (1989) und interaktive Netzwerkmodelle (z.B. Dell 1986 und Herrmann 1992). Modulare Modelle unterscheiden zwischen Verarbeitung lexikalischer Einheiten, speziell dem lexikalischen Zugriff bei Worterkennung und Wortproduktion einerseits und der lexikalischen Repräsentation in semantischen und phonologischen Sublexika andererseits. Diesen Sublexika liegt die Vorstellung von getrennten Verarbeitungsstufen zugrunde, d.h. daß die Aktivierung semantischer vor phonologischer Information im Produktionsprozeß zeitlich geordnet verstanden wird. In reinen Netzwerktheorien wird nicht zwischen Speicherung und Verarbeitung unterschieden. Die Verarbeitungsnetze selbst sind die Speicher, und Verarbeitung ist nichts anderes als die Aktivierung von Teilen des Netzwerkes. Grundsätzlich beinhalten Netzwerktheorien die Annahme interaktiver und paralleler Verarbeitung. Aber es gibt auch Hybridmodelle, die von Netzwerkrepräsentationen ausgehen, aber zugleich einen hierarchisch geordneten Verarbeitungsablauf annehmen (z.B. Butterworth 1992; Dell & O'Seaghdha 1992; Levelt 1992). Auch in Levelts Modell (1989, 1992) gibt es zwischen den lexikalischen Informationen auf verschiedenen Ebenen interne Relationen, die zu einer Strukturierung des Lexikons führen, die wir als Netzwerk(e) verstehen können. So sind Beziehungen auf der Bedeutungsebene einerseits Relationen wie Über- und Unterordnung (Ober- und Unterbegriffe, z.B. *Spielzeug – Ball – Fußball*) und Koordination (z.B. *Fußball* und *Handball*) und andererseits assoziative Relationen, die nicht unmittelbar auf semantischen Eigenschaften basieren, sondern darauf, daß Items besonders häufig miteinander vorkommen (Kollokationen) wie z.B. *Wüste* und *heiß*.

Hinweise darauf, wie Wörter gespeichert oder repräsentiert sind, liefern vor allem Sprachverarbeitungsdaten (z.B. Fehlertypen). Es gibt Evidenz dafür, daß die lautliche Seite des Wortes, seine Klanggestalt, von seiner Bedeutungsseite getrennt gespeichert wird (was sowohl in Netzwerken als auch in modularen Modellen erfaßbar ist). In Levelts Zwei-Stufen-Modell sind die für den Prozeß der grammatischen Enkodierung wichtigen lexikalischen Informationen über Syntax (Wortart, syntaktische Selektionseigenschaften) und Bedeutung eines Wortes als Lemma im semantischen oder Lemma-Lexikon repräsentiert. Die morphologischen, metrischen und phonologisch-segmentalen Eigenschaften der Wortform werden im phonologischen oder Wortform-Lexikon gespeichert. Zu den morphologischen Informationen eines Lexikoneintrags gehören neben der internen morphologischen Struktur alle idiosynkratischen Eigenschaften wie Zugehörigkeit zu Flexionsklassen und irreguläre Flexionsformen (Spencer 1991). Lemma und Wortform werden miteinander erworben und sind eng aufeinander bezogen.

Hinsichtlich der Natur der lexikalischen Repräsentationen besteht eine Reihe von Unterschieden. Bei Levelt (1989, 1992) und Dell & O'Seaghdha (1992) sind die Knoten im semantischen Netzwerk semantisch spezifizierte Lemmata, bei Garrett (1982) sind es Worteinheiten, deren Bedeutungen sich aus den Relationen zwischen den unanalysiert gespeicherten Einheiten ergeben, und bei Herrmann (1992) sind es semantisch-konzeptuelle Komponenten, die sich aktuell in der Sprachverarbeitung aus aktivierten Merkmalen aufbauen. Ähnlich unterschiedlich sind die Annahmen über die Wortformrepräsentationen.

Aus linguistischer Sicht gibt es eine Reihe von lexikalischen Informationen, die mit einem Lexem gespeichert sein müssen, die also seinen lexikalischen Eintrag ausmachen, und zwar unabhängig davon, wie diese Informationen in einem psycholinguistischen Lexikonmodell repräsentiert werden. Dazu gehören zumindest die folgenden fünf Aspekte (exemplarisch und vereinfacht an dem Nomen HAUSTÜR demonstriert):

1. Die semantische Repräsentation (= Bedeutung und Referenz)
   Bsp.: [+konkret], [-belebt], ... (referiert auf eine Unterkategorie von TÜR)
2. Die lexikalische Kategorie (Wortart)
   Bsp.: Nomen / Konkretum
3. Syntaktische Eigenschaften
   Bsp.: {Genus = f}
4. Morphologische Eigenschaften und interne Struktur
   Bsp.: komplexes Wort / Kompositum N + N / Plural = {+en}
5. Die phonetisch-phonologische Form
   Bsp.: /'haɔstyːr/, ... phonologische Form, Silbenzahl, Wortakzent

All diese Informationen muß das Kind nach und nach identifizieren und in einem lexikalischen Eintrag speichern. Eine noch komplexere Aufgabe als der Erwerb eines solchen Objektnomens stellt der Erwerb des Wortes MUTTER dar. Um die eben aufgeführten lexikalischen Subeinträge korrekt in sein mentales Lexikon einzuspeisen, muß das Kind auf der Wortformebene die Lautkette *Mutter* als Wort identifizieren, die lautliche Struktur erfassen, entscheiden, ob *-er* zum Grundmorphem gehört oder ob es sich um ein komplexes Wort mit -er-Suffix handelt. Es muß lernen, daß die Pluralform *Mütter* heißt (und – wahrscheinlich erst später im Spracherwerb – erkennen, daß das Homophon MUTTER den Plural mit -n bildet). Auf der Lemmaebene muß das Kind erfassen, daß MUTTER einerseits genau wie früh erworbene Objektwörter auf ein bestimmtes »Objekt« referieren kann wie ein Name, aber andererseits sich auf eine Klasse von Objekten bezieht, die als Klasse erst erkannt werden muß. Zudem muß das Wort auf ein relationales Konzept bezogen werden, demzufolge MUTTER immer »Mutter von x« bedeutet, was außerdem nicht ausschließt, daß derselbe Referent zugleich »Tochter von y« und »Schwester von z« sein kann.

Es sollte deutlich geworden sein, daß das Kind mehr leisten muß, als eine Liste von Wörtern zu speichern, wenn es seinen Wortschatz aufbaut. Der Aufbau eines Lexikons ist ein wesentlicher Bestandteil des kindlichen Spracherwerbs, der phonetisch-phonologische, semantisch-pragmatische, morphologische und syntaktische Aspekte umfaßt und zueinander in Beziehung setzt. Indem das Kind ein neues Wort lernt, muß es vielschichtige Informationen über dieses Wort aufnehmen, diese Informationen miteinander verknüpfen und Assoziationen zu schon bestehenden Lexikoneinträgen aufbauen. Die Mehrdeutigkeit des Begriffs *Aufbau* verweist sowohl auf den prozeßhaften Aspekt des Erwerbs, also der Aufnahme lexikalischer Einheiten in das Lexikon, als auch auf den strukturellen Aspekt des Lexikons, also des Speichers zu je verschiedenen Erwerbszeitpunkten. Der Erwerb lexikalischer Einträge führt zu einer Strukturierung und Vernetzung des Lexikons, während umgekehrt die Struktur des Lexikons einen Einfluß auf die Speicherung neuer Elemente, also auf ihren Erwerb hat. Auf diesem Hintergrund ist es nicht sinnvoll anzunehmen, das kindliche Lexikon sei aufgebaut wie das des Erwachsenen, nur viel begrenzter, da es weniger Wörter enthalte. Gehen wir von einem modular organisierten und interaktiv arbeitenden Lexikonmodell aus, dann paßt weit besser die Hypothese, das kindliche Lexikon sei zu Beginn kleiner *und* anders organisiert als das eines Erwachsenen. Im zeitlichen Verlauf des Erwerbs werden Lexikoneinträge verändert und erweitert und Beziehungen zwischen Einträgen hergestellt, umgebaut und gefestigt. Die Bedeutung und Verwendung einer neuerworbenen lexikalischen Einheit kann sich genauso wie ihre Form zunächst deutlich von der zielsprachlichen Bedeutung und Form unterscheiden. Aber auch die Zusammensetzung des kindlichen Lexikons nach

Wortklassen unterscheidet sich von dem Lexikon eines Erwachsenen und nähert sich seiner endgültigen Struktur nur allmählich an.

Wir wollen im folgenden einen knappen, mit Sicherheit unvollständigen, Abriß über das Lexikon im Spracherwerb geben und dabei versuchen, aktuelle und theoretisch relevante Fragestellungen herauszustellen. Dabei ist es sinnvoll, zwischen (mindestens) zwei Erwerbsphasen zu unterscheiden: der Phase der ersten 50 Wörter und der daran anschließenden Phase des Wortschatzspurts.

Die Phase der ersten 50 Wörter

Die ersten Wörter werden im Alter von 10 bis 18 Monaten produziert. Im Laufe einiger Monate erwirbt das Kind ein kleines Lexikon von etwa 30 bis 50 Wörtern. Das Kind tritt in dieses Stadium ein, sobald es genügend phonologische und artikulatorische Fähigkeiten erworben hat, um ein Wort als relativ konstante, also wiedererkennbare Einheit zu produzieren und gezielt als Kommunikations- bzw. Signalmittel zu verwenden. Dieses erste Stadium ist vor allem durch ein quantitatives Kriterium bestimmt, nämlich durch die Langsamkeit, mit der das Lexikon wächst. Dieses Stadium, in dem nur zwei bis drei neue Wörter in der Woche auftreten, wird meist vor dem Ablauf des zweiten Lebensjahres überwunden, und das Kind tritt in eine Phase des raschen Wortschatzaufbaus ein, in den sogenannten *Wortschatzspurt* (s.u.).

Die ersten Wörter unterscheiden sich in vieler Hinsicht von Wörtern in der Erwachsenensprache. Diese Unterschiede betreffen sowohl die lautliche Struktur, die häufig durch phonologische Vereinfachungen auf Laut- und Silbenebene geprägt ist, als auch den Status oder die Funktion dieser Wörter. Gerade zum zweiten Aspekt gibt es eine kontroverse Diskussion in der Literatur. Barrett (1995) nennt die ersten Wörter *kontextgebunden*, da sie zunächst nur in klar umschriebenen Zusammenhängen und bestimmten Situationen verwendet werden. Nach Nelson (1985) sind diese kontextgebundenen Wörter Ausdrücke für holistische Ereignisrepräsentationen. Diese wiederum sind zu verstehen als kognitive Strukturen, die Kinder aus der frühen Interaktion in sich wiederholenden, oftmals ritualisierten Alltagsabläufen bilden. Auf dem Weg zum Wortsymbol löst das Kind die holistischen Ereignisrepräsentationen in Teilrepräsentationen auf. Das führt im Laufe des zweiten Lebensjahres dann zu einem plötzlichen Anstieg von Konzepten, auf die neue Wörter abgebildet werden können – nach Nelson (1985) die Basis für den Wortschatzspurt. Nach Clark (1993) sind nur die ersten und verhältnismäßig wenige Wörter – etwa 10 bis 20 – kontextgebunden, und sie treten nur in der ersten Phase des Einwortstadiums auf, wohingegen nach Barrett (1995) auch noch nach dem ersten Stadium Wörter kontextgebunden verwendet werden.

Gegen die ausschließliche Gültigkeit dieses Erwerbsmodells sprechen vor allem Ergebnisse über das Auftreten verschiedener Worttypen im frühen Lexikon und Beobachtungen, wonach Kinder sich nicht grundsätzlich gleich verhalten. Nicht alle Wörter sind kontextgebunden. Manche Kinder richten ihre Aufmerksamkeit in Situationen, die sie sprachlich begleiten, vor allem auf Objekte (Goldfield & Reznick 1990; Bates et al. 1994). Sie erwerben daher eher Objektnamen, die im Input in diesen Situationen häufig genannt werden, und sie verwenden diese Wörter referentiell. Viele Kinder produzieren schon vor dem Einsetzen des Wortschatzspurts Wörter auch kontextvariabel, also referentiell für Objektklassen (z.B. *Ball*), für individuelle Personen oder Tiere (z.B. *Teddy*) und für Aktionen (z.B. *kitzeln*) (Harris 1992). Andere Kinder äußern sich mehr expressiv, kommentieren und begleiten Situationen sprachlich und übernehmen daher 'expressive' Wörter aus dem Input, die dort als Eigennamen, 'soziale' Wörter und Handlungsbezeichnungen verwendet werden (Nelson 1974). Kinder produzieren in dieser frühen Phase auch sozial-pragmatische Wörter wie *nein, bitte* oder *guck (mal)*. Außerdem verfügen viele Kinder schon früh über einige wenige Wörter, die sie konstant einsetzen, um auf Eigenschaften von Objekten und Ereignissen zu referieren (z.B. *mehr, auf, groß*). Ob eine kontextvariable Verwendung von Wörtern bedeutet, daß diese Kinder die Symbolfunktion von Wörtern erschlossen haben, ist offen.

Barrett (1995) versucht, diese unterschiedlichen Beobachtungen zusammenzuführen, indem er annimmt, daß Kinder verschiedene Zugänge zu Wörtern nutzen können. Einerseits werden sozial-pragmatische Wörter auf Ereignisrepräsentationen abgebildet, woraus sich prinzipiell eine Bindung an einen Kontext ergibt. Die andere Route geht von den ersten prototypischen Konzepten für Objekte, Aktionen und Eigenschaften aus, über die Kinder früh verfügen. So werden Objektwörter auf Objektkategorien abgebildet und der Bezug ist von Anfang an referentiell.

In dieser Diskussion muß berücksichtigt werden, daß Kinder zu Beginn überwiegend Einwortäußerungen produzieren, in denen Wörter eine performative Funktion haben und nicht wie in der Zielsprache auf Objekte und Ereignisse referieren (Snyder et al. 1981). Auf diesem Hintergrund müssen wir eher annehmen, daß frühe Wörter – und vielleicht auch nur ein kleiner Teil von ihnen – in ganz bestimmten Kontexten referentiell sind, während sie in den meisten Fällen performativ eingesetzt werden. Ein Wort wie *heiß* kann als Bezeichnung für bestimmte Haushaltsgegenstände (Herdplatte, Bügeleisen) oder für eine Eigenschaft verwendet werden (Bates et al. 1994). Es kann aber auch eine Warnung sein oder einfach nur für die Aussage stehen: Das darf ich nicht anfassen.

Grammatische Wortarten und die *bootstrapping*-Hypothesen

Die Frage, welchen Status das Wortkonzept in dieser Phase hat, ist eng an das methodische Problem in der Bestimmung von Wortklassen geknüpft, das schon Brown (1973) formulierte, und an die Frage, wie Kinder letztendlich die zielsprachlichen Wortklassen identifizieren. Nach Pinker (1984) erfolgt die Identifikation grammatischer Wortarten auf einer semantisch-induktiven Basis. Obwohl es keine 1:1-Zuordnung zwischen Kategorietypen und Wortarten gibt, referieren Nomina, Verben und Adjektive doch typischerweise auf Objekte und Lebewesen, Aktionen und Eigenschaften, also auf Kategorien, die Kinder früh bilden. Die *semantic bootstrapping*-Hypothese besagt, daß Kinder ihr Wissen über ontologisch-semantische Kategorien als Evidenz für die Existenz entsprechender grammatischer Einheiten deuten und so die semantischen Kategorien auf die mit ihnen verbundenen Wortarten beziehen. Gegen dieses *semantic bootstrapping* steht die Hypothese des *syntactic bootstrapping*, nach der syntaktische Informationen genutzt werden, um beispielsweise über die Argumentstruktur auf die Bedeutung eines Verbs zu schließen (Gleitman 1990). Der Begriff des *syntactic bootstrapping* wird also auf ein Stadium bezogen, in dem Wortarten grundsätzlich als erworben gelten, während *semantic bootstrapping* gerade zur Identifikation von Wortarten genutzt werden soll (s. dazu die kritische Darstellung der *bootstrapping*-Diskussion von Behrens, in diesem Band). Der problematische Punkt an der *semantic bootstrapping*-Hypothese ist, daß Wörter erst in ihrer grammatisch markierten Verwendung im Satz als Elemente verschiedener Wortarten erkannt werden können. Erst dann können Kinder Beziehungen zwischen Wortarten und ontologisch-semantischen Kategorien herstellen.

Die Frage, ab wann Kinder Wortarten im zielsprachlichen Sinn unterscheiden, ist also nach wie vor aktuell. Aus der Diskussion ergibt sich, daß erst der Beginn von Flexion und syntaktischer Verknüpfung in Zwei-Konstituenten-Äußerungen, also erst die Verwendung von Wörtern in syntaktischen Kontexten den Schluß zuläßt, daß Kinder Wortarten im grammatischen Sinn unterscheiden. Da der Beginn der syntaktischen Entwicklung zeitlich mit dem Einsatz des Wortschatzspurts zusammenfällt, macht es wenig Sinn, die Wörter der davorliegenden Phase nach Wortarten im zielsprachlichen Sinn zu klassifizieren. Die Frage, ob der Wortschatzspurt von der »Entdeckung« des syntaktischen Prinzips und der Wortarten beeinflußt wird, liegt daher nahe.

Auf diesem Hintergrund sind Aussagen über den Anteil der verschiedenen Wortarten am frühen Wortschatz (bis etwa zu einem Umfang von 30 bis 100 Wörtern) im Grunde gar nicht möglich. Beobachtungen, die auf eine Vorliebe für Nomina (*noun bias*, s.u.) verweisen (Nelson 1974; Gentner 1982), beziehen sich genauso wie Aussagen, die die Nomendominanz im frühen Wortschatz ablehnen

(Bloom et al. 1993), nur darauf, inwieweit Kinder im frühen lexikalischen Erwerb Einheiten bevorzugen, die aus zielsprachlicher Sicht zur Wortart Nomen oder zu anderen Wortarten gehören. (Zur weiteren Diskussion dieser Frage siehe den Beitrag von Kauschke in diesem Band.) Mit fortschreitendem Erwerb aber können in der Kindersprache Wortklassen identifiziert werden. So sind die von Barrett (1995) beschriebenen Worttypen (s.o.) als direkte Vorläufer für die zielsprachlichen Wortarten zu verstehen (vgl. auch Dromi 1987).

Der Wortschatzspurt

Für den Erwerb der ersten zehn Wörter braucht das Kind noch mehrere Monate (Gathercole & Baddeley 1993). Sobald das Kind in der zweiten Hälfte des zweiten Lebensjahres einen produktiven Wortschatz von etwa 50 Wörtern erreicht hat, setzt der Wortschatzspurt ein. Hat das Kind bis dahin alle 2 bis 3 Tage ein neues Wort in sein Lexikon aufgenommen, sind es nun mehrere Wörter am Tag (Bloom 1973; Dromi 1987; Fenson et al. 1994; Nelson 1974). Die Erwerbsrate steigt weiter. Mit 24 Monaten ist der Wortschatz auf über 200 Wörter angewachsen, und mit 30 Monaten verfügt das Kind aktiv schon über 500 Wörter (Barrett 1995). Nach Clark (1995) variiert der Umfang des aktiven Wortschatzes eines zweijährigen Kinden von 50 bis 500 Wörtern. Generell ist der rezeptive Wortschatz dem produktiven Wortschatz deutlich voraus. Nach Fenson et al. (1994) können Kinder, die zehn Wörter produzieren, etwa zehnmal soviel Wörter verstehen. Mit dem Erreichen der 50-Wort-Grenze umfaßt der rezeptive Wortschatz schon um die 200 Wörter.

Allerdings treten nicht alle Kinder in einen Wortschatzspurt in dem Sinn ein, daß an einem bestimmten Punkt eine plötzliche Steigerung der Erwerbsrate beobachtet werden kann (Clark 1993; Goldfield & Reznick 1990). Bei vielen Kindern erfolgt der Erwerb sehr kontinuierlich und die Steigerung der Erwerbsrate ist nicht sprunghaft, sondern allmählich. Andere Kinder durchlaufen eher eine stufenförmige Entwicklung, in der sich kurze Beschleunigungsphasen mit Plateaus abwechseln. Aber, wie Bates et al. (1994) sagen, während des zweiten Lebensjahres gibt es eine Phase, in der eine deutliche Steigerung der Erwerbsrate zu beobachten ist, die nach einer Erklärung ruft.

Was den Wortschatzspurt letztendlich auslöst, ist nicht eindeutig geklärt. Da viele Kinder schon sehr früh zumindest einen Teil ihrer Wörter kontextvariabel und referentiell verwenden, ist der Übergang von kontextgebundenem zu kontextvariablen Gebrauch und damit das »Freisetzen« unbenannter Konzepte als allein entscheidender Auslöser unwahrscheinlich. Dazu kommt, daß auch noch während des Wortschatzspurts einzelne Wörter weiterhin kontextgebunden sind. Möglicherweise gibt es einen kritischen Punkt, an dem der Umfang des Lexikons dazu führt, daß die Symbolfunktion als generelle Eigenschaft von Wörtern in den Vordergrund rückt. Die meisten Kinder entdecken zudem im Laufe des zweiten Lebensjahrs das syntaktische Prinzip und beginnen Wörter zu strukturierten Äußerungen zu kombinieren. Eine direkte Verbindung zum Wortschatzspurt oder auch nur zum absoluten Umfang des Wortschatzes ist bisher nicht belegt. Auch im Lautsystem machen Kinder in diesem Zeitraum entscheidende Fortschritte, woraus sich eine Zunahme zielsprachlicher Wortformen im Lexikon ergibt (Dromi 1987). Clark (1993) sieht in der Ausdifferenzierung artikulatorischer Steuerprogramme eine wesentliche Voraussetzung sowohl für die Produktion von Mehrwortäußerungen als auch für einen Wortschatzspurt. Diese syntaktischen und phonologischen Aspekte wiederum spielen eine Rolle für den Erwerb flektierter Wortformen und damit für den Erwerb grammatischer Wortarten. All diese Faktoren könnten zusammenwirken und auf dem Hintergrund eines wachsenden kommunikativen Bedürfnisses den lexikalischen Erwerb einerseits erst ermöglichen und andererseits vorantreiben.

Übergeneralisierung und Untergeneralisierung

Der Erwerb eines individuellen Wortes verläuft häufig über eine allmähliche Annäherung an die zielsprachliche Bedeutung. Bei von der Zielsprache deutlich abweichenden Bedeutungsüber- oder -unterdehnungen sprechen wir von Übergeneralisierungen und von Untergeneralisierungen. Bei einer Untergeneralisierung bezieht sich das Kinderwort auf eine Untergruppe der Referenten, die das Wort in der Zielsprache umfaßt. So ist es möglich, daß das Wort *Hund* nur auf schwarze Hunde bezogen wird. Da es in dieser Verwendung nicht falsch ist (auch ein schwarzer Hund ist ein Hund), fallen Untergeneralisierungen oft nicht auf. Die typische frühe Abweichung in den ersten Verwendungen eines Wortes ist die Untergeneralisierung (Harris 1992). Übergeneralisierungen treten nach Dromi (1987) wesentlich seltener auf als Untergeneralisierungen, und vor allem kommen sie später in der Erwerbsgeschichte eines Lexems vor. Übergeneralisierungen entstehen durch Überdehnung des Extensionsbereichs. So kommt es vor, daß das Wort *Hund* auf alle Vierbeiner bezogen wird. Übergeneralisierungen fallen deutlicher auf als Untergeneralisierungen, da sie zu Fehlern führen, wie die Verwendung des Wortes *Hund* als Bezeichnung für eine Katze.

Für die Entstehung von Über- und Untergeneralisierungen von Wörtern und Begriffen gibt es eine Reihe von Erklärungsansätzen (vgl. dazu Aitchison 1994[2]). Besonders klar belegt sind die Phänomene Über- und Untergeneralisierung bei Objektwörtern; aber sie werden auch im Erwerb von Verben und andern Wör-

tern beobachtet. Eine grundsätzlich offene Frage ist, ob Über- und Unterdeh-
nungen auf Fehlkategorisierungen beruhen, ob das Kind also im Falle von Überdehnung Exemplare in eine Kategorie aufnimmt, die nicht in die betreffende Kategorie gehören, oder ob nur das Wort als Name für Exemplare von Kategorien
überdehnt wird, wenn das Kind den Kategorienamen noch nicht kennt. Möglich
ist auch, daß beide Phänome eine Rolle spielen. Wörter können also individuelle
Entwicklungsprofile zeigen (Barrett 1995), und Über- und Untergeneralisierungen werden bis ins vierte und fünfte Lebensjahr beobachtet, auch wenn der
Großteil von Übergeneralisierungen bis zum Alter von 30 Monaten auftritt
(Clark 1993).

Der weitere Ausbau des kindlichen Wortschatzes

Spätestens ab dem dritten Lebensjahr erweitern Kinder ihren Wortschatz um
durchschnittlich fünf bis zehn neue Wörter *täglich* (Anglin 1993). Nagy & Herman (1987) schätzen, daß Schulkinder zwischen sieben und sechzehn Jahren
durchschnittlich 3.000 neue Wörter im Jahr lernen. Besonders bei älteren Kindern kann die interindividuelle Variation sehr hoch sein. Nach Nagy & Herman
(1987) kann zwischen zwei Schulkindern eine Wortschatzdifferenz von 6.000
Wörtern bestehen, obwohl bei beiden Kindern die Wortschatzleistung als unauffällig gilt.

Sowohl in unserem erwachsenensprachlichen Wortschatz wie im frühkindlichen Spracherwerb nehmen Nomina eine herausragende Position ein. Für die
Zeit des Wortschatzspurts wird eine Dominanz von Nomina (*noun bias*) angenommen, die man exakter als Dominanz der Wortklasse Objektwörter fassen
müßte (s. z.B. Gentner 1978; Nelson 1974; Landau 1994). Ein möglicher Grund
für die Vorliebe für Nomina könnte darin liegen, daß vor allem typische Objektnomina konzeptuell-semantisch und perzeptuell einfacher sind als Verben, die
typischerweise Handlungen bezeichnen, und als Adjektive, die typischerweise
Eigenschaften zuschreiben (Gentner 1982). Da aber – zumindest in der bisher
vorwiegend untersuchten Sprache Englisch wie im Deutschen – Nomina am Ge-
samtwortschatz und damit als Typefrequenz im Input überwiegen, sollte eine Nomendominanz im frühen Erwerb nicht verwundern. Tatsächlich zeigen sich Re-
flexe grundsätzlich anderer quantitativer Verhältnisse in der Inputsprache schon
in der frühen Phase, wie Gopnik & Choi (1995) für den Erwerb des Koreanischen
zeigen konnten. In einer groß angelegten Untersuchung mit fast 2.000 Englisch
erwerbenden Kindern von 8 bis 30 Monaten konnten Bates et al. (1994) – trotz
großer individueller Variation – die Dominanz von Nomina vor Verben und anderen Prädikaten (z.B. Adjektiven) vor Funktionswörtern bestätigen. Sie konn-

ten *drei Wellen der Reorganisation* des kindlichen Lexikons identifizieren. Bis zum Wortschatzumfang von 100 Wörtern gibt es einen proportionalen Anstieg von Nomina, an den sich ein proportionaler Rückgang anschließt. Es gibt einen langsamen linearen Anstieg bei Verben und anderen Prädikaten, wobei die größten Fortschritte bei einem Wortschatzumfang von 100 bis 400 Wörtern gemacht werden. Funktionswörter werden zunächst nur vereinzelt erworben, aber es gibt einen schnellen Anstieg, während der Wortschatz von 400 auf 680 Wörter ansteigt. Diese Wechsel in der Zusammensetzung des frühen Lexikons interpretieren Bates et al. (1994) als Anzeichen für eine Abfolge von Entwicklungsschwerpunkten im Bereich Referenz, dann Prädikation und schließlich Grammatik.

Ein großer Teil der Arbeiten zum lexikalischen Erwerb konzentriert sich auf den Erwerb von Objektwörtern und Eigennamen. Der Erwerb von abstrakten Nomina, von Verben und Adjektiven wurde bisher weit weniger intensiv untersucht, auch wenn der Erwerb dieser Wortarten in den letzten Jahren immer mehr ins Blickfeld rückt (s. z.B. Tomasello & Merriman 1995). Tatsächlich ist noch immer weitgehend unklar, wie Kinder Wissen über Wortarten in ihrer Sprache erwerben; eine entscheidende Rolle spielt dabei auf jeden Fall die grammatische Entwicklung (s.o.), so daß wir davon ausgehen können, daß Kinder im dritten Lebensjahr mehr und mehr grammatische Wortarten differenzieren können.

Ab dem vierten, fünften Lebensjahr werden Aspekte wie Reorganisation und Konsolidierung lexikalischer Einträge innerhalb von Wortfeldern immer wichtiger, was sich in der Etablierung relationaler Ausdrücke (wie Verwandtschaftsnamen) und hierarchischer Beziehungen zwischen über- und untergeordneten Begriffen niederschlägt (Nelson 1988). Der Wortschatzspurt dauert an, durchläuft – sicherlich abhängig von der individuellen Entwicklung eines Kindes – expansive und reorganisierende Phasen. Während in der Vorschulzeit etwa fünf bis zehn Wörter täglich neu verstanden werden, steigt die Erwerbsrate nach Anglin (1993) in den ersten Schuljahren noch weiter an. Ein großer Teil dieser Wörter ist morphologisch komplex, und die Kinder erschließen ihre Bedeutung durch morphologische Analyse. Der Erwerb morphologischer Zusammenhänge und Regularitäten trägt also im fortschreitenden Lexikonausbau wesentlich zu seiner Erweiterung bei.

Mit Erwerb der Symbolfunktion von Wörtern im Laufe des zweiten Lebensjahres beginnt der eigentliche Bedeutungserwerb. Erst wenn Wörter durchgängig als Symbole gebraucht werden, können sie auch eine konstante Bedeutung tragen. Der Bedeutungserwerb ist dynamisch, lang andauernd und verläuft verdeckt, und er basiert auf der komplexen Interaktion zweier sich entwickelnder Systeme, des kognitiven Systems und des linguistischen Systems. Wie die Bedeutung eines einzelnen Wortes entsteht und sich mit der Zeit verändert, ob und wie sich der Bedeutungserwerb bei Wörtern verschiedener Klassen grundsätzlich unterscheidet, ob der Erwerb eines bestimmten Wortes für Kinder einfach oder schwierig ist und viele andere Fragen sind trotz umfangreicher Forschung noch immer weitgehend ungeklärt (Szagun 1996[6]). Dazu kommt, daß sowohl Erwerbsmodelle als auch Untersuchungsmethoden weitgehend von dem zugrundegelegten semantischen Theorien abhängen. Dazu zählen u.a. der Ansatz von Clark (1973), der auf der Semantischen Merkmals-Theorie basiert, und die Ansätze von Anglin (1977) und Bowerman (1978), die auf der Prototypentheorie von Rosch aufbauen.

Fast mapping und Erwerbsstrategien

Der Erwerb eines neuen Wortes umfaßt sowohl das Identifizieren von Referenten und Bedeutungen als auch das Isolieren möglicher Wortformen. Diese beiden Prozesse laufen in einem dritten Prozeß zusammen, in dem Referenz und Bedeutung auf die isolierten Formen abgebildet werden. Carey & Bartlett (1978) konnten zeigen, daß Wörter schon nach ein oder zweimaligem Hören in einem sprachlichen Kontext ins Lexikon übernommen werden, ohne daß explizite Informationen über das Wort gegeben werden. Carey (1978) nannte diesen Prozeß *fast mapping*. Das Konzept von *fast mapping* trägt wesentlich zur Erklärung des schnellen Ausbaus des Lexikons bei Vorschulkindern bei (besonders für den Erwerb von Inhaltswörtern, vgl. Heibeck/Markman 1987, Rice/Woodsmall 1988, Oetting et al. 1995). Das Kind übernimmt markante Wortformmerkmale (Silbenzahl, Anlaut usw.) und bildet rasch grobe Hypothesen über die Wortbedeutung, so daß das Verständnis genau wie die phonologische Wortform zunächst partiell ist. Sobald eine erste Repräsentation geschaffen ist, kann das Kind darauf zugreifen und sie ergänzen, wenn es bei erneuter Präsentation des Wortes in einem anderen Kontext weitere Informationen isoliert. Auf diese Weise werden Wörter zunächst in den passiven Wortschatz aufgenommen. Diese ersten lexikalischen Informationen sind aber in der Regel zu undifferenziert, um die Produktion des Wortes zu ermöglichen. Es sind eine Reihe wiederholter Präsentationen eines neuen Wortes notwendig, ehe Kinder sie spontan produzieren können (Crais 1992). Die Speicherung des neuen Eintrags ist fragil und verblaßt rasch, wenn es keine Wiederholungen gibt. Der Erwerb eines Wortes dehnt sich also auf mindestens zwei Phasen aus. Der ersten Phase, dem *fast mapping*, folgt eine weitaus länger andauernde Phase, in der die erste unvollständige Repräsentation graduell ausdifferenziert wird.

Der Wortschatzspurt setzt früh ein, obwohl die kognitiven Fähigkeiten von Vorschulkindern in den Bereichen Informationsverarbeitung, Gedächtnisspanne,

Schlußfolgern usw. noch sehr begrenzt sind. Zur Erschließung von Referenz und Bedeutung neuer Wörter im *fast mapping*-Prozeß nutzen Kinder grammatische Informationen wie Flexive und Wortstellung sowie kommunikative Hinweise, aus denen sie auf die Absichten des Gesprächspartners schließen können. Grammatische, kontextuelle und kommunikative Informationen aber sind allein nicht ausreichend, um die Genauigkeit und die Geschwindigkeit des lexikalischen Erwerbs und von *fast mapping*-Prozessen zu erklären (s. dazu Clark 1993; Markman 1994). So ist die Annahme naheliegend, daß der Erwerb von Wörtern durch lexikalische Beschränkungen (*constraints*) oder Prinzipien gesteuert wird, die als Strategien zu verstehen sind, die den Hypothesenraum über die Referenz und Bedeutung von Wörtern eingrenzen.

Neben pragmatischen Prinzipien (Clark 1993; s.u.), die den Erwerb und die Neubildung von Wörtern unabhängig vom Alter beeinflussen, werden in der Literatur noch eine Reihe weiterer Prinzipien oder Beschränkungen für den frühen Erwerb von Wörtern diskutiert. Dazu zählen unter anderem

– die Annahme, daß sich Wörter auf Klassen und nicht auf Individuen beziehen (*type assumption*, s. Clark 1993);
– die Annahme, daß alle Wörter im Lexikon einer einzigen Hierarchieebene angehören (*single level assumption*), speziell der Ebene der Basiskategorien (*basic level assumption*) (s. Clark 1993);
– die Annahme, daß sich Wörter auf ganze Objekte beziehen und nicht nur auf einen Teil oder eine Eigenschaft (*whole object assumption*, Markman 1989; Mervis 1987; *object scope principle*, Golinkoff et al. 1994);
– die Taxonomie-Annahme, derzufolge sich Wörter auf taxonomisch organisierte Kategorien beziehen (*taxonomic assumption*, Markman & Hutchinson 1984; *categorical scope principle*, Golinkoff et al. 1994);
– die Annahme, daß sich ein neues Wort auf eine bisher unbenannte Kategorie bezieht (*novel name – nameless category principle*, Golinkoff et al. 1994);
– die Annahme, daß sich die Bedeutung von Wörtern gegenseitig ausschließt, so daß es für jedes Objekt genau einen Namen gibt (*mutual exclusivity assumption*, Markman & Wachtel 1988).

Einige dieser Beschränkungen sind konzeptuell-lexikalisch, d. h. sie stellen eine Verbindung zwischen konzeptuellen Kategorien und Wörtern her. Andere Prinzipien regeln die Beziehungen zwischen Lexemen im Lexikon. Dabei können diese Strategien sich gegenseitig außer Kraft setzen, aber sie können auch zusammenwirken.

Je spezifischer eine lexikalische Beschränkung formuliert ist, umso weniger kann sie auf den Erwerb verschiedener Wortarten oder gar -klassen angewendet werden. So haben die von Clark (1993) formulierten Prinzipien des Kontrastes und der Konventionalität (s.u.) einen generellen Geltungsanspruch. Eine generelle Wirksamkeit hat die Beschränkung, daß sich Wörter auf Klassen von Einheiten (Objekte, Aktionen, Eigenschaften) beziehen und nicht auf Individuen (*type assumption*, Clark 1993). Auch die *basic level assumption* hat im frühen lexikalischen Erwerb generelle Gültigkeit. Die Wirksamkeit der für den Erwerb von Objektwörtern formulierten Prinzipien konnten Golinkoff et al. (1995) auch im Erwerb von Bewegungsverben nachweisen.

Über die Wirksamkeit und den Status von Prinzipien und Beschränkungen im lexikalischen Erwerb wird seit den frühen 80er Jahren diskutiert. Letztendlich hängt die Entscheidung darüber, ob man diese Beschränkungen als sprachspezifische oder als allgemein kognitive Erwerbsstrategien formuliert, davon ab, ob man für mentale Repräsentationen ein einheitliches Format oder modalitätsspezifische Repräsentationsformate (den verschiedenen Wahrnehmungs- und Verarbeitungsmodi entsprechend) annehmen will. Unterscheiden sich mentale Repräsentationen für sprachliches Wissen von anderen mentalen Repräsentationen (z.B. für motorische Programme oder visuo-perzeptuelle Erfahrungen), dann ist davon auszugehen, daß auch die Erwerbsmechanismen modalitätsspezifisch sind.

Weiter wird die Frage diskutiert, ob lexikalische Prinzipien angeboren sind oder erworben werden. Den Begriff *innateness* (Angeborenheit) so zu verstehen, daß Beschränkungen nur dann als angeboren gelten können, wenn sie von Beginn des Erwerbs an wirksam sind, wie Nelson (1988) das tut, ist allerdings zu einfach. Es geht vielmehr um die Frage, ob lexikalische Erwerbsstrategien zu einem bestimmten Zeitpunkt in der kindlichen Sprachentwicklung einem angeborenen Programm folgend zur Verfügung stehen (z.B. Markman 1994), oder ob diese Strategien von Kindern auf der Basis von sprachlichen Informationen und Erfahrungen abgeleitet und konstruiert werden (können) (z.B. Golinkoff et al. 1994). Beobachtungen, wonach lexikalische Erwerbsstrategien zeitgleich mit Einsetzen des Wortschatzspurts oder zum Teil sogar noch später wirksam werden, können daher nichts über den Status als erworbene oder angeborene Erwerbsstrategie aussagen (vgl. dagegen Mervis et al. 1994).

Je mehr wir über das lexikalische Lernen erfahren, besonders über den Erwerb von anderen Wortklassen als Objektwörtern, umso deutlicher wird, daß lexikalische Prinzipien mit Informationen aus dem sprachlichen und nicht-sprachlichen Input zusammenwirken (Mervis et al. 1994; Waxman et al. 1991) und daß sie bei ausreichender Evidenz aus dem sprachlichen und nicht-sprachlichen Kontext überschrieben werden können. Lexikonerwerb ist zu verstehen als interaktiver Prozeß zwischen Inputsprache und kindlichen Fähigkeiten, der durch lexikalische Erwerbsstrategien oder -prinzipien gesteuert wird. Je differenzierter die Struktur des Lexikons dabei wird, um so mehr legt die Struktur fest, wie neue Einträge ins Lexikon aufgenommen und integriert werden.

Kinder bilden neue Wörter

Kinder haben einen großen Bedarf, Objekte und Sachverhalte in ihrer Umgebung zu benennen, aber ihr Wortschatz ist zunächst noch sehr begrenzt. Schon von etwa 2;0 Jahren an benutzen sie daher Wortbildungsverfahren wie die Komposition und die Derivation, um ihr Lexikon zu erweitern. Dies ist auch in den frühen Tagebuchstudien, etwa von Stern/Stern (1928) immer wieder beobachtet worden. Ein typisches Beispiel ist etwa die Neubildung *Bestimmer* 'jd. der über Kinder bestimmt', die von Kindern immer wieder neu erfunden wird. In einem einsprachigen Wörterbuch kann man diesen Ausdruck nicht finden.

Nun ist Wortbildung als Mittel der Lexikonerweiterung kein für die Kindersprache spezifisches Faktum (vgl. Meibauer 1995b). Auch Erwachsene nutzen Wortbildungsmuster kreativ. Allerdings haben einige der erwachsenensprachlichen Neubildungen (wie etwa *Elchtest*) eine größere Chance als kindersprachliche Neubildungen, in den allgemeinen Wortschatz einzugehen.

Was die Untersuchung kindersprachlicher Neubildungen so wichtig macht, ist, daß man gerade durch ihr Studium Zugang zu der sich herausbildenden Wortbildungskompetenz des Kindes hat, während die Verwendung konventioneller Wörter durch das Kind offenläßt, ob es in der Lage ist, das jeweilige Wort zu analysieren (z.B. zwischen Basis und Suffix zu unterscheiden). Um selbständig neue Wörter bilden zu können, muß das Kind eine Fähigkeit entwickelt haben, komplexe Wörter in seine Bausteine zu zerlegen. Zum Beispiel muß es das N+N-Kompositum *Haustür* in *Haus+tür* segmentieren, und es lernt dies vermutlich im Vergleich mit analog gebauten Komposita wie *Haus+schlüssel* und *Wohnungs+tür*. Aus solchen Fällen kann das Kind die Regel ableiten, daß ein Nomen und ein Nomen zusammengesetzt werden können, und daß dieses Wort immer eine Teilklasse der Dinge bezeichnet, die durch das rechte Element bezeichnet werden. Genauso wird es aufgrund des Vergleichs von Wörtern wie *Lehr+er* und *Fahr+er* zu dem Schluß kommen, daß das Suffix *-er* an verbale Stämme gehängt werden kann und daß das Derivat Personen bezeichnet (Meibauer 1995a).

Die kreative Anwendung solcher Wortbildungsverfahren ist dann, wie Clark (1993) argumentiert, durch eine Reihe von Prinzipien gesteuert. Es handelt sich um zwei morphologische Prinzipien, das Prinzip der Transparenz und das Prinzip der Einfachheit, und zwei semanto-pragmatische Prinzipien, das Prinzip des Kontrastes und das Prinzip der Konventionalität. Das Prinzip der Transparenz besagt, daß Kinder bei der Wortbildung ihnen schon bekannte, von ihrer Bedeutung her durchsichtige Wortbildungselemente benutzen. Daher sollten sie eher das Wort *Tier+arzt* bilden und verstehen als das Wort *Veterinär*. Das Prinzip der Einfachheit hat zum Inhalt, daß Kinder zunächst die Bildung morphologisch einfacher Wörter bevorzugen. Und in der Tat bilden Kinder in vielen Sprachen neue

Wörter zunächst nur mit einfachen Basen, bevor sie komplexe Basen nutzen, und sie bilden Komposita vor Derivaten.

Kinder schließen von Beginn des Spracherwerbs an aus den in ihrer Umgebung gebräuchlichen Wörtern auf die Bildungsweisen für Wörter. Das Prinzip der Konventionalität besagt, daß Kinder sich an den konventionellen sprachlichen Gepflogenheiten orientieren. Besonders deutlich wird dies an ihrem langfristigen Bestreben, Über- und Untergeneralisierungen abzubauen und zu vermeiden. Wenn in ihrem Input zwei Wörter vorkommen, die in der Zielsprache bedeutungsgleich sind, z.B. *fünfzig* und *fuffzig*, dann neigen sie zunächst dazu, ihnen unterschiedliche Bedeutungen zuzuweisen. Kinder gehen also von einem Prinzip des Kontrastes aus, welches besagt, daß unterschiedliche Formen auch unterschiedliche Bedeutungen haben sollten.

Die Formulierung solcher Prinzipien stellt sicherlich ein Meilenstein in der Beschreibung des Lexikonerwerbs dar. Allerdings sind sie äußerst generell gehalten und müssen hinsichtlich des Erwerbsalters, der Erwerbssprache und ihres Zusammenspiels weiter differenziert werden. Was diese Prinzipien zum Beispiel nicht erklären können, ist, wie Kinder es eigentlich schaffen, die Produktivität von Wortbildungselementen zu erfassen. Das Prinzip der Konventionalität besagt nur, daß Kinder auf konventionelle Formen und Bedeutungen achten, sagt aber nicht, wie sie es tun. Vielleicht ergibt sich für Kinder die Produktivität eines Wortbildungsmusters, wenn dieses Muster mit allen Prinzipien auf bestimmte Weise zusammenwirkt. Dabei könnten dann Einfachheit und Transparenz der Wortbildung und ihrer Bedeutung sowie eine Sensibilität für Häufigkeiten im Input zur Ausbildung von Analogiemustern führen.

Der Erwerb grammatischer Flexion

Der Erwerb von Flexionsmorphologie wird seit den achtziger Jahren auch im deutschsprachigen Raum intensiv untersucht. Arbeiten zum Erwerb des Verbflexionsparadigmas zur Kodierung von Subjekt-Verb-Kongruenz und zum Erwerb von Kasusmarkierungen allerdings konzentrierten sich auf den Zusammenhang zwischen morphologischer Markierung grammatischer Relationen und syntaktischer Entwicklung (vgl. u.a. Clahsen 1988; Tracy 1991). Der lexikalische Erwerb von Flexiven selbst und die Entwicklung morphologischer Fähigkeiten standen nicht im Vordergrund. Andere Arbeiten befassen sich mit dem Erwerb der Pluralmorphologie oder des Komparativs (Schöler & Kany 1989; Schaner-Wolles 1988). Doch auch in diesen eher deskriptiven Arbeiten bleiben Fragen zur lexikalischen Repräsentation von Flexion weitgehend unberücksichtigt.

Die Frage nach der lexikalischen Repräsentation von Flexiven und mit ihr die

Frage nach ihrem Erwerb und der Erklärung des Phänomens übergeneralisierter Formen wie *anezieht* für *angezogen* (Stern/Stern 1928:53) wird bei uns erst in den letzten zehn Jahren verstärkt gestellt. Dabei spielt der Status regulärer und irregulärer Flexion eine zentrale Rolle, da die in diesem Punkt konkurrierenden Ansätze unterschiedliche Vorhersagen über den Erwerb von Flexiven machen.[1] In konnektionistischen Ansätzen (z.B. Rumelhart/McClelland 1986) werden reguläre und irreguläre Flexionsmorphologie unterschiedslos in einem assoziativen Netzwerk repräsentiert. Erwerbsmodelle, die sich auf diesen Ansatz berufen, nehmen einen einheitlichen Erwerb regulärer und irregulärer Flexive an. Die für den Flexionserwerb zentrale Beobachtung von Übergeneralisierungen wird auf die quantitativen Verhältnisse im Input zurückgeführt. Auch im Schemamodell (Köpcke 1993) wird nicht von qualitativ unterschiedlicher Repräsentation oder von verschiedenen Erwerbsmechanismen für reguläre und irreguläre Flexion ausgegangen. Allerdings spielen hier neben quantitativen Aspekten auch qualitative Aspekte des jeweiligen Flexionsparadigmas eine zentrale Rolle (z.B. Silbigkeit, auditive Wahrnehmbarkeit, usw.), vor allem für die Erklärung von Übergeneralisierungen (eine explizite Darstellung dieses Ansatzes findet sich in dem Beitrag von Ewers in diesem Band). Im Kontrast dazu steht der *dual-mechanism*-Ansatz (Pinker/Prince 1992), in dem zwei unterschiedliche Flexionstypen vorgeschlagen werden. In diesem Hybridmodell verfügen Kinder (wie Erwachsene) über zwei qualitativ unterschiedliche Flexionsmechanismen: reguläre Flexion arbeitet mit Regeln, die über symbolische Repräsentationen operieren, während irreguläre Flexion auf assoziativen, also subsymbolischen Prozessen zwischen gespeicherten lexikalischen Einheiten basiert (s. z.B. Rothweiler 1994). Irreguläre Formen sind abhängig von idiosynkratischer lexikalischer Information (die in einem Netzwerk repräsentiert sein kann), während reguläre Flexive sich dadurch auszeichnen, daß sie genau dann verwendet werden, wenn solche Information nicht verfügbar ist. Kleine Kinder, die zunächst nur wenige irreguläre Wortformen lexikalisch gespeichert haben, bilden aus diesem Grund Übergeneralisierungen (Clahsen et al. 1992; Clahsen/Rothweiler 1993) (eine explizite Darstellung dieses Ansatzes findet sich in dem Beitrag von Niedeggen-Bartke in diesem Band).

---

1 Wir gehen hier auf zwei wichtige Aspekte der Diskussion zum Status von Flexion nicht ein, die durchaus Konsequenzen für Studien zum Flexionserwerb haben sollten
1. Es ist strittig, ob im Lexikon Lexeme und Flexive getrennt oder als Wortformeinheiten gespeichert sind oder ob nicht beide Speichertypen vorkommen.

2 Es ist theorieabhängig, ob grammatische Flexion im Lexikon oder in der Syntax stattfindet.
Zur Diskussion dieser Fragen verweisen wir auf Spencer (1991).

Die Aufnahme zweier Aufsätze zum Erwerb der Pluralmorphologie – im Rahmen des Schemamodells und im Rahmen des *dual-mechanism*-Ansatzes – trägt dieser aktuellen Kontroverse Rechnung.

Das vorliegende Buch ...

Das vorliegende Buch ist eine Sammlung von empirischen Untersuchungen und Überblicksarbeiten zum Aufbau des kindlichen Lexikons, überwiegend für das Deutsche. Der Erwerb von Wörtern umfaßt Aspekte, die mit der Identifizierung und Klassifikation von Wörtern, mit ihren Bezügen zu konzeptuellen Kategorien und mit der Strukturierung des Lexikons zu tun haben, aber auch mit Eigenschaften von Wörtern und Wortklassen selbst, mit Regularitäten von Wortbildungsprozessen und Flexion, mit der Verwendung von Wörtern im sozialen Kontext und mit dem Zugriff auf Wörter in der Sprachverarbeitung (Wortfindung und Wortfindungsstörungen; s. dazu Glück 1998). Viele dieser mit dem Lexikonerwerb verbundenen Aspekte werden in den letzten Jahren intensiver erforscht, in jüngster Zeit auch im deutschsprachigen Raum. Einen Überblick verschaffen Szagun (1996[6]) für das Deutsche und Fletcher & MacWhinney (1995) in bezug auf internationale Arbeiten. Eine Reihe der genannten Aspekte, aber bei weitem nicht alle, werden im vorliegenden Band angesprochen. Dazu zählt die Erforschung der ersten Aufnahme von Wörtern ins Lexikon (Elsen, Rothweiler), der Erwerb verschiedener Wortklassen (Behrens, Bittner, Kauschke, Marinis, Wittek), die Zusammensetzung und die Entwicklung des kindlichen Lexikons nach Wortklassen zu verschiedenen Erwerbszeitpunkten (Deutsch/Ruff, Kauschke), der Erwerb von Wortbildungsregularitäten (Meibauer), der Flexionserwerb (Ewers, Niedeggen-Bartke), der Erwerb der phonologischen Gestalt von Wörtern (Elsen), Konsequenzen des lexikalischen Erwerbs für die syntaktische Entwicklung (Bittner, Penner/Tracy/Wymann), der Erwerb von Bedeutungen und Bedeutungsaspekten (Behrens, Deutsch/Ruff, Marinis, Meibauer, Wittek) und lexikalische Erwerbstörungen (Rothweiler, Penner/Tracy/Wymann). Diese Aufsätze zeigen erste Ergebnisse für den deutschsprachigen Erwerb und beziehen sie auf verschiedene aktuelle, teilweise konkurrierende Erwerbsmodelle. Dabei wird zugleich deutlich, daß im Bereich des kindlichen Lexikonerwerbs noch viele Fragen offen sind. Wir hoffen jedoch, daß die Beiträge in diesem Band Anregung zu weiterer Forschung zum Lexikon im Spracherwerb bieten und eine Diskussion zu den behandelten Fragen anregen.

Literatur

Aitchison, J. (1994²): *Words in the Mind: An Introduction to the Mental Lexicon.* – Oxford: Blackwell.

Ament, W. (1899): *Die Entwicklung von Sprechen und Denken beim Kinde.* – Leipzig: Barth.

Anglin, J. M. (1977): *Word, Object and Conceptual Development.* – New York: Norton.

Anglin, J.M. (1993): *Vocabulary Development: a Morphological Analysis.* – Monographs of the Society for Research in Child Development. Serial No. 238, Vol. 58, No.10.

Augst, G. (1984): *Kinderwort. Der aktive Kinderwortschatz nach Sachgebieten geordnet mit einem alphabetischen Register.* – Frankfurt: Lang.

Bates, E. & V. Marchman & D. Thal & L. Fenson & P. Dale & J.S. Reznick & J. Reilly & J. Hartung (1994): Developmental and stylistic variation in the composition of early vocabulary. – In: *Journal of Child Language* 21, 85-121.

Barrett, M. (1995): Early lexical development. – In: P. Fletcher & B. MacWhinney (eds.): *The Handbook of Child Language*, 362-393. Oxford: Basil Blackwell.

Bloom, L. (1973): *One Word at a Time.* – The Hague: Mouton.

Bloom, L. & E. Tinker & C. Margulis (1993): The words children learn: Evidence against a noun bias in early vocabularies. – In: *Cognitive Development* 8, 431-450.

Brown, R. (1973): *A First Language. The Early Stages.* – Cambridge: C.U.P.

Bowerman, M. (1978): Systematizing semantic knowledge: Changes over time in the child's organization of meaning. – In: *Child Development* 49, 977-987.

Butterworth, B. (1992): Disorders of phonological encoding. – In: *Cognition* 42, 261-286.

Carey, S. (1978): The child as word learner. – In: M. Halle & J. Bresnan & G.A. Miller (eds.): *Linguistic Theory and Psychological Reality*, 264-293. Cambridge, Mass.: MIT Press.

Carey, S. & E. Bartlett (1978): Acquiring a single new word. – In: *Papers and Reports on Child Language Development* 15, 17-29.

Clahsen, H. (1988): *Normale und gestörte Kindersprache. Linguistische Untersuchungen zu Syntax und Morphologie.* – Amsterdam: Benjamins.

Clahsen, H. & M. Rothweiler & A. Woest (1990): Lexikalische Ebenen und morphologische Entwicklung: Eine Untersuchung zum Erwerb des deutschen Pluralsystems im Rahmen der Lexikalischen Morphologie. – In: M. Rothweiler (Hg.): *Spracherwerb und Grammatik. Linguistische Untersuchungen zum Erwerb von Syntax und Morphologie.* (= LB-Sonderheft 3), 105-126. Opladen: Westdeutscher Verlag.

Clahsen, H. & M. Rothweiler & A. Woest & G. Marcus (1992): Regular and irregular inflection in the acquisition of German noun plurals.- In: *Cognition* 45, 225-255.

Clahsen, H. & M. Rothweiler (1993): Inflectional rules in children's grammars: Evidence from German participles. – In: G. Booij & J.v. Marle (eds.): *Yearbook of Morphology 1992*, 1-34. Dordrecht: Kluwer.

Clark, E. (1973): What's in a word? – In: T. Moore (ed.): *Cognitive Development and the Acquisition of Language*, 65-110. New York.

Clark, E. (1993): *The Lexicon in Acquisition.* – Cambridge: C.U.P.

Crais, E.R. (1992): Fast mapping: A new look at word learning. – In: R. S. Chapman (ed.): *Processes in Language Acquisition and Disorders*, 159-185. St. Louis: Mosby-Year Book.

Dell, G.S. (1986): A spreading activation theory of retrieval in language production. – In: *Psychological Review* 93, 283-321.

Dell, G.S. & P.G. O'Seaghdha (1992): Stages of lexical access in language production. – In: *Cognition* 42, 287-314.

Dromi, E. (1987): *Early lexical development*. – Cambridge: C.U.P.

Fenson, L. & P. Dale & S. Reznick & E. Bates & D. Thal & S. Pethick (1994): *Variability in early communicative development*. – Monographs of the Society for Research in Child Development. 59.

Fletcher, P. & B. MacWhinney (eds.) (1995): *The Handbook of Child Language*. – Oxford: Blackwell.

Garrett, M.F. (1982): Production of speech: observations from normal and pathological language use. – In: A.W. Ellis (ed.): *Normality and pathology in cognitive functions*, 19-76. London: Academic Press.

Gathercole, S.E. & A. D. Baddeley (1993): *Working Memory and Language*. – Hillsdale (N.J.), Hove (UK): Lawrence Erlbaum Associates.

Gentner, D. (1978): On relational meaning: The acquisition of verb meaning. – In: *Child Development* 48, 988-998.

Gentner, D. (1982): Why nouns are learned before verbs: linguistic relativity versus natural partioning.- In: S.A. Kuczaj II (ed.): *Language Development. Vol. 2: Language, thought and culture*, 301-334. Hillsdale, N.J. : Erlbaum.

Gipper, H. (1985): *Kinder unterwegs zur Sprache*. – Düsseldorf: Schwann.

Gleitman, L.R. (1990): The structural sources of verb meanings. – In: *Language Acquisition* 1, 3-55.

Glück, C.W. (1998): *Kindliche Wortfindungsstörungen. Ein Bericht des aktuellen Erkenntnisstandes zu Grundlagen, Diagnostik und Therapie*. – Frankfurt a.M.: Peter Lang.

Goldfield, B.A. & J.S. Reznick (1990): Early lexical acquisition: rate, content, and the vocabulary spurt. – In: *Journal of Child Language* 17, 171-183.

Golinkoff, R.M. & C.B. Mervis & K. Hirsh-Pasek (1994): Early object labels: the case for developmental framework. In: *Journal of Child Language* 21, 125-155.

Golinkoff, R.M. & K. Hirsh-Pasek & C.B. Mervis & W.B. Frawley & M. Parillo (1995): Lexical principles can be extended to the acquisition of verbs. – In: M. Tomasello & W.E. Merriman (eds.): *Beyond Names for Things. Young Children's Acquisition of Verbs*, 185-221. Hillsdale: Erlbaum.

Gopnik, A. & S. Choi (1995): Names, relational words, and cognitive development in English and Korean speakers: Nouns are not always learned before verbs. – In: Tomasello & Merriman (eds.), 63-80.

Grimm, H. & M. Wintermantel (1975): *Zur Entwicklung von Bedeutungen*. – Weinheim: Beltz.

Harris, M. (1992): *Language experience and early language development: From input to uptake*. – Hillsdale: Erlbaum.

Heibeck, T.H. & E. Markman (1987): Word learning in children: An examination of fast mapping. – In: *Child Development* 58, 1021-1034.

Herrmann, T. (1992): Sprachproduktion und erschwerte Wortfindung. – In: *Sprache und Kognition* 11, 181-192.

Ingram, D. (1989): *First Language Acquisition. Method, Description, and Explanation.* – Cambridge: C.U.P.

Köpcke, K.-M. (1993): *Schemata bei der Pluralbildung im Deutschen. Versuch einer kognitiven Morphologie.* – Tübingen: Narr.

Landau, B. (1994): Where's what and what's where: The language of objects in space. – In: L. Gleitman & B. Landau (eds.): *The Acquisition of the Lexicon,* 259-296. Cambridge, Mass. MIT Press.

Levelt, W.J.M. (1989): *Speaking: From Intention to Articulation.* Cambridge, Mass.: MIT Press.

Levelt, W.J.M. (1992): Accessing words in speech production: Stages, processes and representations. – In: *Cognition* 42, 1-22

Markman, E. (1989): *Categorization and Naming in Children: Problems of Induction.* – Cambridge, Mass.: MIT Press.

Markman, E. (1994): Constraints on word meaning in early language acquisition. – In: L. Gleitman & B. Landau (eds.): *The Acquisition of the Lexicon,* 199-228. Cambridge, Mass.: MIT Press.

Markman, E. & J.E. Hutchinson (1984): Children's sensitivity to constraints on word meaning: Taxonomic vs. thematic relations. – In: *Cognitive Psychology* 16, 1-27.

Markman, E. & G.F. Wachtel (1988): Children's use of mutual exclusivity to constrain the meanings of words. – In: *Cognitive Psychology* 20, 121-157.

Meibauer, J. (1995a): Neugebildete *-er*-Derivate im Spracherwerb. Ergebnisse einer Langzeitstudie. – In: *Sprache und Kognition* 14, 138-160.

Meibauer, J. (1995b): Wortbildung und Kognition. Überlegungen zum deutschen *-er*-Suffix. – In: *Deutsche Sprache* 23, 97-123.

Mervis, C.B. (1987): Child-basic categories and early lexical development. – In: U. Neisser (ed.): *Concepts and Conceptual Development. Ecological and Intellectual Factors in Categorization,* 201-233. Cambridge.

Mervis, C.B. & R.M. Golinkoff & J. Bertrand (1994): Two-year-olds readily learn multiple labels for the same basic-level category. – In: *Child Development* 65, 1163-1177.

Miller, G.A. (1993): *Wörter. Streifzüge durch die Psycholinguistik.* – Heidelberg: Spektrum-Verlag.

Miller, M. (1976): *Zur Logik der frühkindlichen Sprachentwicklung.* – Stuttgart: Klett.

Nagy, W. & P. Herman (1987): Breadth and depth of vocabulary knowledge: Implications for acquisition and instruction. – In: M. McKeown & M. Curtis (eds.): *The Nature of Vocabulary Acquisition,* 19-36. Hillsdale, N.J.: Erlbaum.

Nelson, K. (1974): Concept, word and sentence: Interrelations in acquisition and development. – In: *Psychological Review* 81, 267-285.

Nelson, K. (1985): *Making Sense. The Acquisition of Shared Meaning.* – Orlando.

Nelson, K. (1988): Constraints on word learning? – In: *Cognitive Development* 3, 221-246.

Oetting, J.B. & M.L. Rice & L.K. Swank (1995): Quick incidental learning (QUIL) of words by school-age children with and without SLI. – In: *Journal of Speech and Hearing Research* 38, 434-445.

Park, T.-Z. (1978): Plurals in child speech. – In: *Journal of child language 5,* 237-250.

Pinker, S. (1984): *Language Learnability and Language Development.* – Cambridge, Mass.: Harvard University Press.

Pinker, S. & A. Prince (1992): Regular and irregular morphology and the psychological status of rules of grammar. – In: *Proceedings of the 17th Annual Meeting of the Berkeley Linguistics Society*. Berkeley, CA: Berkeley Linguistics Society.

Pregel, D. & G. Rickheit (1987): *Der Wortschatz im Grundschulalter. Häufigkeitswörterbuch zum verbalen, substantivischen und adjektivischen Wortgebrauch.* – Hildesheim/Zürich/New York: Olms.

Rice, M.L. & L. Woodsmall (1988): Lessons from television: Children's word learning when viewing. – In: *Child Development* 59, 420-429.

Rothweiler, M. (1994): Zum Status regulärer und irregulärer Flexion. Evidenzen aus der Pluralmorphologie.- In: Wagner, K.-H. & W. Wildgen (Hgg.): *Kognitive Linguistik und Interpretation.* BLIcK (= Bremer Linguistisches Kolloquium), Bd. 5. 59-76. Bremen: Universität.

Rothweiler, M. & H. Clahsen (1994): Dissociations in SLI children's inflectional systems. A study of participle inflection and subject-verb-agreement. – In: *Scandinavian Journal of Logopedics & Phoniatrics* Vol. 18 & 4 (1993), 169-179.

Rumelhart, D. & J. McClelland (1986): On learning the past tenses of English verbs. Implicit rules or parallel distributed processing? – In: J. McClelland & D. Rumelhart and the PDP research group (eds.): *Parallel Distributed Processing: Explorations in the Microstructure of Cognition.* Cambridge, MA.

Schaner-Wolles, Ch. (1988): Plural vs. Komparativerwerb im Deutschen. Von der Diskrepanz zwischen konzeptueller und morphologischer Entwicklung. – In: H. Günther (Hg.): *Experimentelle Studien zur Flexionsmorphologie,* 155-186. Hamburg: Buske.

Schöler, H. & W. Kany (1989): Lernprozesse beim Erwerb von Flexionsmorphemen: Ein Vergleich sprachbehinderter mit sprachunauffälligen Kindern am Beispiel der Pluralmarkierung. – In: G. Kegel et al. (Hgg.): *Sprechwissenschaft und Psycholinguistik* 3, 123-175. Opladen: Westdeutscher Verlag.

Snyder, L.S. & F. Bates & I. Bretherton (1981): Content and context in early lexical development. – In: *Journal of Child Language* 8, 565-582.

Spencer, A. (1991): *Morphological Theory. An Introduction to Word Structure in Generative Grammar.* – Oxford: Blackwell.

Stenzel, A. (1997): *Die Entwicklung der syntaktischen Kategorien Nomen und Verb bei ein- und zweisprachigen Kindern.* – Tübingen: Narr.

Stern, C. & W. Stern (1928[4]): *Die Kindersprache. Eine psychologische und sprachtheoretische Untersuchung.* – (4. Auflage, Nachdruck 1987) Darmstadt: WBG.

Szagun, G. (1983): *Bedeutungsentwicklung beim Kind: Wie Kinder Wörter entdecken.* – München: Urban & Schwarzenberg.

Szagun, G. (1996[6]): *Sprachentwicklung beim Kind. Eine Einführung.* – München: Beltz.

Templin, M.C. (1957): *Certain Language Skills in Children: Their Development and Interrelationships.* – Minneapolis, MN: University of Minnesota Press.

Tomasello, M. & W. E. Merriman (eds.) (1995): *Beyond Names for Things: Young Children's Acquisition of Verbs.* – Hillsdale, N.J.: Erlbaum.

Tracy, R. (1991): *Sprachliche Strukturentwicklung. Linguistische und kognitionspsychologische Aspekte einer Theorie des Erstspracherwerbs.* – Tübingen: Niemeyer.

Wagner, K. (Hg.) (1985): *Wortschatz-Erwerb*. – Frankfurt: Lang.

Waxman, S.R. & E.F. Shipley & B. Shepperson (1991): Establishing new subcategories: The role of category labels and existing knowledge. – In: *Child Development* 62, 127-138.

Was macht Verben zu einer besonderen Kategorie im Spracherwerb?[1]

Heike Behrens

Abstract   In der Forschung zum Erwerb des Lexikons führten Verben bis vor wenigen Jahren ein Schattendasein. In den letzten Jahren ist jedoch die Vielschichtigkeit dieser Wortart aus mehreren Perspektiven beleuchtet worden. Es wurde dokumentiert, daß ihre Semantik anders und schwieriger ist als die der Nomina, weil Verben nicht referieren, sondern prädizieren. Ein weitere Besonderheit ist die morphologisch-syntaktische Schnittstellenfunktion des Verbs, das die Argumentstruktur eines Satzes bestimmt. Eine zentrale Frage beim Erwerb dieser zur Wortart Verb gehörenden Komponenten ist nicht nur, wann und wie die einzelnen Aspekte erworben werden, sondern auch, ob Kinder in den frühen Stadien des Spracherwerbs überhaupt schon mit abstrakten syntaktischen Kategorien operieren.

1.   Warum Verben anders als Nomina sind

Merriman und Tomasello bemerken im Vorwort zu dem 1995 erschienenen Sammelband »Beyond names for things«, daß erstmals in der Geschichte der Spracherwerbsforschung genug Material vorhanden sei, um dem Erwerb der Kategorie *Verb* einen eigenständigen Sammelband zu widmen. Tatsächlich hat sich die Forschung zum Lexikonerwerb bis vor wenigen Jahren auf den Erwerb

---

1   Der hier vorgestellte Forschungsüberblick zum Erwerb der Wortart *Verb* ist Teil eines durch die Deutsche Forschungsgemeinschaft geförderten Projekts zum Aufbau des Verbwortschatzes (BE 1513/2). Ich danke den Herausgebern dieses Bandes für wertvolle Kommentare zu diesem Papier, sowie der Arbeitsgruppe »Argumentstruktur« am Max-Planck-Institut für Psycholinguistik und der Arbeitsgruppe *motion verbs* an der UC Berkeley für viele anregende Diskussionen zu diesem Themenkreis und Einblicke in die Komplexität und Vielfalt menschlicher Sprachen.

von Nomina, und dabei vor allem auf Objektbezeichnungen, konzentriert (s. Clark 1993). Bei Verben gilt das Erlernen der Wortbedeutung als noch schwieriger, da sie nicht einfach auf Gegenstände referieren wie Objektbezeichnungen: bei einem Begriff wie *Tasse* ist ein *mapping* einer Klasse von Objekten (=diversen Tassen) auf das Wort *Tasse* mit Hilfe von mehreren Prinzipien erklärbar: Solche Prinzipien sind etwa das *whole object constraint* (Markman 1993), demzufolge Kinder zunächst davon ausgehen, daß sich Wörter auf das ganze Objekt beziehen. Hört das Kind also das Wort *Tasse* im Zusammenhang mit dem Objekt Tasse, wird es annehmen, daß das Wort die ganze Tasse und nicht nur einen Teil wie den Henkel oder eine Eigenschaft wie die Farbe bezeichnet (s. Clark 1995 für eine Diskussion solcher und ähnlicher Beziehungen). Für Verben stehen solche Mechanismen nicht zur Verfügung, weil Verben nicht auf beständige, (an)faßbare Gegenstände der Objektwelt referieren, sondern in der Regel auf vorübergehende, nicht faßbare Ereignisse (s. Golinkoff, Hirsh-Pasek, Mervis, Frawley & Merillo 1995). Darüber hinaus stellen Verben formale und semantische Relationen zwischen den verschiedenen Satzteilen her, d.h. sie prädizieren statt nur zu referieren (Gentner 1978, 1982): In dem Satz *Peter legt die Tasche auf den Tisch* spezifiziert das Verb *legen* die Art der Beziehung, die zwischen Peter, der Tasche, und dem Tisch besteht, und dies nicht nur in semantischer, sondern auch in syntaktischer Hinsicht. Das Verb *legen* fordert drei Ergänzungen: Ein Subjekt im Nominativ enkodiert den Handelnden, ein Akkusativobjekt den zu legenden Gegenstand und ein Präpositionalobjekt das Ziel des Legens. Der Lerner muß die semantischen und syntaktischen Positionen, die ein Verb um sich herum eröffnet, verbinden (*argument linking*).

In der Forschung zum Erwerb des Lexikons ging man lange Zeit davon aus, daß Kinder zunächst vor allem Objektbezeichnungen lernen und daß Verben eine relativ späte und wenig frequente syntaktische Kategorie darstellen (Gentner 1978, 1982, vgl. auch Abschnitt 2 unten). Der im Vergleich zu Nomina spätere Erwerb der Verben ist insofern ein Paradox, als Verben in den meisten sprachwissenschaftlichen Theorien eine Schlüsselfunktion einnehmen, denn das Verb regiert im Satz in bezug auf Argumentstruktur, Kasuszuweisung usw. (s. Gentner & Boroditsky *im Druck*). Was macht Verben also so schwierig, daß sie trotz ihrer Wichtigkeit später gelernt werden? Wie oben angedeutet, sind Verben eine Schnittstelle, deren Beherrschung die Integration semantischer und syntaktischer Komponenten erfordert (Nelson 1995). Golinkoff et al. (1995: 185) fassen zusammen, daß der Erwerb von Verben drei Analysen umfaßt: Kinder müssen die Bedeutung der jeweiligen Verben erkennen (semantische Analyse) und erkennen, welche Aspekte von Ereignissen sie repräsentieren (Ereignis-Analyse). Die semantischen Aspekte der Ergänzungen müssen dann mit syntaktischen Rollen verknüpft werden (syntaktische Analyse).

In diesem Artikel möchte ich mich zwei Grundfragen widmen: der Frage nach dem zeitlichen und quantitativen Verlauf des Aufbaus des Verbwortschatzes (Abschnitt 2), und einer zweiten, schwierigeren Frage: Was weiß das Kind anfangs über all die semantischen und morphosyntaktischen Aspekte, die mit der vollständigen Beherrschung der Wortart »Verb« einhergehen? Welche Mechanismen und welches Wissen nutzt das Kind, um sich den Subkategorisierungsrahmen von Verben zu erschließen? In Abschnitt 3 werde ich einige Aspekte zum Erwerb der Verbsemantik beleuchten, um mich danach auf den grammatischen Status der Kategorie »Verb« zu konzentrieren (Abschnitt 4). Dies betrifft die Frage, ob die Konfundierung von semantischen und syntaktischen Faktoren über sogenannte *bootstrapping*-Mechanismen dem Kind den Einstieg in den Erwerb der syntaktischen Eigenschaften von Verben ermöglichen kann (Abschnitt 4.1). Dem stelle ich Arbeiten entgegen, die davon ausgehen, daß Kinder zu Beginn des Spracherwerbs weder mit abstrakten semantischen noch mit syntaktischen Kategorien operieren, sondern daß ihr sprachliches Wissen an einzelne Lexeme gebunden ist, und daß die Abstraktion von Regelwissen ein späterer Prozeß ist (Abschnitt 4.2).

Bei der Darstellung der oft kontroversen Debatten geht es mir weniger um den genauen historischen Nachvollzug der Entwicklung bestimmter Theorien und Konzepte, sondern ich stelle vor allem solche Arbeiten vor, in denen die Ausgangshypothesen und Implikationen für den Spracherwerbsprozeß besonders klar ausformuliert sind. Da die aufgeworfenen Fragen noch nicht abschließend beantwortet werden können, geht es mir auch darum, an einigen Beispielen die Methoden zu illustrieren, mit denen man einer Lösung dieser Fragen näher zu kommen versucht.

2. Quantitative Aspekte zum Aufbau des Verbwortschatzes

Vor allem wegen ihrer relationalen Eigenschaften gelten Verben als eine Kategorie, die später und in geringerer Häufigkeit als z.B. Nomina erworben werden (s. Gentner 1978, 1982, Gentner & Boroditsky *im Druck*). Dies zeigt sich auch im Erwerbsverlauf bei deutschen Kindern, bei denen der Anteil der Äußerungen, die ein Verb enthalten, vom zweiten bis zum vierten Lebensjahr kontinuierlich zunimmt. In den frühen Stadien des Erwerbs finden sich vor allem verblose Äußerungen wie *da auto* oder *mama ball*, während im Alter von vier Jahren ca. 70 – 80% aller Äußerungen ein Verb aufweisen (s. Behrens 1993: 67-72).

Relativ gute Informationen gibt es zu quantitativen Aspekten des Aufbaus des Verbwortschatzes. Braunwald untersuchte das Lexikon zweier Geschwister und fand, daß im Alter von 2 Jahren 215 von 899 bzw. 196 von 715 Wörtern des Gesamtwortschatzes Verben waren (Braunwald 1995: 90ff.). Clark (1996) zählte in einer Tagebuchstudie 321 verschiedene Verblexeme für einen Jungen von 1;3 bis zu 3;0 Jahren. Bei einem deutschen Kind fand Behrens (1998) im Alterszeitraum von 1;9 bis 4;0 Jahren insgesamt 244 verschiedene einfache Verben wie *machen* und *singen* und darüber hinaus 467 Partikel- und Präfixverben wie *reinmachen* und *rauskommen*. Diese Zahlen zeigen, daß der Aufbau eines Verbwortschatzes kein prinzipielles Problem darstellt, wenn der Prozeß einmal in Gang gekommen ist (vgl. auch Kauschke *in diesem Band* zur Verteilung der Wortarten im kindlichen Wortschatz).

Sprachvergleichende Untersuchungen zeigen zudem, daß die Vorherrschaft der Nomina kein universales Merkmal der frühen Kindersprache ist, sondern daß pragmatische und morphosyntaktische Faktoren von Einzelsprachen dem Erwerb von Verben Vorschub leisten können. Entsprechende Befunde gibt es aus dem Japanischen und Koreanischen. Beide Sprachen zeichnen sich dadurch aus, daß Verben in salienter Position am Ende des Satzes auftreten und daß sie Ellipsen der Nomina erlauben, wenn aus dem Kontext hervorgeht, worauf sich die Äußerung bezieht, während Nomina im Englischen in der Regel obligatorisch sind (Gopnik & Choi 1995: 67). Dadurch ist der Input der Eltern im Koreanischen und Japanischen wesentlich stärker Verb-orientiert. Japanisch, Koreanisch und Mandarin-Chinesisch lernende Kinder weisen nicht nur einen wesentlich höheren Anteil an Verben im Lexikon auf als Englisch lernende Kinder, Verben treten auch wesentlich früher auf, so daß der kindliche Wortschatz nicht die für das Englische postulierte Vorherrschaft der Nomina aufweist (s. Gopnik & Choi 1995, Gentner & Boroditsky *im Druck*). Die Unterschiede im Gebrauch verschiedener lexikalischer Kategorien scheinen nicht nur ein linguistisches Phänomen zu sein, sondern sie schlagen sich auch in den Resultaten nicht-sprachgebundener, kognitiver Tests nieder: Im Alter von 15 bis 21 Monaten schnitten Englisch sprechende Kinder bei Aufgaben zur Objektpermanenz besser ab als Koreanisch sprechende Kinder, die ihrerseits bessere Resultate bei Mittel-Zweck-Aufgaben erzielten (Gopnik & Choi 1995). Gopnik & Choi (1995) folgern daraus, daß die Kinder jeweils in der Aufgabenstellung besonders gut abschnitten, die mit dem bevorzugten Sprachgebrauch korrelierte: Objektpermanenz-Aufgaben beziehen sich auf die referentielle Funktionen der Nomina, Mittel-Zweck-Aufgaben zielen hingegen auf relationale Eigenschaften, wie sie durch Verben ausgedrückt werden. Außerdem läßt sich aus diesen Resultaten ableiten, daß Kinder nicht a priori zuerst an Objektkategorien interessiert sind, sondern ebenso an Ereigniskategorien und relationalen Kategorien, und daß sich kognitive und sprachliche Entwicklung gegenseitig beeinflussen (Gopnik & Choi 1995).

3. Das Erlernen der Verbbedeutung

Die erste Schwierigkeit beim Erschließen der Verbsemantik besteht darin zu erkennen, welche Aspekte von Ereignissen in der Verbbedeutung ausgedrückt werden. Verben referieren nicht notwendigerweise auf das ganze Ereignis, sondern heben bestimmte Aspekte hervor, indem sie ein Geschehen (eine Szene) aus einer bestimmten Perspektive darstellen, wie es Fillmore anhand einer »Kaufszene« illustriert (vgl. Fillmore 1977: 58ff.). Eine Kaufhandlung involviert vier Entitäten: den Käufer, den Verkäufer, die Ware und den zu zahlenden Preis. Mit verschiedenen Verben kann man unterschiedliche Perspektiven auf eine solche Kaufszene einnehmen:

(1) a. *Peter <u>kaufte</u> von Paul ein Brötchen für 10 Pfennig.*
     b. *Paul <u>verkaufte</u> Peter ein Brötchen für 10 Pfennig.*
     c. *Peter <u>bezahlte</u> Paul für ein Brötchen 10 Pfennig.*
     d. *Das Brötchen <u>kostete</u> 10 Pfennig.*
     (Beispiele nach Helbig 1992: 52)

Diese Beispiele veranschaulichen, daß ein reines Beobachten der Handlung nicht zum Erschließen der Verbbedeutung führen kann (s.a. Gleitman 1990), denn die Aktion ist ja in allen vier Fällen dieselbe, die verschiedenen Verben heben jedoch bestimmte Aspekte hervor und lassen andere in den Hintergrund treten. Bei *kaufen, verkaufen* und *bezahlen* wird die entsprechende Aktivität der Handelnden betont, bei *kosten* hingegen fallen Handlungsaspekte völlig weg. Das Kind muß also für jedes einzelne Verb erkennen, welche Aspekte der Kaufhandlung durch dieses Verb versprachlicht werden, und durch welche Eigenschaften sich ein Akt des Kaufens von einem Akt des Gebens oder Tauschens unterscheidet.

Darüber hinaus unterscheiden sich Verbbedeutungen von Sprache zu Sprache. Im Deutschen bezeichnet z.B. das Verb *legen* eine konkrete Handlung, nämlich einen Gegenstand *zum Liegen bringen*, wie die entsprechende Wörterbuchdefinition lautet (Wahrig 1991: 824). Bei seinem englischen Pendant *put* wie in *Peter puts the bag on the table* spielt die Art und Weise der Plazierung jedoch keine Rolle, denn *put* subsumiert die Bedeutungen von *setzen, stellen* und *legen.* Das Besondere an Verbbedeutungen ist also, daß diverse Bedeutungskomponenten in sie 'gepackt' werden und daß das *packaging* stark sprachspezifisch ist (Talmy 1982, Slobin 1996a,b). Dies ist besonders deutlich bei Bewegungsverben: Im Deutschen und Englischen wird die Richtung einer Bewegung durch ein verbales Präfix spezifiziert (**runter***fallen,* fall **down**), während diese Information im Spanischen im Verb selbst enthalten ist (*entrar* 'eintreten', *salir* 'verlassen'). Englisch und Deutsch kodieren wiederum die Art und Weise der Bewegung im Verb selbst (*rein***fliegen**, *raus***schwimmen**), während diese Information im Spanischen optional ist und durch adverbiale Bestimmungen geliefert werden muß (*el buho **salió volando** del agujero* 'die Eule verließ die Höhle fliegend'; Slobin & Berman 1994: 118). Dieser typologische Unterschied macht sich im Spracherwerb bemerkbar: In Bildererzählungen zeigen englische und deutsche Kinder einen großen Wortschatz an Verben, die die Art und Weise der Bewegung spezifizieren, und die zusätzlich noch mit einer Vielzahl von Richtungspartikeln kombiniert werden. Im Gegensatz dazu legen spanische Kinder mehr Nachdruck auf die Bewegungs- und Richtungsinformation und haben einen relativ geringeren Wortschatz an Verben, die die Art und Weise der Bewegung spezifizieren (Slobin 1996b). Das jeweilige Lexikalisierungsmuster, d.h. die Bündelung von Bedeutungskomponenten zu Lexemen, hat also Einfluß darauf, wie Sprecher Ereignisse schildern. Durch dieses Bündelungs-Phänomen stehen Verben von ihrer Bedeutung her am 'relativen Ende' eines Kontinuums: Objektbezeichnungen sind diejenigen Wörter, die am ehesten kognitiven Wahrnehmungskategorien entsprechen und daher am leichtesten mit einem entsprechenden Lexem assoziiert werden können, während Verben eine Kategorie bilden, die stärker sprachabhängig ist (Gentner & Boroditsky, *im Druck*). Verben können daher nicht allein durch die konkrete Anschauung gelernt werden, es bedarf zusätzlich der Analyse der Lexikalisierungsmuster in der Zielsprache. Auch unter entwicklungspsychologischen Gesichtspunkten zeigt sich, daß es keine sprachrelevanten Szenen an sich gibt, die direkt aus der Wahrnehmung abgeleitet werden können und automatisch zu versprachlichten konzeptuellen Einheiten führen (Mandler 1996: 368ff). Kinder müssen also erst lernen, was eine Szene bzw. ein Ereignis ist, indem sie z.B. ein Schema von Kaufhandlungen bilden, und welche Aspekte davon durch welche Verben in ihrer Sprache ausgedrückt werden (vgl. Golinkoff *et al.* 1995).

Wie in Abschnitt 2 dargestellt, beginnen Kinder meist schon im zweiten Lebensjahr, Verben zu gebrauchen. In der Regel geschieht dies auch in semantisch angemessenen Kontexten. Aber was wissen sie dann tatsächlich schon über die Verbbedeutung? Forbes & Poulin-DuBois (1997) zeigten in einem Experiment, daß Kinder bereits erworbene Verben nur nach und nach auf neue Situationen anwenden. Für solche Tests verwendet man bei sehr jungen Kindern (unter 2), die ja auf Fragen noch nicht antworten können, das *preferential looking paradigm* 'bevorzugte Blickrichtung'. Das Kind sitzt (meist auf dem Schoß der Mutter) vor zwei Videoschirmen, auf denen ihm verschiedene Filme dargeboten werden. Man gewöhnt es zuerst an jeweils einen Film, in dem jemand etwas aufhebt bzw. jemanden tritt, bis das Kind die Filme zuverlässig erkennen kann. Dies wird durch das Messen der Blickrichtung und der Betrachtungszeit festgestellt:[2] Das

---

2 Die Methode ist um einiges komplizierter, als hier dargestellt: Durch eine gezielte Abfolge der verschiedenen Filme und ein exaktes Messen der Blickbewegungen der Kinder kann man statistisch nachweisen, daß sie nicht einfach nur bestimmte Filme lieber mögen als andere

Kind sieht z.B. links den Film »aufheben« und rechts den Film »treten« und verharrt bei der Frage »schau mal, wo ist aufheben?« bei der Betrachtung des linken Filmes. Im Laufe des Experiments werden dann auch andere Filme, die Variationen von *treten* oder *aufheben* darstellen, gezeigt. Mal ist es eine andere Person, die die Handlung ausführt, mal ist es eine andere Handlungsweise, indem man den Gegenstand nicht mit der Hand aufhebt, sondern mit dem Fuß, bzw. indem man nicht mit der Fußspitze tritt, sondern mit der Ferse. Wenn das Kind auch diese Filme zuverlässig erkennt, zeigt das, daß es schon ein abstrakteres Ereignis-Schema gebildet hat und der Gebrauch bzw. das Verstehen der entsprechenden Verben nicht mehr an eine ganz spezifische Situation gebunden ist. In dem Experiment zeigte sich, daß einige Kinder schon im Alter von 1;8 Jahren die Filme erkannten, wenn eine andere als die gewohnte Person die Handlung ausführte. Allerdings waren nur solche Kinder zu dieser Abstraktion fähig, die schon einen relativ großen Wortschatz hatten (mehr als 80 Wörter). In der zweiten getesteten Altersgruppe, Kinder im Alter von 2;2 Jahren, waren die Kinder darüber hinaus fähig, die Bedeutung auch auf eine andere Art und Weise des Ausführens auszudehnen (Forbes & Poulin-Dubois 1997). D.h. daß Kinder lernen, Verben in stärkerem Maße situationsunabhängig zu verstehen, indem sie zuerst von der Person des Handelnden abstrahieren können und dann von der Handlungsweise. Die Abstraktion und Generalisierung der Verbbedeutung scheint nicht so sehr eine Funktion des Alters als vielmehr eine Funktion der Größe des Wortschatzes zu sein. Möglicherweise braucht man eine kritische Masse an Material, um generalisieren zu können (Forbes & Poulin-Dubois 1997). Das Phänomen der kritischen Masse zeigt sich auch in der Entwicklung der Morphologie: Bates, Dale und Thal (1995) fanden in einer Studie zum Verhältnis von lexikalischer und morphologischer Entwicklung, daß eine bestimmte Größe des Wortschatzes mit dem Einsatz grammatischer Phänomene korreliert: Erste Mehrwortäußerungen treten auf, wenn der Wortschatz 50-100 Wörter umfaßt, der Einsatz produktiver Verbmorphologie hingegen wird erst ab einem Vokabular von ca. 400-600 Wörtern beobachtet (Bates, Dale & Thal 1995: 120).

4. Der Erwerb der syntaktischen Kategorie Verb

Eine entscheidende Frage in der Wortschatzentwicklung ist, ob und wann man den kindlichen Wörtern den Status syntaktischer Kategorien (=Wortarten) wie »Nomen« oder »Verb« zuweisen kann.[3] Hier gibt es verschiedene Möglichkeiten:

---

oder einfach nur hin- und herschauen, sondern tatsächlich auf die Aufgabe reagieren (zum Einsatzbereich dieser Methode s.a. Gleitman 1990).

3 Vgl. zu dieser Problematik auch den Sammelband von Levy, Schlesinger & Braine (1988). Eine Analyse zum Wortartenerwerb deutsch-

Das Kind operiert zu Beginn des Spracherwerbs primär mit semantisch-funktionalen Kategorien (Slobin 1985) und benutzt diese Kriterien, um Wortarten zu bilden, indem es etwa Verben mit Aktionen und Nomina mit Gegenständen gleichsetzt (Bates & MacWhinney 1989). Da diese Gleichsetzung nicht durchgehend haltbar ist, weil nicht alle Verben auf Aktivitäten und nicht alle Nomina auf Gegenstände referieren, argumentieren Maratsos und Chalkley (1980), daß die einzig wirklich distinktiven Kriterien für die Wortart Verb ihre distributionellen Eigenschaften sind: Nur an Verben werden bestimmte morphologische Markierungen wie Tempus und Aspekt markiert. Das Kind kann sich also an der Morphologie orientieren und Wortarten aufgrund der morphologischen Eigenschaften der Wörter abstrahieren. Pinker (1987: 403f.) hält dem entgegen, daß ein solcher Beobachtungs-Mechanismus nicht eingegrenzt genug ist, um den Aufbau syntaktischer Strukturen in Gang zu bringen, denn das Kind könnte so auf alle möglichen – und oft unsinnigen – Korrelationen achten, etwa, ob es ein System dafür gibt, welches Wort an siebter Stelle im Satz steht. Um sinnvolle Distributionsanalysen machen zu können, muß das Kind über ein geeignetes Vorwissen verfügen, das den unendlichen Hypothesensuchraum eingrenzt und ihm so eine Einstiegshilfe in das Sprachsystem bietet. Ein solches Vorwissen kann aus semantischen und syntaktischen Basiskonzepten sowie Regeln der Verknüpfung bestehen.[4]

Die Annahme von angeborenem konzeptuellen oder syntaktischen Wissen hat zahlreiche Implikationen für den Erwerbsprozeß und unsere Vorstellung davon: Was angeboren oder sonstwie vorsprachlich vorhanden ist (etwa durch vorsprachliche Kategorienbildung), muß nicht mehr gelernt oder abstrahiert werden und bietet darüber hinaus ein Fundament, auf dem der Rest des Sprachsystems errichtet werden kann. Wie in Abschnitt 1 dargestellt wurde, ist die komplexe Interaktion von semantischen und morphosyntaktischen Eigenschaften als Argument benutzt worden, um den relativ späteren Erwerb von Verben zu erklären, weil die semantischen und morphosyntaktischen Komponenten isoliert und ihre Verbindungsregeln abstrahiert werden müssen. Jedoch kann die Konfundierung von Information auf verschiedenen Ebenen ein Vorteil für den Lerner sein, wenn man annimmt, daß man das bereits vorhandene Wissen auf einer Repräsentationsebene zum Erwerb von Phänomenen auf anderen Ebenen benutzen kann. Für solche Starthilfe-Mechanismen ist die Metapher des *bootstrapping* geprägt worden.

---

französisch mono- und bilingualer Kinder liefert Stenzel (1997).

4 Die hier angesprochene Debatte um das Vorhandensein angeborenen sprachlichen Wissens im Sinne einer Universalgrammatik zielt vor allem darauf, den Syntaxerwerb zu erklären, der nicht der Gegenstand dieses Artikels ist. Ich konzentriere mich hier vornehmlich auf die Frage, *wie* man feststellen kann, wie konkret oder abstrakt das Wissen der Kinder über sprachliche Strukturen ist.

4.1   *Bootstrapping*-Mechanismen

Bootstraps sind Einstiegshilfen, nämlich die Schlaufen an Cowboystiefeln, die man zur Hilfe nehmen kann, um in die engen Stiefel zu schlüpfen. Je nachdem, ob man eine semantische oder syntaktische Basis für die Bildung von linguistischen Kategorien annimmt, kann das Kind von der einen Ebene auf die andere schließen. Damit *bootstrapping* überhaupt funktionieren kann, ist es notwendig, daß die Relationen zwischen den Ebenen nicht zufällig sind, sondern in einer Beziehung zueinander stehen, die überzufällig korrekte Vorhersagen erlaubt. Im Bereich von Verben sind diese Relationen vor allem in bezug auf die Argumentstruktur ausgearbeitet worden, d.h. für die Beziehung zwischen syntaktischen Argumenten einerseits und thematischen Rollen andererseits. Über Prozesse des *linking* müssen die beiden Ebenen miteinander abgeglichen werden.[5] Im *syntactic bootstrapping* geht man davon aus, daß der syntaktische Rahmen benutzt werden kann, um die Verbbedeutung zu erschließen: Wenn man ein bisher unbekanntes Verb wie *gorpen* in einem transitiven Satz hört (etwa *Ernie gorpt Bert*) kann man aus dem Wissen über die Satzstruktur ableiten, daß da offenbar Ernie etwas mit Bert macht und nicht etwa beide *gorpen* wie im intransitiven *Ernie und Bert gorpen* (s. Gleitman 1990). Damit diese Hebelwirkung ansetzen kann, muß das Kind über genügend syntaktisches Wissen verfügen, weil syntaktisches *bootstrapping* Wissen über die Kategorie »Verb« und über die Bedeutung syntaktischer Strukturen voraussetzt. Pinker (1994) kritisiert Gleitmans Vorstellungen, weil man aus dem syntaktischen Rahmen allein nichts über die Verbbedeutung ableiten kann, wenn man nicht die Bedeutung der anderen Elemente des Satzes hinzunimmt. Erschwerend kommt hinzu, daß die meisten Verben mehr als einen Subkategorisierungsrahmen haben, wie es im Beispiel 2 am Verb *sehen* illustriert wird. Es ist also nicht mit einer einfachen Analyse einer syntaktischen Struktur getan; das Kind muß Verbbedeutungen über verschiedene Rahmen hinweg miteinander abgleichen (Pinker 1994).

(2) a. *Ich sehe den Mann*   Subjekt + Verb + Objekt
    b. *Ich sehe auf die Uhr*   Subjekt + Verb + PP
    c. *Ich sehe, daß der Mann auf die Uhr sieht*   Subjekt + Verb + Ergänzungssatz

Somit kann syntaktische Information allein nicht zum Erwerb der Wortbedeutung führen, so daß die Metapher des *bootstrapping* als Einstiegsmechanismus hier fehl am Platze ist (Pinker 1987, 1994).

---

5   Ob die Relationen zwischen syntaktischen und semantischen Rollen in der Tat systematisch sind, und wie man sich die Verbindung zwischen ihnen konkret vorzustellen hat, ist umstritten und bisher nicht eindeutig geklärt (vgl. Bowerman 1990 zur Kritik am *semantic bootstrapping* und Pinker 1994 zur Kritik am *syntactic bootstrapping*).

Im *semantic bootstrapping* geht man davon aus, daß der unendlich große Hypothesenraum dadurch begrenzt werden kann, daß das Kind bereits über bestimmtes semantisches und syntaktisches Vorwissen verfügt, das es ihm erlaubt, aus einem begrenzten Kern von Basis-Sätzen weitreichende Schlußfolgerungen über das syntaktische System der Zielsprache zu ziehen (Pinker 1984, 1987). Das Kind verfügt z.B. über das Vorwissen, daß Aktionen und Zustandsveränderungen vornehmlich mit Lexemen der Wortart Verb ausgedrückt werden. Verben eröffnen wiederum Argumentpositionen, die das Kind besetzen kann, wenn es weiß, daß die thematische Rolle Agens im typischen Fall mit der grammatischen Funktion Subjekt korreliert. Dieses Wissen über die kanonischen Beziehungen von semantischen Informationen zur Kerngrammatik ermöglicht den Einstieg in das grammatische System der Zielsprache mittels *bootstrapping*: das Kind kann aus der Verbbedeutung die thematischen Rollen wie Agens und Patiens bei transitiven Verben ableiten, um diese dann mittels angeborener *linking*-Regeln mit syntaktischen Rollen wie Subjekt und Akkusativobjekt zu verbinden (Pinker 1984,1987). Beispiel 3 illustriert so einen kanonischen Fall am transitiven Verb *schlagen*: Die semantische Repräsentation von *schlagen* eröffnet die thematischen Positionen Agens und Patiens. Angeborene *linking*-Regeln tragen dann das Wissen bei, daß Subjekte normalerweise die Funktion Agens enkodieren und Objekte normalerweise die Funktion Patiens.

(3) *Bert*   *schlägt*   *Ernie*

    AGENS   PATIENS   *lexikalische Repräsentation*

       ↕   ↕   *linking-Regeln*

    SUBJEKT   OBJEKT   *syntaktische Struktur*

Beide Wissenskomponenten zusammen sorgen also dafür, daß das Kind problemlos und quasi automatisch die syntaktische Struktur solcher Basis-Sätze erschließen und dieses Wissen dann benutzen kann, um auch weniger kanonische Fälle zu enkodieren (Pinker 1984, 1987).

Für das semantische *bootstrapping* findet sich jedoch keine überzeugende Evidenz. Bowerman (1990) untersuchte Pinkers Hypothese und stellte fest, daß sich keine Erleichterungen im Erwerb der Argumentstruktur von prototypischen Agens-Patiens Verben wie *schlagen, treten* oder *geben* gegenüber solchen Verben ergeben, bei denen das grammatische Subjekt kein Agens ist, wie *haben, sehen* oder *mögen*. Der Erwerb solcher Verben, bei denen sich *bootstrapping* besonders förderlich auswirken sollte, verlief weder schneller noch problemloser als der anderer Verbgruppen, die weniger kanonische Beziehungen zwischen thematischen und syntaktischen Rollen haben und somit keine *bootstrapping*-Starthilfe haben, sondern gelernt werden müssen (Bowerman 1990, s.a. Pinker 1987). Wenn aber nicht-kanonische und periphere Fälle ebenso früh und gut erworben werden wie kanonische, stellt dies nicht nur die Nützlichkeit, sondern auch die Notwendigkeit eines *bootstrapping*-Mechanismus als Steigbügel für den Spracherwerb in Frage.

Bisher gibt es keinen Konsens in der Debatte, ob es in der frühen Kindersprache ein syntaktisches oder semantisches Vorwissen gibt. Beide *bootstrapping*-Mechanismen sind heftig umstritten, denn die Verbindungsregeln zwischen den verschiedenen Ebenen sind nicht isomorph genug, als daß man tatsächlich zuverlässig von der einen Ebene auf die andere schließen kann.[6] In jüngster Zeit kristalliert sich immer stärkere empirische Evidenz für eine Position heraus, nach der die Kinder zu Beginn des Spracherwerbs weder über abstrakte semantische noch syntaktische Kategorien verfügen, sondern daß ihr sprachliches Wissen stark an einzelne Lexeme gebunden und damit nicht abstrakt ist. Entscheidende Belege für diese Position beruhen auf Studien, die zeigen, daß die ersten Generalisierungen von Kinder nur sehr partiell sind und noch nicht den Regeln des Erwachsenensystems entsprechen, wie im folgenden Abschnitt dargestellt werden soll.

4.2   Grammatikerwerb als Abstraktion von lexemspezifischem Wissen

Eine Kernfrage zur Beurteilung des Erwerbs von sprachlichen Regeln und Repräsentationen ist, ob die Strukturen, die das Kind benutzt, schon voll produktiv im Sinne der Erwachsenensprache sind oder nicht. Die Kontinuitätsannahme, nach der Kinder bereits über formale Kategorien verfügen, die denen der Erwachsenen entsprechen (vgl. etwa Pinker 1984), impliziert, daß kindliche Kategorien voll und ganz denen der Erwachsensprache entsprechen und sich somit in der Kindersprache *alle* Subkategorisierungs-Eigenschaften von Verben niederschlagen sollten (vgl. Ninio 1988). Dies ist aber nicht der Fall, denn es zeigt sich zunehmend, daß Kinder Regelwissen gerade nicht auf alle Verben, die sie produzieren, anwenden, sondern daß ihre anfänglichen Abstraktionen von Regeln nur einen sehr begrenzten Anwendungsspielraum haben.[7]

Im folgenden werde ich einige Befunde darstellen, die zeigen, daß Kinder anfangs über überhaupt noch kein abstraktes Regelwissen verfügen, sondern daß

---

6   Dies ist nicht nur ein Problem der Einzelsprachen, sondern auch ein typologisches. In den letzten Jahren ist der Erwerb und die Struktur »exotischer« Sprachen in den Blickpunkt gerückt. In sprachvergleichender Perspektive zeigt sich, daß einerseits viele Annahmen über semantisch-funktionale Basiskonzepte

revidiert werden müssen, und daß andererseits das *linking* von thematischen zu syntaktischen Rollen großer Variation unterworfen ist (vgl. den Überblick von Slobin 1997).

7   Vgl. zu diesem Aspekt auch die Kontroverse zwischen Valian (1991) und Pine & Martindale (1996) zum Status kindlicher Nominalphrasen.

ihr morphosyntaktisches Wissen an einzelne Lexeme gebunden ist, so daß frühe Mehrwortäußerungen stark formelhaften Charakter haben. Im Gebrauch von Verben zeigt sich, daß die verschiedenen Positionen wie Subjekt oder Objekt mit festen oder wenigen, keineswegs aber mit allen möglichen Ergänzungen besetzen: Es kann z.B. vorkommen, daß das Kind ein Verb wie *werfen* mit einer PP benutzt *(auf die Straße werfen)*, ohne daß es deshalb fähig ist, auch das Verb *schmeißen* mit einer PP zu gebrauchen. Ebenso gebraucht ein Kind vielleicht das Verb *sehen* (s.o., Bsp. 2) als transitives Verb und mit PP, aber nicht mit Ergänzungssatz, obwohl es Ergänzungssätze mit anderen Verben produziert. Dies bedeutet für jedes einzelne Verb-Lexem, daß das Kind es zu Beginn des Spracherwerbs in einzelnen, aber nicht allen möglichen Subkategorisierungsrahmen verwendet (vgl. Tomasello 1992). Betrachtet man die weitere Entwicklung, verhalten sich die einzelnen Verben wie Inseln *(verb island hypothesis*, Tomasello 1992): Der beste Prädiktor für den zukünftigen Gebrauch eines bestimmten Verbs ist nicht die allgemeine syntaktische Entwicklung in dem Sinne, daß das Kind zu einem bestimmten Zeitpunkt PPs oder Dativobjekte erwirbt und diese dann mit allen möglichen Verben benutzt, sondern der Gebrauch dieses Verbs in früheren Stadien. D.h., daß jedes Verb zunächst einer eigenen Entwicklungslinie folgt, und daß es keine regelhaften Beziehungen zwischen den Subkategorisierungsrahmen verschiedener Verben gibt.

Wie läßt sich so ein stark verbspezifischer Entwicklungsverlauf erklären, und welche Implikationen haben diese Befunde für die Spracherwerbstheorie? Tomasello wendet sich gegen die Auffassung, daß sich der Spracherwerb als linearer und regelbasierter Prozeß des Aufbaus von kleineren, atomaren Einheiten (etwa semantischen Komponenten, Wörtern) zu größeren Einheiten (Phrasen, Syntagmen) vollzieht, sondern geht davon aus, daß das Kind zu Beginn des Spracherwerbs *Konstruktionen*[8] aus dem Input übernimmt. Diese Konstruktionen oder Formeln referieren als Ganzes auf bestimmte Situationen oder Ereignisse, ohne daß das Kind schon Wissen über die einzelnen semantischen und formalen Bestandteile oder die Regeln ihrer Verbindung abstrahiert hat oder haben muß.[9] Der Eindruck der Leichtigkeit, Schnelligkeit und weitgehenden Fehlerfreiheit des

---

8 Konstruktionen sind im Sinne Fillmores mehr oder weniger große Syntagmen, die als Ganzes eine bestimmte Bedeutung haben, die sich nicht als Addition der Bedeutung der Einzelkomponenten fassen läßt (für weiterführende Literatur s. Tomasello 1998).

9 Solche Konstruktionen können unterschiedlich groß sein: (un)flektierte Wortformen oder aber auch Phrasen, Sätze. Diese Konstruktionen können ganz oder teilweise analysiert sein, indem z.B. die Subjekt-NP bereits frei besetzt werden kann, oder Tempusmarkierungen abstrahiert worden sind, ohne daß das Kind deswegen notwendigerweise etwas über Kasusmorphologie weiß. Ähnliche Konzepte und Argumentationen finden sich bei Braine 1976 *(limited scope formulas)*, Lieven & Pine 1995 *(slot and frame patterns)* oder Clark 1996 *(templates* 'Muster').

Spracherwerbs ist demzufolge nicht das Resultat produktiven Regelgebrauchs, wie in der Tradition der generativen Erwerbsforschung postuliert, sondern ein Ergebnis der Tatsache, daß das Kind sehr konservativ vorgeht und ganze Einheiten (=Konstruktionen) aus dem Input übernimmt und erst im Verlauf der Sprachentwicklung über verschiedene Konstruktionen hinweg generalisiert und dadurch semantische, morphologische und syntaktische Regelhaftigkeiten des Sprachsystems abstrahiert.

Diese Auffassung von einer formelhaften statt regelbasierten Struktur der kindlichen Grammatik läßt sich überprüfen. Ausgehend von der Tatsache, daß transitive Sätze wie *Karl schlägt Heinz, Mama küßt den Hund* etc. in der frühen Kindersprache vielfach zu beobachten sind, lassen sich zwei widersprechende Hypothesen formulieren:

(A) das Kind generiert solche Äußerungen durch abstraktes, möglicherweise angeborenes sprachliches Wissen, wie oben in Abschnitt 4.1 illustriert: Es weiß durch Beobachten der entsprechenden Situationen, daß die Verben *schlagen* und *küssen* ein transitives Handlungsmuster haben, also die thematischen Rollen Agens und Patiens Bestandteil der lexikalischen Repräsentation dieser Verben sind. Über *linking*-Prozesse werden dann korrekte transitive Sätze generiert. Diese Hypothese führt zu der Vorhersage, daß das Kind auch bei anderen, neuen transitiven Handlungen die entsprechenden transitiven Satzstrukturen generieren kann.

(B) Das Kind beobachtet solche transitiven Handlungen wie *küssen* oder *schlagen* und registriert die Äußerungen (=Konstruktionen), mit denen diese Handlungen beschrieben werden, oft transitive Sätze, die es selbst auch (re)produziert. Jedoch hat es keine abstrakte lexikalische Repräsentation der thematischen Rollen dieser Verben als Agens und Patiens, sondern lexemgebundene Rollen wie »Küsser« und »Geküßter«. Solch ein lexemspezifisches Wissen ist nicht auf andere, neue Handlungen übertragbar.

In beiden Szenarien sind die Äußerungen korrekt im Sinne der Zielsprache, jedoch ist die Identität der Äußerungen keine notwendige Evidenz dafür, daß Kinder und Erwachsene auf dasselbe abstrakte Regelsystem zurückgreifen. Der entscheidende Test zwischen diesen Hypothesen ist, ob Kinder das Wissen, das sie über ein Verb haben, auf andere Verben übertragen können.

Olguin und Tomasello (1993) untersuchten in einer Trainingsstudie, ob Kinder im Alter von 1;10 bis 2;1 Jahren, die in ihrer Spontansprache bereits Mehrwortäußerungen produzieren, abstraktes Regelwissen anwenden, um neue Strukturen zu produzieren. In jeweils 20 Sitzungen wurden diesen Kindern neue Verben für neue Handlungen beigebracht: In einem Raum waren bislang unbekannte Spielgeräte aufgebaut, an denen Kindern bislang unbekannte Handlungen mit bekannten Figuren aus Kindersendungen (Sesamstraße, Mickey Mouse) sahen. Alle Handlungen hatten ein transitives Handlungsschema (Agens-Aktion-Patiens), z.B. stößt die eine Figur die andere auf ein Trampolin. Für diese Handlungen wurden von den Versuchsleitern Pseudo-Verben wie *gorp, mip* oder *keef* eingeführt. Dabei wurde sichergestellt, daß jedes Kind alle vier möglichen Argumentstrukturen hörte, aber jedes einzelne Verb nur mit einer bestimmten Argumentstruktur: (a) das Verb ohne Argumente (*Look! Gaffing*), (b) Agens und Verb (*See that? Ernie's chamming!*), (c) Verb und Patiens (*Look! Mibbing Cookie Monster*) und schließlich (d) die volle Argumentstruktur Agens-Verb-Patiens (*See? Ernie's koobing Cookie Monster*).

In Verstehens- und Produktionstests wurde getestet, ob Kinder semantische und syntaktische Regeln von einem Verb auf andere übertragen können. Es zeigt sich, daß die Kinder zum Testzeitpunkt im Alter von 2;1 Jahren gelernt hatten, die Argumente, die sie mit jedem einzelnen Verb gehört hatten, weitestgehend richtig zu gebrauchen (95%). Jedoch sank die Richtigkeit des Gebrauchs von Argumenten auf Zufallswahrscheinlichkeit (45%), wenn sie Argumente produzierten, die sie mit dem jeweiligen Verb noch nicht gehört hatten. Wenn das Kind z.B. ein Patiens-Modell gehört hatte (z.B. *mibbing Ernie)*, es aber den Agens (z.B. Cookie Monster) ausdrücken wollte, führte dies zu in 7 von 8 Fällen zu dem Fehler, daß sie den Agens in die Patiens-Position setzen (z.B. *mibbing Cookie Monster*). D.h. daß die Kinder nicht in der Lage sind, sich von dem vorgegebenem Modell zu lösen und hier offenbar kein abstraktes Wissen über den Zusammenhang von Agens und Subjektposition anwenden. Insgesamt gaben die Testergebnisse keinen Hinweis darauf, daß sie zu diesem Zeitpunkt schon über abstraktes Wissen über die Argumentstruktur von transitiven Verben verfügen, denn die anzuwendende Regel zur Produktion transitiver Strukturen ist ja in allen Testfragen dieselbe (Olguin & Tomasello 1993: 265f.).

Ebensowenig haben die Kinder morphologische Markierungen, die sie in ihrer Spontansprache verwenden, auf die neugelernten Wörter übertragen: Obwohl sie die Vergangenheitsmarkierung *-ed* spontan benutzten, bildeten sie in den Tests trotz entsprechender Kontexte nicht eine einzige *-ed*-Form mit den neuen Verben (Olguin & Tomasello 1993: 265). Aus diesen und anderen Experimenten kann man schließen, daß Kinder im Alter von 2;1 Jahren noch nicht über eine syntaktische Kategorie »Verb« verfügen (Olguin & Tomasello 1993). Es scheint, daß Kinder erst mit ca. 3 Jahren überhaupt anfangen, Regeln für einfache transitive Verben zu abstrahieren (Akhtar & Tomasello 1997). Das bedeutet, daß das Wissen der Kinder zu Beginn des Spracherwerbs verb-spezifisch ist: Kinder wissen, daß zu dem Verb *küssen* ein Küssender und ein Geküßter gehören wie in *Das Mädchen küßt den Frosch*, zum Verb *werfen* ein Werfender und ein Geworfenes wie in *Das Mädchen wirft den Ball*, aber sie haben noch nicht die Kasusrollen Agens und Patiens oder die syntaktischen Funktionen Subjekt und Objekt abstrahiert (Akhtar & Tomasello 1997). Diese Experimente mit Pseudowörtern zeigen, daß eine beträchtliche Spanne besteht zwischen der oft richtigen Performanz und der noch recht eingeschränkten Kompetenz.

Somit ist der Erwerb der morphosyntaktischen Beziehungen um das Verb herum ein Prozeß, der sich über viele Jahre hinzieht, denn einzelne Aspekte können unabhängig voneinander erworben werden bzw. müssen im Verlauf der Entwicklung unabhängig voneinander werden, sofern sie am Anfang an bestimmte Lexeme gebunden waren. Der Erwerbsprozeß läßt sich also als ein Mosaik vorstellen (*mosaic acquisition*, Rispoli 1991, s.a. Maratsos & Déak 1995; Akhtar & Tomasello 1997). Wahrscheinlich laufen dabei zwei Prozesse parallel ab: Zum einen ein Prozeß des analytischen Lernens, bei dem das Kind eine Grundform erwirbt und dann die verschiedenen Aspekte hinzulernt. Dies ist etwa der Fall beim Erwerb der Verbflexion im Deutschen: Die meisten Kinder benutzen zunächst unmarkierte Grundformen wie den Inifinitiv oder auch den Stamm, bevor sie die einzelnen Flexionsformen erwerben (Clahsen 1982, Behrens 1993). Zum anderen gibt es aber auch Prozesse holistischen Lernens, bei denen das Kind unanalysierte Formeln als Koppelungen von syntaktischer und semantischer Information erwirbt, bevor es diese Koppelungen aufbricht und analysiert. Die Existenz solcher Formeln ist nie bestritten worden, jedoch wurden sie lange Zeit als irrelevant für die Abstraktion von linguistischem Wissen angesehen (s. dazu Lieven & Pine 1995). In den letzten Jahren jedoch haben diese unanalysierten Konstruktionen eine neue Brisanz bekommen, denn einige Forscher gehen davon aus, daß diese Formeln eine integrale Rolle im Erwerbsprozeß spielen, weil die Kinder mit solchen Mustern operieren und erst nach und nach einzelne Aspekte dieser Muster abstrahieren und über das Generalisieren zu Regeln kommen. Entscheidend ist, daß diese Schemata Verbindungen von semantisch-funktionalen und formalen Eigenschaften sind. Dadurch erübrigt sich die Frage, ob die frühe Kindersprache von einer semantischen *oder* syntaktischen Basis ausgeht und welches die jeweiligen Grundbausteine sind. Stattdessen kann das Kind von jedem möglichen Schema Regeln abstrahieren, sofern ihm ausreichend viel Information zur Generalisierung zur Verfügung steht. Auch hier spielt wahrscheinlich eine kritische Masse an Information die entscheidende Rolle (Tomasello 1998).

5. Zusammenfassung

Der Aufbau des Verblexikons ist in zweifacher Hinsicht interessant: Werden Verben generell später gelernt, weil ihre Bedeutung wegen ihrer relationalen Eigenschaften schwieriger zu erschließen ist als die einfacher bezeichnender Objektnamen? Und läßt sich am Verbgebrauch von Kindern eine produktive Beherrschung der einzelnen kategorialen und morphosyntaktischen Eigenschaften von Verben feststellen? Die Antworten auf diese Fragen weisen in zwei unterschiedliche Richtungen: Verben treten früh auf, sie treten auch nicht notwendigerweise in niedrigerer Frequenz als Objektbezeichnungen auf. Es scheint also keine grundsätzlichen Schwierigkeiten beim Erwerb von Verblexemen zu geben (s. Abschnitt 2). Jedoch zeigen jüngste Forschungen zum Erwerb der syntaktischen Kategorie Verb, daß wir es hier mit sehr langsamen Lernprozessen zu tun haben (s. Maratsos & Déak 1995). Obwohl Kinder Verben durchaus richtig verwenden, können sie diese Verwendungsregeln nicht auf neue Kontexte generalisieren. Ihr Gebrauch von Verbmorphologie zum Ausdruck syntaktischer Beziehungen ist zunächst stark an einzelne Lexeme gekoppelt und eine Generalisierung über Gruppen von Verben hinweg findet erst relativ spät statt (Abschnitt 6). Mehrere Untersuchungen zeigen, daß Kinder erst mit etwa 3 Jahren beginnen, syntaktische Beziehungen wie etwa syntaktische Transitivität und Intransitivität systematisch durch Kasusmorphologie bzw. Wortstellung zu kodieren (Akhtar & Tomasello 1997) und erst jetzt beginnen, alle konventionellen grammatischen Markierungen an den Verben zu enkodieren, statt wie zuvor nur bestimmte Morpheme mit bestimmten Verben zu benutzen (Clark 1996: 71).

Viele dieser Fragen werden z.Zt. sehr kontrovers diskutiert, ohne daß sich eine Einigung abzeichnet. Fortschritte sind m.E. besonders in zwei Richtungen zu erwarten: Der Einbezug vieler typologisch verschiedener Sprachen wird zeigen, ob schon sicher geglaubte Erkenntnisse tatsächlich haltbar sind und gleichzeitig die Formulierung neuer und präziserer Hypothesen erlauben. Und Fortschritte in der Methodologie werden es erlauben, den Status kindlicher Kategorien genauer zu hinterfragen.

Literatur

Akhtar, Nameera & Tomasello, Michael 1997): Young Children's Productivity with Word Order and Verb Morphology. – *Developmental Psychology 33, 952-965.*

Bates, Elizabeth, Dale, Philip S. & Thal, Donna (1995): Individual Differences and their Implications for Theories of Language Development. – In: P. Fletcher, B. MacWhinney (Hgg.), *The Handbook of Child Language*, 96-151. Oxford: Blackwell.

Bates, Elizabeth & MacWhinney, Brian (1989): Functionalism and the Competition Model. – In: B. MacWhinney, E. Bates (Hgg.), *The Crosslinguistic Study of Sentence Processing*, 3-73. Cambridge: Cambridge University Press.

Behrens, Heike (1993): *Temporal Reference in German Child Language: Form and Function of Early Verb Use.* – (Dissertation) Universiteit van Amsterdam.

– (1998): How Difficult are Complex Verbs: Evidence from German, English and Dutch. – In: Linguistics 36:4. Special Issue: The Development of a Verb Category.

Bowerman, Melissa (1990): Mapping Thematic Roles onto Syntactic Functions: Are Children Helped by Linking Rules? – In: *Linguistics* 28, 1253-1290.

Braine, Martin D. S. (1994): Is Nativism Sufficient? – In: *Journal of Child Language* 21, 9-31.

– (1976): *Children's First Word Combinations.* – *Monographs of the Society for Research in Child Development* Serial No. 164, Vol. 41, No. 1.

Braunwald, Susan R. (1995): Differences in the Acquisition of Early Verbs: Evidence from Diary Data from Two Sisters.- In: W. E. Merriman, M. Tomasello (Hgg.), *Beyond Names for Things: Young Children's Acquisition of Verbs*, 81-111. Hillsdale, NJ: Erlbaum.

Clahsen, Harald (1982): *Spracherwerb in der Kindheit: Eine Untersuchung zur Entwicklung der Syntax bei Kleinkindern.* – Tübingen: Narr.

Clark, Eve V. (1993): *The Lexicon in Acquisition.* – Cambridge: Cambridge University Press.

– (1995): Later Lexical Development and Word Formation.- In: P. Fletcher, B. MacWhinney (Hgg.), *The Handbook of Child Language*, 393-412. Oxford: Blackwell.

– (1996): Early Verbs, Event Types, and Inflections.- In: C.E. Johnson, J.H.V. Gilbert (Hgg.), *Children's Language. Volume 9*, 61-73. Mahwah, NJ: Erlbaum.

Fillmore, Charles J. (1977): Scenes-and-Frames Semantics.- In: A. Zampolli (Hg.), *Linguistic Structures Processing*, 55-82. Amsterdam, New York, Oxford: North Holland Publishing Company.

Forbes, James M. & Poulin-Dubois, Diana (1997): Representational Change in Young Children's Understanding of Familiar Verb Meaning. – In: *Journal of Child Language* 24, 389-406.

Gentner, Dedre (1978): On Relational Meaning: The Acquisition of Verb Meaning. – In: *Child Development* 49, 988-998.

– (1982): Why Nouns are Learned before Verbs: Linguistic Relativity versus Natural Partitioning. – In: S. Kuczaj (Hg.), *Language Development: Language, Cognition and Culture*, 301-334. Hillsdale, NJ: Erlbaum.

Gentner, Dedre & Boroditsky, Lera (im Druck): Individuation, Relativity, and Early Word Learning. – In: M. Bowerman, S. Levinson (Hgg.), *Language Acquisition and Conceptual Development.* Cambridge: Cambridge University Press.

Gleitman, Leila (1990): The Structural Sources of Verb Meaning. – In: *Language Acquisition* 1, 3-55.

Golinkoff, Roberta Michnick, Hirsh-Pasek, Kathy, Mervis, Carolyn B., Frawley, William B. & Parillo, Maria (1995): Lexical Principles can be Extended to the Acquisition of Verbs. – In: W.E. Merriman, M. Tomasello (Hgg.), *Beyond Names for Things: Young Children's Acquisition of Verbs*, 185-221. Hillsdale, NJ: Erlbaum.

Gopnik, Alison & Choi, Soonja (1995): Names, Relational Words, and Cognitive Development in English and Korean Speakers: Nouns are not always Learned before Verbs. – In: W.E. Merriman, M. Tomasello (Hgg.), *Beyond Names for Things: Young Children's Acquisition of Verbs*, 63-80. Hillsdale, NJ: Erlbaum.

Helbig, Gerhard (1992): *Probleme der Valenz- und Kasustheorie*. – Tübingen: Niemeyer.

Jordens, Peter (1990): The Acquisition of Verb Placement in Dutch and German. – In: *Linguistics* 28, 1407-1448.

Levy, Yonata, Schlesinger, Izchak M. & Braine, Martin D. S. (Hgg.)(1988), *Categories and Processes in Language Acquisition*. – Hillsdale, NJ: Lawrence Erlbaum.

Lieven, Elena V. M. & Pine, Julian M. (1995): Comparing Different Views of Early Grammatical Development. – In: E. V. Clark (Hg.), *Proceedings of the 27th Annual Child Language Research Forum [1995]*, 207-216. Stanford: CSLI.

Mandler, Jean M. (1996): Preverbal Representation and Language. – In: P. Bloom, M.A. Peterson, L. Nadel, M.F. Garrett (Hgg.), *Language and Space*, 365-384. Cambridge, MA.: MIT Press.

Maratsos, Michael (1990): Are Actions to Verbs as Objects to Nouns? On the Differential Semantic Bases of Form, Class, Category. – In: *Linguistics 28*, 1351-1379.

Maratsos, Michael & Chalkley, M. (1980): The Internal Knowledge of Children's Syntax: The Ontogenesis and Representation of Syntactic Categories. – In: K.E. Nelson (Hg.), *Children's Language, Vol. 2*. New York: Gardner.

Maratsos, Michael & Deák, Gedeon (1995): Hedgehogs, Foxes, and the Acquisition of Verb Meaning. – In: W.E. Merriman, M. Tomasello (Hgg.), *Beyond Names for Things: Young Children's Acquisition of Verbs*, 377-404. Hillsdale, NJ: Erlbaum.

Markman, Elizabeth (1989): *Categorization and Naming in Children: Problems of Induction*. – Cambridge, MA: MIT Press.

Merriman, William E. & Tomasello, Michael (1995). Introduction: Verbs are Words too. – In: W.E. Merriman, M. Tomasello (Hgg.), *Beyond Names for Things: Young Children's Acquisition of Verbs*, 1-18. Hillsdale, NJ: Erlbaum.

Nelson, Katherine (1995): The Dual Category Problem in the Acquisition of Actions Words. – In: W.E. Merriman, M. Tomasello (Hgg.), *Beyond Names for Things: Young Children's Acquisition of Verbs*, 223-249. Hillsdale, NJ: Erlbaum.

Olguin, Raquel & Tomasello, Michael (1993): Twenty-Five-Month-Old Children do not have a Grammatical Category of Verb. – In: *Cognitive Development* 8, 245-272.

Pine, Julian M. & Martindale, Helen (1996): Syntactic Categories in the Speech of Young Children: The Case of the Determiner. – In: *Journal of Child Language 23*, 369-395.

Pinker, Steven (1984). *Language Learnability and Language Development*. Cambridge, MA.: Harvard University Press.

– (1987): The Bootstrapping Problem in Language Acquisition. – In: B. MacWhinney (Hg.),

Mechanisms of Language Acquisition, 399-441. Hillsdale, NJ: Erlbaum.

– (1994): How Could a Child Use Verb Syntax to Learn Verb Semantics? – In: L.R. Gleitman, B. Landau (Hgg.), *Lingua: Special Issue on Lexical Acquisition* 92, 377-410.

Rispoli, Matthew (1991): The Mosaic Acquisition of Grammatical Relations. – In: *Journal of Child Language* 18, 517-551.

Slobin, Dan I. (1985): Crosslinguistic Evidence for the Language-Making Capacity. – In: D. I. Slobin (Hg.), *The Crosslinguistic Study of Language Acquisition. Vol. 2: Theoretical issues*, 1157-1249. Hillsdale, NJ: Erlbaum.

– (1996a): From »Thought and Language« to »Thinking for Speaking«. – In: J.J. Gumperz, S.C. Levinson (Hgg.), *Rethinking Linguistic Relativity*, 70-96. Cambridge: Cambridge University Press.

– (1996b): Two Ways to Travel: Verbs of Motion in English and Spanish. – In: M. Shibatani, S.A. Thompson (Hgg.), *Grammatical Constructions: Their Form and Meaning*, 195-219. Oxford: Oxford Univerisity Press.

– (1997): The Origins of Grammaticizable Notions: Beyond the Indivdual Mind. – In: D. I. Slobin (Hg.), *The Crosslinguistic Study of Language Acquisition. Vol. 5: Expanding the Contexts*, 265-323. Mahwah, NJ: Erlbaum.

Slobin, Dan I. & Berman, Ruth A. (1994): Overview of Linguistic Forms in the Frog Stories. – In: D.I. Slobin, R.A. Berman (Hgg.), *Relating Events in Narrative: A Crosslinguistic Developmental Study*, 109-126. Hillsdale, NJ: Erlbaum.

Stenzel, Achim (1997): Die Entwicklung der syntaktischen Kategorien Nomen und Verb bei ein- und zweisprachigen Kindern. – Tübingen: Narr.

Talmy, Leonard (1982): Borrowing Semantic Space: Yiddish Verb Prefixes between Germanic and Slavic. – In: *BLS* 8, 231-250.

Tomasello, Michael (1992): *First Verbs: A Case Study of Early Grammatical Development*. – Cambridge: Cambridge University Press.

– (1998): The Return of Constructions. Review Essay on A. Goldberg (1995), 'Constructions: A Construction Grammar Approach to Argument Structure'. – In: *Journal of Child Language 25*, 443-484.

Tomasello, Michael & Brooks, Patricia J. (im Druck): Young Children's Earliest Transitive and Intransitive Constructions. – *Cognitive Linguistics*.

Valian, Virginia (1991): Syntactic Subjects in the Early Speech of American and Italian Children. – In: *Cognition* 40, 21-81.

Wahrig, Gerhard (1991): *Deutsches Wörterbuch*. – Gütersloh: Bertelsmann Lexikon Verlag.

Erwerb des Konzepts der Quantifikation nominaler Referenten im Deutschen

Dagmar Bittner

Abstract Nach dem Erwerb des unbestimmten Artikels *ein* und seiner Verbindung mit dem Nomen erscheinen in der Nominalphrase bis zum Alter 3;0 eine ganze Reihe weitere Begleiter des Nomens, unter anderem verschiedene Quantoren. An einem Datenkorpus von 9 Kindern konnte eine typische Erwerbsabfolge für diese Quantoren (*ein, kein, mehr, viele, zwei, drei*) festgestellt werden. Sie läßt sich als Entfaltung eines Konzepts der Quantifikation nominaler Referenten in der kindlichen Grammatik interpretieren. Ausgangspunkt ist eine einfache Merkmalsopposition, alle weiteren Erwerbsschritte sind Spezifizierungen der durch diese Basisopposition eröffneten Bereiche. Die hier betrachteten Quantoren differenzieren diesen Bereich sowohl semantisch als auch funktional. Es läßt sich zeigen, daß ihre entsprechenden Eigenschaften aufeinander Bezug nehmen und schrittweise erworben werden. Sie bilden die Basis eines in sich semantisch und funktional strukturierten Bereichs des Lexikons.

1. Vorbemerkungen

Mit der Verwendung des Terminus 'Quantifikation' berührt man unweigerlich gleich mehrere theoretische Disziplinen der gegenwärtigen linguistischen Forschung. Im Rahmen der generativen Grammatik ist ausgehend von Chomskys (1957:100f.) Hinweis auf unterschiedliche Wahrheitswerte in Aktiv- und Passivvarianten desselben quantifizierenden (englischen) Satzes – »everyone in the room knows at least two languages« vs. »at least two languages are known by everyone in the room« – der Skopus von Quantoren ein bis heute zentrales Thema der Syntaxforschung (vgl. u.a. Katz/Postal 1964; Jackendoff 1972, May 1985; Nishigauchi 1990). In der formalen Semantik wurde in Fortsetzung von Montague (1973) die Theorie der generalisierten Quantoren entwickelt (vgl. u.a. Barwise/Cooper 1981, Keenan/Stavi 1986). Hierher gehören auch die Diskursreprä-

sentationssemantik (Kamp 1981) und das Konzept der adverbialen Quantifikation (Lewis 1975). Neben diesen formalen Theorien hat sich in jüngster Zeit auch
die typologische Forschung dem Phänomenbereich Quantifikation zugewandt
(vgl. u.a. Bach/Jelinek/Kratzer/Partee 1995). Die sprachvergleichenden Daten
haben die Basis für generalisierende theoretische Überlegungen deutlich erweitert und gezeigt, daß die Englisch- bzw. Europa-Lastigkeit der formalen Studien
den Blick auf das Phänomen Quantifikation in der Sprache durchaus eingeengt
hat (vgl. u.a. Gil 1993, 1995). Die Aufmerksamkeit, die dem Phänomen der
Quantifikation auf den verschiedenen Ebenen und in den verschiedenen Ansätzen der linguistischen Forschung zuteil wird, läßt darauf schließen, daß Quantifikation ein zumindest nicht peripheres Konzept in der sprachlichen Strukturbildung darstellt. Aus den sprachvergleichenden Studien kann man als relativ
gesicherte Annahme ableiten, daß alle Sprachen über Mittel zum Ausdruck von
Quantifikation verfügen, wobei die uns so geläufige Verknüpfung der Quantifikation mit den Determinierern aber der seltenere Fall ist. Der Ausdruck von
Quantifikation scheint ein universeller Parameter von Sprachen zu sein. Dies ist
intuitiv ohne weiteres einzusehen, die Bewertung und der Vergleich von Er-
scheinungen unserer Umwelt nach quantitativen Kriterien ist eine uns sehr prä-
sente kognitive Leistung.

Der vorliegende Beitrag möchte sich dem Problem der Quantifikation in der
sprachlichen Strukturbildung nicht aus einer der erwähnten theoretischen Perspektiven zuwenden. Es soll hier vielmehr darum gehen, wie durch den Erwerb
von Quantoren ein bestimmter funktionaler Bereich des Lexikons in der kindlichen Grammatik etabliert und differenziert wird. Quantoren stehen auf der
Schwelle zwischen semantischer und funktionaler lexikalischer Einheit. Sie weisen stets beide Aspekte auf. Im Gegensatz zu primär semantisch-konzeptionellen
Lexemen brauchen Quantoren stets eine Bezugseinheit, sie können nicht für sich
selbst stehen. Zugleich unterscheiden sie sich aber von rein funktionalen Ausdrücken, wie etwa den Artikeln dadurch, daß sie ein eigenständiges, nicht abstraktes semantisches Konzept repräsentieren; so läßt sich das semantische Konzept von *mehr* etwa als 'Wiederhol-, Vergrößer- (X)' umschreiben, während *viel*
in etwa 'größere Menge/(mehr) als normal/erwartet' beinhaltet. Im folgenden
soll dargestellt werden, wie die semantisch-funktionalen Konzepte der erworbenen Quantoren miteinander interagieren und wie dieser kognitiv basierte Zusammenhang den Erwerbsprozeß beeinflußt. Der Beitrag wird sich dabei auf die
Quantifikation nominaler Referenten, d.h. auf das Erscheinen von Quantoren in
der Nominalphrase (NP) konzentrieren.

2. Forschungsstand

Auch in der Spracherwerbsforschung liegen bereits Untersuchungen zur Quantifikation vor. Dabei hat man sich hier bisher vor allem in experimentellen Untersuchungen für die Herausbildung und die sprachliche Umsetzung des Konzepts der Quantifikation interessiert (vgl. u.a. Sugarman 1983, Johnston 1985, Karmiloff-Smith 1979, 1992). Longitudinaluntersuchungen, die sich gezielt dem Erwerb einer bestimmten Gruppe von Quantoren widmen, liegen m.W. noch nicht vor.

Die Fähigkeit zu quantifizieren entwickelt sich aus der Fähigkeit, Objekte, Situationen und Sachverhalte hinsichtlich charakteristischer Eigenschaften zu bewerten. Johnston (1985:974) stellt in ihrer Untersuchung zu 'quantity concepts' im Spracherwerb fest: »As in space, number conceptualizations begin with knowledge of object properties, particularly those which help to define a spatio-temporal set«. Unter diesem Gesichtspunkt sind quantifizierende Aktivitäten im weitesten Sinne sehr früh in der kindlichen Entwicklung zu beobachten, so z.B. in der Zusammenfassung/Gruppierung von Objekten mit ähnlichen Eigenschaften, die das Erkennen des sich *Wiederholens* von Eigenschaften einschließt.[1] Erst etwas später folgen direkte sprachliche Aufforderungen zur *Wiederholung* von Handlungen oder zum *Vergrößern* von Mengen durch *mehr, noch, mal* u.ä. Einheiten. Ebenso wird das *Verschwinden* eben noch vorhandener Objekte sprachlich ausdrückbar, etwa durch »*alle, alle*«. Stern/Stern (1928/1965) geben an, daß ihre Tochter Hilde mit 1;8 *mehr* »sehr mannigfaltig gebraucht« um das Hinzukommen weiterer Objekte derselben Art zu beschreiben bzw. zu fordern. Ab 1;9 verwendet Hilde zur Kennzeichnung von Wiederholungen bzw. Häufungen *wieder, mal, lauter* und *eins, zwei, drei*, wobei die Abfolge *eins, zwei, drei* eher als Kennzeichnung des Aufzählens mehrerer Gegenstände als im Sinne von Zahlenwerten verwendet wird. Stern/Stern (ebd.:40) stellen für diese Phase fest, daß: » ... noch das eigentliche Zählen (Feststellen einer Anzahl) fehlt, während zwei Vorbedingungen des Zählens schon vorhanden sind: das Aneinanderreihen gleichartiger Einheiten und das Auffassen einer unbestimmten Vielheit«, die »durch 'lauter' ausgedrückt« wird.

Auf einen frühen Erwerb quantifizierender Ausdrücke verweisen auch Untersuchungen zu den sogenannten 'first words'.[2] Bei einigen Kindern finden sich erste Quantoren schon unter den ersten 50 Wörtern.[3] Das jüngste Kind des Wag-

---

1 Vgl. Johnston (1985:974): » ... 12 – 18 month olds successively choose similar objects for play«.

2 Bei den meisten Untersuchungen werden Quantoren, da sie nicht im Zentrum des Interesses stehen, unter einen allgemeinen Begriff subsumiert, etwa modifiers oder functors. Ganz genaue Angaben lassen sich daher so gut wie nie finden.

ner Korpus in CHILDES, Katrin (1;5:15), verwendet bereits *mehr, alle, beide, keiner*. Clark (1993) konstatiert den Erwerb erster Quantoren für das Kind Damon vor dessen zweitem Geburtstag; als Bsp. gibt sie *more* und *two* an. Auch in meinen eigenen Aufnahmen wird *mehr* bereits in der ersten Aufnahme (Anna 1;8:08) verwendet. Man kann also alle individuellen Unterschiede vernachlässigend annehmen, daß die ersten sprachlichen Ausdrücke für Quantoren (bei Deutsch bzw. Englisch als Muttersprache erwerbenden Kindern) etwa mit 1;6 erworben sind.

Ein differenziertes, in sich strukturiertes Konzept der Quantifikation von Gegenständen bilden diese frühen Aktivitäten und ersten sprachlichen Symbolisierungen noch nicht ab. Insbesondere fehlt, wie Stern/Stern feststellten, bis auf wenige situationsgebundene Verwendungen die numerale Quantifikation von Gegenständen sowie auch ihre direkte sprachliche Manifestation in Form eines mit einem Quantor verbundenen Nomens. Unter Rückgriff auf eine Untersuchung von Saxe konstatiert Johnston (1985:975):

> »Saxe (1979a, 1979b) notes for example, that young children may count an array without recognizing the cardinal significance of the final number, behavior which amounts to iterative labeling, or may base their quantity judgments upon spatial extent, a global-quality-of-the whole. Since judgments of numerosity demand both types of notion, i.e., three is at once the third in a series of iterative correspondences and a comment on the series, *this early developmental phase remains essentially prequantitative*.« (Hervorh. D.B.)

Es handelt sich vorerst um Entwicklungsschritte, die den qualitativen Sprung oder Umschlag zur Etablierung eines differenzierten Konzepts der Quantifikation von Gegenständen vorbereiten.

Der frühe Erwerb von präquantifizierenden Verhaltensweisen und sprachlichen Ausdrücken spricht dafür, daß Quantifikation zu den »first accessible grammaticizable notions« (Slobin 1985:1172ff.) gehört bzw. in diesem Rahmen als sprachlich relevantes Konzept erkannt wird. Slobin, Bowerman, Peters u.a. (vgl. Slobin 1985; 1992) haben in sprachvergleichenden Studien gezeigt, daß dem Erwerb von grammatisch-funktionalen Einheiten der Erwerb sogenannter 'grammaticizable notions' (grammatikalisierbare Begriffe) vorausgeht. Diese beruhen auf universellen kognitiven Wahrnehmungskategorien wie Figure-Ground-Konstellation, Lokalisation, Temporalität, Szenarien verschiedener Typen von Ereignissen u.ä. Die Überführung solcher universellen Wahrnehmungskategorien

---

3 Vgl. z.B. Ingrams Analyse der Daten von Nelson (1973). Drei der acht Kinder erwarben *allgone* und/oder *more* innerhalb der ersten 50 Wörter (Ingram 1989:149).

in 'grammaticizable notions', ist die Basis für den Erwerb von grammatisch-funk-tionalen Einheiten.

> »When functors are first acquired, they seem to map more readily onto a universal set of notions than onto the particular categories of the parental language. Later in development, of course, the language-specific use of particular functors will train the child to conceive of grammaticizable notions in conformity with the speech community, as Bowerman often has pointed out (e.g. 1981). At first, however, there is a considerable evidence that children discover principles of grammatical marking according to their own categories – categories that are not yet tuned to the distinctions that are grammaticized in parental language.« (Slobin 1985:1174)

Der Erwerb grammatisch-funktionaler Einheiten verläuft nach Slobin (etwas vereinfacht zusammengefaßt) über folgende Etappen: (a) einige der im Speicherprozeß isolierten Einheiten können im Abbildungsprozeß nicht mit einer semantisch-konzeptuellen Bedeutung verbunden werden; (b) früh erworbene Einheiten dieser Art werden auf die Situation abgebildet, in der sie typischerweise erscheinen. Slobin nennt diese vor allem als Ein-Wort-Äußerungen auftretenden situativ gebundenen Einheiten »routines«/«operators«; vgl. z.B. im Engl./Dt. *allgone/weg, byebye/winke-winke, again/(noch) mal, more/mehr;*[4] (c) im fortgesetzten mapping-Prozeß wird ein Teil dieser Einheiten von der konkreten Situation gelöst und auf 'accessible grammaticizable notions', d.h. auf funktionale bzw. relationale Zusammenhänge, abgebildet. Dies geschieht auch mit den etwas später im Speicherprozeß erworbenen Einheiten, die nicht als Inhaltswort abgebildet werden konnten (grammatischen Morphemen z.B.). In diesem Stadium betrachtet Slobin die entsprechenden Einheiten bereits als 'functors'.[5] (d) der im Spracherwerb sich ständig fortsetzende mapping-Prozeß führt letztlich zur sprachspezifischen grammatisch-funktionalen Konstituierung der 'functors'; etwa durch die Verbindung mit einem spezifischen semantischen und syntaktischen Profil zur Funktorenklasse 'Quantor'.

Die Fähigkeit, zwischen Inhaltswörtern und Funktorenwörtern zu unterscheiden, führt Slobin auf eine angeborene kognitive Eigenschaft zurück, die den Erwerb von Sprache und Grammatik grundlegend beeinflußt.

> »I propose that we must assume that LMC distinguishes between the two primordial types of linguistic concepts defined by Sapir. The child conceives of events in terms of relations between concrete entities, and is, in some sense, 'set' to discover symbols for both concrete and relational concepts: [...]« (ebd.:1172)

---

4 Vgl. OP (Mapping): content words and routines (Slobin 1985:1170).

5 Vgl. OP (Mapping): functors (Slobin 1985:1172).

Die Versprachlichung von 'grammaticizable notions' und ihre zielsprachliche Ausprägung [LMC = language making capacity] setzen das Erkennen der spezifischen Strukturmuster voraus, mit deren Hilfe das jeweilige Konzept in der zu erwerbenden Sprache ausgedrückt wird. Die Quantifikation nominaler Referenten erfolgt im Deutschen durch die Verbindung des Nomens mit einem quantifizierenden Begleiter. Es ist also notwendig, daß das Kind das strukturelle Grundmuster der NP erkennt, um die Quantifikation von Objekten sprachlich eindeutig markieren zu können. Dieser Spracherwerbsprozeß manifestiert sich im Übergang von der isolierten Verwendung der Nomen zur Verwendung zweigliedriger NP.

Der erste Begleiter, der dem Nomen systematisch zugeordnet wird, ist der unbestimmte Artikel. Ihm folgen weitere Funktionswörter sowie Adjektive, bis schließlich der Übergang zur Verwendung dreigliedriger NP erfolgt. In Bittner (1998) konnte gezeigt werden, daß in diesem Erwerbsprozeß die sprachlichen Mittel zur Spezifizierung der Referenz des Nomens in einer geordneten Folge erworben werden. Die zuerst erworbenen Elemente wie der unbestimmte Artikel und erste Adjektive haben weniger referenzspezifizierende Merkmale als die zuletzt erworbenen Elemente wie der bestimmte Artikel, vgl. die Spezifität der Referenz von *ein Haus – rotes Haus – das Haus – das rote Haus*. Dieser Erwerbsverlauf bildet m.E. einerseits den kognitiven Prozeß der Differenzierung von Konzepten ab und andererseits den adäquat dazu verlaufenden Aufbau der Grammatik von weniger komplexen zu stärker komplexen Kategorien und Strukturen.

Ein ähnlicher Prozeß soll nun im vorliegenden Beitrag diskutiert werden. Die vorangegangenen Untersuchungen haben darauf aufmerksam gemacht, daß mit dem Erwerb des unbestimmten Artikels nicht nur die strukturelle Entfaltung der NP und der Erwerb weiterer referenzspezifizierender Einheiten eingeleitet wird, sondern zugleich auch die Einbettung von quantifizierenden Einheiten, Quantoren also, in die NP. Neben Formen, die bereits erworben sind, wie z.T. *mehr* und *zwei*, erscheinen im Rahmen des NP-Erwerbs weitere quantifizierende Formen wie z.B. *kein* und *viele*. In Verbindung mit dem Nomen weisen diese Quantoren die grundlegenden lexikalisch-semantischen und funktionalen Eigenschaften der Zielsprache auf. Es kann von der Herausbildung eines strukturierten Konzepts der Quantifikation nominaler Referenten gesprochen werden. Die These, für die hier argumentiert wird, ist: Der Erwerb des unbestimmten Artikels leitet die Entfaltung des Konzepts der Quantifikation in der kindlichen Grammatik ein. Die in einer geordneten Abfolge in der NP erscheinenden Quantoren konstituieren dabei einen relativ eigenständigen semantisch und funktional strukturierten Bereich des Lexikons.

3. Methode – Sprachdaten

Der Untersuchung liegen Longitudinaldaten von neun Kindern (ausschließlich Mädchen) aus dem Raum Düsseldorf zugrunde. Die Daten wurden 1990 von Mitarbeitern des damaligen LexLern-Projekts unter der Leitung von Harald Clahsen erhoben. Die Kinder wurden im Altersbereich von 1;11 bis 2;10 in mehr oder weniger regelmäßigen Abständen in interaktiven Spielsituationen mit einem Erwachsenen (Interviewer) aufgenommen. Von jedem Kind liegen zwischen 6 und 15 Aufnahmen vor.[6] Abb. 1 veranschaulicht den durch diese Daten abgedeckten Alterszeitraum:

Abb. 1: *Alter der 9 Mädchen des »Clahsen«-Korpus*

Sabrina												
Hannah												
Katrin												
Jennifer												
Antje												
Verena												
Inga												
Annelie												
Marlies												
Alter	1;11	2;00	2;01	2;02	2;03	2;04	2;05	2;06	2;07	2;08	2;09	2;10

4. Analyse

4.1 Der unbestimmte Artikel als Ausgangspunkt des Erwerbs von Quantoren in der NP

Die untersuchten Daten legen nahe, daß der Erwerb des unbestimmten Artikels *ein* in seiner Funktion, die äußere Konturiertheit, Abgegrenztheit, Nichtteilbarkeit des Referenzobjekts zu symbolisieren (Bittner 1998), Erwerbsprozesse in verschiedenen funktionalen Bereichen auslöst. Im unmittelbaren Anschluß an den Erwerb von *ein* erscheinen in der NP auch Formen von *mein* und *kein*. Bis 3;0 wird auch *dein* und z.T. *unser* in die NP integriert und als weitere quantifizierende Einheiten erscheinen bei fast allen untersuchten Kindern *mehr, viele* und die Numeralia *zwei* und z.T. *drei* in der NP.[7] Neben der Entfaltung der Referenzfunk-

---

6   Wir danken Harald Clahsen und Mitarbeitern
    herzlich für die Bereitstellung des Daten-
    materials.

tionen der NP werden im Anschluß an den Erwerb des unbestimmten Artikels also auch die Possession und die Quantifikation nominaler Referenten entfaltet. In der Possession ist der Erwerbsverlauf bis 3;0 sehr klar, (*ein* + Nomen) > *mein* + Nomen > *dein* (+ Nomen) > *unser* (+Nomen),[8] und korreliert deutlich mit der zunehmenden inhaltlichen Komplexität der Formen. Während *ein* ausschließlich symbolisiert, daß das Nomen auf einen (begrenzten, in seinen äußeren Konturen bestimmten) Vertreter des nominalen Konzepts referiert, gibt *mein* zusätzlich dazu die Zugehörigkeit des Referenzobjekts zum Sprecher an. Die Form *dein* enthält sowohl den Referenzhinweis von *ein*, den Verweis auf den Sprecher (denn nur über diesen ist das Referenzobjekt der 2.Ps. erschließbar) und die Zugehörigkeit des Referenzobjekts zur Person, mit der der Sprecher kommuniziert; *unser* enthält als weiteren zusätzlichen Aspekt die Zusammenfassung von Sprecher und Hörer als gemeinsamen Besitzern des Referenzobjekts.

Die Formen, die bis ca. 3;0 zur Quantifikation des nominalen Referenten erworben werden, sind zahlreicher, und es läßt sich auf den ersten Blick keine einheitliche Erwerbsreihenfolge feststellen. Intuitiv zugänglicher ist aber hier die Annahme, daß *ein* der Auslöser für den Erwerb weiterer quantifizierender Einheiten in der NP sein könnte. Die Form *ein* hat sowohl referenzspezifizierende als auch quantifizierende Kapazitäten. Diese Tatsache hat in der germanistischen Linguistik die Diskussion ausgelöst, ob *ein* als Determinierer oder als Quantor zu betrachten ist, vgl. u.a. Hauenschild (1993), Vater (1984, 1986), Heim (1988, 1991), Eisenberg (1989). Im folgenden wird die These vertreten, daß *ein*[9] primär referenzspezifizierende Einheit, also Determinierer ist. Seine quantifizierenden Kapazitäten sind implizit in seinen Eigenschaften als Determinierer enthalten, d.h. *ein* hat sekundär quantifizierende Eigenschaften und kann als Quantor fun-

---

7 Nur für wenige der untersuchten Kinder läßt sich auch die Verbindung des Nomens mit den Formen *alle* und *beide* feststellen. Außerhalb der NP ist *alle* stets bereits in der ersten oder zweiten Aufnahme belegt, kann also als sehr früh erworben gelten (im allgemeinen deutlich vor dem Ende des zweiten Lebensjahres). Die Daten bestätigen die Annahme von Gil (1995), daß *alle* gegenüber *jede(r)* der unmarkierte Quantor ist. Noch keines der 9 Mädchen zeigt irgendeine Verwendung von *jede(r)*. Für *beide* liegt der Erwerbszeitpunkt offenbar später, es ist bei einem Kind gar nicht belegt und bei 5 Kindern erst zu einem deutlich späteren Zeitpunkt als *alle*. Ebenfalls noch nicht belegt sind bei den 9 Mädchen Formen von *wenig, einige, einzige, verschiedene, manche*. Die Numeralia *vier* bis *elf* sind (nur) in

Zählübungen oder -spielen (»*eins, zwei, drei, vier, fünf, …*«) belegt.

8 Der Erwerb von *dein* erfolgt bis ca. 2;6 lediglich Sabrina, deren Aufnahmen mit 2;2 enden, zeigt noch keine Verwendung von *dein*. Für *unser* finden sich in den untersuchten Daten drei Belege, die alle drei eindeutig eigenständige Produktionen sind – Antje (2;4) *unser papa*, Annelie (2;7) *unser blatt*, Marlies (2;7) *unser auto*. Es ist anzunehmen, daß noch weitere Kinder *unser* erworben haben, daß es lediglich in den Aufnahmen keine Verwendung fand. Deutlich ist aber, daß der Erwerb von *unser* erst nach dem Erwerb von *dein* erfolgt.

9 Die Form *ein* steht stellvertretend für alle Formen des unbestimmten Artikels. (Achtung: *eins* gehört nicht dazu!)

gieren. Es ist bereits darauf verwiesen worden, daß durch die Verbindung des Nomens mit *ein* die Referenz auf einen begrenzten, in seinen äußeren Konturen bestimmten Vertreter des nominalen Konzepts symbolisiert wird. M.a.W. aus dem unbegrenzten, nicht klar konturierten semantischen Konzept, das ein Nomen wie z.B. *Baum* repräsentiert, wird durch die Hinzufügung des unbestimmten Artikels die »Ausgrenzung« eines konturierten Objekts, eines Ganzen vorgenommen. Die Merkmale 'äußere Konturiertheit'/'Begrenztheit' implizieren das Merkmal 'Zählbarkeit'. Und im Rahmen von begrenzten, zählbaren Objekten ist Einzahligkeit der in unserer Weltwahrnehmung unmarkierte Fall.[10] Auf diesem Hintergrund kann im Dt. wie in vielen anderen Sprachen der unbestimmte Artikel mit dem Zahlwort für *eins* bzw. einem Einzahligkeitsmarker formal zusammenfallen. Daß die quantifizierende Kapazität von *ein* sekundär ist, wird z.B. dadurch sichtbar, daß wir zusätzliche Hinweise aus dem Kontext benötigen, wenn eine quantifizierende Lesart zugeordnet werden soll; eine spezifische Intonation, einen Zählkontext oder ähnliches. Die quantifizierende Verwendungsweise von *ein* in der NP ist zugleich weitaus seltener. Das spiegelt sich auch im Spracherwerb – nur ein Bruchteil der Kontexte in denen *ein* zwischen 2;0 und 3;0 in der NP erscheint, sind Zähl- bzw. primär quantifizierende Kontexte. Gleichzeitig ist die inhärente quantifizierende Kapazität von *ein* auch in seiner Verwendung als Artikel nicht hintergehbar, das Referenzobjekt ist stets einzahlig, wenn *ein* verwendet wird, aber dies ist dann nicht das primäre Mitteilungsziel, der primäre Informationsgehalt der Form.

4.2   Quantifizierende Einheiten in der NP

Der Erwerb einer Symbolisierung, die Einzahligkeit einschließt, impliziert die konzeptuelle Abgrenzung zu Nichteinzahligkeit, und zwar in zwei Richtungen: 'weniger als eins' und 'mehr als eins'. Für die Dimension 'weniger als eins' erwerben alle Kinder des Clahsen-Korpus die Verbindung des Nomens mit der Form *kein*. Für die Dimension 'mehr als eins' erwerben sie, mit Ausnahme von Sabrina, die Verbindung des Nomens mit *mehr* und/oder *viele*, vier Kinder außerdem die Verbindung mit *zwei* und drei Kinder desweiteren die Verbindung des Nomens mit *drei*.

---

10 Die meisten Objekte der uns umgebenden Wirklichkeit, insbesondere die unseres unmittelbaren Lebens-/Tätigkeitsumfeldes nehmen wir prototypischerweise als Einzelexemplare wahr. Selbst wenn sie mehrfach da sind, können wir die verschiedenen Exempla-re prototypischerweise nur in einem zeitlichen Nacheinander anfassen (be-greifen!), benutzen, bearbeiten, essen usw. Dies wird in der unterschiedlichen Häufigkeit, mit der Satzglieder im Singular und im Plural erscheinen, auch sprachlich deutlich.

Abb. 2 stellt die Abfolge des Erwerbs der genannten Formen in der NP dar. Abgesehen davon, daß mit Ausnahme von Hannah, alle Kinder *ein* als ersten bzw. als einen der ersten Quantoren des Nomens erworben haben, scheint die weitere Erwerbsreihenfolge von *kein, mehr, viele* und *zwei, drei* doch sehr verschieden zu sein. Überprüft man aber, welche dieser Quantoren die Kinder am Ende der Aufnahmen noch nicht in die NP eingebunden haben bzw. welche sie in den Aufnahmen überhaupt noch nicht verwendet haben – was in der untersten Zeile der Tabelle erfaßt ist – ergibt sich ein überraschend deutliches Bild einer geordneten Erwerbsabfolge.

Abb. 2: *Abfolge des Erwerbs von ein, kein, mehr, viele, zwei, drei als Element der NP*

	Antje	Inga	Katrin	Jennifer	Marlies	Annelie	Hannah	Verena	Sabrina
I	ein viele	ein mehr	ein	ein kein mehr	ein	ein	viele	ein mehr	ein
II	kein zwei	viele drei	kein		mehr	kein zwei	ein	kein	kein
III	drei mehr	kein zwei	mehr viele		kein	mehr	kein		
IV[11]			zwei drei						
nicht in NP (∅ = gar nicht belegt)				zwei drei ∅	zwei drei ∅	viele drei	mehr zwei drei ∅	viele ∅ zwei ∅	mehr viele ∅ zwei drei ∅ drei ∅

Zum Ende der Aufnahmen verwenden alle Kinder Formen von *ein* und *kein* in der NP. Sabrina, deren letzte Aufnahme im Alter von 2;02,04 gemacht wurde[12], verwendet weder *mehr* noch *viele* in der NP und auch *zwei* und *drei* noch nicht. Bei drei Kindern (Verena, Hannah und Annelie) fehlt entweder *mehr* oder *viele* und ebenfalls *zwei* und *drei* (bei Annelie nur *drei*). Zwei Kindern (Jennifer und

---

11 Die Zeilenkennzeichnung I–IV besagt, die in Zeile I aufgelisteten Formen wurden vor den in Zeile II aufgelisteten verwendet, diese vor denen in Zeile III usw. Da es sich bei den Daten nicht um Tagebuchaufzeichnungen handelt, sind keine genauen Angaben über die Erwerbszeitpunkte möglich. Die in den Aufnahmen zu findende Abfolge kann nur ein Näherungswert sein. Mitunter könnten Formen schon deutlich vor ihrem ersten Erscheinen in einer Aufnahme erworben sein, in den Aufnahmen fehlten nur einfach die Kontexte für ihre Verwendung. Das umfangreichere Datenkorpus bietet aber die Möglichkeit zu Rückschlüssen auf die Erwerbsabfolge.

12 Also zu einem Zeitpunkt, zu dem bei sechs anderen Kindern des Korpus die Aufnahmen noch gar nicht begonnen haben!

Marlies) fehlt lediglich *zwei* und *drei* und drei Kinder (Antje, Inga und Katrin) verfügen am Ende der Aufnahmen über alle genannten Quantoren.

Die Daten lassen die Annahme zu, daß die Erwerbsreihenfolge von Quantoren in der NP prototypischerweise die Reihenfolge *ein* < *kein* < *mehr* und/oder *viele* < *zwei* < *drei* ist. Aus dieser Datensituation lassen sich folgende Hypothesen ableiten:

1. Kinder, die *zwei* noch nicht mit dem Nomen verbinden, tun dies auch mit *drei* noch nicht (vgl. Jennifer, Marlies, Hannah, Verena, Sabrina).
2. Kinder, die *mehr* und/oder *viele* noch nicht in der NP verwenden, verwenden auch *zwei* und *drei* noch nicht in der NP (vgl. Annelie, Hannah, Verena, Sabrina).

Die einzige Ausnahme zur postulierten Erwerbsabfolge bildet das Erscheinen von *zwei* in der NP bei Annelie, ohne daß bereits Belege für die Verbindung von *viele* mit dem Nomen vorliegen.

Die scheinbar starke individuelle Variation, die die 9 Kinder in der Erwerbsabfolge aufweisen (vgl. Abb. 2), ist sicher zu einem großen Teil auf die unterschiedlichen Aufnahmerhythmen zurückzuführen. So wurden mit Katrin, die ziemlich genau die angenommene prototypische Erwerbsreihenfolge zeigt, in 15 Sitzungen mit wöchentlichem bis 14-tägigem Abstand Aufnahmen gemacht. Bei den anderen Kindern liegen lediglich zwischen 5 bis 8 Aufnahmen vor, die im Abstand von 2 bis 4 Wochen erstellt wurden. Bei Katrin ist damit die Entwicklung wesentlich detaillierter nachzuvollziehen als bei den übrigen Kindern. Abgesehen davon sind interindividuelle Unterschiede durchaus zu erwarten und auch konstatierbar, so z.B. das Auftreten von *viele* vor *ein* und *kein* bei Hannah, das möglicherweise mit ihrer ausgeprägten Verwendung reduzierter Formen vor dem Auftreten von *ein* zusammenhängt. Auf diese interindividuellen Unterschiede soll später kurz eingegangen werden. Zu interpretieren ist zunächst das aus dem vorgestellten Datenbefund ableitbare implikative Erwerbsmuster für Quantoren in der NP: wenn *zwei* fehlt, dann sollte auch *drei* fehlen, wenn *mehr* und/oder *viele* fehlt, dann sollten auch *zwei* und *drei* fehlen, wenn *kein* fehlt, dann sollten auch *mehr, viele, zwei* und *drei* fehlen. Letzteres ist in den untersuchten Daten nicht belegt, läßt sich jedoch aus der Datensituation ableiten: Alle Kinder haben am Ende der Aufnahmen die Verbindung des Nomens mit *kein* erworben, die Verbindung mit *mehr* und/oder *viele* fehlt dagegen noch gänzlich bei Sabrina und ist bei anderen Kindern (Annelie, Marlies, Jennifer) nur wenig belegt.

Abb. 3 und Abb. 4 stellen den Erwerbsverlauf bei Katrin und Antje anhand aller einschlägigen Datenbeispiele vor.

Abb. 3: *Erwerb von Quantoren in der NP bei* KATRIN

Aufn./ Alter	ein	kein	mehr	viele	zwei	drei
01 / 2;1:26	ein maus ein tannebaum ein häschen ein pferd (2x) ein hahn ein schwein					
02 / 2;2:01	noch ein tür eine tasche (2x) ein tasche eine mittagessen	kein geld (2x)				
03 / 2;2:10	ca. 35	keine katze kein bilder	mehr nüsse noch mehr nüsse (2x) noch mehr manns	viele nüssen		
04 / 2;2:16	ca. 15	kein roller kein wasser				
05 / 2;2:22	ca. 20			viele hunde		
06 / 2;3:29	ca. 40	keine tür keine onkel kein wasser kein schuhe keine schuhe				
07 / 2;4:09	ca. 25	kein wasser kein schuhe keine schuhe				
08 / 2;4:23	ca. 20	keine uhr kein zeit (2x)				
09 / 2;4:30	ca. 70	keine sonne kein sonne (2x) keine nüsse kein schuhe				
10 / 2;5:06	ca. 40	kein platz kein fotkrat kein fotoprat (2x)	noch mehr neue socken noch mehr kaffee mehr kaffe	viele kuh		
11 / 2;5:13	ca. 25				zwei erbsen (2x)	drei erbsen

Abb. 4: *Erwerb von Quantoren in der NP bei* ANTJE

Aufn./ Alter	ein	kein	mehr	viele	zwei	drei
01/ ca. 2;3	eine maus noch ein ziege ein ente noch ein hase ca. 40			ganz viele hase ganz viele hund		
02/ ca. 2;3	ca. 20	kein durst		ganz viele balle	zwei stück	
03/ ca. 2;4	ca. 45			ganz viele eier		
04/ ca. 2;5	ca. 10			ganz viel mammut		
05/ ca. 2;5	ca. 30	kein toller hut	mehr k(n)ete	viele monster viel knete		(d)rei (ka)mel drei hase
06/ ca. 2;6	ca. 45	kein ball kein babytiger				drei junges drei beine
07/ ca. 2;7	ca. 25	kein punkt kein max				
08/ ca. 2;9	ca. 20	kein unterhemd		ganz viele hase (2x)		

5. Schrittweise Differenzierung des Quantifikationskonzepts

Der festgestellte geordnete Erwerbsverlauf läßt sich als schrittweise Differenzierung und Spezifizierung quantitativer Eigenschaften nominaler Referenten interpretieren. Dies kann wiederum als die Entfaltung eines Konzepts der Quantifikation betrachtet werden. Im folgenden soll der Prozeß der sprachlichen Differenzierung quantitativer Eigenschaften durch den Erwerb lexikalischer Mittel für bestimmte quantitative Inhalte dargestellt werden.

Es ist bereits erwähnt worden, daß der Erwerb einer sprachlichen Einheit, die die Symbolisierung von Einzahligkeit einschließt, die konzeptuelle Abgrenzung zu allen Bereichen einschließt, in denen keine Einzahligkeit vorliegt. Die Markierung einer Eigenschaft beinhaltet die gezielte Ausgrenzung der Bereiche, in denen diese Eigenschaft nicht gilt. Beim Erwerb von *ein* wird dies daran deutlich, daß mit der Symbolisierung der Begrenztheit und äußeren Konturiertheit des Referenzobjekts die Unterscheidung zwischen Konkreta und Kontinua vollzogen wird. Kontinua bzw. in kontinuativer Bedeutung verwendete Nomen (im Spracherwerb sind das zunächst vor allem Massennomen) werden von den Kindern nur selten mit *ein* verbunden, es ist hier keine Übergeneralisierungstendenz zu beobachten. Mit *ein* wird die Unterscheidung der beiden nominalen Konzepte markiert (Bittner 1998). Der Erwerb von *ein* impliziert somit primär die Abgrenzung des Bereichs der begrenzten Referenten von den unbegrenzten Referenten und sekundär die Abgrenzung des Bereichs der einzahligen von den nichteinzahligen Referenten. Der Erwerb der quantifizierenden Eigenschaften von *ein* ist an den

Erwerb der Merkmalsopposition [+ einzahlig] vs. [−einzahlig] oder 'eins' vs. 'nicht eins') gebunden. Damit wird das Konzept der Quantifikation nominaler Referenten eröffnet. Abb. 5 soll diesen ersten immanenten Differenzierungsschritt graphisch veranschaulichen. Die Markierung der Einzahligkeit nominaler Referenten, also des Merkmals [+ einzahlig] ('eins'), wird durch die lexikalische Einheit *ein* geleistet. Der damit ausgegrenzte Bereich 'nicht eins' wird sprachlich nicht speziell markiert (s.u.):

Abb. 5: *Eröffnung und Differenzierung des Quantifikationskonzepts durch den Erwerb von ein*

'eins'	('nicht eins')
ein	

Der Bereich 'nicht eins' wird zunächst einerseits durch die Verwendung der allgemeinen Sachverhaltsnegation *nicht* (*nicht* + Nomen oder *nicht ein* + Nomen) markiert, vgl. Annelie (2;4:02) *is nich ziege*, (2;6:08) *da nich ein auto*, Inga (2;4:23) *da nich ein eisdiele*, (2;5:08) *das nich eine milch*, Sabrina (1;11) *gar nich suhe (=schuhe)*, (2;1) *nich turm*, (2;2) *it (=ist) nich eine loch da*; und andererseits durch die Verwendung von Pluralformen. Diese Formen weisen darauf hin, daß 'nicht eins' implizit die Differenzierung in die Bereiche 'weniger als eins' vs. 'mehr als eins' enthält. Wie die Datenanalyse gezeigt hat, folgt auf den Erwerb von *ein* typischerweise der Erwerb von *kein* bzw. die Integration dieser Form in die NP. Der Bereich 'weniger als eins' wird damit durch eine spezielle lexikalische Form markiert, die gezielt die Negation der Existenz des nominalen Referenten leistet. Gleichzeitig macht dies die Alternative 'mehr als eins' explizit und führt zu einer weiteren Differenzierung des Quantifikationskonzepts. Abb. 6 soll dies verdeutlichen:

Abb. 6: *Differenzierung des Quantifikationskonzepts durch den Erwerb von kein*

'eins'		('nicht eins')	
	'weniger als eins'	('mehr als eins')	
ein	*kein*		

Der semantische und funktionale Zusammenhang von *ein* und *kein* kommt durch ihren engen Erwerbszusammenhang und ihre formale Ähnlichkeit zum Ausdruck. Während mit *ein* eine bestimmte Quantität etabliert wird, stellt *kein* die Negation der Existenz einer Quantität dar. Die lexikalische Einheit *kein* und ihre Flexionsformen leisten unmittelbar die Negierung der Existenz des durch *ein* konstituierten begrenzten Referenzobjekts, was durch die semantische Charakterisierung 'weniger als eins' ausgedrückt wird. Nichtexistente Referenzobjekte können allerdings nicht (mehr) als begrenzte Objekte wahrgenommen werden. Diese mit der Negation gegebene Aufhebung des Merkmals der Begrenztheit macht *kein* auch auf unbegrenzte Referenzobjekte (Kontinua und Plurale) anwendbar.[13] Die funktionale Verwandtschaft von *ein* und *kein* bleibt dabei insofern gewahrt, als auch *kein* nicht die Unbegrenztheit, Unabgeschlossenheit des nominalen Referenten symbolisiert, sondern eben sein Nichtvorhandensein. M.a.W. beide Formen schließen die Existenz eines unbegrenzten, unabgeschlossenen nominalen Referenten aus.

Zur sprachlichen Symbolisierung des Bereichs 'mehr als eins', also der Referenz auf mehr als einen Vertreter des nominalen Konzepts, werden unseren Daten zufolge typischerweise die Quantoren *mehr* und/oder *viele* erworben. Mit beiden lexikalischen Einheiten wird symbolisiert, daß das nominale Referenzobjekt durch eine unbestimmte Menge von Objekten konstituiert wird, die größer ist als eins. Das Referenzobjekt wird als unbegrenzt, äußerlich nicht konturiert charakterisiert; es bleibt unklar, welche Dimension die Gesamtmenge und damit das Referenzobjekt besitzt. Dies impliziert die Abgrenzung zum Bereich der klar definierten, begrenzten Mengen. Abb. 7 verdeutlicht diesen nächsten Differenzierungsschritt:

Abb. 7: *Differenzierung des Quantifikationskonzepts durch den Erwerb von mehr/viele*

'eins'	('nicht eins')		
	'weniger als ein'	('mehr als eins')	
		unbegrenzte Menge	(begrenzte Menge)
ein	kein	mehr/viele	

Nur eines der untersuchten Kinder (Katrin) benutzt ausgiebig *mehr* und *viele*. Vier

---

13 Von den 76 Verbindungen mit *kein* im gesamten Clahsen-Korpus sind 12 Verbindungen mit Kontinua und 18 Verbindungen mit Pluralformen.

Kinder haben sich für die bevorzugte Verwendung von *mehr* (Verena, Inga) oder *viele* (Hannah, Antje) entschieden. Zwei Kinder (Marlies, Jennifer) gebrauchen beide Formen nur spärlich. Annelie verwendet nur *mehr* und dies wenig, Sabrina verwendet noch keine der beiden Formen. Wie eingangs festgestellt wurde, gehört *mehr* zu den bereits sehr früh erworbenen präquantifizierenden Formen. Seine Einbettung in die NP liegt zwar nahe, doch ist sie an bestimmte Bedingungen geknüpft. Mit *mehr* + N wird das Hinzukommen von Objekten oder Teilmengen zu bereits vorhandenen, unbestimmt großen Mengen von Objekten symbolisiert. In den Daten drückt sich das durch die häufige Konstruktion *noch mehr* + N aus. Darüber hinaus bleibt *mehr* ein nicht nur auf nominale Referenten beschränkter Quantor.[14] Diese Einschränkungen befördern den Erwerb einer weiteren Form (*viele*) zur speziellen und voraussetzungslosen Symbolisierung unbegrenzter Mengen des nominalen Referenten. Neben den 19 Verbindungen von Nomen mit *viele* im Gesamtkorpus, die alle Konkreta sind, finden sich 4 Verbindungen mit *viel*. Zwei dieser Verbindungen sind Verbindungen mit Kontinua, vgl. Antje (2;5) *viel knete* und Hannah (2;0:17) als Imitation *viel wind*. Die Form *viel*, die sich in den Daten insgesamt weitaus seltener findet und später als *viele* erworben wird, ist funktional auf die Kontinua und den nichtnominalen Bereich beschränkt. Aus der unterschiedlichen Verwendung von *viel* und *viele* läßt sich für *viele* schließen, daß es nicht schlechthin in der Funktion erworben wird, das Referenzobjekt als unbegrenzte Menge zu charakterisieren, sondern in der spezielleren Funktion, es als unbegrenzte Menge von begrenzten Einzelobjekten (Konkreta) zu charakterisieren. Im Gegensatz zu *mehr* (und *viel*) steht *viele* damit in direktem Bezug zu *ein*, das die Begrenztheit von Einzelobjekten markiert. Wie die unterschiedliche Präferenz einzelner Kinder für eine der beiden Formen zeigt, können *mehr* und *viele* zunächst aber offenbar alternativ genutzt werden. Im gesamten Korpus sind beide Formen gleichermaßen stark vertreten.[15]

Mit der Einbettung der Numeralia *zwei* und anschließend *drei* in die NP wird der durch *mehr*/*viele* ausgegrenzte Bereich der begrenzten 'mehr als eins'-Mengen sprachlich spezifiziert. Numeralia kennzeichnen das Referenzobjekt als be-

---

14 Vgl. zum Erwerb der funktionalen Eigenschaften von *more* im englischen L1-Erwerb bis 3;0 Johnston (1985:973): »... the meaning of more may be progressively glossed as ANOTHER/AGAIN < MORE-THAN-ONE < MORE THAN THERE < MORE-HERE-THAN-THERE.«

15 Es ist allerdings möglich, daß die gleichermaßen starke Nutzung von *mehr* und *viele* in der NP ein Artefakt der Datenerhebung ist. Der Gebrauch von *mehr* könnte durch die weitgehend ähnlichen, sich auch wiederholenden Spielsituationen und die Referenz auf die in der Situation vorhandenen Spielzeuge überdurchschnittlich stark sein. Festzuhalten ist aber, daß kein zeitlicher Vorlauf der Verwendung einer der beiden Formen in der NP gegeben ist. Darüber hinaus ist in der untersuchten Erwerbsphase auch für *mehr* keine stärkere Verbindung mit Kontinua festzustellen. Unter den 28 Verbindungen von Nomen mit *mehr* im gesamten Korpus finden sich lediglich drei entsprechende NP, vgl. Antje (2;5) *mehr knete*, Katrin (2;5:06) *noch mehr kaffe, mehr kaffe*.

grenzte Menge von begrenzten Objekten. Zunächst wird den hier untersuchten Daten zufolge typischerweise die Symbolisierung für 'eins mehr als eins' *zwei* erworben. Darauf erscheint dann *drei* als sprachliche Spezifizierung eines Ausschnitts des durch den Erwerb von *zwei* ausgegrenzten Bereichs 'x mehr als eins'. Abb. 8 und Abb. 9 stellen diese Differenzierungsschritte dar:

Abb. 8: *Differenzierung des Quantifikationskonzepts durch den Erwerb von zwei*

'eins'	('nicht eins')			
	'weniger als ein'	('mehr als eins')		
		unbegrenzte Menge	(begrenzte Menge)	
			'eins mehr als eins'	'x mehr als eins'
ein	*kein*	*mehr/viele*	*zwei*	

Abb. 9: *Differenzierung des Quantifikationskonzepts durch den Erwerb von drei*

'eins'	('nicht eins')			
	'weniger als ein'	('mehr als eins')		
		unbegrenzte Menge	(begrenzte Menge)	
			'eins mehr als eins'	'x mehr als eins'
				zwei mehr als eins
ein	*kein*	*mehr/viele*	*zwei*	*drei*

Der Erwerb der Verbindung von *zwei* und *drei* mit dem Nomen liegt deutlich vor der Verbindung weiterer, höherer Numeralia mit dem Nomen. Der vergleichsweise frühe Erwerb kann m.E. ebenfalls als ein Effekt des Erwerbs der allgemeineren Quantoren *mehr*, aber vor allem *viele* verstanden werden. Die Wahrnehmung von zwei oder drei zusammengehörigen Objekten erfolgt auch bei Kindern dieses Alters als eine Wahrnehmung von Einzelobjekten. Für zwei Objekte ist dies durch den bereits um 2;0 erfolgenden Erwerb von *beide* offensichtlich. Größere Gruppen von Objekten werden dagegen als eine in ihrer Dimension nicht klar erfaßbare Menge wahrgenommen; die Einzelobjekte sind hier nicht mehr als Objekte mit individuellen Eigenschaften zu erkennen. Dieser deutliche Wahrnehmungsunterschied für zwei, drei vs. mehr Objekte provoziert eine differenzierte sprachliche Behandlung der zwar 'mehr als eins' aber nicht 'viele' seienden Konstellationen von Objekten.

Die in Abb. 2 sichtbaren interindividuellen Unterschiede im Erwerb der Quantoren werden in diesem letzten Schritt der Differenzierung des Konzepts der Quantifikation nominaler Referenten besonders deutlich. Nur Antje, Inga und Katrin verwenden bereits *zwei* und *drei* in Verbindung mit einem Nomen. Nur diese drei Kinder haben also am Ende der Aufnahmen eindeutig den durch Abb. 9 dargestellten Stand der Differenzierung des Konzepts der Quantifikation nominaler Referenten erworben. Für ein weiteres Kind, Annelie, ist die Verbindung von *zwei* mit dem Nomen belegt, sie hat am Ende der Aufnahmen den in Abb. 8 dargestellten Differenzierungsstand erreicht. Alle anderen Kinder zeigen noch gar keine Verbindung von Numeralia mit dem Nomen, befinden sich also (wahrscheinlich) noch in einer früheren Phase der Differenzierung des Quantifikationskonzepts.[16] Dieser Befund korreliert weitgehend mit dem Alter der Kinder am Ende der Aufnahmen. Antje, Inga und Annelie wurden bis 2;9 aufgenommen. Genauso alt bzw. älter ist am Ende der Aufnahmen nur Marlies. Marlies zeigt im Vergleich zu den übrigen Kindern insgesamt einen etwas langsameren Erwerb komplexer NP-Strukturen; die produktive Verbindung des Nomens mit *ein* – dem Ausgangspunkt für die Entfaltung des Quantifikationskonzepts – beginnt bei ihr erst mit 2;7. Katrin, deren Aufnahmen mit 2;7 enden, hat dagegen bereits alle untersuchten Quantoren in die NP eingebettet; die produktive Verbindung des Nomens mit *ein* hat bei ihr bereits mit 2;2 begonnen. Marlies sowie Jennifer, und Hannah haben zwar *zwei* schon erworben aber noch nicht in die NP eingebettet, *drei* fehlt ihnen noch gänzlich. Auch bei Hannah und Jennifer korreliert dieser Befund mit dem Aufnahmezeitraum, bei beiden enden die Aufnahmen mit 2;8, einen Monat früher als bei Annelie, Inga und Antje. Zur selben Zeit enden die

---

16 Es sei hier noch einmal darauf verwiesen, daß der durch die Daten repräsentierte Erwerbsstand nur ein Näherungswert über den tatsächlichen Stand jedes einzelnen Kindes sein kann. Da die Aufnahmen in größeren Abständen und zeitlich begenzt erfolgten, können sie unmöglich das gesamte Sprachvermögen eines Kindes zu den Aufnahmezeitpunkten widerspiegeln.

Aufnahmen auch bei Verena, die jedoch weder *drei*, noch *zwei*, noch *viele* bis dahin verwendet. Auch hier kann eine individuelle Erklärung gegeben werden. Verena ist ein Lernertyp, der neue Formen und Strukturen erst dann anwendet, wenn er sie ganz sicher beherrscht, der also mehr durch genaue Beobachtung lernt als durch Anwendung und Ausprobieren. Sie gehört z.B. zu den wenigen Kindern, die den Erwerb des unbestimmten Artikels *ein* nicht mit reduzierten Artikelformen (*en*, *ne*, *e* usw.) beginnen. Die Verwendung aller Formen setzt bei ihr vergleichsweise spät ein; bei *ein* mit 2;5. Für Sabrina wurde schon mehrfach darauf hingewiesen, daß ihre Aufnahmen mit 2;2 enden, so ist völlig natürlich, daß sie in der Entfaltung des Quantifikationskonzepts noch ganz am Anfang steht. Am Ende der Aufnahmen hat sie gerade den durch Abb. 6 dargestellten Differenzierungsstand, die Verbindung des Nomens mit *ein* und *kein*, erreicht; *zwei*, *drei* und *viele* verwendet sie überhaupt noch nicht und *mehr* nur außerhalb der NP. Diese Betrachtung des Erwerbs der Quantifikation nominaler Referenten durch die einzelnen Kinder des Clahsen-Korpus verdeutlicht noch einmal, daß einerseits die festzustellenden individuellen Unterschiede im Erwerbsprozeß weitgehend erklärbar sind und andererseits gerade durch sie die allgemeingültigen, typischen Abläufe des hier betrachteten Erwerbsprozesses sichtbar werden.

Wesentlich später als bei den hier untersuchten Mädchen erfolgt der Erwerb der Quantifikation nominaler Referenten offenbar bei den ebenfalls von Clahsen untersuchten Jungen Matthias und Daniel, deren Daten in CHILDES zugänglich sind. Sie wurden zwischen 2;9 und 3;6 aufgenommen. Von Beginn an ist für beide die Verbindung des Nomens mit *ein* dokumentiert. Matthias verwendet auch *kein* bereits in der ersten Aufnahme in der NP, für Daniel gibt es für *kein* die ersten sicheren Belege mit 2;11. Alle anderen der hier untersuchten Quantoren werden von beiden bis zum Ende der Aufnahmen nicht mit dem Nomen verbunden. Die aus der Untersuchung der 9 Mädchen abgeleitete Erwerbsfolge wird durch diese Daten zwar nicht umfassend bestätigt, aber der Quantorenbeleg entspricht den aufgestellten Annahmen. Das gilt auch für die Daten von Julia, die zwischen 2;1 und 2;5 zunächst *ein* + Nomen und ab 2;3 *kein* + Nomen verwendet. Ebenfalls in CHILDES finden sich drei von Wode erstellte Aufnahmen von Lars, alle um 3;10. Bis auf *mehr* und *drei* werden alle untersuchten Quantoren in Verbindung mit dem Nomen verwendet. Das gleiche Bild zeigt die Aufnahme von Carsten mit 3;6 (erstellt von Wagner), nur *drei* ist nicht in Verbindung mit einem Nomen belegt. Diese Daten können zwar keine direkten Evidenzen für den hier postulierten Erwerbsverlauf bereitstellen, stimmen aber hinsichtlich der verwendeten und der fehlenden Quantoren mit den Annahmen überein.

6.   Zusammenfassung

Die vorgestellte Analyse des Erwerbs der Formen *ein, kein, mehr, viele, zwei* und *drei* als Bestandteilen der NP führt zusammengefaßt zu folgender Annahme: Der Erwerb des unbestimmten Artikels *ein* bildet den Ausgangspunkt für die Entfaltung des Konzepts der Quantifikation nominaler Referenten in der kindlichen Grammatik. Die grammatischen Eigenschaften des unbestimmten Artikels, die Begrenztheit, äußere Konturiertheit des nominalen Referenten zu symbolisieren, implizieren die Eigenschaft der Zählbarkeit des nominalen Referenten. Der unbestimmte Artikel und die Numeralie für *eins* fallen in der NP formal in der Form *ein* zusammen; *ein* ist primär Determinierer, aber sekundär zugleich Quantor. Einzahligkeit ist eine inhärente Eigenschaft des unbestimmten Artikels. Die Markierung der Einzahligkeit des Referenten bewirkt die Ausgrenzung des Bereichs der nichteinzahligen Referenten. In diesem Bereich wird zunächst mit dem Erwerb der Form *kein* die Nichtexistenz des nominalen Referenten sprachlich darstellbar. Der alternative und mit dem Erwerb von *kein* weiter aus-(oder ein-)gegrenzte Bereich des Vorhandenseins mehrerer Entitäten des nominalen Referenten wird daraufhin durch den Erwerb von *mehr* und/oder *viele* bzw. ihre Einfügung in die NP sprachlich markiert. Im Anschluß an diese die Menge nicht begrenzenden Quantoren werden die Numeralia *zwei* und *drei* zur Symbolisierung konkret begrenzter Mengen erworben.

Der dargestellte Erwerbsverlauf korreliert mit einer Zunahme der semantischen Komplexität der Quantoren. Dies ist bereits durch die in den Abb. 3-9 verwendeten Umschreibungen der nacheinander eröffneten Bereiche des Quantifikations«raumes« zum Ausdruck gebracht worden: 'eins' < 'nicht ('eins')' : 'weniger als ('eins')' < 'mehr als ('eins')' < 'eins ('mehr als ('eins')')' < 'zwei ('mehr als ('eins')')'. Entsprechend verhalten sich die einzelnen Quantoren in ihrer funktionalen Komplexität zueinander: Wenn *ein* in quantitativer Hinsicht die Funktion hat, das Vorhandensein einer einzelnen Entität des nominalen Referenten zu symbolisieren, also 'EIN X', läßt sich die Funktion von *kein* als 'NULL ('EIN X')' darstellen, *mehr/viele* haben dann die Funktion das Vorhandensein von 'MEHR ALS ('EIN X')' des nominalen Referenten zu symbolisieren, *zwei* symbolisiert 'EIN X ('MEHR ALS ('EIN X')')' und *drei* (im Grunde) = 'EIN X + ('EIN X ('MEHR ALS ('EIN X')')')'. An den drei letzten Erwerbsschritten wird das Grundprinzip der beobachteten Differenzierungsprozesse besonders augenscheinlich. Anders als man intuitiv erwarten könnte, folgt dem Erwerb von *ein* nicht unmittelbar der Erwerb von *zwei* und *drei*. Vor dem Erwerb von *zwei* und *drei* erscheinen die Quantoren *mehr/viele* zur Symbolisierung unbegrenzter Mengen. Der Bereich der Mehrzahligkeit nominaler Referenten, also 'mehr als eins', wird zunächst durch sprachliche Mittel erfaßt, die diesen Bereich ganz allgemein charakterisieren (*mehr, viele*), die also funktional nur soweit spezifisch sind, wie zur Symbolisierung des Gesamtbereichs absolut notwendig ist. Erst danach erfolgt die sprachliche Spezifizierung der Teilbereiche, die die zusätzliche Eigenschaft [+begrenzt] aufweisen.

Die Eigenschaft [+begrenzt], deren Erwerb ja eine Voraussetzung für die Quantifikation nominaler Referenten war, gehört nicht zu den funktionalen Eigenschaften der Quantoren *kein*, *mehr* und *viele*. Bei *kein* wird sie durch die Negation der Existenz des nominalen Referenten explizit aufgehoben. Bei *mehr* und *viele* ist die Symbolisierung dieser Eigenschaft auf das Nomen übertragen, Konkreta müssen zielsprachlich in Verbindung mit *mehr* oder *viele* im Plural stehen. Die Pluralform symbolisiert, daß es sich um eine Menge von begrenzten Objekten handelt. Die Daten zeigen, daß *mehr* und *viele* wie auch *zwei* und *drei* von den Kindern häufig mit Singularformen verbunden werden, vgl. die Daten von Antje in Abb. 4 wie auch Inga (2;4:02)/Verena (2;5) *mehr buch*, Annelie (2;7:06) *zwei papabär*. Die Eigenschaft [+begrenzt] tritt offensichtlich beim Erwerb der Quantoren für den Bereich 'mehr als eins' in den Hintergrund. Der Schwerpunkt wird auf die Symbolisierung des Vorhandenseins einer Menge gelegt. Die gleichzeitige Unterscheidung, ob es sich um eine distributive Menge handelt oder nicht, ist funktional komplexer und erfolgt erst nach dem Erwerb von Symbolisierungen für die allgemeinere Eigenschaft 'mehr als eins'.

Im betrachteten Erwerbszeitraum wird der Bereich 'mehr als eins' nur in seinen Anfängen semantisch differenziert. Quantoren wie *einige*, *manche*, *mehrere*, *ein paar*, *alle* u.ä. sind noch nicht erworben bzw. noch nicht in die NP eingefügt. Es läßt sich daraus ableiten, daß *mehr* und *viele* die unmarkiertesten oder besser unspezifschsten Formen für die Symbolisierung des Vorhandenseins einer unbegrenzten Anzahl von Entitäten des nominalen Referenten sind. Im Deutschen gibt es keinen semantisch neutralen Quantor für die Symbolisierung unbegrenzter Mengen, jede Form ist mit spezifischen semantischen Aspekten verbunden.[17] Der zusätzliche Erwerb von *viele* zum bereits früh erworbenen *mehr*, sobald es um die Quantifikation nominaler Referenten geht, erklärt sich aus dem Erwerb der semantischen Beschränkung von *mehr* auf Fälle, des Hinzukommens von Entitäten des nominalen Referenten zu bereits vorhandenen, in der Kommunikationssituation präsenten Entitäten, vgl. nochmals Johnston (1985:973)

---

17 Noch vor allen Quantoren und dem Erwerb von *ein* erwerben die Kinder die Pluralformen einer ganzen Reihe von Nomen. Mit diesen können distributive Mengen, also Mengen aus Einzelentitäten, ohne zusätzliche semantische Spezifizierungen symbolisiert werden. Wie systematisch die Kinder dies tun und in welcher Beziehung der frühe Erwerb von Pluralformen zum Erwerb der Quantifikation nominaler Referenten durch Quantoren steht, muß hier unbeantwortet bleiben. Das gilt auch für den Erwerb des bestimmten Artikels *die* in pluralischen NP, der den untersuchten Daten zufolge typischerweise nach dem Erwerb von *mehr/viele* und vor dem Erwerb von *zwei* in der NP erfolgt.

für engl. *more* 'MORE THAN THERE'. Die Form *viele* enthält diese Beschränkung nicht, ist aber in anderer Weise semantisch spezifiziert. Sie symbolisiert zielsprachlich, daß die Menge größer ist als erwartet oder als normal, also etwa 'MEHR ('EIN X') ALS ERWARTET/NORMAL'. Spätestens wenn die Kinder die Verbindung des Nomens mit *zwei* erwerben, ist diese semantische Spezifik von *viele* erworben.[18]

Die Entfaltung des Konzepts der Quantifikation nominaler Referenten in der kindlichen Grammatik ist ein Prozeß der schrittweisen Differenzierung und Spezifizierung quantifizierender Eigenschaften. Eröffnet durch die Merkmalsopposition 'eins' vs. 'nicht eins' mit dem Erwerb und der systematischen Verwendung von *ein* als Begleiter des Nomens, wird der zunächst sprachlich nicht markierte Bereich 'nicht eins' schrittweise durch den Erwerb spezifizierender Merkmale differenziert. Die Entfaltung des Konzepts ist mit einer zunehmenden inhaltlichen Komplexität der erworbenen sprachlichen Formen verbunden.

Dieser Prozeß der schrittweisen Differenzierung eines Phänomenbereichs konnte wie eingangs dargelegt bereits für den Erwerb der Referenzfunktionen der NP aufgezeigt werden. Auch der Erwerb der Possessivartikel, der wie gesagt in den untersuchten Daten die Abfolge *mein* > *dein* > *unser* aufweist, dürfte einem vergleichbaren Prozeß der Differenzierung durch spezifizierende Merkmale unterliegen, wie wohl auch der Erwerb der Personalpronomen selbst. Zumindest für den Erwerb der ersten grammatischen Relationen zeigt sich damit ein Erwerbsprinzip, das dem von Jakobson (1941) angenommen Erwerb des Lautsystems durch spezifizierende Merkmalsoppositionen gleicht. Die in weiteren Untersuchungen zu beantwortende Frage ist, ob sich vergleichbare Erwerbsprozesse für den Erwerb der grammatischen Kategorien und die Differenzierung von Teilkategorien aufweisen lassen. Die bisher untersuchten Prozesse liegen noch vor dem eigentlichen Grammatikerwerb, die auftretenden Merkmalsoppositionen entspringen noch unmittelbar semantischen Konzepten oder in Slobins Sinne 'grammaticizable notions'.

---

18 Fünf der sieben Kinder, die bereits *viele* und *zwei* erworben haben, verwenden Verbindungen wie *ganz viele* oder *so viele* erst, wenn sie auch *zwei* verwenden. Bei den übrigen zwei Kindern folgt *zwei* unmittelbar in der folgenden Aufnahme auf die erste Verwendung von *ganz viele* oder *so viele*.

Literatur

Bach, Emmon/Eloise Jelinek/Angelika Kratzer/Barbara Partee (eds.) (1995): *Quantification in Natural Languages*. – Dordrecht/Boston/London: Kluwer.

Barwise, Jon/Robin Cooper (1981): Generalized Quantifiers and Natural Language. – In: *Linguistics and Philosophy* 4, 159-219.

Bittner, Dagmar (1998): Entfaltung grammatischer Relationen im NP-Erwerb: Referenz. – In: *Folia Linguistica* XXXI/3-4, 255-283.

Bowerman, Melissa (1981): Beyond Communicative Adequacy: From Piecemeal Knowledge to an integrated System in the Child's Acquisition of Language. – In: *Papers and Reports on Child Language Development* (Department of Linguistic, Stanford University) 20, 1-24.

Chomsky, Noam (1957): *Syntactic Structures*. – The Hague: Mouton.

Clark, Eve V. (1993): *The Lexicon in Acquisition*. – Cambridge: Cambridge University Press.

Eisenberg, Peter (1989): *Grundriß der deutschen Grammatik*. – Stuttgart: Metzler. (2. überarb. u. erweit. Auflage).

Gil, David (1993): Nominal and Verbal Quantification. – In: *STUF* 4 (Bd. 46).

– (1995): Universal Quantifiers and Distributivity. – In: Bach, Emmon/Eloise Jelinek/ Angelika Kratzer/Barbara Partee (eds.): *Quantification in Natural Languages*. Dordrecht/Boston/London: Kluwer.

Hauenschild, Christa (1993): Definitheit. – In: *Syntax. Ein internationales Handbuch der zeitgenössischen Forschung*. (Handbücher zur Sprach- und Kommunikationswissenschaft Halbbd. 1). Berlin/ NewYork: de Gruyter, 988 – 997.

Heim, Irene (1988): *The Semantics of Definite and Indefinite Noun Phrases*. – New York: Garland (oder Arbeitspapier 73; SFB 99, Konstanz).

– (1991): Artikel und Definitheit. – In: Arnim von Stechow & Dieter Wunderlich (eds.): *Semantik. Ein internationales Handbuch der zeitgenössischen Forschung*. (Handbücher zur Sprach- und Kommunikationswissenschaft Bd. 6). Berlin/NewYork: de Gruyter, 487 - 534.

Ingram, David (1989): *First Language Acquisition. Method, Description and Explanation*. – Cambridge: Cambridge University Press.

Jackendoff, Ray S. (1972): *Semantic Interpretation in Generative Grammar*. – Cambridge: MIT Press.

Jakobson, Roman (1941/1969). Kindersprache, Aphasie und allgemeine Lautgesetze. – Frankfurt/Main.

Johnston, Judith R., (1985) Cognitive Prerequisites: The Evidence from Children Learning English. – In: Dan I. Slobin (ed.): *The crosslinguistic study of language acquisition*. Vol. II: Theoretical Issues. Hillsdale, New York: Lawrence Erlbaum, 961-1004.

Kamp, Hans (1981): A Theory of Truth and Semantic Representation. – In: Groenendijk, J./Th. Janssen/M. Stokhof (eds.): *Formal Methods in the Study of Language (Part I)*. Amsterdam: Mathematisches Zentrum, 227-322.

Karmiloff-Smith, Annette (1979): *A Functional Approach to Child Language. A Studie of Determiners and Reference*. – Cambridge: Cambridge University Press.

– (1992): *Beyond Modularity. A Developmental Perspective on Cognitive Science*. – Cambridge (Mass.)/London: MIT Press.

Katz, Jerrold J./Paul M. Postal (1964): *An Integrated Theory of Linguistic Description*. – Cambridge: MIT Press (Linguistic Inquiry 12).

Keenan, Edward/Jonathan Stavi (1986): *Boolean Semantics for Natural Language*. – Dordrecht: Reidel.

Lewis, David (1975): Adverbs of Quantification. – In: E. Keenan (ed.): *Formal Semantics of Natural Language*. Cambridge: Cambridge University Press, 3-15.

May, Robert C. (1985): *Logical Form, its Structure and Derivation*. – Cambridge: MIT Press.

Montague, Richard (1973): The Proper Treatment of Quantification in Ordinary English. – In: Hintikka, J./J.M.E. Moravcsik/E. Suppes (eds.): Approaches to Natural Language: Proceedings of the 1970 Stanford Workshop on Grammar and Semantics. Dordrecht, 221-242.

Nelson, Katherine (1973): *Structure and Strategy in Learning to Talk*. – Chicago: Chicago University Press (Monographs of the Society for Research in Child Development 38, no. 149).

Nishigauchi, Taisuke (1990): *Quantification in the Theory of Grammar*. Dordrecht/Boston/London: Kluwer.

Peters, Ann (1985): Language Segmentation: Operating Principles for the Perception and Analysis of Language. – In: Slobin, Dan I. (Hrsg.): *The Cross Linguistic Study of Language Acquisition*. Vol. II: Theoretical Issues. Hillsdale/New Jersey/London: Erlbaum Associates 1029-1067.

Sapir, Edward (1921/1961): *Die Sprache. Eine Einführung in das Wesen der Sprache*. – München: Huber.

Saxe, G. (1979a): Children's Counting: The Early Formation of Numerical Symbols. – In: *New Directions for Child Development 3*, 73-84.

– (1979b): Developmental Relations between Notational Counting and Number Conservation. – In: *Child Development 50*, 180-187.

Slobin, Dan I. (Hrsg.) (1985): *The Cross Linguistic Study of Language Acquisition. Vol. II: Theoretical Issues*. – Hillsdale/New Jersey/London: Erlbaum Associates.

– (Hrsg.) (1992): *The Cross Linguistic Study of Language Acquisition. Vol. III*. – Hillsdale/New Jersey/London: Erlbaum Associates.

Stern, William/Clara Stern (1928/1965): *Die Kindersprache. Eine psychologische und sprachtheoretische Untersuchung*. – Darmstadt: Wiss. Buchgesellschaft.

Vater, Heinz (1984): Determinantien und Quantoren im Deutschen. – In: *Zeitschrift für Sprachwissenschaft*, Heft 1, 19-42.

– (1986): *Zur Syntax der Determinantien*. – Tübingen: Narr.

Wie Kinder Besitz sprachlich zu markieren beginnen*

Werner Deutsch & Claudia Ruff

Abstract   Wie wird aus Kindersprache Zielsprache? Mit einer Stichprobe von 93 deutschsprachigen Kindern untersuchen wir, wie während des 3. Lebensjahrs Kinder im Dialog mit einem Elternteil den Possessor eines Objekts benennen, das auf einer Fotografie abgebildet ist. Die Ergebnisse zeigen, daß viele Wege vom einfachen Benennen des Possessors mit nominalen Personenbezeichnungen und begleiterlosen Nomina in Richtung Zielsprache führen. Konzeptuelle Bedingungen – der Unterschied zwischen eigenem und fremden Besitz – begünstigen alternative Routen der Annäherung an die Zielsprache. Beim eigenen Besitz wird der Possessor deiktisch markiert, bei fremdem Besitz kommen dagegen flektierte Genitivformen zum Zuge.

1.   Besitz im Spiegel der kindlichen Sprachentwicklung

Kindersprache ist das schnell vergängliche Produkt eines bestimmten Entwicklungsabschnitts. In der frühen und mittleren Kindheit äußern sich Kinder in einer Weise, die manche Forscherinnen und Forscher über Jahre hinweg in Spannung hält und andere absolut kalt läßt (vgl. Brown, 1978). *Mama Ball* – sind das einfach nur zwei aneinander gereihte Wörter, oder ist das schon eine Nominalphrase im Sinne von *Mamas Ball*, oder ist das gar ein telegrafisch formulierter Zweiwortsatz, mit dem ein zweijähriger Junge seine Mutter veranlassen will, ihm den gerade weggerollten Ball wiederzubringen?

---

*   Wir danken den 93 Kindern, ihren Familien und dem Untersuchungsteam, insbesondere Renate Burchardt und Angela Wagner, die beim Projekt »Aufbau und Wandel der Personenreferenz« mitgewirkt haben. Die hier vor-gestellten Daten zur Markierung von Possessor-Possessum Beziehungen stammen aus diesem Projekt, das von der Deutschen Forschungsgemeinschaft unter den Zeichen De338/4-1,4-2,4-3 in den Jahren 1991-1997 finanziell unterstützt worden ist.

Im Mittelpunkt dieses Beitrags steht die Frage, wie im Verlauf des dritten Lebensjahres aus kindersprachlichen Äußerungen zielsprachliche Äußerungen werden. Wir betrachten kein Gesamtkorpus von spontanen sprachlichen Äußerungen eines oder mehrerer Kinder, die irgendwo und irgendwann zustandegekommen sind. Vielmehr führen wir eine Situation herbei, um sprachliche Äußerungen zu statischen Besitzrelationen hervorzulocken. Die Situation sieht so aus, daß Eltern ihren Kindern Fotos zeigen, auf denen ein Objekt abgebildet ist. Nach Auskunft der Eltern handelt es sich bei dem Objekt entweder um einen persönlichen Besitz des Kindes, z. B. ein Spielzeugauto, oder einen persönlichen Besitz des Elternteils, das die Untersuchung durchführt.

Mit dieser einfachen Aufgabe können wir prüfen, ob Kinder über einen Besitzbegriff verfügen, der über die räumliche Zuordnung zwischen einem Objekt und einer Person hinausgeht. Auf den Fotografien erscheint nämlich nur das Possessum, der Possessor muß erschlossen werden. Von welchem Alter an sind Kinder in der Lage, Gegenstände aus dem Gedächtnis ihren Besitzerinnen und Besitzern zuzuordnen? Kinder, die noch nicht das dritte Lebensjahr erreicht haben, begnügen sich manchmal damit, den abgebildeten Gegenstand einfach nur zu benennen. Nachfragen zum Besitzer oder zur Besitzerin werden ignoriert. Jenseits des zweiten Lebensjahres haben Kinder keine Schwierigkeiten mehr, in einer solchen Aufgabe den Possessor zu erschließen (vgl. Wagner, Burchardt, Deutsch, Jahn & Nakath 1996). Die Benennungen des Possessors bzw. der Possessor-Possessum-Beziehung sind noch weit von der Zielsprache entfernt. Am Anfang herrschen lexikalische Kennzeichnungen von Possessor und Possessum vor. Zeigt eine Mutter ihrem Kind ein Foto mit einer Tasche, die ihr gehört und stellt dabei die Frage *Wem gehört das?*, so wird die Antwort darauf wahrscheinlich aus dem Rollennamen für die Mutter (*Mama*) und der Objektbezeichnung (*Tasche*) bestehen. Die Äußerung *Mama Tasche* ist ein typischer Fall von Kindersprache. Welchen Weg legt die Kindersprache zurück, bis sie zu Zielsprache wird? Genau dieser Frage wollen wir hier nachgehen, indem wir die gleiche Aufgabe mit denselben Personen zu verschiedenen Zeitpunkten wiederholen. So können wir verfolgen, was aus *Mama Tasche* nach 3 oder 6 Monaten geworden ist. Der Übergang von der Kindersprache zur Zielsprache geschieht unserer Meinung nach in Zwischenstufen. Hierbei entdecken Kinder, daß die Possessor-Possessum-Beziehung differenzierter ausgedrückt werden kann als durch die bloße Erwähnung des Besitzernamens und der Objektbezeichnung, beispielsweise durch den Gebrauch des Genitiv-*s* oder den Versuch, Possessivartikel zu verwenden. Wenn aus *Mama Tasche* dann *Mamas Tasche* wird, ist das von der Form her schon Zielsprache, aber im Rahmen der Aufgabe noch keine zielsprachliche Äußerung, da der Possessor im Dialog gerade in der Rolle des Adressaten ist. Deshalb erfüllt nur die deiktische Form *Deine Tasche* das Kriterium *Zielsprache*. Wie kann das, was bei

der Annäherung von der Zielsprache passiert, theoretisch auf den Begriff gebracht werden? Im vorliegenden Fall gelingt es, das Gemeinte – die konzeptuelle Beziehung zwischen Possessor und Possessum – immer genauer in eine sprachliche Form zu bringen, die den Standards der Zielsprache entspricht. Bei der
sprachlichen Form sind lexikalische, grammatische und pragmatische Aspekte
gleichermaßen bedeutsam. Deshalb plädieren wir dafür, bei der Analyse der
Sprachentwicklung das Zusammenspiel verschiedener sprachlicher Struktur-
komponenten nicht aus dem Auge zu verlieren – selbst da, wo der Schwerpunkt
einseitig, z. B. bei der lexikalischen Entwicklung, gesetzt wird.

2. Possessivkonstruktionen im Deutschen

Im Deutschen können Besitzverhältnisse mit Hilfe unterschiedlicher grammatischer Konstruktionen ausgedrückt werden (Hentschel & Weydt 1990, Weinrich 1993, Eisenberg 1994). Immer geht es um die Verknüpfung einer Bezeichnung für das Possessum und einer Benennung des Possessors, so daß die
Beziehung zwischen beiden deutlich wird. Die Possessivkonstruktionen können
zunächst in attributive und prädikative Formen unterteilt werden (Seiler 1983).
Während bei attributiven Formen eine Ergänzung hinzutritt, die im Satz nicht als
eigenständiges Satzglied behandelt wird, werden prädikative Possessivkonstruktionen immer mit Hilfe eines Besitzverbs gebildet. Possessor und Possessum sind
dann selbständige Satzglieder.

Zu den attributiven Besitzbezeichnungen gehören die Kombinationen von
zwei Nomen, z. B.:

• Annas Haus

Werden zwei Nomen auf diese Art verbunden, muß es ein Verbindungsglied geben. Eine Aneinanderreihung ohne grammatische Kennzeichnung entspricht
nicht der zielsprachlichen Form, tritt in der Kindersprache jedoch sehr häufig auf:

• Mama Jacke

Entweder wird das Possessornomen dekliniert, wie im obigen Beispiel durch
das Anhängen des Genitiv-*s,* oder es wird ein *von* eingesetzt:

• das Haus von Anna

Die Präposition *von* hat in der deutschen Sprache zwei Bedeutungen. Außer in
Possessivkonstruktionen wird sie auch örtlich verwendet, wobei dann eine Her-
kunft bezeichnet wird.

Der Possessor kann auch pronominal bezeichnet werden:

• ihr Haus

Das Pronomen verweist auf einen Possessor, auf den jedoch erst aus dem Kontext der Situation heraus geschlossen werden kann. Es handelt sich um einen

deiktischen Ausdruck, der nicht auf bestimmte Personen, sondern auf eine Gesprächsrolle verweist, die verschiedene Personen innehaben können. Der Gebrauch des Namens ist eindeutiger, da er immer mit derselben Person verbunden ist. Beide Typen von attributiven Possessivkonstruktionen enthalten, vorausgesetzt, es besteht Einigkeit in der Deutung der pronominalen Formen, etwa gleich viel Informationen über die Art der Beziehung zwischen Possessor und Possessum. Es wird deutlich, daß beide zusammengehören. Genauere Aussagen über das Zustandekommen der Beziehung, ihre Dauer und ihre Berechtigung werden nicht gemacht.

Um die Art der Besitzbeziehung genauer zu spezifizieren, wird ein Besitzverb benötigt. Die Verben *sein* und *haben* haben normalerweise die Funktion von Hilfsverben. Als Besitzverben gewinnen sie Vollverbcharakter. Sie sind die einfachste Art prädikativer Possessivkonstruktionen. Der Satz
• Anna hat einen Ball.
enthält neben der Information über die Besitzbeziehung zusätzlich eine Aussage über die Zeitstruktur der Beziehung. Die Präsensform des Verbs läßt vermuten, daß die Beziehung noch besteht. Dagegen wird man beim folgenden Beispiel eher davon ausgehen, daß sie bereits beendet ist:
• Anna hatte einen Ball.
Das Verb *sein* spezifiziert die Art der Besitzbeziehung ähnlich genau. Possessivkonstruktionen mit *sein* enthalten in der ersten und zweiten Person stets einen Possessivartikel bzw ein Possessivpronomen:
• Das ist mein/dein Haus.   oder   • Das ist meins/deins.
Wenn das Possessum nicht nominal benannt wird, muß die substantivische Form des Possessivpronomens, meist durch ein angehängtes *s* gekennzeichnet, benutzt werden.

Genauere Aussagen über Art, Dauer und Zustandekommen einer Besitzbeziehung können nur speziell für die Beschreibung von Besitzbeziehungen reservierte Verben machen. Dazu gehören z. B. *gehören, kaufen, tauschen, erhalten, erben* usw.

3. Wie das Possessum einen Begleiter bekommt: Ein Einzelfall

Im Rahmen des Projekts »Aufbau und Wandel der Personenreferenz« haben wir untersucht, wie Kinder im Verlauf des dritten Lebensjahres sich selbst und andere Personen als Besitzer von fotografierten Objekten bezeichnen. Kevin ist eines der Kinder gewesen, die das Untersuchungsteam unter der Leitung von Renate Burchardt und Angela Wagner zuhause aufgesucht hat. Bei drei Besuchen sind Fotografien entstanden, die – unter anderem – das zeigen, was Kevin nach Auskunft der Eltern für seinen engsten persönlichen Besitz hält. Wenige Tage nach dem Fototermin ist das Untersucherteam nochmals mit den Fotografien in die Familien gekommen, um durch Videoaufnahmen zu erfassen, wie Kevin im Dialog mit der Mutter seinen Besitz sprachlich ausdrückt. Da auf dem Foto nur das Possessum zu sehen ist, muß der Possessor erschlossen werden. Der Verlauf des Dialogs ist nicht ganz spontan. Um Kevins Äußerungen zu verschiedenen Zeitpunkten, aber auch mit Äußerungen anderer Kinder vergleichen zu können, haben die Eltern – meistens die Mütter – an einem Training teilgenommen. Dabei haben sie geübt, Fragen nach dem Possessor möglichst in der standardisierten Form *Wem gehört das?* zu stellen und eigene Benennungen von Possessor und Possessum zu vermeiden. Der gesamte Dialogverlauf ist mit Hilfe von CHILDES (MacWhinney 1991) transkribiert und im Hinblick auf die sprachliche Darstellung von Possessor und Possessum ausgewertet worden.

U 1: Kevin Alter1;8.11, persönlicher Besitz: Spielzeugauto

Kevin:	auto.
Mutter:	ach das auto.
Mutter:	und wem gehört das auto?
Kevin:	brumm.
Mutter:	brumm#wem gehört das?
Mutter:	wem gehört das auto#hm?
Kevin:	he (sich an die Mutter schmiegend)
Mutter:	und wem gehört das?
Kevin:	duf.

Die Mutter hat keine Chance, den Dialog zu beginnen, weil Kevin sofort das Objekt auf dem Foto mit dem bloßen Nomen *auto* benennt. Fragen der Mutter nach dem Besitzer bleiben ohne Erfolg. Kevin reagiert mit lautmalerischen Ausdrücken. Unklar bleibt, ob Kevin die Frage nach dem Besitzer überhaupt versteht und das abgebildete Objekt als sein Possessum erkennt.

U 2: Kevin Alter2;1.0, persönlicher Besitz: Spielzeugtrecker

Mutter:	was das hier ist (legt das Foto von Kevins Trecker auf den Tisch) guck (ein)mal was das ist?
Untersucherin:	geh (ein)mal gucken was da wohl ist.
Kevin:	O (läuft zum Foto) # ein Kevintrecker.

Kevin wird von seiner Mutter und der Untersucherin ermuntert, das Foto mit seinem Besitz anzuschauen. Er reagiert überrascht und markiert diesmal die Possessum-Possessor-Beziehung eindeutig mit einem selbst gebildeten Nominalkompositum, bestehend aus seinem Namen und der nominalen Objektbezeichnung, dem der unbestimmte Artikel »ein« im passenden Genus und Kasus vorangestellt ist. Innerhalb von drei Monaten hat Kevin einen gewaltigen Satz in der Sprachentwicklung gemacht. Aus dem begleiterlosen Nomen ist eine korrekt gebildete Nominalphrase geworden. Trotzdem ist diese wohlgeformte Besitzmarkierung noch nicht ganz Zielsprache, weil Kevin keine deiktische Form zur Markierung des Possessors verwendet. Das ist dann bei U 3 der Fall.

U 3: Kevin Alter 2;6.7, persönlicher Besitz: Spielzeugauto
Mutter: so woll(e)n wir (ein)mal gucken.
Kevin: oh mein auto.

Diesmal umfaßt der Dialog nur zwei Äußerungen, die Aufforderung der Mutter und eine perfekte zielsprachliche Form der Referenz auf den eigenen Besitz. Innerhalb eines halben Jahres hat Kevin den Sprung von der bloßen Objektbenennung über die grammatikalisierte Nominalphrase bis hin zur zielsprachlichen Referenz auf sein Possessum mit ·vorangestelltem korrekten Possessivartikel geschafft. Kevins Entwicklung ist in mehrfacher Hinsicht ein Fall aus dem Bilderbuch. Von U 1 bis U 3 durchläuft er genau die Phasen, die nach einer Analyse von Dagmar Bittner (im Druck) charakteristisch für den Erwerb der Nominalphrase im Deutschen sind. Die Entwicklung führt vom begleiterlosen Nomen über die Nominalphrase mit unbestimmtem Artikel hin zur zielsprachlichen Markierung des Possessums mit Possessivartikel, die den Weg zu dreigliedrigen Nominalphrasen freimacht. Mit jeweils nur einer einzigen Äußerung lassen sich bei Kevin die ersten drei Etappen genau illustrieren.

4.   Besitz zwischen Kinder- und Zielsprache

Unter den 93 Kindern, die an unserem Projekt mitgewirkt haben, ist Kevin keine Ausnahme, aber doch ein Glücksfall. In seinem Fall haben wir offensichtlich die richtigen Untersuchungszeitpunkte getroffen, um Entwicklungsfortschritte bei der Markierung des eigenen Besitzes zu dokumentieren. Normalerweise sind hierfür Datenerhebungen notwendig, die mehr Situationen und mehr Meßzeitpunkte umfassen. In diesem Zusammenhang erlebt die Tagebuchmethode eine erstaunliche Renaissance, vielleicht deshalb, weil sie Entwicklungsveränderungen kontinuierlich erfaßt und den Blick auf das lenken kann, was Braunwald (1979) mit 'emergent structure' bezeichnet hat. Hierbei geht es um die Dokumentation und Analyse von sprachlichen Strukturen, die gegenüber dem bereits Bekannten Neues bieten- beispielsweise die Markierung des Possessors mit dem

Genitivsuffix. Für den Bereich Besitz hat Tomasello (im Druck) eine aufschlußreiche Einzelfallstudie vorgestellt, die auf Tagebucheintragungen beruht und die Entwicklung der Besitzmarkierung bei seiner Tochter im amerikanischen Englisch dokumentiert. Eine zweite Studie, deren Datengrundlage die Tagebücher von Clara und William Stern bilden, ist zu diesem Thema in Vorbereitung (Deutsch & Behrens, in Vorbereitung).

In der vorliegenden Untersuchung verfolgen wir ein anderes Ziel. Mit einer für Längsschnittstudien zur Sprachentwicklung recht umfangreichen Stichprobe

Tab. 1: *Zusammensetzung der Untersuchungsstichprobe (N=93)*

Geschwisterstatus	N	Durchschnittsalter in Monaten		
		U 1	U 2	U 3
Einzelkinder (16 Jungen, 11 Mädchen)	27	22	26	30
Geschwisterkinder (9 Jungen, 11 Mädchen)	20	23	27	31
Zwillinge (22 Jungen, 24 Mädchen)	46	24	28	31

von 93 Kindern betrachten wir, wie in ein- und derselben Situation über die drei Meßzeitpunkte bzw. ein halbes Jahr hinweg die Markierung statischer Besitzrelationen sich ändert. An anderer Stelle (Wagner, Burchardt, Deutsch, Jahn & Nakath 1996) haben wir bereits gezeigt, daß es systematische interindividuelle Unterschiede bei der Annäherung an die Zielsprache gibt. Sie hängen damit zusammen, ob Kinder in der Entwicklung der Personreferenz von älteren Geschwistern profitieren können oder nicht. Hier interessiert nur, welche sprachliche Strukturen bei der Besitzmarkierung zum Zuge kommen und wie der Einsatz sich im Entwicklungsverlauf wandelt. Die Analyse umfaßt ein Korpus von insgesamt 1267 Äußerungen von 93 Kindern zu eigenem Besitz und dem eines Elternteils, wenn ein Besitzobjekt auf Fotografien präsentiert und im Dialog im Hinblick auf die Possessor-Possessum Beziehung sprachlich markiert wird. In das Korpus gehen sowohl solche Äußerungen ein, die sich nur auf den Possessor beziehen, als auch solche, bei denen innerhalb einer Äußerung Possessum und Possessor sprachlich gemeinsam ausgedrückt werden. Da nicht jedes Kind gleich viele Äußerungen zum Gesamtkorpus beiträgt, steht die statistische Analyse vor nahezu unlösbaren Problemen. Deshalb begnügen wir uns mit einer deskriptiven Analyse der Vorkommenshäufigkeit von sprachlichen Formen in Abhängigkeit vom Meßzeitpunkt und der Art der Besitzrelation.

Tab. 2.: *Absolute Häufigkeiten sprachlicher Strukturformen zur Markierung des Possessors bzw. von Possessor-Possessum-Beziehungen*

Sprachliche Realisierung	Beispiele	U 1	U 2	U 3
Namen des Possessors	»Lisa«	119	91	61
Genitiv, unmarkiert	»Mama Kamm«	31	53	45
Genitiv, mit -s	»Mamas« »Lisas Frosch«	13	34	34
Genitiv, umgangssprachlich	»Mama ihrs« »Mama seine Tasse«	0	4	5
Nominalkompositum	»Kevintrecker«	15	19	13
von- Konstruktion	»von Marius«	4	3	14
Pronomen	»meins« »mein Hase«	42	63	73
Besitzverben, Sätze	»meins is« »gehört dich Mama Släger«	8	28	15

Tabelle 2 zeigt die Häufigkeit der verschiedenen sprachlichen Strukturformen, die die Kinder verwenden, um den Possessor bzw. die Possessor-Possessum-Beziehung zu markieren. Wir konnten die Äußerungen der Kinder, die einen Hinweis auf den Possessor enthalten, in die dargestellten acht Kategorien einordnen. Dabei sind neben Strukturformen, die in der Zielsprache vorkommen, sowohl einfache lexikalische Formen (Name des Possessors) vertreten, als auch solche, die typisch für die Kindersprache sind (unmarkierter Genitiv).

Der Anteil rein lexikalischer Äußerungen, in denen nur die Person mit Eigen- oder Rollenname (insgesamt 271 mal), geht über die Meßzeitpunkte von 53 % über 32 % auf 24 % zurück. Bei der Häufigkeit der Namensnennung muß man berücksichtigen, daß Kinder die abgebildeten Objekte oft spontan mit einer Bezeichnung für das Possessum benannt haben, ohne die elterlichen Standardfragen abzuwarten. Erst bei der zweiten Standardfrage *Wem gehört das?* antworten sie dann mit dem Namen des Possessors.

Die häufigsten Genitivkonstruktionen in unseren Daten sind zum einen der unmarkierte Genitiv *Mama Tasche* sowie die Verbindung beider Nomina mit dem Genitiv-*s* (*Mamas Kamm*). Andere Genitivkonstruktionen wie *von*-Konstruktionen oder der *von*-Genitiv kommen in unserer Untersuchung im Vergleich zu anderen Studien vergleichsweise selten vor (vgl. Clahsen, Eisenbeiß & Penke 1996). Hier könnte sich die Verwendung von Objekten auswirken, die den Kindern bzw. ihren Eltern bereits seit längerer Zeit gehören, im Gegensatz zu Zuordnungsaufgaben in anderen Untersuchungen.

Nominalkomposita kommen zu den drei Untersuchungszeitpunkten recht selten vor. Sie sind zielsprachlich korrekt gebildet worden. Im vorliegenden Fall sind sie jedoch keine Zielsprache, die eine deiktische Markierung des Possessors verlangt.

Zielsprachliche Äußerungen wie *meine Hose* oder *Dein Kamm* sind selten vorgekommen (1,0 % bei U 1, 4,1% bei U , 11,2 % bei U 3). Bei den Äußerungen zwischen reiner Kindersprache und perfekter Zielsprache gibt es neben einfachen Fällen wie fehlerhafter Genuskongruenz (*Mein Sarah*) oder unvollständigen Präpositionalphrasen (*von Mariud*) auch interessante, komplizierte Fälle, die nicht so leicht zu durchschauen sind, z. B. die beiden folgenden:

»Meiner Topf ist« (Lena; 2;0.3, U 2)

Liegt hier eine Vertauschung von Possessorpronomen und Possessivartikel vor, oder steckt in der Äußerung nur ein Wortstellungsproblem, weil es eigentlich heißen müßte *Der Topf ist meiner*? Ähnlich vertrackt ist die Lage bei

»Das Mamas Bagell« (Jascha; 2; 0.14, U 2)

Fehlt hier nur die Kopula *ist* nach dem Demonstrativpronomen *das*? Oder ist *das* der bestimmte Artikel für das Wort *Bagell*, mit dem das Kind die Jacke seiner Mutter bezeichnet? Diese und viele andere Beispiele machen deutlich, daß die rein lexikalische Darstellung von Possessor und Possessum überwunden ist und nach Möglichkeiten gesucht wird, die Beziehung zwischen ihnen formal zu markieren. Je mehr Äußerungen von Kindern erhoben werden, um so weiter und auch unübersichtlicher wird das Feld von Besitzmarkierungen, die auf dem Weg zur Zielsprache liegen. Trotzdem lassen sich auch überindividuelle Tendenzen feststellen, die in den Abbildungen 1 und 2 zusammengefaßt sind. Sie zeigen, wie häufig Kinder zwei Arten von Konstruktionen zur Darstellung des eigenen und des fremden (elterlichen) Besitzes verwendet haben. Die beiden Konstruktionen unterscheiden sich darin, ob der Possessor nominal (N-Konstruktionen), z. B. als Eigenname mit dem Genitivsuffix *s*, oder pronominal (P-Konstruktionen), z. B. mit dem Possessivartikel bezeichnet wird. Im Gesamtkorpus sind auch einige wenige Doppelkonstruktionen anzutreffen, in denen der Possessor nominal und pronominal wie beim umgangssprachlichen Genitiv (*Mama ihrs, Mama seine Tasse*) oder in Sätzen mit Besitzverben (*Gehört dich Mama Släger*) markiert wird. Solche Fälle haben wir nicht in die Berechnung einbezogen.

Abb. 1: *Absolute Häufigkeiten von P-(■) und N-(□) Konstruktionen in Abhängigkeit von Untersuchungszeitpunkt (U) bei eigenem Besitz*

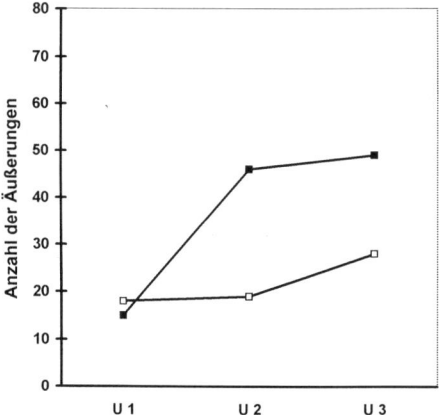

Abb. 2: *Absolute Häufigkeiten von P-(■) und N-(□) Konstruktionen in Abhängigkeit von Untersuchungszeitpunkt (U) bei fremdem Besitz*

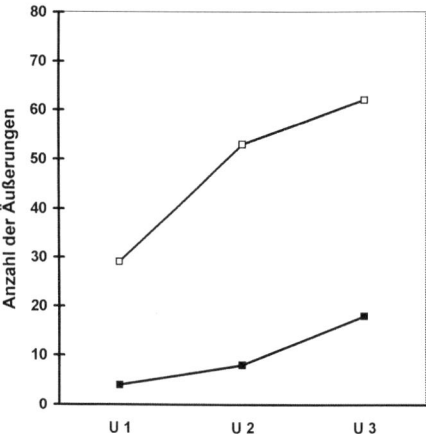

Die absolute Häufigkeit von N- und P-Konstruktionen steigt über die Untersuchungszeitpunkte hinweg an. Neben diesem Entwicklungstrend (vergleiche dazu auch Rogdon&Rashman 1976) fällt auf, daß das Ausgangsniveau und der Anstieg unterschiedlich sind, je nachdem, ob eigener oder fremder Besitz sprachlich markiert wird. Bei eigenem Besitz dominieren P-, bei fremdem Besitz

N-Konstruktionen. Offensichtlich schlagen Kinder bei der Possessor-Possessum Beziehung zwei verschiedene Routen der sprachlichen Enkodierung ein. So können sie gleichzeitig in zwei unterschiedliche formale Facetten der Besitzmarkierung hineinwachsen, indem sie auf der einen Seite die Person-Deixis im Bereich des eigenen Besitzes erobern und auf der anderen Seite im Bereich des fremden Besitzes Genitivbildungen einüben. Dieses Bild stimmt auch mit Tagebuchstudien überein (Tomasello, in press; Deutsch & Behrens, in Vorbereitung). Demnach erscheint die deiktische Markierung fremden Besitzes (*Deine Suppe*) erst dann im Repertoire der Kinder, wenn die reguläre Genitivbildung für fremden Besitz bereits Fuß gefaßt hat.

5. Schlußfolgerungen

5.1 Und es gibt sie doch – die Kindersprache

Vor mehr als neunzig Jahren haben Clara und William Stern (1907) einen Grundriß zur Erforschung der Sprachentwicklung vorgelegt, der bis heute nichts an Aktualität eingebüßt hat (vgl. auch Deutsch, 1997). Die Sterns betrachten Kindersprache weder als defizitären Abkömmling der Erwachsenensprache noch als eine Sprachform sui generis. Kindersprache ist vielmehr ein Entwicklungsprodukt, das kommt und wieder geht. Während der Entwicklung verhalten sich Kinder sowohl konservativ als auch innovativ. Aus dem Sprachangebot ihrer sozialen Umgebung übernehmen sie sprachliche Formen und koppeln diese nach eigenen Vorstellungen mit Bedeutungen und Funktionen. Bei statischen Besitzrelationen sind die Formen zunächst einzelne Wörter, die die Komponenten Possessor und Possessum repräsentieren. Von hier aus kommen Änderungen in Gang, die auf verschiedenen Wegen laufen. Mit unserem Untersuchungsansatz können wir keine individuellen Entwicklungsverläufe rekonstruieren, weil dafür zu wenige Meßzeitpunkte pro Kind vorlagen. Wir können aber nachweisen, daß es Hauptwege gibt, die an konzeptuelle Unterschiede gebunden sind. Wer oder was stößt die Veränderung an? Sind Kinder in ihrer Sprachentwicklung aktive Mitgestalter, oder lassen sie die Entwicklung nur mit sich geschehen? In dem von uns untersuchten Entwicklungsabschnitt unterliegen Kinder einer Entwicklungsillusion (vgl. Deutsch, 1997): zumindest manche Kinder glauben, sie lernten bei der Sprache alles von selbst, und unterschätzen dabei, daß ohne geeigneten Input keine Entwicklungsfortschritte möglich sind. Führt die Entwicklungsillusion aber nicht auch dazu, daß Kinder manchmal neue Beziehungen zwischen Konzepten und Formen schaffen, die sie dann später zugunsten bereits etablierter Beziehungen aufgeben?

5.2 Deixis und Besitz

Statische Besitzrelationen laden nicht zu deiktischen Markierungen ein. Sie sind eine feste Bastion der Kindersprache, in der die Deixis lange außen vor bleibt. Warum ist das so? In der ontogenetischen Entwicklung ist die statische Besitzrelation nicht der Ursprung des Besitzkonzepts. Bereits in der vorsprachlichen Entwicklung lernen Kinder, durch gezieltes Greifen an Objekte heranzukommen und über sie nach ihrem Willen zu verfügen. Hierbei lernen sie auch, bei zu weit entfernten Objekten auf die Greifbewegung zu verzichten und statt dessen Gesten einzusetzen, damit andere Personen einen Objekttransfer initiieren. Nonverbale Gesten werden dann später ergänzt oder ersetzt durch sprachliche Ausdrücke wie *bitte* und *danke*, die zunächst nichts mit Höflichkeit zu tun haben, sondern frühe sprachliche Mittel sind, um den Wunsch nach einem Objekttransfer bzw. eine bestimmte Phase des Objekttransfers auszudrücken (Deutsch & Behrens, in Vorbereitung). An die Stelle dieser Partikeln treten im Verlauf des zweiten Lebensjahrs Nomen zur Bezeichnung des gewünschten Objekts, aber auch Pronomen, durch die Anspruch auf ein Objekt erhoben wird oder der eigene Anspruch gegenüber Interventionen von anderer Seite behauptet wird (Deutsch & Budwig 1983). Im Bereich Besitz beziehen sich also deiktische Personbezeichnungen anfänglich nur (oder hauptsächlich) auf gewünschte oder abzuwehrende Zustandsveränderungen (change of state) und nicht auf Zustände (state). So kommt es, daß nebeneinander pronominale und nominale Possessorbezeichnungen verwendet werden, je nachdem, ob eine dynamische oder statische Besitzrelation vorliegt. Erst wenn solche Form-Funktionsbeziehungen entkoppelt werden, ist der Weg frei für den Einzug der Deixis in den Bereich statischer Besitzbeziehungen. Unsere Untersuchung belegt, daß deiktische Formen hier zunächst beim eigenen Besitz Fuß fassen. Aber die Markierung des fremden Besitzes bleibt währenddessen nicht in einem lexikalischen Stadium stecken. Hier entwickelt sich die andere Seite der Grammatik des Besitzes, die Bildung von Genitivkonstruktionen.

Literatur

Bittner, D. (im Druck). Entfaltung grammatischer Relationen im NP-Erwerb: Referenz. *Folia Linguistica.*

Braunwald, S. (1979). The diary method updated. In E. Ochs & B. Schieffelin (Eds), *Developmental pragmatics.* New York: Academic Press.

Brown, R. (1978). *A first language. The early stages.* Cambridge, Massachusetts: Harvard University Press.

Clahsen, H., Eisenbeiß, S. & Penke, M. (eds.) (1996). *Generative Perspective on Language Acquisition.* John Benjamins: Amsterdam, Philadelphia.

Deutsch, W. (1997) »I learn everything by myself.« The role of dialogue in language development. Polish Quaterly of Developmental Psychology, 3(2),115-135.

Deutsch, W. & Behrens, H. (in Vorbereitung). *Possession in progress. What the Stern diaries reveal about children´s concepts and means of possession.*

Deutsch, W. & Budwig, N. (1983). Form and function in the development of possessives. *Papers and Reports on Child Development, 22,* 36-42.

Eisenberg, P. (1994). *Grundriß der deutschen Grammatik.* Stuttgart: J.B. Metzlersche Verlagsbuchhandlung.

Hentschel, E. & Weydt, H. (1990). *Handbuch der deutschen Grammatik.* Berlin: de Gruyter.

MacWhinney, B. (1991). *The CHILDES project: Tools for analyzing talk.* Hilsdale, NJ: Lawrence Erlbaum.

Rogdon,M.M&Rashman,S.E.(1976). Expression of owner and relationship among holophrastic 14-to32-months old children. Child Development, 47, 1219-1222.

Seiler, H. (1983). *Possession as an operational dimension of language.* Tübingen: Narr.

Stern, C. & Stern, W. (1907). *Die Kindersprache.* Leipzig: Barth.

Tomasello, M. (in press). One child's early talk about possession. In J. Newman (Ed.), *The Linguistics of Giving.* Amsterdam: John Benjamins.

Wagner, A., Burchardt, R., Deutsch, W., Jahn, K. & Nakath, J. (1996). Der Geschwistereffekt in der Entwicklung der Personreferenz. *Sprache & Kognition, 15,* 3-22.

Weinrich, H. (1993). *Textgrammatik der deutschen Sprache.* Mannheim: Dudenverlag.

Auswirkungen des Lautsystems auf den Erwerb des Lexikons – Eine funktionalistisch-kognitive Perspektive

Hilke Elsen[1]

Abstract   Die vorliegende Untersuchung fußt auf Daten einer Tagebuchstudie eines deutschsprachigen Kindes. Es wird gezeigt, daß der beobachtete plötzliche Vokabelanstieg (*vocabulary spurt*) im Alter von Ende 1;2 zumindest teilweise durch Fortschritte in Phonetik und Phonologie verursacht wurde, da zeitgleich Verbesserungen im Lautsystem auftraten, die zu einer deutlicheren Aussprache vieler Lexeme führten, zur Aufgabe von vereinfachten Ersatzformen, Aufspaltung von Homonymen und Aufnahme neuer Wörter ins Lexikon. Weiterhin sind kognitive Veränderungen anzunehmen, da der Hauptteil der neuen Wörter aus Nomen bestand, sowie systembedingte Faktoren. Es gibt damit Verbindungen zwischen kognitiver, phonologischer und lexikalischer Entwicklung. Diese Beobachtungen geben Anlaß dazu, die Tatsache, daß verschiedene sprachliche und nichtsprachliche Bereiche beim Spracherwerb zusammenwirken, nicht als Randerscheinung, sondern als grundlegend aufzufassen. Variation und Interaktion zwischen sprachlichen Ebenen werden mit der Vorstellung, Informationsverarbeitung geschehe netzwerkartig, erklärt.

1.   Einleitung

In der Literatur zum Erstspracherwerb wird wiederholt von einer nichtlinearen Aufnahme neuer Wörter ins Lexikon berichtet. Nach anfänglich nur vereinzelten Neuaufnahmen steigt der Wortschatz langsam an, bis dann innerhalb kurzer

---

1   Teile dieses Artikels wurden vorgestellt beim *Child Language Seminar 1996*, The University of Reading, April 1996 (vgl. Elsen, im Druck a), und auf der 19. Jahrestagung der DGfS, Düsseldorf, Februar 1997. Für die Anmerkungen zu einer früheren Fassung danke ich Hans Altmann, Thomas Berg und zwei anonymen Gutachtern. Diese Arbeit wurde gefördert durch Stipendien des *Freistaates Bayern*.

Zeit plötzlich viele neue Lexeme erworben werden (vgl. für den Erwerb des Dänischen Plunkett 1993, für das Deutsche Elsen 1996a, b, für das Englische z. B. Nelson 1973, für das Hebräische Dromi 1987, für das Holländische Gillis 1986). Dieser *vocabulary spurt* ist laut Mervis / Bertrand (1995) bei allen Kindern zu finden. Das Ziel der vorliegenden Arbeit ist es, nach möglichen Gründen für diesen Anstieg im Lexikon und Zusammenhängen mit anderen Entwicklungen im Sprachsystem zu suchen.

In der Literatur sind bereits verschiedene Erklärungsvorschläge gemacht worden. Konnektionistische Ansätze verstehen Informationsverarbeitung netzwerkartig. Ihre Computermodelle sind dem neurologischen System im Gehirn nachempfunden. Dabei werden die kognitiven (mentalen) Strukturen auf Strategien bei der Verarbeitung von Information untersucht. Elman, Bates, Johnson, Karmiloff-Smith, Parisi & Plunkett (1996) legen dar, wie aus konnektionistischer Sicht verarbeitungsinterne, allein aus der Netzwerkarchitektur und -arbeitsweise resultierende Bedingungen ein nichtlineares Verhalten ergeben.[2] Allerdings würde dies nur ein erstes nichtlineares Anwachsen des Wortschatzes erklären. Wie bereits an anderer Stelle gezeigt, gibt es im vorliegenden Korpus jedoch mehrere *vocabulary spurts* (Elsen 1996a, 1997, 1998b).

Von anderer Seite werden kognitive bzw. lexikalische Faktoren für die Veränderung im Lexikonerwerb verantwortlich gemacht. So tritt laut Gopnik / Meltzoff (1987) oder Mervis / Bertrand (1994) nämlich zeitgleich die Fähigkeit auf, Dinge kategorisieren zu können oder die Einsicht, daß Wörter Dinge benennen und damit Symbolfunktion ausüben (*naming insight*, z. B. McShane 1980). Dies würde primär den Erwerb von Nomen betreffen. Für einen späteren, nichtlinearen Anstieg im Verbvokabular (vgl. Elsen 1997, 1998b) müßten andere Gründe angenommen werden.

Goldfield / Reznick (1990) weisen auf mögliche fördernde umweltbedingte Faktoren hin. Wenn die Eltern das 'Namen-Spiel' spielen, würde das die Benennung neuer Objekte der unmittelbaren Umgebung des Kindes und damit den Lexikonerwerb beschleunigen. Dabei stehen dann wieder die Nomen im Vordergrund.

Die Möglichkeit von phonologischen Einflüssen auf die lexikalisch-semantische Entwicklung wurde bereits von Leopold (1939), Hoek, Ingram & Gibson (1986), Plunkett (1993) und Elsen (1994) erörtert. Wie im folgenden gezeigt werden soll, wurden im vorliegenden Korpus Veränderungen im phonologischen System gefunden, die auf Zusammenhänge zwischen dem Lautsystem und der lexikalisch-semantischen Entwicklung schließen lassen. Zum einen ermöglichten verbesserte artikulatorische Fähigkeiten es dem Kind, frühe *Baby Talk-*

---

2 Zu Nonlinearität in Netzwerken, die sich mathematisch über eine lineare dynamische Glei-   chung zum Wachstum des Wortschatzes pro Zeiteinheit ergibt, vgl. Elman et al. (1996: 181ff.).

Wörter (*BT*, die an kleine Kinder gerichtete Sprache) wie *wauwau* für Hunde, die zur Vermeidung phonologisch komplexer erwachsensprachlicher Begriffe dienten, durch zielsprachliche Formen zu ersetzen. Zum anderen konnten wegen der Fortschritte im lautlichen Bereich Homonyme aufgegeben werden, die einen Sonderfall von *overextension* (*Hund* auch zu Katzen und Hasen) (vgl. Elsen 1995) darstellen. Bei solchen Beispielen umfaßt die augenscheinlich referentiell überdehnte Form die Bedeutung zweier verschiedener, aber formal (und konzeptuell) schwieriger verwandter Begriffe. Beide Veränderungen traten zum Zeitpunkt des ersten nichtlinearen Vokabelanstiegs auf. Die vorgelegten Daten zeigen, daß Veränderungen im Lautsystem als einflußnehmender Faktor auf den Erwerbsverlauf im Lexikon interpretiert werden können.

2.   Methode

Das Datenmaterial stammt aus einer Tagebuchstudie (Elsen 1991), die mit der Geburt von A., einem deutschsprachig aufwachsenden Mädchen, begann. Nach einigen Monaten unregelmäßiger Notizen wurden mit dem Zeitpunkt des ersten Wortes (0;8,23, diese Notation bezeichnet *vollendetes Lebensjahr; Monat, Tag*) kontinuierlich alle neuen Äußerungen in internationaler Lautschrift (IPA) festgehalten. Alle neuen Wörter, Aussprachevarianten und Wortformen wurden dokumentiert, wobei zwischen Imitation, halbspontaner (Zielwort nach dem letzten Schlaf gehört, aber nicht unmittelbar imitiert) und spontaner Produktion unterschieden wurde. Weiterhin wurden Auffälligkeiten zu Referenten und Redesituation notiert, wenn das Kind z. B. zu Enten *wauwau* sagte, wenn sie bei Katzen nach einiger Zeit von *wauwau* zu *miau* wechselte, wenn sie ein Wort nur in bestimmten Situationen äußerte. Zweimal täglich wurden die Notizen auf Karteikarten übertragen und um weitere Informationen ergänzt. Dreimal pro Monat wurden Laut-, Lexem- und Wortformeninventar und Wortkombinationen überprüft und Anmerkungen zu Gebrauchshäufigkeiten oder zeitweisem Verschwinden gemacht, so daß individuelle, teilweise nichtlineare Entwicklungsverläufe einzelner Wörter bzw. Formen sichtbar wurden. Die Syntaxentwicklung (erster Satz *Mama Buch*, 0;11,25) wurde nur in den ersten Monaten kontinuierlich festgehalten, dann zwar täglich, aber nicht mehr komplett.

Im Alter von 2;5 endeten die kontinuierlichen Notizen, da nun das phonologische System beherrscht wurde und die Menge der täglichen Produktionen und Neuerwerbungen ein kontinuierliches Mitschreiben unmöglich machte. Die Notizen, vor allem zu Syntax und Morphologie, wurden zunächst täglich, dann in Abständen fortgeführt. Tonbandaufnahmen existieren für die Zeit von 0;4 – 8 Jahre. Sie wurden für die vorliegende Untersuchung allerdings nicht ausgewertet. Einige mitgeschnittene Daten wurden mithilfe von Sonagrammen und einem ausgebildeten Phonetiker verifiziert.

Um die Sprachentwicklung möglichst wenig zu beeinflussen, wurden keinerlei Experimente, z. B. zur Gewinnung von Sprachverständnisdaten, durchgeführt. A. wurde auch nicht zur Wiederholung einzelner Äußerungen aufgefordert. Da Mutter und Kind während der Datenerhebung ständig zusammen waren, war es möglich, die komplette phonologische, lexikalische und morphologische Entwicklung bis 2;5 aufzuzeichnen. Die Entwicklung der Phonologie und des Lexikons sind in Elsen (1991) festgehalten.

3.   Resultate

Bis Ende 1;2 war A.s Akzentmuster beinah ausschließlich Penultimaakzent (Akzent auf der vorletzten Silbe). Die häufigsten Silben wiesen Konsonant-Vokal-, seltener Konsonant-Vokal-Konsonant-Abfolgen auf. Zweisilbler bestanden gewöhnlich aus Verdopplungen. Dreisilbler gab es kaum. Vortonige Silben wie in *Banane* wurden getilgt. Es gab kaum finale Konsonantengruppen. Wörter mit Frikativen wurden vermieden oder ohne Frikative ausgesprochen. Dabei verwendete A. Reduplikation ([nana] *Nase*), Tilgung ([dɯ] *zu*) und Okkludierung (Bildung von Verschlußlauten wie /t/, [data] *Tasse*). Mit 1;0 wurden vereinzelt die ersten Frikative produziert. Die vorherrschenden Konsonanten waren Nasale, vordere Plosive, /j/. Typische Wörter dieser Anfangsphase waren z. B. [mama] *Mama*, [baba] *Papa*, [ba] *Buch*, [dɛdɛ] *Teddy*. Aufgrund eingeschränkter artikulatorischer Fähigkeiten konnte A. für sie wichtige Wörter wie *Hund* oder *Schlüssel* daher schlecht aussprechen. Darum wandte das Kind zwei Strategien an, um mit diesen Wörtern umzugehen: Meiden bzw. Ersetzen. Eine Lösung war, ein Zielwort gänzlich zu meiden. Aus dem Umgang mit dem Kind war klar, daß sie das Wort *Hund* durchaus verstand und sich für diese Tiere auch deutlich interessierte. Da sie täglich mit lebenden, gezeichneten und Spielzeughunden konfrontiert wurde und sie auf ein ihr gegenüber geäußertes 'Hund' eindeutig reagierte, indem sie zum Beispiel einen Hund suchte und auf ihn zeigte, ist anzunehmen, daß sie diesen Begriff verstand. Sie benutzte ihn aber nicht, obwohl sie zu diesem Zeitpunkt oft Wörter nachahmte und sich ihr durchaus auch Gelegenheit zur Imitation dieses Wortes bot. In dem Moment, in dem ihre Großmutter ihr aber den Begriff *wauwau* aus dem *Baby Talk* anbot, benutzte A. [wawa] für Hunde (vgl. Elsen 1994). Offenbar hatte sie das schwierige /hʊnt/ zunächst vermieden, und es war ihr erst durch das einfachere *wauwau* möglich, über Hunde zu sprechen. Sie gebrauchte dabei eine phonologisch einfachere *Baby Talk*-Form ersatzweise für eine phonologisch komplexere Zielform.

Ein etwas anderes Verhalten wurde im Fall von *Schlüssel* beobachtet. Bereits mit 1;0,24 versuchte A., das Wort spontan auszusprechen, [dl̩], später [lə]. Sie gab ihre Bemühungen aber wieder auf. Stattdessen benutzte sie die Form für *zu*, [dɯ], [dɨ]. A. versuchte also zwar, *Schlüssel* auszusprechen, gab es aber wieder auf zugunsten des Wortes für *zu*, wohl wegen der inhaltlich-kontextuellen Nähe, da Türen etc. mithilfe von Schlüsseln geschlossen werden. Artikulatorische Schwierigkeiten veranlaßten A., nach Bezeichnungsalternativen zu suchen, die sie in einem inhaltlich-situativ verwandten Begriff fand. In solch einem Fall von kindersprachlicher Homonymie wurde eine Form (*Schlüssel*) nicht für die entsprechenden Referenten benutzt, stattdessen eine andere Form (*zu*), so daß auf den ersten Blick ein Beispiel für *overextension* für das Wort *zu* vorliegt.

Bis Ende 1;2 gab es in A.s Lexikon mehrere *Baby Talk*-Formen und Homonymenpaare (vgl. Tab. 1a, b).

Tab. 1a: *Baby Talk-Wörter*

Form	Referent/Bedeutung
[pɪpɪ]	Maus
'Schnüffeln'[a]	Hase
[b̃m]	Auto
[wawa]	Hund
[dada]	Tag!
[pɪpɪ]	Vogel
[m̄]	Kuh
[ala]	*alle, weg*

[a] kein Wort im eigentlichen Sinne, kein BT-Ausdruck

Tab. 1b: *Homonyme*

Form	Referent/Bedeutung
[ba]	Buch (auch für Papier und Zeitungen gebraucht)
[dɯ, dɨ]	zu (auch für Schlüssel gebraucht)

Die Wörter zeichnen sich aus durch begrenztes Lautinventar und zumeist einfache Phonotaktik wie Konsonant-Vokal-Reduplikationen. Die zielsprachlichen Formen bestehen aus einer viel größeren Vielfalt an Phonemen, vor allem Frikativen, Konsonantengruppen und nicht-reduplizierten Silbenfolgen.

Gegen Ende 1;2 wurde ein plötzlicher, nichtlinearer Anstieg der Neuaufnahmen ins Lexikon verzeichnet. Die Abbildung 1 gibt die Anzahl der neuen Wörter pro Monatsdrittel an.

Abb. 1: *A.s neue Lexeme (pro Monatsdrittel)*

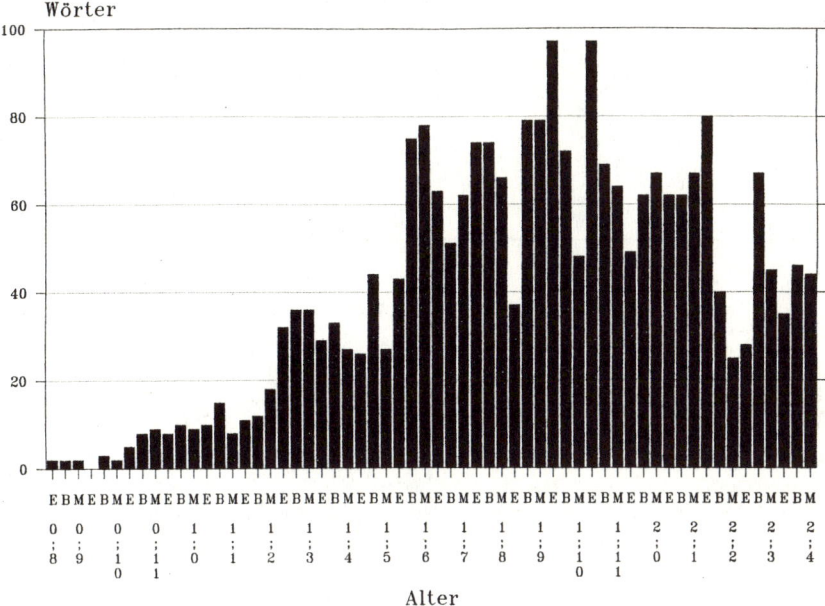

Nachdem anfangs nur ein, zwei neue Wörter pro Monatsdrittel gelernt wurden, stieg die Zahl auf etwa zehn an, bis Ende 1;2 dann 30 bis 35 Wörter in zehn Tagen erworben wurden.

Ende 1;2 gab es auch Veränderungen im phonologischen System. Für den Bereich der Phonotaktik war zu beobachten, daß der Wortakzent nicht mehr nur auf der Penultima lag, sondern auch zielsprachengemäß auf der letzten Silbe oder auf der Präpenultima (*hatschí, Papíer, Lúftballon*). Viele Reduplikationen, Tilgungen und Okkludierungen, die zur Vermeidung der Frikative gedient hatten, wurden aufgegeben. Frikative traten vermehrt auf. Sie bildeten drei Gruppen, vorn, Mitte und hinten (Tab. 2) (vgl. Elsen 1991).

Tab. 2: *A.s Frikativsystem Ende 1;2*

Bereich	Varianten, Nicht-Frikative in Klammern
vorne	([w]), [v], [f]
Mitte	[θ], [ð], [s̬], [z̬], [s], [z], [ʃ], [ʒ], [ç]
hinten	[x], [ʁ], [h], ([ʔ])

Das Schwa wurde nun nicht mehr durch Vollvokale realisiert, eine zielsprach-liche phonotaktische Regularität. Einige Konsonantengruppen traten auf. Silben-endränder (stimmlose Frikative oder Plosive) erschienen öfter. Sowohl Konso-nantengruppen als auch finale Frikative waren vor allem in Einsilblern zu finden. Wörter mit Frikativen wiesen jetzt eine verbesserte, d.h. zielsprachennähere Aussprache auf (vgl. Tab. 3).

Tab. 3: *Verbesserte Aussprache der Wörter mit Frikativen*

Referent/Bed.	frühe Form	neue Form	Alter bei neuer Form
Tasse	[datʰa]	[taza]	1;2,23
Schuh	[dɯ̄]	[ʒ̄u]	1;2,25
so	[dɔ̄]	[zɔ]	1;2,26
Nase	[na]	[nəʒ̄a]	1;3,0
Bürste	[bɔɪa]	[vɯdzə]	1;3,10
Kissen	[kɪkə]	[kɪš̄]	1;3,12

Viele kindersprachliche Formen wurden aufgegeben und durch die zielsprachli-chen Wörter ersetzt (vgl. Tab. 4).

Tab. 4: *Ersetzungen der Baby Talk-Wörter*

Referent/Bed.	frühe Form	neue Form	Alter bei neuer Form
Auto	[b̃m]	[b̃m]/ [aɪ̇ɔ]	Anfang 1;2
		[āto]	1;2,14
Tag!	[dada]	[tāk ʰ]	1;2,14
alle/weg	[ala]	[bakʰ]	Mitte/Ende 1;2
Hund	[wawa], [vava]	[ʔɯnt]	1;2,26
Vogel	[pɪpɪ]	[ʔəgl̩]	1;2,28
Hase	'Schnüffeln'	[āzə], [ada]	1;2,3[a]
		[hādza], [hasa]	1;2,30
Maus	[pɪpɪ]	[naɯ]	1;3,9
Kuh	[m̃][b]	[bɯ̄]	1;3,15

[a] kein Gebrauch des Wortes zwischen 1;2,3 und 1;2,30
[b] kein Gebrauch des Wortes zwischen Ende 1;2 und Mitte 1;3

Homonyme differenzierten sich und die Formen wiesen verbesserte Aussprache auf (Tab. 5). Wie bereits im Fall von *Schlüssel* hatte A. versucht, *Papier* spontan auszuspre-chen, dies dann aber zugunsten des inhaltlich verwandten *Buch* aufgegeben. Anders verhielt sie sich bei *Bauch/Zeh*. Beide Wörter wurden während 1;0 verwechselt, jeweils für beide Referenten verwendet und dann 1;2 ganz aufgegeben. Ab Ende 1;2 tauchten alle Begriffe mit zielsprachlicher Referenz und zielsprachennäherer Aussprache auf.

Tab. 5: *Aufhebung der Homonyme*

Referent/Bed.	frühe Form	neue Form	Alter bei neuer Form
Buch	[ba]	[bɯx]	1;2,26
Papier	[ba]	[bə'dīᵊ]	1;2,30
Zeh	[dē]	[dsē]ᵃ	1;3,15
Bauch	[baɯ]	[baɯx]ᵃ	1;3,9
zu	[dɯ], [dɨ]		
Schlüssel	[dɨ]	[ɨdl]	1;2,27
		[tçl]	1;3,0

ᵃ kein Gebrauch des Wortes während 1;2

Ende 1;2 stieg der Anteil neuer Wörter mit Frikativen von bisher 60% auf 75% an (vgl. das Frikativsystem des Deutschen, Tab. 6). Dabei wurden formale Ersetzungen (z. B. der *Baby Talk*-Formen durch zielsprachliche Wörter) nicht neu gezählt. Die Berücksichtigung dieser Formen würde zwar die Rolle des Frikativerwerbs für den Lexikonerwerb noch deutlicher unterstreichen, aber es handelt sich nicht um neue Lexeme im Wortschatz, denn die Referenten bleiben die gleichen. Eine ähnliche Korrelation zwischen Vokabelanstieg und phonologischer Entwicklung fand Stemberger (pers. Mitteilung), allerdings für Plosive.

Tab. 6: *Übersicht über das deutschen Frikativsystem*

Laut	phonetische Beschreibung und Kommentar
/v/	stimmhaft, labiodental
/f/	stimmlos, labiodental
/z/	stimmhaft, alveodental bis alveolar
/s/	stimmlos, alveodental bis alveolar
/ʒ/	stimmhaft, alveopalatal
/ʃ/	stimmlos, alveopalatal
/ç/	stimmlos, palatal
/x/	stimmlos, velar
[ʁ]	stimmhaft, uvular, verbreitetste Realisation des /r/
/h/	häufig als stimmloser glottaler Frikativ eingeordnet, auch *Hauchlaut*

Für A. ergaben sich folgende Korrelationen zwischen verbesserter Lautung und lexikalischen Neuaufnahmen mit dem jeweiligen Ziellaut. Wörter mit zielsprachlichem /s/ wurden von A. vermehrt ab Ende 1;2 ins Lexikon aufgenommen: Anfang 1;2 waren es drei neue Zielwörter (*ps!, eins, zwei/drei* 'viele'), Mitte 1;2 zwei Wörter je mit zielsprachlicher Affrikata /ts/ (*Zug, Schatz*) und Ende 1;2 zehn neue Zielwörter (*Laster, Mütze, Wasser, Tasse, naß, Biest, ss* (Summen der Biene), *Hans, Zettel, anziehen*). Bei A. erscheint das /s/ zum ersten Mal Ende 1;1 in *heiß* und *tschüß*, nachdem es vorher wie auch in *Maus* bis 1;3, in *Haus* und *Alice* bis 1;5 weggelassen wurde. Daneben wurde es selten ersetzt durch z. B. [ç, s̩, θ, z]. In den neuen Wörtern mit 1;2 wurde /s/ in Isolation meist realisiert, aber nicht unbedingt zielsprachlich [s, z̩, z, θ, ...]. A. entwickelte zu dieser Zeit ihr dreigeteiltes Frikativsystem, das ihr eine zielsprachennähere Realisation der alveodentalen Frikative ermöglichte, so daß sie nicht mehr getilgt wurden.

Mit Ausnahme von *das da* und *so*, was A., wenn auch selten, [dəzə] (Ende 1;0/1;1) bzw. [zɔ] (1;1,8) realisierte, ignorierte sie /z/ bis 1;3. Bei *so* erfolgen vermehrte Annäherungen Ende 1;2. Bei *Nase, satt, Socke* trat zuvor Konsonantenharmonie oder Tilgung auf ([nāmə, nana], [atʰ], [gɔko, aka]). Dann erschienen gehäuft Versuche, *Nase, Hase, Hansi, Käse, Dose, Wiese, Vorsicht, Salat, Sanostol* (Vitaminsaft) auszusprechen. In den meisten Fällen gelang nun eine Frikativbildung, die jedoch stark zwischen dentaler, alveodentaler, ja sogar palataler Position schwankte und von Affrizierungen (Bildung von Affrikaten wie /ts/) und Okkludierungen unterbrochen wurde (vgl. Elsen 1991: 84). Neue Wörter mit /z/ in der Zielsprache waren Anfang 1;2 *Socke*, Mitte 1;2 *satt*, Ende 1;2 *Käse, Hose*, Anfang 1;3 *Dose, Vorsicht, Salat, Apfelsine*. /x/ wurde zunächst weggelassen in vier Zielwörtern bis Anfang 1;2 (*Buch, auch, Bauch, Schachtel*). Ab etwa Ende 1;2 / Anfang 1;3 war es auch in Neuerwerbungen recht stabil: (Anfang 1;2: 0) Mitte 1;2 *huch*, Ende 1;2 *doch, Nacht*. Es traten kaum Längungen oder Tilgungen auf. /h/ erschien in den frühen Wörtern (0;11,23 *heiß*, 1;0,18 *hallo*), in denen es teils getilgt, teils produziert, teils vom Knacklaut verdrängt wurde, regelmäßig ab 1;2. *Hunger, hatschi, huch, hopp, Hase, hoppala* folgten nach gleichen Schwankungen mit 1;3/1;4. Neue Wörter mit /h/ in der Zielsprache waren (Anfang 1;2: 0) Mitte 1;2 *Hunger, hatschi, hopp, huch*, Ende 1;2 *Hans, Hose, Haare*.

Für die genannten Laute gilt, daß sie zunächst vermieden oder höchstens vereinzelt und nur annäherungsweise realisiert wurden. Jeweils traten ab Ende 1;2 mehr Wörter mit sichererer Frikativartikulation auf. Offenbar dienten sie zur Initiierung der Frikativgruppierung in drei Bereiche (vgl. Tab. 2), die jetzt, Ende 1;2, die Realisation aller Frikative ermöglichte.

Die labiodentalen Frikative wurden zunächst unsicher gebraucht. Erst mit 1;5 wurde die verbreitetste Fehlartikulation für /v/, die Okkludierung, behoben. Dann stabilisierte sich /f/. Neue Wörter mit zielsprachlichem /f/ waren Anfang 1;2 *auf*, Mitte 1;2 *Garfield*, Ende 1;2 *falsch, Löffel, Elefant*, Anfang 1;3 *Fuß, Finger, Apfel, Apfelsine, Vorsicht, Flasche, Abfall, Feder, fertig*. Mit /v/ in der Zielsprache wurden folgende Wörter neu ins Lexikon aufgenommen: Anfang 1;2 *Windel, zwei/drei* 'viele', Mitte 1;2 *Wagen*, Ende 1;2 *warm, Wasser, winke-winke*. Anfang 1;3 schließlich waren *wischen, schwer, wickeln, Sweta* neu.

Die palatoalveolaren Frikative waren die zuletzt erworbenen Sprachlaute. Neue Wörter mit /ʃ/ (keine mit /ʒ/) in der Zielsprache waren (Anfang 1;2: 0) Mitte

1;2 *hatschi, Schatz, Stock, steh*!, Ende 1;2 *falsch* und Anfang 1;3 *wischen, schwer, Stein, schmutzig, Spange, Flasche*.

Der stimmlose palatale Frikativ fiel häufig mit alveodentalen und alveopalatalen Reibelauten zusammen und fand sich besonders von 1,3 bis 1;5 in Wörtern statt /ʃ/. Neue Wörter mit /ç/ in der Zielsprache waren (Anfang 1;2: 0) Mitte 1;2 *Mädchen*, (Ende 1;2: 0), Anfang 1;3 *schmutzig, Vorsicht, Becher, fertig*.

Auch der uvulare Frikativ wurde über einen längeren Zeitraum erworben. Neue Wörter mit zielsprachlichem /r/ ([ʁ]) waren Anfang 1;2 *zwei/drei* 'viele', Mitte 1;2: 0, Ende 1;2 *Ring, Brot, Haare* (Anfang 1;3: 0).

Für die zuletzt aufgeführten Gruppen ist ein Anstieg der neuen Wörter mit dem entsprechenden Frikativ in der Zielsprache erst Anfang 1;3 deutlich. Das erhöhte Auftreten neuer Wörter mit zielsprachlichem labiodentalem, palatoalveolarem, palatalem bzw. uvularem Frikativ dürfte auf die Formierung des gesamten Frikativsystems in drei Gruppen zurückzuführen sein, das zwar nicht zielsprachliche Artikulation ermöglicht, aber zumindest eine ungefähre Position für vordere, mittlere bzw. hintere Frikative zur Verfügung stellt. Kurz, die deutlich verbesserte Aussprache von /s/, /z/ und die sehr sichere Aussprache von /x/ ermöglichten eine Formierung des Frikativsystems in drei Bereiche und eine erhöhte Aufnahme neuer Wörter mit diesen Lauten. Wörter mit den übrigen Frikativen folgten vermehrt ein paar Tage später. Nachdem das Kind zuvor kaum Frikative produziert hatte, verfügte es nun über ein vorläufiges dreigliedriges Frikativsystem sowie zielsprachennähere Phonotaktik.

Was für ein Modell kann für die Erklärung von Interaktion zwischen verschiedenen sprachlichen und nichtsprachlichen Bereichen wie die Fähigkeit, Dinge zu kategorisieren, herangezogen werden?

4.   Diskussion

Die Fortschritte im Bereich der Lautung wirkten sich auf den Wortschatz in qualitativer und quantitativer Hinsicht aus. Zum Zeitpunkt des nichtlinearen Vokabelanstiegs traten Verbesserungen der Phonologie auf, was sowohl Lautinventar als auch Phonotaktik anbetraf. Diese Verbesserungen erlaubten u. a. die Produktion bisher vermiedener Frikative. Silben konnten vermehrt geschlossen werden. Mehr Konsonantengruppen erschienen. Variable Akzentmuster ermöglichten nun auch Final- und Präpenultimabetonung. Darum konnte A. die Wörter jetzt zielsprachenähnlicher aussprechen. Tilgungen, Verdopplungen, Okkludierungen, die bislang zur Vermeidung von Frikativen gedient hatten, wurden nun aufgegeben. Außerdem gibt der Anstieg der Neuerwerbungen mit Frikativen zu der Vermutung Anlaß, daß durch die verbesserte Aussprache A. sich jetzt eher an

neue Wörter 'herantraute'. Wahrscheinlich hatten eingeschränkte artikulatorische Fähigkeiten bis dahin bremsend auf die Produktion neuer Wörter gewirkt.
Die verschiedenen, teilweise vergeblichen Versuche, ein Wort auszusprechen,
weisen deutlich auf Artikulationsschwierigkeiten hin. Es darf aber nicht überse-
hen werden, daß der Großteil der neuen Wörter zum Zeitpunkt des *vocabulary
spurt* aus Nomen bestand. Darum sollten kognitive Veränderungen wie verbesserte Kategorisierungsfähigkeiten keinesfalls ausgeschlossen werden. Weiterhin
ist systembedingtes, rein aus der Netzwerkarchitektur und -arbeitsweise resultie-
rendes nichtlineares Lernverhalten (vgl. Elman et al. 1996) als weitere Ursache
für den plötzlichen Vokabelanstieg möglich. Es muß darauf hingewiesen werden,
daß A.s Daten auch mit 1;5 einen deutlichen *spurt* aufweisen. Da ein konnektio-
nistisches Modell wie z. B. in Elman et al. (1996) aber nur *einen* Anstieg durch ar-
chitekturbedingte nichtlineare Veränderungen erklärt, müssen weitere Faktoren
wie z. B. Fortschritte im phonologischen Bereich erwogen werden. Genaugenommen ist auch ein umgekehrtes Kausalverhältnis zwischen Lexikon- und
Lauterwerb möglich – aufgrund von mehr zur Verfügung stehender Information
in Form von Wörtern wird die Verarbeitung auf der Lautebene angeregt und darum exakter. Der Zeitpunkt des nichtlinearen Vokabelanstiegs kann architektur-
bedingt sein und verbesserte Lautverarbeitung nach sich ziehen. Hier stellt sich
dann aber die Frage, warum die Frikative von dieser Verbesserung betroffen sind
und nicht die anderen Laute auch (initiale Konsonantengruppen, gerundete Vo-
kale), warum also die Lautung nicht global verbessert wurde. Möglicherweise
war für die Frikative ein kritischer Wert erreicht, was innerhalb eines netzwerkartig verarbeitenden Modells eine wichtige Rolle spielt (Plunkett & Marchman
1993, Elsen 1998a, 1998b). Grundsätzlich scheint eine interaktive, sich gegenseitig verstärkende Wirkung der Entwicklung in beiden Bereichen die wahr-
scheinlichste Erklärung. Das Verhältnis von Lexik- und Lauterwerb ist prinzipiell
interaktiv kausal zu verstehen, weil aus konnektionistischer Sicht immer alle Bereiche mit allen anderen Bereichen in Verbindung stehen und darum Einflüsse
stets in jeder Richtung wirken. Fortschritte in der Phonologie führen zu mehr lexikalischen Neuaufnahmen. Ein vergrößertes Lexikon stellt eine breitere Datenbasis dar, aufgrund derer dann die Informationsverarbeitung der Laute beschleunigt und damit verbessert wird. Gleichzeitig führt das sicherere Beherrschen
vorher vermiedener, also wohl schwieriger Laute zu erhöhter Sprechbereitschaft.
A. gibt die Vermeidung von Frikativen und vor allem die Vermeidung ganzer
Wörter mit Frikativen auf und produziert aufgrund der besseren Aussprache
mehr Wörter und ersetzt *BT*-Wörter (die wohlgemerkt nicht neu gezählt wurden). Neben architekturbedingter nichtlinearer Entwicklung wird der Erwerb der
Lexeme in jedem Fall zusätzlich dadurch beschleunigt, daß die 'Bremse' durch
unzureichende Aussprache fortfällt.[3] Weiterhin weisen die Daten von A. längere,

auch starke Variation zwischen verschiedenen alten und neuen bzw. falschen und richtigen Formen auf (vgl. z. B. Elsen 1996a, 1997, 1998a, 1998b).

Solche Beobachtungen sind verständlich, wenn Informationsverarbeitung netzwerkartig aufgefaßt wird. In einem funktionalistisch-kognitiven Ansatz ist Spracherwerb Teil allgemeiner kognitiver Entwicklung. Kategorien, Strukturen, Regularitäten, aufgabenspezifische Bereiche *entstehen* und sind nicht diskreter, sondern gradueller, prototypischer Natur. Verschiedene sprachliche und nicht-sprachliche Informationen wirken funktional zusammen und üben Einfluß auf-einander aus. Spracherwerb ist Teil der allgemeinen kognitiven Entwicklung. Es gibt kein angeborenes autonomes Modul wie die *language faculty*. Aus biologisch-evolutionärer Sicht sind angeborene, voneinander unabhängige und deutlich ge-geneinander abgegrenzte Bereiche im Gehirn äußerst unwahrscheinlich (vgl. z. B. Lieberman 1991). Unsere anatomisch-neurologische Ausstattung ist das Er-gebnis eines Evolutionsprozesses. Unser Gehirn besteht aus übergreifenden und interagierenden Bereichen, oft das Resultat von Ökonomisierung und Kompro-mißlösungen zwischen konkurrierenden Bedürfnissen und biologischer Ausstat-tung, wobei alte Formen neue Funktionen übernahmen und sich dann weiter-entwickelten (Lieberman 1991). Die Prozesse, die für Spracherwerb verantwort-lich sind, sollten daher generelle kognitive Prinzipien sein, wie etwa das Erken-nen von visuellen, auditiven etc. Mustern, deren Analyse, Abstraktion und Generalisation (vgl. Elsen 1998a).

Der Erwerb von Struktur ist als Ergebnis von aktiver Informationsverarbei-tung aufzufassen. Der sprachlichen Umgebung und der Handlungssituation wird ein direkter und häufig entscheidender Einfluß auf den Spracherwerbsprozeß zuerkannt. Die kindlichen Abweichungen sind echte Fehler: die Kinder wollen so sprechen wie die Erwachsenen, können es aber (noch) nicht. Dies zeigen Fehl-versuche bei der Aussprache verschiedener Wörter und Vermeidungen. Bei solch einer Vorstellung von Informationsverarbeitung kann die Arbeitsweise des Sy-stems[4] selbst viele Phänomene der Entwicklung begründen: Variationen, Inter-aktionen, Transitionen neben sprunghafter Entwicklung.

Innerhalb eines konnektionistischen Rahmens ist die Interaktion zwischen sprachlichen Bereichen von grundlegender Bedeutung. Der Aufbau des Lexikons wird von formaler und semantisch-kognitiver Information bestimmt. Tatsächlich geht in den vollständigen Lexikoneintrag eine Kombination von prosodischen,

3 Wie bereits erwähnt, weist das vorliegende Kor-pus weitere Interaktionen zwischen verschiede-nen sprachlichen Bereichen auf. Wie in Elsen (1997, 1998 b) deutlich wird, handelt es sich dabei wahrscheinlich auch um Kausalzusam-menhänge derart, daß Entwicklungen in einem

Bereich (z. B. Verbvokabular) Vorbedingung für die Entwicklung in einem anderen (z. B. Morphosyntax, speziell Tempusflexion) sind.
4 Näheres dazu z. B. in Berg 1992, 1995, in Vorb., Stemberger 1985, 1992, Elman et al. 1996, Elsen 1998a.

phonetischen, semantischen, pragmatischen und morphosyntaktischen Informationen ein (z. B. Elsen 1998a). Solch ein Informationskonglomerat (vgl. auch *competition model,* Bates / MacWhinney 1987, Mac Whinney 1987, Mac Whinney / Bates 1989) kann auch dann die Verarbeitung einer Einheit gewährleisten, wenn Teile davon ausfallen bzw. nicht zur Verfügung stehen. Es kommt durchaus vor, daß ein Kind oberflächlich wortsemantisch unauffällig ist, tatsächlich aber noch nicht alle Bedeutungen beherrscht. Ein Kind kann nämlich ein Wort benutzen, wenn es Aussprache und Verwendungsweise kennt, ohne die Bedeutung zu wissen wie im Fall von *Berg.* A. wächst in einer Gegend auf, in der bei Föhn die Alpen zu sehen sind. Dies geschieht häufiger und ist stets ein schöner Anblick, so daß die Erwachsenen dann ans Fenster treten und gewöhnlich eine Bemerkung wie »oh, die Berge!« machen. A. produzierte die ersten Formen von *Berg* nur, wenn sie aus dem Fenster sah, allerdings auch, wenn keine Alpen zu sehen waren (Elsen 1991: 155f.). Sie hatte offenbar eine Form-Situationskoppelung vorgenommen, ohne dabei die Bedeutung des Wortes zu kennen (zu vergleichbaren Fällen in anderen Korpora vgl. Clark 1993: 33).[5]

Eine weitere Möglichkeit bestand für A. darin, ein Wort zu benutzen, ohne die richtige Aussprache zu beherrschen, nur mithilfe prosodischer und funktionaler Information. Dies war für viele ihrer frühen komplexen Wörter der Fall, die jeweils Akzentstruktur und Silbenzahl, aber nicht alle zielsprachlichen Laute enthielten (vgl. Elsen 1996b, 1998a), z. B. *Hubschrauber* [bɯθaja], *Apfelsine* [ˈabɪdɪja], *Käfer* [bɪça], *Badewanne* [manɪmanɪ]. So gesehen ist Interaktion zwischen sprachlichen Bereichen keine zufällige Begleiterscheinung, sondern eine notwendige Voraussetzung für erfolgreiche Sprachverarbeitung und Kommunikation. Auch wenn Information teilweise fehlt (wie hier inhaltliche bzw. phonologische), kann das System mit dem restlichen zur Verfügung stehenden Wissen in anderen sprachlichen Bereichen das Defizit kompensieren und trotzdem ein Wort verarbeiten. Dabei wird das Gelingen der Kommunikation verbessert.

---

5   Solche Beispiele von Form-Situations-*mapping* gab es häufiger in A.s frühem Lexikon. Das Wort *ey* hörte sie von ihrer Mutter, nachdem sie Spielzeug aus ihrem Bett geworfen hatte und die Mutter deutlich entrüstet reagierte. Einige Tage später warf sie wieder Spielzeug aus dem Bett und sagte dazu *ey.* Dies geschah noch mehrere Male und nur in dieser Situation. *Grün* äußerte sie bei jeder Ampel, auch bei rotem Licht. *Nichts* sagte sie nur, wenn sie auf der Toilette saß, ursprünglich gelernt in einer Situation, in der 'nichts kam'. *Bezahlen* benutzte A. nur vor der Kasse, *danke gleichfalls* nur als Antwort auf *guten Appetit, niedlich* nur zu Katzen. Das zeigt, daß Kinder durchaus situationsadäquat reden können, ohne zu verstehen, was sie tatsächlich sagen. Hier fragt es sich, inwiefern dies auch bei anderen Untersuchungmethoden, zum Beispiel Experimentaldatenerhebungen, der Fall sein kann, wenn sich die Kinder kooperativ verhalten und so vielleicht oft den tatsächlichen semantischen Gehalt einiger Wörter nicht kennen. Dies muß grundsätzlich bei Spracherwerbsuntersuchungen bedacht werden. Aber auch in erwachsensprachlicher Kommunikation ist mit Fällen von inhaltlichen Defiziten zu rechnen, die oft unerkannt bleiben können (vgl. Elsen 1998a).

Entsprechendes gilt für die in den Daten gefundene Variation. Neues sprachliches Wissen wird nicht unbedingt plötzlich und zuverlässig erworben. Vielmehr benötigt das System einige Zeit, um einen bestimmten Aktivierungspfad, über den die Verarbeitung einer sprachlichen Einheit geschieht, schließlich zu etablieren. Dabei werden verschiedene alternative Pfade aktiviert – Fehler -, die das Ergebnis miteinander im Wettstreit liegender alternativer Möglichkeiten der Aktivierung sind. Pro Aktivierung kann nur ein Muster 'gewinnen', bis das System sich schließlich auf einen Pfad festlegt. Aber selbst dann sind gelegentliche Abweichungen (Versprecher) möglich. Variation ist eine logische Folge aus dieser Art der Informationsverarbeitung. Es ist daher nicht nötig, spezielle angeborene symbolische Regeln mit kategorialer Anwendung anzunehmen, sondern mehr oder weniger deutlich ausgeprägte Regularitäten, die mit der Zeit entstehen und probabilistisch-prototypischen Charakter haben. Damit sind Flexibilität, die Möglichkeit des Wandels und der Einflüsse von außen gewährleistet. So wird auch verständlich, daß Häufigkeitseffekte und damit Inputfaktoren ein integraler Bestandteil des Systems sind.

Es gibt noch einige weitere Beobachtungen, die unter der Vorstellung, Spracherwerb geschieht netzwerkartig, verständlich werden. Kinder produzieren häufig neue Laute in bewährter Struktur und neue phonotaktische Bildungen mit bereits erworbenen Lauten (z. B. Waterson 1987: 105f., Elsen 1991: 65). Ein kleines Kind verfügt über ein begrenztes Verarbeitungspotential, so daß er/sie 'haushalten' muß. Dies kann durch Kompromißlösungen erreicht werden: produziert wird entweder eine lange komplexe Äußerung mit vereinfachter Struktur und schlechter Aussprache oder eine kurze, gut artikulierte Äußerung und/oder mit komplexer Struktur. Beide Lösungen können alternieren. Die Kompromisse entstehen, wenn das System nicht die gesamte Information verarbeiten kann (*complexity/fluency trade off*, vgl. Elsen 1998a) und erscheinen auf verschiedenen sprachlichen Ebenen, für Wörter genauso wie für Sätze (vgl. Elsen 1996b, 1998a), wenn analytische Bildungen und Holophrasen oder Mehrwortäußerungen mit wenig Morphologie sich mit kurzen, aber morphologisch komplexen Sätzen abwechseln.

Eine weitere Möglichkeit, mit begrenzter Verarbeitungsfähigkeit umzugehen, besteht wie im Fall von A.s Frikativen darin, Schwieriges bzw. Unangenehmes zu meiden oder zu ersetzen.

Der für diese Untersuchung relevante Bereich ist der zwischen Phonetik/Phonologie und Lexikon. Mit 1;2 verfügt das Kind noch nicht über das zielsprachliche Frikativsystem. Die Verbindungen vom phonetischen zum phonologischen Bereich werden noch nicht in der zielsprachlichen Komplexität und Exaktheit regelmäßig hergestellt, etwa als ein Aktivierungsmuster, das frikative, stimmhafte und labiodentale Information repräsentiert und mit der Zeit als /f/-Knoten

Quasi-Selbständigkeit erlangt. Frikative können noch nicht kodiert werden, da die Knoten zunächst nicht existieren bzw. die Grundaktivierung zu gering ist. Bis Ende 1;2 werden Frikative in der Regel weggelassen oder durch Plosive ersetzt, was auf zu niedrige Aktivierung der Frikativknoten bzw. stärkere Aktivierung der benachbarten Plosivknoten zurückzuführen ist. Gegen Ende 1;2 entwickelt A. ein dreigliedriges Frikativsystem, das heißt, sie verfügt über drei unterschiedliche vorläufige Frikativeinheiten auf der phonologischen Ebene, die je nach Aktivierung durch verschiedene phonetische Merkmals- bzw. Aktivierungsmuster realisiert werden. Damit stehen ihr Repräsentationen für Frikative zur Verfügung, deren Grundaktivierung nun hoch genug ist, um eine Realisation zuzulassen und Verbesserungen bzw. Neuerungen auf lexikalischer Ebene zu ermöglichen. Vermeidungen sind nicht mehr nötig. Vorher fehlende bzw. nicht aktivierbare Einheiten erschwerten die Bildung vieler Lexeme. Dieses Hindernis ist nun beseitigt und führt neben Verbesserungen auch zu Neuaufnahmen im Lexikon. In der weiteren Entwicklung werden sich die Frikativgruppen weiter aufspalten, bis das zielsprachliche System zur Verfügung steht.

Einerseits führen verbesserte Verbindungen von der phonetischen zur phonologischen Ebene zu Quasi-Einheiten, die für die Lexemebene neue Information zur Verfügung stellen und die Bildung neuer lexikalischer Einheiten zur Folge haben. Genauso aber fließt Information vom lexikalischen Bereich in alle anderen weiter, auch zurück zur phonetischen Ebene, so daß die neuen bzw. verbesserten Verbindung über *feedback* in ihrer Wirkung verstärkt werden. So kann es geschehen, daß der Erwerb recht schnell das gesamte Frikativsystem ergreift.

5.   Schluß

Mithilfe der netzwerkartigen Verteilung und Verarbeitung menschlichen Wissens können graduelle Veränderungen, Interaktion und Variation erklärt werden, aber auch Sprachwandelerscheinungen und Korrekturen beim Erwerb von z. B. Wortbedeutungen (Elsen 1995). Nichtsprachliche Einflüsse auf die Sprachentwicklung sind möglich, wie kognitive Veränderungen bei der Aufnahme neuer Wörter ins Lexikon. Die vorliegende Untersuchung zeigte, daß darüber hinaus Verbesserungen des Lautsystems zu einer zielsprachennäheren Aussprache vieler Wörter führte, die Aufgabe vereinfachter Ersatzformen, die Aufspaltung von Homonymen und den Erwerb neuer Wörter. Anders ausgedrückt, Probleme in der Lautung behindern jetzt nicht mehr (oder zumindest deutlich weniger) die lexikalische Entwicklung. Das heißt, der *vocabulary spurt* ist wenigstens teilweise auf fortgeschrittene Phonologie zurückzuführen. Wir müssen daher Interaktion zwischen kognitiver, lautlicher und lexikalischer Entwicklung annehmen. Dem

Lexikon kommt eine zentrale Rolle zu, da hier Wissen aus allen Bereichen zusammenläuft (vgl. auch Stemberger 1985).

In einem funktionalistisch-kognitiven Ansatz sind Parallelen in verschiedenen kognitiven Bereichen und gegenseitige Einflüsse Grundlage für die Verarbeitung von Wissen. Die Vorstellung, Kategorien und Strukturen bestehen aus mehrfacher, verteilter Information, erlaubt die für Sprachveränderungsprozesse allgemein nötige Flexibilität. Damit ist die Beweglichkeit des Sprachsystems gewährleistet und die Einflußnahme durch nichtsprachliche Faktoren möglich. Ein Modell, das Informationsverarbeitung netzwerkartig versteht und Spracherwerb systemintern und kommunikativ-funktional begründet, sollte darüber hinaus auch Phänomene des Sprachwandels und umgangssprachliche Regularitäten erklären können und für die weitere Forschung neue Erklärungsansätze ermöglichen.

Literatur

Bates, Elizabeth A. & MacWhinney, Brian (1987): Competition, variation, and language learning. – In: B. MacWhinney (Hg.): *Mechanisms of Language Acquisition*, 157-193. Hillsdale, NJ: Lawrence Erlbaum.

Berg, Thomas (1992): Phonological harmony as a processing problem. – In: *Journal of Child Language* 19, 225-257.

– (1995): Sound change in child language: A study of inter-word variation. – In: *Language and Speech* 38.4, 331-363.

– (in Vorb.): Phonotactic effects in first language acquisition: Evidence for distributed representations?

Clark, Eve (1993): *The Lexicon in Acquisition*. – Cambridge: Cambridge University Press.

Dromi, Esther (1987): *Early Lexical Development*. – Cambridge: Cambridge University Press.

Elman, Jeffrey L., Bates, Elizabeth A., Johnson, Mark H., Karmiloff-Smith, Annette, Parisi, Domenico & Plunkett, Kim (1996): *Rethinking Innateness. A Connectionist Perspective on Development*. – Cambridge, MA/London: MIT.

Elsen, Hilke (1991): *Erstspracherwerb. Der Erwerb des deutschen Lautsystems*. – Wiesbaden: DUV.

– (1994): Phonological constraints and overextensions. – In: *First Language* 14, 305-315.

– (1995): Der Aufbau von Wortfeldern. – In: *Lexicology* 1.2, 219-242.

– (1996a): Linguistic team-work – the interaction of linguistic modules in first language acquisition. – In: E. Clark (Hg.): *The Proceedings of the Twenty-seventh Annual Child Research Forum. Stanford*: CSLI Publications.

– (1996b): Two routes to language: stylistic variation in one child. – In: *First Language* 16, 141- 158.

– (1997): Acquiring verb morphology: German past participles. – In E. Hughes, M. Hughes & A. Greenhill (Hg.): *Proceedings of the 21st Annual Boston University Conference on Language Development*, Vol. I, 160-169. Somerville: Cascadilla Press.

– (1998a): *Ansätze zu einer funktionalistisch-kognitiven Grammatik. Konsequenzen aus Regularitäten des Erstspracherwerbs*. Habilitationsschrift München. Erscheint bei Niemeyer/Tübingen.

– (1998b): The acquisition of verb morphology: One or two mechanisms? – In: R. Fabri, A. Ortmann & T. Parodi (Hg.): *Models of Inflection*. 134-151. Tübingen: Niemeyer.

– (im Druck a): Interrelations between phonological and lexico-semantic development. – In: B. Richards, M. Garman, C. Schelleter et al. (Hg.): *Proceedings of the Child Language Seminar '96*.

Gillis, Steven (1986): This child's 'Nominal Insight' is actually a process: the plateau-stage and the vocabulary spurt in early lexical development. – In: *Antwerp Papers in Linguistics* 45.

Goldfield, Beverly A. & Reznick, J. Steven (1990): Early lexical acquisition: rate, content and the vocabulary spurt. – In: *Journal of Child Language* 17, 171-183.

Gopnik, Alison & Meltzoff, Andrew N. (1987): The development of categorization in the second year and its relation to other cognitive and linguistic developments. – In: *Child*

Development 58, 1523-31.

Hoek, Dorothy, Ingram, David & Gibson, Deborah (1986): Some possible causes of children's early word overextensions. – In: *Journal of Child Language* 13, 477-494.

Leopold, Werner F. (1939; 1970): *Speech Development of a Bilingual Child*. Vol. III. – New York: AMS Press.

Lieberman, Phillip (1991): *Uniquely Human. The Evolution of Speech, Thought, and Selfless Behavior*. – Cambridge/London: Harvard University Press.

MacWhinney, Brian (1987): The competition model. – In: B. MacWhinney (Hg.): *Mechanisms of Language Acquisition*, 249-308. Hillsdale, NJ: Lawrence Erlbaum.

MacWhinney, Brian & Bates, Elizabeth (Hg.) (1989): *The Crosslinguistic Study of Sentence Processing*. – Cambridge et al.: Cambridge University Press.

McShane, John (1980): *Learning to Talk*. – Cambridge, MA.: Cambridge University Press.

Mervis, Carolyn & Bertrand, Jacqueline (1994): Acquisition of the Novel Name-Nameless Category (N3C) Principle. – In: *Child Development* 65, 1646-1662.

– (1995): Early lexical acquisition and the vocabulary spurt: a response to Goldfield & Reznick. – In: *Journal of Child Language* 22, 461-468.

Nelson, Katherine (1973): Structure and strategy in learning to talk. – *Monographs of the Society for Research in Child Development*. 149.88. 1-2.

Plunkett, Kim (1993): Lexical segmentation and vocabulary growth in early language acquisition. – In: *Journal of Child Language* 20, 43-60.

Plunkett, Kim & Marchman, Virginia (1993): From rote learning to system building: acquiring verb morphology in children and connectionist nets. – In: *Cognition* 48, 21-69.

Stemberger, Joseph P. (1985): *The Lexicon in a Model of Language Production*. – New York/London: Garland.

– (1992): A connectionist view of child phonology. – In: C. A. Ferguson, L. Menn & L. Stoel-Gammon (Hg.): *Phonological Development*, 165-189. Timonium: York Press.

Waterson, Nathalie (1987): *Prosodic Phonology*. – Newcastle upon Tye: Grevatt & Grevatt.

Schemata im mentalen Lexikon: Empirische Untersuchungen zum Erwerb der deutschen Pluralbildung

Heidi Ewers

Abstract In diesem Beitrag[1] geht es um die Hypothese des Schema-Modells (Köpcke 1988, 1993, 1998), daß Kinder beim Erwerb morphologischer Strukturen von im mentalen Lexikon gespeicherten Schemata Gebrauch machen, die auch beim Pluralerwerb des Deutschen mit seinen irregulären Flexionsformen eine Rolle spielen. Aus den theoretischen Annahmen lassen sich konkrete Vorhersagen ableiten, die in zwei empirischen Querschnittsuntersuchungen zur Pluralproduktion mit Hilfe psycholinguistischer Methoden überprüft wurden. Versuchspersonen waren Kinder im Alter von 3 bis 5 Jahren. Die Ergebnisse zeigen einen deutlichen Einfluß der Singularendung auf die Pluralbildung: Singularformen mit der plural-untypischen Endung *–el* und der weniger pluraltypischen Endung *–er* werden in Pluralkontexten signifikant häufiger markiert als Formen mit der pluraltypischen Endung *–en*.

1.   Einleitung

Die Pluralmorphologie des Deutschen ist ein kompliziertes und irreguläres System, das Kindern bis zum siebten Lebensjahr und länger Schwierigkeiten bei der korrekten Pluralbildung von Nomina bereitet. Das liegt zum einen daran, daß es insgesamt acht Möglichkeiten zur Pluralmarkierung gibt: fünf Pluralallomorphe (<e>, <er>, <(e)n>, <s> und das Nullallomorph <ø>),[2] von denen drei noch zu-

---

1 Der vorliegende Aufsatz entstammt meinem Dissertationsprojekt zum Erwerb der deutschen Pluralbildung, das im Rahmen des Graduiertenkollegs Kognitionswissenschaft, Universität Hamburg, gefördert wurde.

2 Im folgenden werden zielsprachliche Allomorphe in spitzen Klammern (z.B. <er>) und

Wortendungen (auch Pluralendungen) mit Bindestrich (z.B. *–er*) notiert.
Für <(e)n> bzw. <(ə)n> gilt: das Schwa ə wird getilgt, wenn die Endsilbe der Singularform bereits ein Schwa enthält, z.B. *Tassə-n* vs. *Herz-ən* (vgl. u.a. Korte 1986:20).

sätzlich mit Umlaut kombinierbar sind (<e+Ul>, <er+Ul>, <ø+Ul>). Die Form-Funktions-Zuordnung dieser Pluralmarkierungen wird aufgrund des homonymen Mischsystems von Genus, Kasus und Numerus erheblich erschwert (z.B. Plural-*n*: *die Blume-n* und Dativ-Plural-*n*: *den Tisch-e-n*). Darüber hinaus gibt es noch weitere Pluralbildungen bei Fremdwörtern, wie z.B. *Lexikon – Lexika*, die für den Spracherwerb jedoch kaum relevant sind.

Zum anderen ist die Zuweisung dieser Allomorphe zu den einzelnen Nomina weitgehend arbiträr und mit eindeutigen Regeln – bis auf wenige Ausnahmen – nicht zu beschreiben. Der Duden (1995:227f) spricht zwar von »sicheren Zuordnungen«, diese betreffen allerdings in erster Linie ganz spezifische Derivationssuffixe (z.B. *-ling* + <e>). Ansonsten wird die Pluralbildung mit Hilfe von »Tendenzen« erklärt, wobei jeweils eine Reihe von Ausnahmen aufgelistet wird. Andere Versuche, die deutsche Pluralmorphologie anhand von Regeln zu erfassen (vgl. u.a. August 1975, 1979, Mugdan 1977, Bergenholtz/Mugdan 1979), zeigen ebenfalls, daß dabei auf eine relativ umfangreiche Liste von Ausnahmen nicht verzichtet werden kann.

Was bedeutet dies für den Aufbau des kindlichen Lexikons? Geht man davon aus, daß reguläre Flexive über Regeln generiert werden und irreguläre Flexionsformen im Lexikon aufgeführt sind, wird das Kind voraussichtlich beim Erwerb irregulärer Formen zunächst übergeneralisieren und dann in einem weiteren Schritt die korrekten Formen als Ausnahmen einzeln lernen und in seinem Lexikon abspeichern (vgl. u.a. Berko 1958, Korte 1986, Wegener 1994). Für den englischen Plural beispielsweise, bei dem es im wesentlichen nur drei Pluralallomorphe gibt, scheint dies plausibel: Die (komplementär verteilten) Allomorphe <s>, <z> und <iz> werden anhand klarer phonologischer Regeln zugewiesen, während die wenigen Ausnahmen (z.B. *child – children*) über einen eigenen Lexikoneintrag abgerufen werden können. Für die irreguläre deutsche Pluralmorphologie mit ihren vielen Ausnahmen ist dies jedoch ein relativ aufwendiges und unökonomisches Vorgehen. Will man nicht annehmen, daß das Kind hier sämtliche Ausnahmen einzeln lernt, muß es auch auf andere Lernmechanismen zurückgreifen können, mit deren Hilfe irreguläre Phänomene der Sprache systematisch erfaßt und erworben werden können.

Im folgenden soll daher ein theoretisches Modell vorgestellt werden, das den Spracherwerb anhand im Lexikon gespeicherter Schemata erklärt, die den Erwerb von morphologisch komplexen Strukturen vereinfachen. Schema-Lernen wird dabei als ein weiteres Lernprinzip neben 'rote-learning' (Auswendiglernen der Formen), Analogielernen und Regellernen verstanden (vgl. Köpcke 1993:181f).

2.   Das Schema-Modell

Das Schema-Modell (Köpcke 1988, 1993, 1998)[3] setzt voraus, daß der Sprecher einer Sprache nicht nur Stammformen, sondern auch morphologisch komplexe Formen (wie z.b. *die Häuser*) im Lexikon abspeichert und sie mit anderen, in ihren Bestandteilen oder Strukturen ähnlichen Formen zu Schemata zusammenfaßt bzw. ihnen zuordnet. Ein Schema, das als abstrakte Repräsentation eine bestimmte Funktion ausdrückt (z.b. Plural), verfügt über eine kleine Anzahl von Komponenten (vgl. z.b. Abbildung 1), die in einer mehr oder weniger großen Anzahl von Wortformen, die diesem Schema zugeordnet sind, repräsentiert sind. Schemata haben eine dynamische Struktur, die nicht endgültig festgelegt ist und nur mehr oder weniger verläßlich auf die von ihr ausgedrückte Funktion hinweist.[4] Die Struktur wird durch die Signalstärke (oder 'Cue Strength', vgl. u.a. auch Bates/MacWhinney 1987 und MacWhinney 1987) und diese wiederum durch folgende perzeptuelle Charakteristika der einzelnen Schemakomponenten bestimmt:

- *Salienz* betrifft das Ausmaß, mit dem eine morphologische Markierung vom Hörer identifiziert werden kann; z.B. ist ein Suffix salienter als der Umlaut, da es segmentierbar ist und sich am Wortende befindet (vgl. Köpcke 1993:82).
- *Type- bzw. Token-Frequenz* verweist auf die Anzahl lexikalischer Einträge mit bestimmten gemeinsamen Merkmalen bzw. auf die Häufigkeit bestimmter Merkmale in der geschriebenen und gesprochenen Sprache; z.B. ist <(e)n> das häufigste Pluralallomorph, während <er> nur geringe Type-Frequenz besitzt.
- *Signalvalidität* bezieht sich auf die Häufigkeit, mit der ein Merkmal in der Kontrastkategorie auftaucht; z.B. hat <er> als Pluralmarkierung eine niedrigere Validität als <(e)n>, da es sehr viel mehr Singularformen mit der Endung *–er* als mit der Endung *–en* gibt.
- *Ikonizität* berücksichtigt, ob eine Markierung silbenbildend ist; z.B. sind <e> und <er> immer silbenbildend, <s> nie und <(e)n> nur, wenn das Schwa ∂ nicht getilgt wird.

---

3   Vgl. den Schema-Ansatz u.a. von Bybee/Slobin (1982), Bybee/Moder (1983) und Bybee (1985, 1988, 1995).

4   Schemata können sich im Laufe der Zeit verändern, sie können stärker oder schwächer werden oder auch ganz verschwinden. So hat sich z.B. die »Pluralendung *-s* [...] erst während der vergangenen 200 Jahre durch den Einfluß vieler Entlehnungen aus dem Französischen und Englischen im deutschen Pluralsystem ausgebreitet«, begünstigt »durch das Vorhandensein dieser Pluralmarkierung im Niederdeutschen« (Köpcke 1993:72). Das Pluralschema mit den Komponenten 'Artikel *die*' und 'finales *-s*' ist somit immer stärker und zuverlässiger geworden, so daß auch umgangssprachliche Bildungen wie *die Mädels* und *die Jungs* (oder auch *die Jungens*) heute immer häufiger zu hören sind.

»Die Behauptung, daß eine Form wie *Häuser* eine spezifische, auf ein Schema aufbauende Adresse im mentalen Lexikon besitzt, bedeutet nicht notwendig, daß der Sprecher von der Adresse Gebrauch machen muß, um die Form aufzufinden« (Köpcke 1993:73). Schemata können jedoch den lexikalischen Zugang zu komplexen Formen erleichtern und ermöglichen zusätzlich auch Neubildungen in Anlehnung an ein existierendes Schema.[5]

Für die Pluralmarkierung am Nomen sind mehrere Schemabildungen möglich. Als Beispiel sei hier die Pluralform *die Wälder* genannt, die als morphologisch komplexe Form – neben der Singularform *der Wald* – im Lexikon gespeichert und mit anderen, ähnlichen Formen wie *die Würmer, die Blätter* in einem diese Struktur kennzeichnenden Pluralschema zusamengefaßt ist. Beziehungen im Lexikon bestehen sowohl innerhalb eines Schemas (z.B. Pluralschema: *die Wälder* <-> *die Würmer* etc.), aber auch zwischen korrespondierenden Formen aus verschiedenen Schemata (z.B. Singular- + Pluralschema: *der Wald* <-> *die Wälder*). Anhand der Bestimmung der jeweiligen Signalstärke der einzelnen Pluralmarkierungen sowie anhand weiterer Merkmale wie Silbenzahl und Artikel entwickelt Köpcke ein Kontinuum mit den beiden Endpunkten des prototypischen Singular- bzw. prototypischen Pluralschemas. Abbildung 1 zeigt dieses Kontinuum, das allerdings nur eine Auswahl möglicher Singular- und Pluralschemata enthält.

Abb. 1: *Kontinuum bzgl. Singular- und Pluralschemata des Deutschen (Köpcke 1993:88)*

Singular				Plural
+ —— +	—— +	—— +	—— +	—— +
Einsilbigkeit, final. Plosiv, der/das-Klasse	Mehrsilbigkeit, final. -er, der/das-Klasse	Mehrsilbigkeit, final. -e, die-Klasse	Mehrsilbigkeit, final. -er, die-Klasse	Mehrsilbigkeit, final.-(e)n, die-Klasse

Bei der Kategorisierung einer Wortform hinsichtlich der Funktion Singular oder Plural ist eine Gruppe von Nomina besonders interessant, deren Singularendungen *–en, –er* und *–el* mehr oder weniger typischen Pluralmarkierungen entsprechen (z.B. *Besen, Eimer, Spiegel*). Aufgrund der hohen Type-Frequenz und einer relativ großen Signalvalidität von <(e)n> als Pluralmarkierung (s.o.) verweisen mehrsilbige Formen mit dieser Endung eher auf die Funktion Plural. Eine Form mit der Endung *–er* dagegen ist schwieriger zuzuordnen, da <er> zum einen ein Pluralallomorph des Deutschen ist, zum anderen aber relativ viele

---

5 Köpcke verneint dabei nicht die Möglichkeit der Ableitung durch eine Regel, er verweist in diesem Zusammenhang auf fließende Übergänge zwischen kategorialen Regeln auf der einen Seite und Analogiebildung auf der Basis eines Wortes auf der anderen Seite. In einem entsprechenden Kontinuum wäre Schemabildung zwischen diesen beiden Extrempunkten anzusiedeln. (Vgl. hierzu Köpcke 1993.)

Singularformen mit dieser Endung existieren. Im oben dargestellten Kontinuum nicht erwähnt ist ein Schema mit finalem –*el*, dessen Signalstärke in Richtung Singularfunktion weist, da es kein entsprechendes Pluralsuffix im Deutschen gibt. Für mehrsilbige Schemata mit den Endungen –*el*, –*er* und –*en* läßt sich also folgendes Kontinuum erstellen:[6]

Abb. 2: *Kontinuum bzgl. Schemata mit den Endungen –el, –er und –en*

Singular   Plural

<——— + ————— + ————— + ———— –>

Mehrsilbigkeit,   Mehrsilbigkeit,   Mehrsilbigkeit,
finales –*el*   finales –*er*   finales –*en*

In einer empirischen Untersuchung (Köpcke 1988), in der 40 erwachsene Muttersprachler die Pluralformen von Kunstwörtern bilden sollten, wurden u.a. auch Wörter mit den o.g. Endungen geprüft. Es konnte festgestellt werden, daß maskuline und neutrale Formen auf –*el* etwas häufiger mit einem Suffix markiert wurden als Formen auf –*er*, während Maskulina mit der Endung –*en* nur selten markiert wurden. (Neutrale Items mit der Endung –*en* wurden nicht dargeboten.) Dieses Ergebnis ist deshalb interessant, weil sich in der Zielsprache die verschiedenen Singulartypen nicht hinsichtlich ihrer Pluralmarkierung unterscheiden: alle neutralen und fast alle maskulinen Nomina auf –*el*, –*er* und –*en* erhalten das Nullallomorph (z.B. *ein Spiegel – viele Spiegel*), einige Maskulina auch in Kombination mit dem Umlaut (z.B. *ein Vogel – viele Vögel*). Feminine Items wurden nur bezüglich der beiden Endungen –*er* und –*el* untersucht (in der Gegenwartssprache des Deutschen gibt es keine femininen Singularformen auf –*en*). Obwohl in der Zielsprache alle Feminina mit diesen Endungen das Pluralallomorph <n> erhalten, machten die Versuchspersonen auch hier Unterschiede zwischen den Singularendungen: Formen auf –*el* wurden häufiger markiert als Formen auf –*er*. Allerdings kann dieses Ergebnis aufgrund der geringen Anzahl an Items nur mit Einschränkung bewertet werden.

Erwachsene Sprecher des Deutschen greifen demnach nicht unbedingt auf existierende Regeln oder Regelmäßigkeiten in ihrer Zielsprache zurück, wenn sie den Plural von Kunstwörtern bilden. Bereits Mugdan (1977) stellte in seiner Untersuchung mit Erwachsenen und Kindern fest, daß die »Versuchsauswertung

---

6 Anders als Köpcke möchte ich nicht annehmen, daß der bestimmte Artikel zusammen mit der Singular- bzw. Pluralform im Lexikon abgespeichert ist, sondern daß aus Gründen der Redundanzvermeidung lediglich das Genus im Lexikoneintrag vermerkt ist und der bestimmte oder unbestimmte Artikel jeweils zugewiesen werden kann (vgl. hierzu Koehn 1994 und Müller 1995). Ich werde den Artikel in Abbildung 2 und in den folgenden Ausführungen daher nicht weiter berücksichtigen.

[...] *nicht* den Schluß zu[läßt], daß das Verhalten der getesteten Personen bei der Bildung des Plurals unbekannter Substantive *in einfacher Weise durch Regeln beschreibbar* ist.« Darüber hinaus findet er »Bildungen, die es nach den Regeln des Deutschen überhaupt nicht gibt« (Mugdan 1977:172). Die Ergebnisse aus Köpckes Untersuchung scheinen also eher für die Annahme des Schema-Modells zu sprechen, daß die vorgegebenen Singularformen mit im Lexikon repräsentierten Singular- und Pluralschemata verglichen und dann entsprechend markiert oder nicht markiert werden.

3.   Erwerb der Pluralbildung

Das Schema-Modell geht beim Erwerb der Pluralmorphologie davon aus, daß Kinder Singular- und Pluralschemata im Lexikon bilden und speichern, die ihnen mehr oder weniger verläßlich dabei 'helfen', eine Form bezüglich ihres Numerus einzuordnen bzw. die entsprechend andere Numerusform zu produzieren. Demzufolge sollten die Kinder dazu tendieren, pluralähnliche Singularformen als Pluralformen zu interpretieren und umgekehrt. Daraus lassen sich die folgenden beiden Vorhersagen ableiten:

- In Pluralkontexten werden solche Singularformen häufiger nicht markiert, die einem Pluralschema ähnlich sind.
- Markierungen treten in Pluralkontexten häufiger bei den Formen auf, die einem Singularschema ähnlich sind.

In diesem Sinne reanalysierte Köpcke (1993, 1998) die Pluraldaten aus Mugdans Untersuchungen (1977) mit 4- bis 9jährigen Kindern, in denen ein hoher Anteil an Null-Markierungen beobachtet werden konnte. Köpcke stellte fest, daß die Anzahl der Null-Markierungen abhängig war von der Art des vorgegebenen (Kunstwort-)Stimulus: Items ohne pluralähnliche Endung (z.B. /farst/, /zaːri/) wurden seltener unverändert wiederholt als Items mit pluralähnlicher Endung (z.B. /tindә/, /kundәr/, /haːgәn/). Die Unterschiede zwischen den letztgenannten Formen (mit den mehr oder weniger pluraltypischen Endungen) sind m.E. zu geringfügig, um interpretiert werden zu können. Dies kann jedoch auch auf die z.T. kleine Anzahl an Items zurückzuführen sein.

Um herauszufinden, wie Kinder Pluralwörter analysieren und verarbeiten, führte Köpcke (1993) eine Untersuchung durch, in der 8- bis 10jährigen Kindern Pluralformen von Kunstwörtern vorgegeben wurden, zu denen sie die Singularformen bilden sollten. Auch hier war zu beobachten, daß das Pluralsuffix umso häufiger getilgt wurde, je mehr der Stimulus einem prototypischen Pluralschema ähnelte. So wurde das Suffix *–(e)n* bei Pluralformen mit dieser Endung in 43%, bei Formen auf *–ern* und *–eln* sogar in 59 bzw. 70% der Singular-Antworten weggelassen, während bei Items, die auf *–s* endeten, eine Tilgung nur in 23-30% der Antworten erfolgte. Umgekehrt wurden fast immer, d.h. in 93-100% der Fälle, vorgegebene (Plural-)Items in Singularkontexten unverändert wiederholt, wenn sie über keine oder weniger Ähnlichkeit mit einem prototypischen Pluralschema verfügten. Hier zeigte sich allerdings kein Unterschied zwischen den Stimuli mit den Endungen *–el* und *–er* (beide mit und ohne Umlaut).

Die Ergebnisse aus den beschriebenen Untersuchungen machen deutlich, daß insbesondere die Art der Singularendung eine große Rolle bei der Pluralproduktion spielt, und umgekehrt die Art der Pluralendung bei der Bildung einer Singularform. Unzureichend untersucht ist allerdings noch, welche Endungen Kinder als 'singulartypisch' oder als 'pluraltypisch' interpretieren, d.h. inwieweit das von Köpcke theoretisch entwickelte Kontinuum (vgl. Abbildung 1) auch für den Pluralerwerb gilt. Widersprüchlich sind hierzu z.B. die Ergebnisse bezüglich der Formen mit den Endungen *–en*, *–er* und *–el*, bei denen die vorhergesagten graduellen Unterschiede nur z.T. nachgewiesen werden konnten oder die Ergebnisse aufgrund einer zu geringen Anzahl von Testitems nicht aussagekräftig waren.

In den folgenden beiden empirischen Untersuchungen zur Sprachproduktion von Kindern wurden daher Formen mit diesen Endungen genauer und umfassender untersucht, wobei sowohl zielsprachliche Nomina als auch Kunstwörter verwendet wurden. Die o.g. Vorhersagen zum Pluralerwerb wurden dabei unter Berücksichtigung des unter Abbildung 2 dargestellten Kontinuums konkretisiert und mit Hilfe psycholinguistischer Methoden überprüft.

4.   Untersuchung I

In dieser Untersuchung wurde anhand von im Realwortschatz vorkommenden Nomina der Einfluß der Singularendung auf die Pluralbildung geprüft. Hierzu wurden Pluralformen von Singularwörtern mit den Endungen *–en*, *–er* und *–el* elizitiert, die im Plural entweder das Nullallomorph (<ø>) oder den Umlaut (<ø+Ul>) erhalten. Das Schema-Modell läßt einen Unterschied in der Pluralbildung hinsichtlich der mehr oder weniger pluraltypischen Singularendungen dieser Items erwarten. Die Vorhersage läßt sich folgendermaßen zusammenfassen:

> In Pluralkontexten werden Singularformen mit einer singulartypischen Endung häufiger markiert als Singularformen mit einer pluraltypischen Endung, d.h. Formen auf *–el* sollten häufiger markiert werden als Formen auf *–er* und diese wiederum häufiger als Formen auf *–en* (z.B. *viele Sessels > *viele Tellers > *viele Schlittens).[7]

In die Untersuchung wurden Kinder im Alter zwischen 3 und 5 Jahren einbezogen. Die Singularwörter waren durchweg zweisilbig und so ausgewählt, daß die Haupteffekte der in Tabelle 1 dargestellten Unabhängigen Variablen geprüft werden konnten.[8] Allerdings konnte für die verschiedenen Faktorenkombinationen nicht immer dieselbe Zahl von Items vorgegeben und manche Kombinationen konnten gar nicht realisiert werden, da es entweder in der deutschen Sprache keine oder keine ausreichende Anzahl entsprechender Formen gibt oder aber nur sehr wenige Nomina für eine Untersuchung der Kindersprache verwendbar sind.[9]

Tab. 1: *Unabhängige Variablen von Untersuchung I*

Unabhängige Variablen	einzelne Faktorstufen
Faktor A: Singularendung	A_1 = -*en* (pluraltypisch), A_2 = -*er* (weniger pluraltypisch), A_3 = -*el* (plural-untypisch)
Faktor B: Genus	B_1 = Maskulinum, B_2 = Neutrum
Faktor C: zielsprachl. Pluralallomorph	C_1 = <ø>, C_2 = <ø+Ul>
Faktor D: Umlaut im Stamm	D_1 = ohne Umlaut, D_2 = mit Umlaut

Die Abhängige Variable ist die Pluralbildung, differenziert nach Markierung oder Null-Markierung der Items in den gefragten Pluralkontexten.

4.1   Methode

Bei den hier durchgeführten Einzeluntersuchungen ging es um die Elizitation von Pluralformen zielsprachlicher Nomina des Deutschen. Um zu gewährleisten, daß den Kindern alle Items bekannt waren, wurden zuvor auch die Singularformen elizitiert. Jede Sitzung wurde mit einer Videokamera und zusätzlich mit einem DAT-Recorder aufgenommen. Die im Anschluß transkribierten Daten wurden von unabhängigen Personen in zufälligen Stichproben auf die Korrektheit der Eingabe überprüft. Es konnte eine fast vollständige Übereinstimmung von mehr als 99% erzielt werden.

---

7   '*' steht vor einer zielsprachlich nicht korrekten Form, '>' steht für 'häufiger als'.

8   Im folgenden werden allerdings nur die Ergebnisse bzgl. der Faktoren A und C (vgl. Tabelle 1) näher erläutert.

9   So existieren z.B. keine Feminina mit dem (Plural-)Nullallomorph <ø> und nur wenige neutrale kindersprachliche Nomina mit den hier erforderlichen Endungen. In der statistischen Auswertung wurde dies entsprechend berücksichtigt.

Versuchspersonen

Versuchspersonen waren 46 monolinguale deutschsprachige Kinder aus zwei Hamburger Kindertagesstätten, davon 10 im Alter von 3 Jahren sowie je 18 im Alter von 4 und 5 Jahren.

Versuchsmaterial

Das Versuchsmaterial bestand aus 34 zielsprachlichen Nomina (12 Formen auf *–en* und jeweils 11 auf *–er* und *–el*), deren referentielle Bedeutung auf Bildkarten zeichnerisch dargestellt war. Für jedes Item gab es zwei Bildkarten, eine Singularkarte mit einem Objekt und eine Pluralkarte mit drei Objekten, die jeweils mit dem der Singularkarte identisch waren. Die Nomina wurden anhand des rückläufigen Wörterbuches von Muthmann (1988) sowie des Wörterbuches von August (1985)[10] ausgewählt. Darüber hinaus garantierte die Elizitation der Singularformen, daß das Nomen den Versuchspersonen bei allen gewerteten Plural-Antworten bekannt war.

Die Items wurden vermischt in verschiedenen Zufallsreihenfolgen (mit den üblichen Einschränkungen) dargeboten.

Versuchsdurchführung

Jede Versuchsperson wurde einzeln und nur im Beisein der Versuchsleiterin getestet. Diese zeigte zunächst die Bildkarte mit einem Objekt und dann die mit den drei Objekten und fragte dabei entsprechend: »*Was ist das?*« bzw. »*Was sind das?*«.[11] Konnte keine oder nur eine fehlerhafte Singularform elizitiert werden, wurde die entsprechende Form vorgegeben.

4.2 Ergebnisse

Datenanalyse

Als korrekt wurden alle Antworten gewertet, die das Pluralwort in der zielsprachlichen Form wiedergaben, als fehlerhaft die von dieser Form abweichenden Antworten. Bei einer von der Versuchsleiterin vorgegebenen oder einer

---

10 August (1985) beschreibt den Wortschatz von Vorschulkindern. Das Wörterbuch erhebt allerdings nicht den Anspruch, repräsentativ für die deutsche Kindersprache zu sein, da die Beleghäufigkeiten der einzelnen Nomina aus den Korpora von nur zehn 6jährigen Kindern über einen Zeitraum von vier Monaten ermittelt wurden.

11 Dieses Elizitationsverfahren, das seitdem immer wieder in entsprechenden Untersuchungen angewendet wird, geht zurück auf Berkos Untersuchung (1958) zum englischen Plural. Allerdings wurden dort – wie auch in der nachfolgenden Untersuchung II – die Singularformen (der verwendeten Kunstwörter) vorgegeben.

nicht zielsprachlichen Singularform wurde die Plural-Antwort nicht gewertet. Diese nicht gewerteten, d.h. aus der Analyse ausgeschlossenen Antworten werden als 'missing-Daten' bezeichnet.

Zunächst werden die Häufigkeiten korrekter und fehlerhafter Pluralformen kurz dargestellt, wobei die Antworten bei den Items, die den Plural mit dem Nullallomorph (<ø>) bilden, und die Antworten bei den Items, bei denen die zielsprachliche Pluralform einen Umlaut erhält (<ø+Ul>), separat analysiert werden. Dann werden beide Itemtypen im Hinblick auf Plus- oder Null-Markierung miteinander verglichen.[12] Im Anschluß wird der Einfluß der Singularendung untersucht.

Im folgenden beschriebene (signifikante oder nicht signifikante) Unterschiede, z.B. zwischen den Altersgruppen, sowie mögliche Effekte der in Tabelle 1 genannten Faktoren B, C und D wurden mit Hilfe des Chi-Quadrat-Tests statistisch geprüft. Bezüglich des Faktors 'Singularendung' wurden der Friedman- und der Wilcoxon-Test herangezogen. Für alle Tests wurde ein Signifikanzniveau von 5% festgelegt.[13]

Ergebnisse
Von insgesamt 1150 zu elizitierenden Pluralformen der Items mit <ø> (z.B. *drei Sessel*) konnten 91 Antworten nicht gewertet werden (= 8% missing-Daten). In Abbildung 3 sind die relativen Häufigkeiten korrekter und fehlerhafter Plural-Antworten in Abhängigkeit vom Alter der Versuchspersonen wiedergegeben.

Abb. 3: *Korrekte und fehlerhafte Plural-Antworten bei den Items mit <ø>*

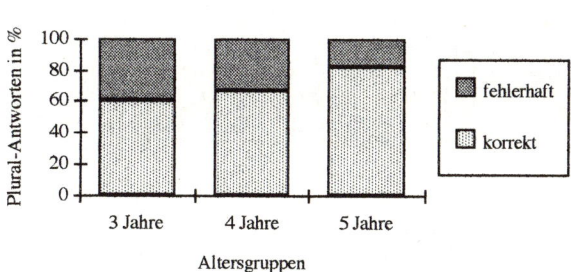

Items mit <ø>

12 Aufgrund einer besseren Unterscheidbarkeit soll hier von Plus-Markierung und Null-Markierung gesprochen werden. Umlautmarkierungen – ob mit oder ohne Allomorph – wurden dabei nicht berücksichtigt, da sie statistisch betrachtet nicht ins Gewicht fallen. Mit 'Plus-Markierung' ist im folgenden also nur eine Markierung durch ein Suffix gemeint.

13 Die genauen statistischen Daten sowohl der Chi-Quadrat-Tests als auch des Friedman- und des Wilcoxon-Tests, die im folgenden nicht einzeln aufgeführt werden sollen, können bei Bedarf bei der Autorin erfragt werden. (Für eine Beschreibung der Tests vgl. z.B. Tränkle 1980 und Bortz et al. 1990).

Die Grafik zeigt, daß die Anzahl der korrekten, d.h. in diesem Fall der null-markierten Pluralformen, die bei den 3jährigen nur 60% beträgt, mit zunehmenden Alter erheblich ansteigt. Bei den 4jährigen sind es bereits 67% und bei den 5jährigen schon 82% zielsprachliche Plural-Antworten. Der Altersunterschied ist hochsignifikant. Fehler treten bei allen Kindern fast ausschließlich, d.h. in 98-99% der Fälle, durch die Markierung mit einem zusätzlichen Suffix auf. Hier läßt sich aus diesem Grund auch kein Alterseffekt feststellen. Während bei den 4- und 5jährigen *s*-Übergeneralisierungen vorherrschen, bevorzugen die meisten 3jährigen das *n*-Allomorph. Andere Pluralsuffixe treten (bis auf eine einzige Suffigierung mit –*e* und zehn Doppelmarkierungen mit –*ns*, z.B. **drei Eselns*) nicht auf. In vier Fällen wird ein Umlaut eingesetzt oder die Singularendung durch ein Pluralallomorph ersetzt (z.B. *ein Koffer* – **drei Koffen*).

Von insgesamt 414 zu elizitierenden Pluralformen der Items mit <ø+Ul> (z.B. *drei Äpfel*) konnten 29 Antworten nicht gewertet werden (= 7% missing-Daten). Bei diesem Itemtyp, bei dem sich Singular- und Pluralform phonetisch unterscheiden, ergibt sich ein ganz anderes Bild als bei den Ergebnissen in Abbildung 3: Nur 8% der Plural-Antworten aller Altersgruppen sind korrekt (vgl. Abbildung 4).

Abb. 4: *Korrekte und fehlerhafte Plural-Antworten bei den Items mit <ø+Ul>*

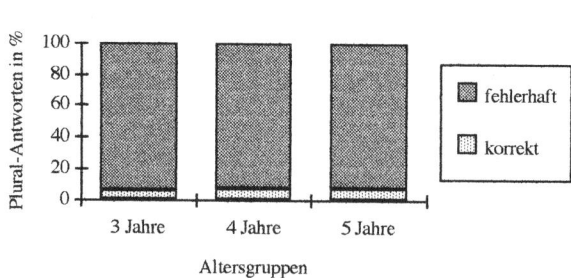

Statistisch läßt sich kein Alterseffekt beobachten, d.h. die 5jährigen Kinder machen ebenso viele Fehler wie die 3- und 4jährigen. Eine Aufschlüsselung der fehlerhaften Pluralformen ergibt insgesamt 66% Wiederholungen der Singularform sowie 32% Markierungen durch ein Suffix – auch hier bevorzugen die meisten 3jährigen das *n*- und die 4- und 5jährigen das *s*-Allomorph. Darüber hinaus findet man eine *e*-Übergeneralisierung sowie drei Doppelmarkierungen mit –*ns*. Suffigierungen mit zusätzlicher Umlautung des Stammes (z.B. **drei Äpfels*) treten nur in sieben Fällen und nur bei den 4- und 5jährigen auf.

Ein Vergleich der Ergebnisse für die beiden Itemtypen (<ø> und <ø+Ul>) zeigt, daß deutlich mehr korrekte Antworten bei den Items mit <ø> als bei den Items mit <ø+Ul> gegeben werden, wobei dieser Unterschied sowohl für die einzelnen Altersstufen als auch für alle drei Altersgruppen zusammen statistisch signifikant ist. Abgesehen von der Korrektheit der Antworten lassen sich jedoch Übereinstimmungen feststellen: Die Wiederholung der Singularform ist mit Abstand die prozentual häufigste Plural-Antwort – sei diese Form nun korrekt (vgl. Items mit <ø>) oder fehlerhaft (vgl. Items mit <ø+Ul>). Dies bestätigt der Vergleich der null-markierten und der mit einem Suffix markierten (= plus-markierten) Pluralformen beider Itemtypen (vgl. Abbildungen 5a und 5b).

Abb. 5a: *Plus- und null-markierte Plural-Antworten bei den Items mit <ø>*

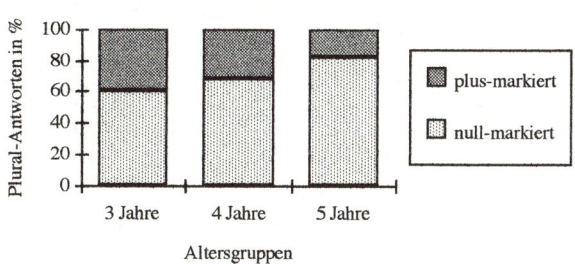

Abb. 5b: *Plus- und null-markierte Plural-Antworten bei den Items mit <ø+Ul>*

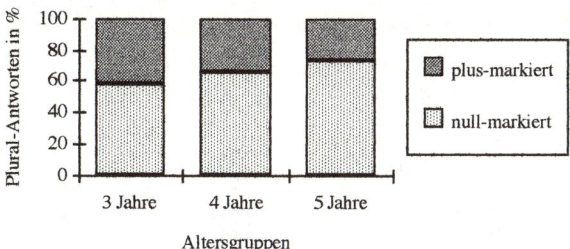

Sowohl bei den Items mit <ø> als auch bei denen mit <ø+Ul> markieren die Versuchspersonen in mehr als der Hälfte der Antworten nicht. Für die 3- und 4jährigen Kinder läßt sich statistisch kein Unterschied zwischen den beiden Itemtypen feststellen. Nur die 5jährigen markieren die Items mit zielsprachlichem Umlaut signifikant häufiger mit einem Suffix als die anderen Items.

Diese Beobachtungen lassen darauf schließen, daß der hohe Anteil korrekter Antworten bei den Items mit <ø> (vgl. Abbildung 3) nichts darüber aussagt, ob die Kinder die zielsprachliche Pluralmarkierung 'kennen'. Es scheint vielmehr, daß viele der Plural-Antworten deshalb 'korrekt' sind, weil Singular- und Pluralform phonetisch gleich sind und die Versuchspersonen bei Singularformen mit den Endungen *–en, –er* und *–el* dazu tendieren, diese in Pluralkontexten zu wiederholen statt z.B. mit einem Suffix zu markieren. Ob sich dieses Verhalten systematisch bezüglich der Singularendungen unterscheidet, wird im folgenden geprüft.

Für den Faktor 'Singularendung' sagt das Schema-Modell einen Unterschied in der Pluralbildung zwischen den mehr oder weniger pluraltypischen Endungen (*–en, –er* und *–el*) vorher. Die Nullhypothese nimmt demgegenüber eine zufällige Verteilung von plus- und null-markierten Pluralformen im Hinblick auf die unterschiedlichen Singularendungen an. In die Berechnungen gingen aufgrund fehlender Effekte der Variable 'Genus' alle Maskulina und alle Neutra mit ein. (Die Werte der einzelnen Chi-Quadrat-Anpassungstests sind nicht signifikant.) Da für die Items mit Umlaut als zielsprachliche Pluralmarkierung (<ø+Ul>)[14] und für die Items mit umgelautetem (Singular-)Stamm (vgl. die Faktoren C und D in Tabelle 1) z.T. abweichende Antwortmuster festgestellt wurden, wurden diese Items aus den folgenden Analysen ausgeschlossen, um eine mögliche Konfundierung mit diesen Variablen und somit eine Verfälschung der Ergebnisse auszuschließen.

Abbildung 6 gibt zunächst eine Übersicht über die relativen Häufigkeiten von plus- und null-markierten Plural-Antworten für die nach Singularendungen getrennten Items.

Abb. 6: *Plus- und null-markierte Plural-Antworten in Abhängigkeit von der Singularendung*
alle Altersgruppen

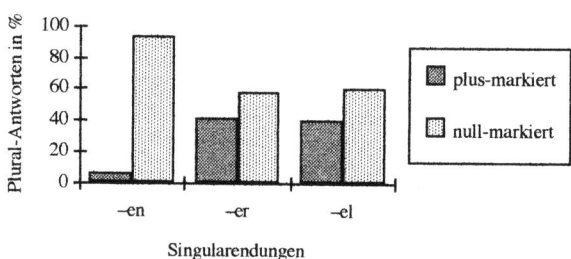

Es zeigt sich, daß die Items mit der Singularendung *–en* wesentlich seltener markiert werden als die Items auf *–er* und *–el*. Der Friedman-Test bestätigt, daß die relativen Häufigkeiten plus-markierter Pluralformen bei den drei Itemgruppen

(*–en, –er, –el*) signifikant voneinander abweichen. Dies gilt auch für die separaten Analysen in den einzelnen Altersgruppen. Für eine genauere Aufschlüsselung des Itemgruppen-Unterschiedes wurden diese paarweise miteinander verglichen (*–en* vs. *–er, –en* vs. *–el, –er* vs. *–el*) und jeweils mittels Wilcoxon-Test statistisch geprüft. Sowohl die Analysen über alle Altersgruppen hinweg als auch für die einzelnen Altersstufen zeigen, daß der Unterschied zwischen *–en* und *–er* wie auch zwischen *–en* und *–el* statistisch bedeutsam ist, nicht jedoch der Unterschied zwischen *–er* und *–el* (vgl. Tabelle 2).

Tab. 2: *Signifikanz-Ergebnisse bzgl. des Wilcoxon-Tests für Untersuchung I*

Versuchspersonen		Itemgruppen im Vergleich		
Altersgruppe	Anzahl	*–en* vs. *–er*	*–en* vs. *–el*	*–er* vs. *–el*
3jährige	n = 10	signifikant	signifikant	nicht signifikant
4jährige	n = 18	signifikant	signifikant	nicht signifikant
5jährige	n = 18	signifikant	signifikant	nicht signifikant
3-5jährige	N = 46	signifikant	signifikant	nicht signifikant

Es gibt also einen signifikanten Unterschied zwischen den Plural-Antworten hinsichtlich der Singularformen auf *–er* und *–el* einerseits und denen auf *–en* andererseits: Formen auf *–er* und *–el* werden in Pluralkontexten häufiger markiert als Formen auf *–en*. Zwischen den Pluralformen der Items auf *–er* und denen auf *–el* läßt sich jedoch kein wesentlicher Unterschied beobachten.

5.   Untersuchung II

In Untersuchung II wurden diese Ergebnisse noch einmal anhand von Kunstwörtern überprüft. Auch hier wurden Pluralformen von Singularwörtern mit den Endungen *–en, –er* und *–el* elizitiert. Die Untersuchung wurde zusätzlich mit einer Kontrollgruppe von erwachsenen Muttersprachlern durchgeführt. Die Vorhersage des Schema-Modells lautet:

---

14 Dies betrifft lediglich die beiden Items *Bruder* und *Vater*, die als einzige in dieser Untersuchung mehr plus- als null-markierte Plural-Antworten erhalten. Für alle anderen Items mit <ø+Ul> gilt, daß die Verteilung ihrer plus- und null-markierten Antworten nicht signifikant von den Erwartungswerten abweicht. Da aber aufgrund der genannten beiden Items die Ergebnisse für diesen Itemtyp nicht homogen sind, wurden alle Items aus der Analyse ausgeschlossen. Eine andere von mir durchgeführte Untersuchung bestätigt den ungewöhnlich hohen Anteil fehlerhafter Plus-Markierungen auch für die femininen Items *Mutter* und *Tochter*. Im Rahmen des vorliegenden Beitrages kann auf dieses Phänomen jedoch nicht näher eingegangen werden.

> In Pluralkontexten werden Singularformen mit einer pluraltypischen Endung häufiger nicht markiert als Singularformen mit einer singulartypischen Endung, d.h. Formen auf *–en* sollten häufiger nicht markiert werden als Formen auf *–er* und diese wiederum häufiger als Formen auf *–el* (z.B. *viele gollen > viele nuffer > viele quaggel*).

Die Kunstwörter waren zweisilbig und wurden entsprechend der beiden in Tabelle 3 aufgeführten Variablen variiert, wobei beim Faktor B aufgrund des vorgegebenen unbestimmten Artikels *ein* die beiden Genera Maskulinum und Neutrum zusammengefaßt wurden.

Tab. 3: *Unabhängige Variablen von Untersuchung II*

Unabhängige Variablen	einzelne Faktorstufen
Faktor A: Singularendung	A_1 = -*en* (pluraltypisch), A_2 = -*er* (weniger pluraltypisch), A_3 = -*el* (plural-untypisch)
Faktor B: Genus	$B_{1/2}$ = Maskulinum/Neutrum (ein), B_3 = Femininum (eine)

Die Abhängige Variable ist die Pluralbildung, differenziert nach Markierung oder Null-Markierung der Items in den gefragten Pluralkontexten.

5.1   Methode

Die Angaben zur Methode entsprechen den Ausführungen für Untersuchung I. Im folgenden werden nur die Spezifika von Untersuchung II beschrieben.

Versuchspersonen
Versuchspersonen waren 41 Kinder, davon 9 im Alter von 3 Jahren sowie je 16 im Alter von 4 und 5 Jahren. Die Kontrollgruppe bildeten 24 erwachsene Versuchspersonen (12 Frauen und 12 Männer), deren Muttersprache Deutsch ist.

Versuchsmaterial
Das Versuchsmaterial bestand aus 12 Kunstwörtern (jeweils 4 mit der Endung *–en*, *–er* und *–el*), die in Form von gezeichneten Phantasieobjekten ebenfalls auf Bildkarten (Singular- und Pluralkarten) abgebildet waren. Die Items wurden vermischt in verschiedenen Zufallsreihenfolgen (mit den üblichen Einschränkungen) vorgegeben, wobei jede Versuchsperson gleich viele Wörter mit femininem und maskulinem/neutralem Artikel erhielt.

Versuchsdurchführung
Die für die Versuchspersonen unbekannten Kunstwörter wurden in ihrer unmarkierten Form zusammen mit dem unbestimmten Artikel vorgegeben und jeweils noch einmal wiederholt. Die Versuchsleiterin zeigte dabei die Bildkarte mit dem einen Phantasieobjekt und sagte: *»Das ist ein/e X.* (kurze Pause) *Ein/e X.«* Daraufhin zeigte sie die Bildkarte mit den drei Phantasieobjekten und fragte: *»Was sind das?«.*

5.2 Ergebnisse

Datenanalyse
Kunstwörter können nicht dahingehend beurteilt werden, ob sie 'korrekt' oder 'fehlerhaft' sind. Stattdessen erfolgte eine Unterteilung aller Plural-Antworten in null-markierte Formen (Wiederholung der vorgegebenen Singularform) sowie in veränderte (von der vorgegebenen Singularform abweichende) Formen.

Ergebnisse
Von insgesamt 492 möglichen Plural-Antworten der Kinder in Untersuchung II konnten 16 nicht elizitiert werden (= 3% missing-Daten). Abbildung 7 zeigt die relativen Häufigkeiten null-markierter und veränderter Antworten in Abhängigkeit vom Alter der Versuchspersonen, wobei die veränderten Pluralformen in der Grafik nochmals unterteilt wurden in plus-markierte und sonstige Antworten.

Abb. 7: *Null-markierte und veränderte Plural-Antworten*

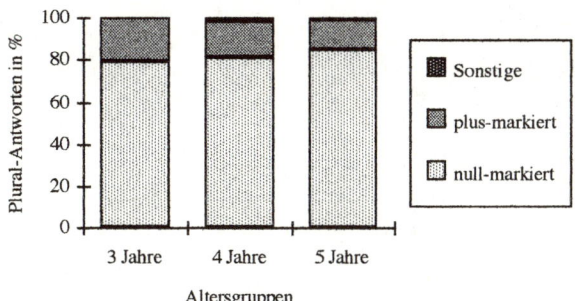

Die Abbildung macht deutlich, daß Kunstwörter in hohem Maße nicht markiert werden, d.h. die unbekannte Singularform wird in Pluralkontexten wiederholt. Die 3jährigen Kinder verändern die vorgegebene Form in 21% ihrer Plural-Antworten, bei den 4jährigen sind es 19% und bei den 5jährigen nur 14%, ein Alterseffekt läßt sich statistisch jedoch nicht nachweisen. Ähnlich den Ergebnissen aus Untersuchung I ist auch hier zu beobachten, daß die Kinder, wenn sie die Singularform in Pluralkontexten verändern, fast ausschließlich ein Suffix anhängen, wobei allerdings – anders als in I – in allen Altersgruppen (bis auf wenige Ausnahmen) das *n*-Allomorph bevorzugt wird. Nur ein einziges Mal wird der Stammvokal umgelautet, in drei Fällen wird der Wortauslaut reduziert und einmal durch eine andere Endung ersetzt (vgl. 'Sonstige' in Abbildung 7). Es zeigt sich kein Altersunterschied bezüglich der veränderten Plural-Antworten.

Ein Vergleich der Plus- und Null-Markierungen dieser Untersuchung mit denen von Untersuchung I[15] ergibt insgesamt zwar ein ähnliches Bild, die Kunstwörter werden von den 3- und 4-jährigen Versuchspersonen jedoch deutlich seltener markiert als die im Realwortschatz vorkommenden Nomina. Bei den 5jährigen hingegen kann ein statistisch bedeutsamer Unterschied zwischen unbekannten und bekannten Formen nicht festgestellt werden.

Wie bereits in Untersuchung I wurde auch hier die Vorhersage des Schema-Modells geprüft, nach der sich die Häufigkeiten plus- und null-markierter Antworten bezüglich der Singularendungen –*en*, –*er* und –*el* unterscheiden. Abbildung 8 zeigt eine Übersicht über die Plural-Antworten bei den drei Itemgruppen. In die Berechnungen gingen aufgrund fehlender Effekte der Variable 'Genus' alle untersuchten Items mit ein.

Abb. 8: *Plus- und null-markierte Plural-Antworten in Abhängigkeit von der Singularendung*

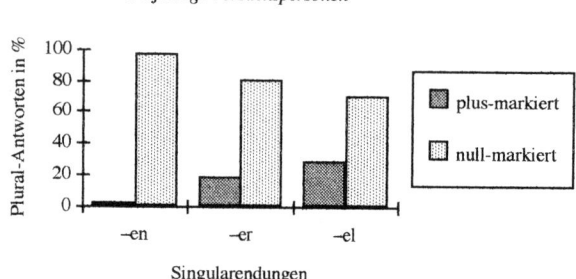

3-5jährige Versuchspersonen

Plural-Antworten in %

Singularendungen

plus-markiert

null-markiert

Es läßt sich ein deutlicher Unterschied zwischen den Itemgruppen beobachten: Die Formen mit der Endung –en werden häufiger nicht markiert als die Formen auf –er, und diese wiederum häufiger als die Formen auf –el. Der Friedman-Test bestätigt sowohl für alle Altersgruppen zusammen als auch für die einzelnen Altersstufen, daß sich die relativen Häufigkeiten null-markierter Plural-Antworten bei den drei Itemgruppen signifikant voneinander unterscheiden. Der Wilcoxon-Test zeigt (ebenfalls für jede Altersgruppe) einen signifikanten Unterschied zwischen –en und –er sowie zwischen –en und –el, für den Vergleich –er vs. –el muß allerdings auch hier die Nullhypothese beibehalten werden (vgl. Tabelle 4).

Tab. 4: *Signifikanz-Ergebnisse bzgl. des Wilcoxon-Tests für Untersuchung II*

Versuchspersonen		Itemgruppen im Vergleich		
Altersgruppe	Anzahl	–en vs. –er	–en vs. –el	–er vs. –el
3jährige	n = 9	signifikant	signifikant	nicht signifikant
4jährige	n = 16	signifikant	signifikant	nicht signifikant
5jährige	n = 16	signifikant	signifikant	nicht signifikant
3-5jährige	N = 41	signifikant	signifikant	nicht signifikant

Die Ergebnisse aus Untersuchung I werden somit bestätigt: Obwohl die Kunstwort-Items insgesamt häufiger unverändert wiederholt werden, läßt sich dennoch ein Einfluß der Singularendung auf die Pluralbildung feststellen, insofern als Formen auf –en signifikant häufiger nicht markiert werden als Formen auf –er und –el, während der Unterschied zwischen den Items auf –er und –el statistisch nicht bedeutsam ist.

Für die erwachsenen Versuchspersonen (Kontrollgruppe) ergibt die statistische Analyse ebenfalls einen hochsignifikanten Unterschied zwischen den Itemgruppen –en vs. –er und zwischen –en vs. –el. Allerdings zeigt sich hier bei einseitigem Test auf der 7,5%-Stufe eine relativ starke Tendenz, auch zwischen Formen mit den Endungen –er und –el zu unterscheiden.

6. Diskussion

Ausgangspunkt der hier beschriebenen Untersuchungen zum Pluralerwerb war die Hypothese des Schema-Modells, daß Kinder bei der Produktion von Singular- und Pluralformen auf im Lexikon gespeicherte Schemata zurückgreifen. Anhand von Items mit den Singularendungen –el, –er und –en sollte die Vorhersage geprüft werden, daß in Pluralkontexten Formen, die eine singulartypische bzw. plural-untypische Singularendung haben, häufiger markiert werden als Formen mit einer pluraltypischen Endung. Diese Vorhersage kann z.T. bestätigt werden: Kinder im Alter von 3 bis 5 Jahren markieren Singularformen mit den Endungen *–el* und *–er* signifikant häufiger als solche mit der Endung *–en*. Der vorhergesagte Unterschied zwischen den Formen auf *–el* und *–er* läßt sich jedoch nicht nachweisen.

Dieses Ergebnis, das sowohl für die zielsprachlichen Nomina aus Untersuchung I wie auch für die Kunstwörter aus Untersuchung II gilt, spricht für die Annahme, daß der Pluralerwerb des Deutschen zumindest in diesem Fall nicht regelgeleitet ist; denn dann sollten die Versuchspersonen – gemäß der Zielsprache – nicht zwischen den Items mit den o.g. Singularendungen unterscheiden. Daß sie dennoch Unterschiede machen, läßt sich anhand des Schema-Modells plausibel erklären: Statt die Pluralformen mit Hilfe von Regeln zu generieren, machen Kinder von im Lexikon gespeicherten Singular- und Pluralschemata Gebrauch, indem sie eine vorliegende Singularform mit entsprechenden Schemata vergleichen und die Form dann ggfs. verändern oder nicht. Formen auf *–en* sind demnach aufgrund ihrer Ähnlichkeit zu einem prototypischen Pluralschema bereits ausreichend markiert und werden in Pluralkontexten (unter Hinzufügung eines pluralen Zahlwortes wie z.B. *drei*) einfach wiederholt, während Formen auf *–el* und *–er* noch ein zusätzliches Suffix erhalten.

Die Tatsache, daß die Kinder bezüglich Plus- oder Null-Markierung zwischen Items mit den Endungen *–er* (weniger pluraltypisch) und *–el* (plural-untypisch) nicht differenzieren, läßt darauf schließen, daß das Pluralallomorph <er> für Kinder kein besonders geeignetes oder typisches Pluralschema ist; oder anders ausgedrückt: nicht genügend Signalstärke besitzt, um den Plural verläßlich anzuzeigen. Das zeigt sich auch bei den in Spontan- und elizitierten Daten beobachteten Doppelmarkierungen wie **die Räd-er-n* (vgl. u.a. Park 1978, Gawlitzek-Maiwald 1994), die deutlich machen, daß den Kindern die zielsprachliche Pluralmarkierung mit *–er* nicht 'ausreicht'. Ein weiterer Beleg sind fehlende *er*-Übergeneralisierungen: Sowohl in den vorliegenden beiden Untersuchungen als auch in anderen Untersuchungen mit einsilbigen Items (bei denen am ehesten ein möglicher Kontext für eine Pluralbildung mit <er> vorliegt) finden sich keine oder nur sehr wenige Fehlmarkierungen mit diesem Allomorph (vgl. u.a. MacWhinney 1978, Phillips/Bouma 1980).[16] Dies liegt sicherlich in der Zielsprache begründet: <er> besitzt im Vergleich zu <(e)n> oder <e> nur geringe Type-Frequenz und ist kein produktives Pluralmerkmal (vgl. Korte 1986, Köpcke

---

16 Eine von mir durchgeführte Untersuchung mit einsilbigen, zielsprachlichen Items bestätigt dies ebenfalls: es konnte keine einzige *er*-Übergeneralisierung beobachtet werden. Überdies markieren die 3-5jährigen Versuchspersonen Items, die zielsprachlich den Plural mit dem Allomorph <er> bilden, stattdessen in 23% der Antworten mit *-e* oder *-e+Ul* (z.B. **drei Kleide, *drei Würme*).

1993). Darüber hinaus gibt es relativ viele Singularformen mit dieser Endung. Auch Wegener (1994) verweist in ihrer Untersuchung zum Zweitspracherwerb auf die geringe Validität von <er>, die den Kindern eine Klassifizierung als Pluralmarker ebenso erschwere wie die (im Vergleich zu einer hohen Token-Frequenz) geringe Type-Frequenz, die für die korrekten *er*-Pluralformen bei einem der untersuchten Kinder festgestellt wurde.[17] Bybee (1995) stellt in diesem Zusammenhang fest, daß eine hohe Type-Frequenz die Produktivität eines morphologischen Merkmals steigere, während eine hohe Token-Frequenz diese eher beeinträchtige, da besonders häufige Wörter leichter gelernt und gespeichert werden können, ohne mit anderen verwandten Formen verglichen und einem Schema zugeordnet zu werden. Für die Pluralmarkierung <er> bedeutet das, daß Kinder nur schwer ein entsprechendes Pluralschema aufbauen und mit dessen Hilfe neue Pluralformen bilden können. Es scheint daher plausibel, daß 3-5jährige Kinder Formen mit der Endung *–er* bezüglich ihrer Ähnlichkeit zu einem Singular- oder Pluralschema in gleicher Weise interpretieren wie Formen mit finalem *–el*. Aus diesem Grund soll für den Pluralerwerb das in Abbildung 2 dargestellte Kontinuum folgendermaßen modifiziert werden:

Abb. 9: *Pluralerwerb: Kontinuum bzgl. Schemata mit den Endungen –el, –er und –en*

Während Formen auf *–en* einem prototypischen Pluralschema entsprechen, weisen Kinder den Formen auf *–el* und *–er* eher Singularfunktion zu. (Für die Erwachsenen – vgl. die Kontrollgruppe aus Untersuchung II – gilt dies nur in eingeschränktem Maße, da sie zumindest eine Tendenz zeigen, Formen mit der Endung *–er* häufiger nicht zu markieren als Formen auf *–el*.) Die Frage, welche anderen Faktoren Kinder beim Erwerb der Pluralbildung als eher 'singulartypisch' oder eher 'pluraltypisch' einordnen (z.B. die Endungen *–e* und *–s*, oder das Merkmal der Silbenzahl) und ob die entsprechenden Schemata analog den Vorhersagen des Schema-Modells (vgl. Köpcke 1988, 1993) in das o.g. Kontinuum einzutragen sind, muß in weiteren umfassenden empirischen Untersuchungen zu diesem Thema geprüft werden.

---

17 Vgl. hierzu auch das Type-Token-Verhältnis von 27:149 für Nomina mit dem Pluralallomorph <er>, das Clahsen et al. (1993:11) bei der Analyse eines an Kinder gerichteten Inputs errechneten.

Literatur

Augst, Gerhard (1975): *Untersuchungen zum Morpheminventar der deutschen Gegenwarts-sprache.* – Tübingen: Narr (= Forschungsberichte des Instituts für deutsche Sprache Mannheim 25).

– (1979): Neuere Forschungen zur Substantivflexion. – In: *Zeitschrift für germanistische Linguistik* 7, 220-232.

– (Hg.) (1985): *Kinderwort. Der aktive Kinderwortschatz (kurz vor der Einschulung) nach Sachgebieten geordnet mit einem alphabetischen Register,* 2. Auflage. – Frankfurt/M.: Lang (= Theorie und Vermittlung der Sprache 1).

Bates, Elizabeth/MacWhinney, Brian (1987): Competition, Variation, and Language Learning. – In: B. MacWhinney (ed.): *Mechanisms of Language Acquistion,* 157-193. Hillsdale, N.J.: Erlbaum.

Bergenholtz, Henning/Mugdan, Joachim (1979): *Einführung in die Morphologie.* – Stuttgart: Kohlhammer.

Berko, Jean (1958): The Child's Learning of English Morphology. – In: *Word* 14, 150-177.

Bortz, Jürgen/Lienert, Gustav A./Boehnke, Klaus (1990): *Verteilungsfreie Methoden in der Biostatistik.* – Berlin: Springer.

Bybee, Joan L. (1985): *Morphology: A Study of the Relation between Meaning and Form.* – Amsterdam: Benjamins.

– (1988): Morphology as Lexical Organization. – In: M. Hammond, M. Noonan (eds.): *Theoretical Morphology. Approaches in Modern Linguistics,* 119-141. San Diego: Academic Press.

– (1995): Regular Morphology and the Lexicon. – In: *Language and Cognitive Processes* 10, 425-455.

Bybee, Joan L./Slobin, Dan I. (1982): Rules and Schemas in the Development and Use of the English Past Tense. – In: *Language* 58, 265-289.

Bybee, Joan L./Moder, Carol L. (1983): Morphological Classes as Natural Categories. – In: *Language* 59, 251-270.

Clahsen, Harald/Marcus, Gary/Bartke, Susanne (1993): Compounding and Inflection in German Child Language. – In: *Essex Research Reports in Linguistics* 1, 1-31.

Duden (1995): Band 4: *Grammatik der deutschen Gegenwartssprache,* 5., völlig neu bearb. u. erw. Auflage. – Mannheim: Dudenverlag.

Gawlitzek-Maiwald, Ira (1994): How Do Children Cope with Variation in the Input? The Case of German Plurals and Compounding. – In: R. Tracy, E. Lattey (eds.): *How Tolerant Is Universal Grammar? Essays on Language Learnability and Language Variation,* 225-266. Tübingen: Niemeyer (= Linguistische Arbeiten 309).

Koehn, Caroline (1994): The Acquisition of Gender and Number Morphology within NP. – In: J.M. Meisel (ed.): *Bilingual First Language Acquisition. French and German Grammatical Development,* 29-51. Amsterdam: Benjamins.

Köpcke, Klaus-Michael (1988): Schemas in German Plural Formation. – In: *Lingua* 74, 303-335.

– (1993): *Schemata bei der Pluralbildung im Deutschen. Versuch einer kognitiven Morphologie.* –

Tübingen: Narr (= Studien zur deutschen Grammatik 47).

– 1998: The Acquisition of Plural Marking in English and German Revisited. Schemata vs. Rules. – In: *Journal of Child Language* 25, 293-319.

Korte, Barbara (1986): Die Pluralbildung als Paradigma linguistischer Theorien. – In: *Der Deutschunterricht* 38, 2, 15-30.

MacWhinney, Brian (1978): The Acquisition of Morphophonology. – In: *Monographs of the Society for Research in Child Development* 43, 1.

– (1987): The Competition Model. – In: B. MacWhinney (ed.): *Mechanisms of Language Acquistion*, 249-308. Hillsdale, N.J.: Erlbaum.

Müller, Natascha (1995): Rezension von: Köpcke, Klaus-Michael: Schemata bei der Pluralbildung im Deutschen. Versuch einer kognitiven Morphologie (Tübingen, 1993). – In: *Zeitschrift für Sprachwissenschaft* 14, 1, 136-141.

Mugdan, Joachim (1977): *Flexionsmorphologie und Psycholinguistik.* – Tübingen: Narr.

Muthmann, Gustav (1988): *Rückläufiges deutsches Wörterbuch.* – Tübingen: Niemeyer (= Germanistische Linguistik 78).

Park, Tschang-Zin (1978): Plurals in Child Speech. – In: *Journal of Child Language* 5, 237-250.

Phillips, Betty S./Bouma, Lowell (1980): The Acquisition of German Plurals in Native Children and Non-Native Adults. – In: *International Review of Applied Linguistics* 18, 21-29.

Tränkle, Ulrich (1980): *Mathematische und statistische Methoden*, 2. neubearb. u. erw. Auflage. – Münster: Aschendorff (= Münsteraner Skripten zur Psychologie 1).

Wegener, Heide (1994): Variation in the Acquisition of German Plural Morphology by Second Language Learners. – In: R. Tracy, E. Lattey (eds.): *How Tolerant Is Universal Grammar? Essays on Language Learnability and Language Variation*, 267-294. Tübingen: Niemeyer (= Linguistische Arbeiten 309).

Früher Wortschatzerwerb im Deutschen: Eine empirische Studie zum Entwicklungsverlauf und zur Komposition des kindlichen Lexikons

Christina Kauschke

Abstract In einem Forschungsüberblick zum Lexikonerwerb werden aktuelle, zum Teil divergierende Befunde zur Beschreibung des Verlaufs des Lexikonerwerbs und zur Komposition des kindlichen Lexikons dargestellt. Ergebnisse aus einer empirischen Studie zum Lexikonerwerb im Deutschen sollen einige dieser Aspekte näher beleuchten. Die Untersuchung basiert auf längsschnittlich erhobenen Spontansprachdaten von 32 Kindern im Alter von 13, 15, 21 und 36 Monaten. Dokumentiert wird die Wortverwendung unter folgenden Aspekten: Größe des produzierten Wortschatzes in Abhängigkeit vom Alter, Häufigkeit der Wortverwendung, lexikalische Vielfalt, Verteilung und Entwicklung der Wortarten sowie individuelle Unterschiede. Die Ergebnisse zeigen eine zunächst exponentielle, dann lineare Zunahme des produktiven Wortgebrauchs im Zeitraum von 13 bis zu 36 Monaten, wobei ein deutlicher Zusammenhang zwischen der Anzahl der verschiedenen Wörter und deren Verwendungshäufigkeit besteht. Hinsichtlich der Komposition des kindlichen Lexikons bestätigen sich Postulate einer frühen Nomenpräferenz nicht. Trendanalysen geben Aufschluß über die Entwicklungsverläufe einzelner Wortarten, die zu einer ausgewogenen Komposition des Lexikons mit drei Jahren führen. Individuelle Unterschiede in der Größe des Wortschatzes erweisen sich über einen längeren Zeitraum hinweg als konstant. Die Befunde weisen insgesamt auch darauf hin, daß eine Bestimmung der frühen lexikalischen Fähigkeiten von Kindern prognostische Aussagen über die weitere Sprachentwicklung zuläßt.

1.   Einleitung

Die Frage, wie Kinder Wörter erwerben und gebrauchen, gehört zu den zentralen Themen der Spracherwerbsforschung. Im Zusammenhang mit der Beschäftigung mit dem mentalen Lexikon innerhalb der Psycholinguistik wird auch dem

Erwerb des Lexikons zunehmende Beachtung geschenkt. Der Lexikonerwerb wird als eigener und wesentlicher Bereich des Spracherwerbsprozesses hervorgehoben und unter den unterschiedlichsten Gesichtspunkten erforscht und diskutiert. Dabei bestehen lebhafte Kontroversen hinsichtlich der Beschreibung und der Erklärung dieses Vorgangs sowie hinsichtlich der Situierung des Lexikonerwerbs in den Gesamtprozeß der Sprachentwicklung.

In diesem Artikel werden ausgewählte Aspekte des Lexikonerwerbs theoretisch und empirisch behandelt. Zunächst werden einige zentrale offene Fragen zum Lexikonerwerb angesprochen, und es wird kurz auf Erklärungsansätze eingegangen. Der Überblick über den Forschungsstand bezieht sich dann schwerpunktmäßig auf die Beschreibung des Entwicklungsverlaufes und auf die Komposition des kindlichen Lexikons. Anschließend wird eine empirische Studie vorgestellt, die den frühen Lexikonerwerb im Deutschen dokumentiert und Aussagen über die Größe des Wortschatzes in Abhängigkeit vom Alter, über die Häufigkeit der Wortverwendung, über mögliche Wachstumsmuster und über die Wortartenverteilung im Lexikon enthält. Außerdem werden individuelle Unterschiede im frühen Wortgebrauch und deren Bedeutung für den Verlauf des Spracherwerbs untersucht.

Offene Fragen

Zur deskriptiven Darstellung des Verlaufs des Lexikonerwerbs steht eine Vielzahl neuer, z.T. auch uneinheitlicher empirischer Befunde aus dem angloamerikanischen Sprachraum zur Verfügung. Dabei geht es zum einen um die altersabhängige Beschreibung des Wortschatzumfanges, die Zuwachsgeschwindigkeit und das bzw. die Muster des Entwicklungsverlaufes. Ein plötzlicher sprunghafter Anstieg, der sogenannte *vocabulary spurt*, ist eine häufig beobachtete Möglichkeit des frühen Wortschatzwachstums, aber auch alternative Profile sind denkbar und beschrieben worden. Die Komposition des kindlichen Lexikons bietet ebenfalls Anlaß zu Kontroversen: während bei der *noun bias*-Hypothese angenommen wird, daß Nomen die dominierende Wortart im frühen Lexikonerwerb darstellen, kann auch eine heterogene Zusammensetzung des kindlichen Vokabulars vorliegen. In diesem Zusammenhang wird untersucht, ob das jeweilige Wachstumsprofil mit einer bestimmten Wortartenpräferenz in Verbindung steht. Da offensichtlich individuelle Unterschiede in der Geschwindigkeit der Aneignung von Wörtern, aber auch in der Gewichtung von Wortarten bestehen, fragt sich, wie variabel bzw. universell der Lexikonerwerb verläuft, ob es individuell unterschiedliche Einstiegswege gibt und daran anknüpfend, welche Folgen unterschiedliche Erwerbsstile für die weitere Sprachentwicklung haben.

Offene Fragen bestehen auch in bezug auf Entwicklungszusammenhänge. Während es noch relativ unstrittig ist, wie sich produktive und rezeptive Leistungen beim Wortschatzerwerb zueinander verhalten (vgl. Harris et al. 1995), besteht erhebliche Diskrepanz bei der Beantwortung der Frage, in welchem Zusammenhang die Entwicklung des Lexikons mit Erwerbsschritten in anderen sprachlichen Bereichen steht. Modularen Annahmen zufolge vollzieht sich die Entwicklung verschiedener sprachlicher Wissensdomänen relativ unabhängig voneinander, andere Forscher finden dagegen Evidenzen für Assoziationen zwischen lexikalischen und grammatischen bzw. phonologischen Entwicklungsprozessen (Bates et al. 1988, Menyuk et al. 1995). Aus diesen Sichtweisen ergeben sich auch unterschiedliche Einschätzungen des Stellenwertes des Lexikonerwerbs: Sind bestimmte Erwerbsschritte im Bereich des Lexikons Voraussetzungen oder Auslöser für andere sprachliche Entwicklungen; welche wechselseitigen Einflüsse sind denkbar?

Ein weiteres großes Feld theoretischer und empirischer Forschung zum Lexikonerwerb bilden schließlich die verschiedenen Ansätze zur Erklärung der beobachtbaren Entwicklungsprozesse. Hier wird gefragt, wie das Kind Konzepte erwirbt und sie mit Wortbedeutungen verknüpft und welche (kognitiven, sozialen o.a.) Voraussetzungen dafür notwendig sind. Gelten für die Lexikon- und Bedeutungsentwicklung steuernde Prinzipien oder sogar Beschränkungen? Wenn ja, sind diese sprachlicher, pragmatischer oder allgemein kognitiver Art? Welche Bedeutung kommt der Menge und der Qualität des Inputs zu? Die Beantwortung dieser Fragen variiert dabei je nach der theoretischen Ausrichtung des Erklärungsansatzes. Kognitive und konzeptuelle Ansätze (z.B. Huttenlocher/Smiley 1987) sehen Entsprechungen zwischen kognitiven Entwicklungsschritten im Sinne von Piaget und der Wortschatzentwicklung. Nach der Ereignisrepräsentationstheorie (Nelson et al. 1993, Lucariello 1987) wird ein Modell der konzeptuellen Entwicklung und der Entwicklung von Wortbedeutungen im Zusammenhang mit *event schemes* und *scripts* erstellt. Bloom (1993) sieht die lexikalische Entwicklung auf der Basis der allgemeinen, sprachunabhängigen kognitiven Prinzipien der Relevanz, der Diskrepanz und der Elaboration. Das grundlegende Relevanzprinzip meint die Fähigkeit, ausschließlich situationsrelevante Information zu erkennen und zu verarbeiten.

Constraint-Ansätze sehen die Bedeutungsentwicklung durch Prinzipien gesteuert, die die Hypothesen über die Bedeutungsdimension neuer Wörter von vornherein einschränken. Golinkoff et al. (1992, 1994) postulieren Lernbarkeitsbeschränkungen durch ein Set von früh verfügbaren, sprachspezifischen lexikalischen Prinzipien. Clarks (1993) zum Teil ähnliche Prinzipien des Kontrastes und der Konventionalität sind dagegen eher pragmatischer Natur. Interaktionistische Ansätze stellen die Wortschatzentwicklung in einen engen Zusammenhang zu der Interaktion des Kindes mit seiner sprachlichen Umwelt. Der sprachliche Input wirkt auslösend, erleichternd und steuernd auf Erwerbsschritte. In diesen Rahmen fallen Bruners Thesen zur Entwicklung des Bedeutens in Formaten und zur Organisation von Erfahrungen in *narratives* (Bruner 1990) sowie auch der diskursorientierte Ansatz (Levy/Nelson 1994): Wörter und Bedeutungen wachsen in einem langsamen Prozeß auf der Grundlage sozialer Interaktion im kommunikativen Diskurs heran. In konnektionistischen Ansätzen wie dem *competition model* (Bates/MacWhinney 1987) interagieren Input-Informationen mit Verarbeitungskapazitäten des Kindes. Die ebenfalls konnektionistische *critical mass hypothesis* (Marchman/Bates 1994) sieht eine Mindestgröße des Lexikons als notwendige Datenbasis für weiterführende Verarbeitungsprozesse an.

2. Forschungsstand

2.1 Lexikonerwerb im Verlauf

Faßt man vor- und nichtsprachliche Formen des Referierens als Vorläufer der Lexikonentwicklung auf, so ist der Beginn dieses Entwicklungsprozesses bereits im ersten Lebensjahr anzusetzen. Während des Kleinkind- und Vorschulalters vollziehen sich quantitativ und qualitativ bedeutsame Veränderungen und Fortschritte. Auch in den darauf folgenden Jahren ist eine stetige Ausdifferenzierung des Lexikons über das Schulalter hinweg und im Erwachsenenalter zu erwarten, wobei sich die spezifischen Inhalte der Wörter, die neu erworben werden, nach den jeweiligen individuellen Umwelt- und Lernbedingungen richten. Im folgenden soll ein grober deskriptiver Überblick über den Verlauf des Lexikonerwerbs gegeben werden. Im Mittelpunkt der Ausführungen steht das zweite Lebensjahr, d.h. die wesentliche Phase des frühen Erwerbs von Wörtern und Wortbedeutungen im engeren Sinne. Auch die später vorgestellte empirische Studie ist in diesem Zeitraum angesiedelt.

Der Erwerb referentieller Mittel erfordert für das Kind, einen Bezug zwischen verbalen oder nichtverbalen Ausdrucksformen und Gegenständen, Handlungen, Konzepten oder Perzepten aus der Umwelt herzustellen. Der referentielle Wortgebrauch steht am Ende einer Entwicklungskette, in der das Kind gelernt hat, diese Beziehung mit verschiedenen nichtsprachlichen Mitteln zu realisieren. Schon im ersten Lebensjahr entwickelt das Kind vorsprachliche Mittel der Referenz, die auf der Fähigkeit zu einer gemeinsamen Ausrichtung der Aufmerksamkeit aufbauen (*joint attention*, vgl. Tomasello/Farrar 1986). Das Kind weist durch Blicke oder Gesten (*reaching* und *pointing*) auf Objekte hin, später produziert es Vokalisierungen mit aufmerksamkeitslenkender Funktion. Mit etwa neun Monaten tauchen die sogenannten »Protowörter« auf, die nicht den zielsprachlichen Formen entsprechen müssen, sondern als phonetisch konsistente Formen (»PCF«, Dore et al. 1976) oder Vokalisationen mit losem assoziativen Bezug zu beschreiben sind. Diese sind in einen spezifischen Handlungs- oder Situationszusammenhang eingebettet (*performative routines*, Bates et al. 1987). Mit etwa 12 Monaten tauchen die ersten Wörter auf. Von einem »echten« referentiellen Wort kann gesprochen werden, wenn das Kind eine konventionell festgelegte lexikalische Form als unabhängiges und flexibles Zeichen in unterschiedlichen Kontexten und mit einem festen inhaltlichen Bezug verwendet, d.h. wenn das Wort phonetisch konsistent, semantisch kohärent (auf eine untereinander verbundene Gruppe von Objekten oder Ereignissen bezogen) und symbolisch autonom (nicht an spezifische Kontexte, Handlungsabläufe oder Verhaltensroutinen gekoppelt) erscheint. Die Fähigkeit des Kindes, Wörter in diesem Sinne zu verwenden, repräsentiert eine wesentliche Erkenntnis, die entweder als ein neuer, qualitativ einschneidender Schritt im Sinne der *naming insight* (Kamhi 1986) oder als ein graduelles Herübergleiten von Vorläuferformen zum referentiellen Benennen gewertet werden kann (z.B. Bates/O'Connell/Shore 1987).

Nach dem Erreichen dieses Meilensteines wächst der Wortschatz zunächst nur langsam an. In diesem frühen Lexikon existieren kontextgebundene Protowörter und »echte« Wörter, die von Anfang an rein referentiell gebraucht werden, nebeneinander. Für die kontextgebundenen Formen geschieht eine allmähliche Dekontextualisierung. Die Möglichkeit, Wörter referentiell zu verwenden, wird offenbar nicht gleichzeitig auf sämtliche items übertragen, sondern Wort für Wort verwirklicht (Lucariello 1987). Die Inhalte der ersten Wörter sind auf direkt wahrnehmbare Gegebenheiten aus der Erfahrungswelt des Kindes ausgerichtet. Bekannte Phänomene des frühen Gebrauches referentieller Wörter sind die Veränderungen der extensionalen Reichweite wie Überdehnung, Unterdehnung, Überlappung und *mismatch* (Barrett 1995).

Mit ca. 18-19 Monaten erreichen die meisten Kinder ein produktives Vokabular von 50 Wörtern (nach Bloom et al. 1993 mit 19;7 Monaten bei einer individuellen Variation zwischen 15 und 24 Monaten). Oft folgt ein sprunghaftes Anwachsen des Wortschatzes (mindestens 12 Wörter pro Monat), das in zahlreichen Studien nachgewiesen wurde und als *vocabulary spurt* bezeichnet wird. Unklarheiten bestehen noch zu der Frage, ob dieses Muster des lexikalischen Wachstums bei allen Kindern zu beobachten ist (vgl. die Kontroverse zwischen Goldfield/Reznick 1990, 1996 und Mervis/Bertrand 1995).

Verschiedene Muster der Zuwachsgeschwindigkeit konnten bisher belegt werden, wobei die Unterschiedlichkeit der Befunde zum Teil auch durch die jeweiligen Erhebungs- und Auswertungsmethoden (z.B. den Abstand zwischen Meßintervallen) bedingt sein kann:

– ein schnelles und sprunghaftes Anwachsen (*vocabulary spurt*), z.B. Goldfield/ Reznick (1990)

– mehrere kleine Sprünge (treppenförmig), z.B. Clark (1993)
– ein eher graduelles, lineares Wachstum z.B. Bloom (1993), Goldfield/Reznick (1990)
– eine exponentielle Wachstumskurve, z.B. Bates et al. (1995)
– ein abwechselnder Verlauf von mehr oder weniger ausgedehnten Spurtintervallen und Plateaus, z.B. Goldfield/Reznick (1996).

Verbunden mit der Feststellung spezifischer Wachstumsmuster sind Hypothesen zur Erklärung dieser Phänomene. Individuell verschiedene Wachstumsprofile (graduell oder sprunghaft) könnten als Effekt der jeweiligen kulturspezifischen Umwelt- und Inputeinflüsse entstehen (Lieven et al. 1992). Im Falle des sprunghaften Anstiegs stellt sich – wie bereits beim Übergang von Protowörtern zu den echten Wörtern – wiederum die Frage, ob die quantitative Diskontinuität in der Entwicklung, die durch einen Spurt markiert wird, als Erklimmen einer qualitativ neuen und anderen Stufe des Benennens oder als Teil eines kontinuierlichen Entwicklungs- und Veränderungsprozesses aufzufassen ist. So wird von Elsen (1996) sowie von Gathercole/Baddeley (1993) vermutet, daß die Expansion des kindlichen Lexikons auf Fortschritte der phonologischen Fähigkeiten zurückzuführen ist. Mervis/Bertrand (1995) sehen den *vocabulary spurt* als Folge der Fähigkeit zur Kategorisierung von Objekten und stellen damit die lexikalische und die kognitive Entwicklung in einen engen Zusammenhang. Nach Goldfield/Reznick (1996) liegt dem Wortschatzanstieg im zweiten Lebensjahr eine sprachspezifische Einsicht in die Benennbarkeit aller Dinge und in den Systemcharakter von Sprache zugrunde. Für diese Autoren sowie auch für Bloom (1993) ist der Erwerb einer kritischen Menge früher Wörter ein Einstieg in und Auslöser für sprachsystematische Prozesse, die zum allmählichen Aufbau des mentalen Lexikons im Sinne eines gegliederten semantischen Systems führen.

Es scheint, daß die Debatte um Kontinuität oder Diskontinuität im Spracherwerb, die bereits im Bereich der phonologischen und der syntaktischen Entwicklungsprozesse geführt wird, derzeit auch für Modelle der lexikalischen Entwicklung von Interesse ist. Die Frage ist, ob während des Entwicklungsweges von den Protowörtern über die ersten Wörter zum expandierenden und strukturierten Lexikon ein qualitativer Umbruch geschieht und an welchem Punkt dieser »Meilenstein« dann anzusetzen wäre. Wenn man davon ausgeht, daß zum kontextflexiblen, referentiellen Benennen eine neuartige Einsicht notwendig ist, würde bereits das Auftreten der ersten »echten« Wörter diesen Schritt erfordern. Es ist schwer vorstellbar, wie sich ansonsten der beschriebene Aufbau des ersten kleinen Lexikons von etwa 50 Wörtern vollziehen könnte, das bereits einen substantiellen Anteil an multifunktional und symbolisch-referentiell verwendeten Wörtern enthält (Harris et al. 1988). Auf der Grundlage dieses frühen lexikalischen Repertoires kann sich das lexikalisch-semantische System dann organisieren, wobei diese Entwicklung mit indivduell unterschiedlicher Geschwindigkeit und nach verschiedenen Mustern verlaufen kann. Bates et al. (1995) argumentieren in ähnlicher Weise, wenn sie darauf hinweisen, daß alle Kinder etwa mit 12-13 Monaten einen Engpaß zum referentiellen Wortgebrauch durchschreiten müssen, während die Entwicklungsverläufe im zweiten Lebensjahr durch erhebliche individuelle Variation gekennzeichnet sind.

Die weitere quantitative Lexikonentwicklung schreitet auf ca. 300 Wörter mit 2 Jahren und auf über 500 Wörter mit 3 Jahren fort. Im dritten Lebensjahr finden wesentliche Weiterentwicklungen im Bereich der Morphologie statt, Kompositions- und Derivationsprozesse beginnen und werden auch für innovative eigene Wortbildungen bei lexikalischen Lücken genutzt (Clark 1993, 1995). In den folgenden Jahren geschieht eine zunehmende Erweiterung und Verfeinerung des lexikalisch-semantischen Systems: vielfältige Sinnbereiche und Wortfelder werden erschlossen, lexikalische Taxonomien und Strukturen werden differenzierter, semantische Kategorien und Bedeutungsrelationen werden besser erfaßt (vgl. für das Deutsche: Gipper 1987, August 1984). Mit 6 Jahren hat das Kind Zugriff auf ein produktives Lexikon von etwa 5000 Wörtern (vgl. Aitchison 1994, Füssenich 1994).

2.2 Komposition des Lexikons

Gegenstand zahlreicher empirischer Untersuchungen ist die Frage, welche Wortarten im frühkindlichen Lexikon vertreten bzw. dominierend sind. In diesem Zusammenhang wurde überprüft, ob die verbreitete Annahme, daß Nomen die größte Klasse innerhalb des frühen Wortschatzes von Kindern ausmachen, empirisch zu belegen bzw. zu halten ist. Dabei bestehen uneinheitliche Feststellungen darüber, was die *noun bias*-Hypothese genau besagt:

– Nomen werden früher erworben
– Nomen machen den größten Teil des kindlichen Lexikons aus
– Nomen sind einfacher zu erwerben, da Verben formal und begrifflich komplexer sind
– Die Nomen im kindlichen Wortschatz sind meist Benennungen für Objekte.

Der These, daß Kinder zunächst Nomen präferieren und sich vornehmlich auf Objekte beziehen (z.B. Gentner 1982, Snyder et al. 1981, Huttenlocher/Smiley 1987), stehen Annahmen gegenüber, nach denen sich das kindliche Vokabular aus unterschiedlichen Wortarten zusammensetzt (Nelson 1993, Bloom 1993), wobei auch durch Nomen eine Vielzahl nicht-dinglicher/ nicht-objektbezogener semantischer Kategorien ausgedrückt wird.

Bloom et al. (1993) führten eine Längsschnittstudie durch, in der u.a. der Status von Objektbegriffen während der Einwortphase bestimmt wurde. Die Untersuchung an 14 Kindern von 9 Monaten bis 2 Jahren ergab, daß der Anteil von Nomen, die Objekte benennen, in der Phase der ersten Wörter und im Stadium der ersten 50 Wörter etwa 30% der types sowie auch der token beträgt. Der Befund, daß Nomen etwa ein Drittel des Wortschatzes ausmachen, deckt sich mit anderen neueren Studien, die sich mit der Zusammensetzung des Vokabulars zum 50-Wörter-Zeitpunkt befassen (vgl. Lieven et al. 1992, Nelson et al. 1993, Pine et al. 1997). Nomen scheinen also in der frühen Wortschatzentwicklung nicht in dem Maße zu dominieren, wie bislang angenommen wurde. Die oft postulierte Nomenpräferenz wird von einigen Autoren (Gopnik/Choi 1995) sogar als ein Artefakt der gängigsten Untersuchungsmethoden angesehen.

Zur Frage, welche Wortarten zu welchem Zeitpunkt des Lexikonerwerbs vertreten sind, führten auch Bates et al. (1994) eine große Querschnittsstudie durch (>1800 Kinder). Während der Wortschatz im untersuchten Alterszeitraum (1;4 bis 2;6) konstant anwächst, verändert sich die Proportion der Wortarten infolge der Gesamtgröße. Es lassen sich drei »Wellen« in der internen Organisation des Lexikons ausmachen: In der frühen Periode dominiert der Zuwachs an Nomen, deren Anteil bei 100 Wörtern den Höhepunkt mit 55,2% erreicht. Bei ca. 300 Wörtern geht der Nomenzuwachs stark zurück. Der Anteil der Prädikate (Verben und Adjektive) wächst langsam und stetig, d.h. linear an, bei einer Vokabulargröße von ca. 400 Wörtern flacht der Zuwachs wieder ab. Funktionswörter aus der geschlossenen Klasse wachsen anfangs nur sehr langsam, eine deutliche Expansion geschieht ab einer Vokabulargröße von 400. Jede Wortart wächst zu ihrer bestimmten »Saison« und erfüllt eine bestimmte Funktion. Die drei Schübe in der Lexikonentwicklung repräsentieren eine allgemeine Entwicklungslinie »from reference to predication to grammar« (Bates et al. 1994: 98).

Das jeweilige Wachstumsprofil kann mit qualitativen individuellen Unterschieden in der Komposition in Verbindung gebracht werden: Goldfield/Reznick (1990) stellten fest, daß Kinder, die das Benennen von Objekten fokussieren, einen sprunghaften Anstieg des Lexikons im Sinne des *vocabulary spurt* oder der *naming explosion* und einen hohen Nomenanteil zeigen. Eine andere Strategie wenden Kinder an, die eine größere Bandbreite von Erfahrungen versprachlichen: sie zeigen ein graduelles Wortschatzwachstum und eine heterogene Zusammensetzung des Lexikons, die unterschiedliche Wortarten enthält. Gopnik/Choi (1995) fanden bei koreanisch sprechenden Kindern auch einen sog. *verb spurt*, d.h. ein sprunghaftes Wachstum des Vokabulars mit einem hohen Verbanteil. Welcher Weg auch gewählt wird, der referentielle Stil scheint jedenfalls nicht, wie früher angenommen wurde, den weiteren Spracherwerb zu begünstigen (Lieven et al. 1992).

2.3   Methoden zur Erfassung des kindlichen Lexikons

Aussagen über das kindliche Lexikon lassen sich prinzipiell auf zwei Arten gewinnen: durch Analysen der Spontansprache von Kindern oder durch Angaben der Eltern über die Wörter, die ihr Kind benutzt oder versteht (Beispiele sind jeweils die erwähnten Studien von Bloom und Bates). Beide Methoden erfassen unterschiedliche Aspekte des kindlichen Wortschatzes. Vokabularchecklisten fragen ab, ob ein Kind bestimmte, vorher ausgewählte Wörter bereits erworben hat; bei *lexical diaries* stellen die Eltern das Vokabular ihrer Kinder selbst zusammen. Da die Eltern als wichtigste Kontaktpersonen ihr Kind in einer Vielzahl verschiedener Situationen kennen, sind die Listen eher repräsentativ für die Fähigkeiten des Kindes. Dieses Verfahren, für das im Englischen erprobte und validierte Instrumente zur Verfügung stehen (»CDI: Infants/Toddlers«: Fenson et al. 1994, »LDS«: Rescorla 1991), ist ökonomisch und läßt sich daher auch bei großen Fallzahlen durchführen. Es kommt meist als querschnittliche Kohortenanalyse zum Einsatz. Checklisten unterliegen aber auch einigen Einschränkungen: es läßt sich nicht ermitteln, wie häufig bestimmte Wörter oder Wortarten verwendet werden (keine type-token-Relationen), es wird nicht ersichtlich, in welchen Kontexten das Kind bestimmte Wörter verwendet (z.B. nur als Imitation oder spontan, nur in einem Routinerahmen oder als produktiver, flexibler Wortgebrauch). Die Wortartenverteilung richtet sich an der vorgegebenen Verteilung der Checkliste aus. Unklar ist auch die Genauigkeit, die die Eltern bei der Beobachtung des Kindes und der Beantwortung des Fragebogens anwenden, es läßt sich nicht kontrollieren, welche Fehlerquote (Über- oder Unterschätzung der Fähigkeiten des Kindes) vorliegt oder ob Eltern bestimmte Wortarten (z.B. Nomen) besonders leicht wahrnehmen und erinnern.

Auswertungen der Spontansprache beziehen sich dagegen auf die tatsächliche Verwendung von Wörtern. Transkripte erlauben Rückschlüsse über die Repräsentation von Wortarten im Gebrauch. Bestimmungen der Verwendungshäufigkeit (type-token-Relation) sind möglich, bei Videoaufnahmen ist ebenfalls der Kontext der Verwendung einsichtig. Bei längsschnittlichen Erhebungen läßt sich die Entwicklung einzelner Kinder verfolgen und vergleichen. Da die Erhebung in einem vorgegebenen Rahmen und Zeitraum stattfindet, ergibt sich eine bessere Vergleichbarkeit zwischen den Kindern. Zu bedenken ist, daß nicht die gesamte Kapazität (z.B. die absolute Größe des Vokabulars) ermittelt wird, sondern ein selektiver Ausschnitt des lexikalischen Wissens. Das Verfahren ist wesentlich zeitaufwendiger und daher nur in begrenztem Umfang einsetzbar. Aufgrund der Aufnahmesituation (Beobachter, evtl. fremde Umgebung) agiert das Kind möglicherweise anders als in einer unbeobachteten natürlichen Situation.

Die beiden Erhebungsmethoden eignen sich für unterschiedliche Arten und Größen von Stichproben und bieten sich damit für entsprechend unterschiedliche Fragestellungen an, wobei ein kombinierter Einsatz im Sinne einer Methodenvielfalt wünschenswert wäre (Pine et al. 1996). Für die Zielsetzung der hier vorgestellten Studie eignet sich insbesondere die Auswertung spontansprachlicher Transkripte, da einerseits die Verwendungshäufigkeit von Wörtern und Wortarten und andererseits der Anteil verschiedener Wortarten im produktiven Gebrauch bestimmt werden soll.

3. Empirische Studie – Methoden[1]

3.1 Fragestellungen und Ziele der Studie

Die Studie verfolgt zwei übergeordnete Ziele, wobei an dieser Stelle hauptsächlich auf den ersten Themenbereich eingegangen wird. Dabei handelt es sich um eine Dokumentation des Lexikonerwerbs im Deutschen bis zum dritten Lebensjahr. Die Fragen richten sich auf die

- Größe des Wortschatzes in Abhängigkeit vom Alter (types: wieviele verschiedene Wörter verwendet das Kind)?
- Häufigkeit der Wortverwendung (token: wie oft benutzt es die Wörter)?
- Zuwachsraten: lassen sich Muster im Sinne des *vocabulary spurt* auch in der Wortverwendung finden?
- lexikalische Vielfalt: wie entwickelt sich die type-token-ratio?
- Verteilung der Wortarten, Komposition des Lexikons: welche Kategorien werden in welchem Alter vorwiegend benutzt, besteht ein *nominal bias*?

Das zweite Ziel der Studie richtet sich auf die Bedeutung individueller Unterschiede für den Verlauf des Spracherwerbs:

- Welche interindividuelle Variation in Bereichen der Lexikonentwicklung läßt sich feststellen? Sind die Unterschiede zwischen einzelnen Kindern über einen längeren Zeitraum hinweg konstant?
- Stehen quantitative oder qualitative individuelle Unterschiede in der Entwicklung des frühen Wortschatzes mit dem Stand der Sprachentwicklung mit drei Jahren in Verbindung? Die mit dieser Frage verbundenen praktischen Implika-

1 Für die methodische und statistische Beratung und Unterstützung bei der Datenauswertung im Rahmen der hier berichteten Studie danke ich besonders Chris Hofmeister.

tionen für die Möglichkeit von Prognosen anhand früher Wortschatzmesssungen fallen nicht in den Rahmen der vorliegenden Darstellung. Die diesbezüglichen Ergebnisse werden daher nicht näher berichtet.

3.2   Darstellung der Untersuchung

Eine Stichprobe von 32 Kindern (16 Jungen, 16 Mädchen) wurde aus einem umfangreicheren Datenkorpus[2] ausgewählt. Die längsschnittliche Erhebung umfaßte 4 Zeitpunkte, wovon 3 Termine im zweiten Lebensjahr (13, 15, 21 Monate) lagen. Die letzte Aufnahme fand mit 3 Jahren (36 Monaten) statt und dient als Vergleichszeitpunkt insbesondere für die Fragestellung nach der prognostischen Aussagekraft früher Daten für die weitere Sprachentwicklung. Mit drei Jahren wurde auch der McCarthy-Intelligenztest durchgeführt, dessen Ergebnisse aus dem verbalen Testteil hier ebenfalls herangezogen werden.

Die Aufnahmesituation bestand in einer überwiegend freien Interaktion zwischen Mutter und Kind in einem kindgerecht mit Spielzeugen eingerichteten Untersuchungsraum. Anhand von Videoaufnahmen dieser Situationen wurden Transkripte über 10 Minuten erstellt, die sämtliche verbalen, vokalen und paraverbalen Äußerungen von Kind und Mutter in ihrem zeitlichen Verlauf dokumentieren (Klann-Delius 1990). Diese Transkripte bilden die Grundlage für die folgenden Wortschatz-Analysen.

3.3   Auswertungsmethoden

Analyse der Transkripte
Aus den Transkripten, die unterschiedliche Äußerungsmodi (wie Sprache, Vokalisationen, paraverbale Äußerungen, Gesten) enthalten, wurden zunächst die Wörter extrahiert. Die erste kontroverse Frage besteht bereits in der Entscheidung darüber, was überhaupt als »Wort« zu bezeichnen ist (vgl. Vihman/McCune 1994). Hier können Definitionen getroffen werden, die auf eher engen oder auf großzügigeren Kriterien beruhen (dazu Bloom 1993: 189). Um Wörter von Vokalisierungen oder paraverbalen expressiven Äußerungen abzugrenzen, sollte grundsätzlich die phonetische Konsistenz und die Bedeutungshaltigkeit bzw. die

---

2   Die Daten stammen aus dem von der DFG im Schwerpunkt »Spracherwerb« und von der Köhler-Stiftung geförderten Projekt »Die Bedeutung der emotionalen Qualität der Mutter-Kind-Interaktion für den Erwerb der Dialogfähigkeit des Kindes-eine empirische Studie« unter der Leitung von G. Klann-Delius, Berlin.

Verwendung in einem plausiblen Kontext gegeben sein. In der vorliegenden Analyse wurde jedes ermittelte Wort in seiner intendierten zielsprachlichen Form, nicht in seiner konkreten Realisierung, notiert. Die vom Kind erreichte phonologische Komplexität des Wortes ist kein Kriterium für den Wortcharakter, sofern die Äußerung phonetisch konstant ist und mit einem erkennbaren referentiellen Bezug produziert wird. Die Wörter wurden in einer Zitierform notiert; morphologische Markierungen, z.B. Flexionsmorpheme, wurden nicht berücksichtigt. Jedes produzierte Wort wurde in eine Datenbank überführt, da sowohl types als auch token ausgezählt wurden. Danach fand die Zuordnung der Wörter zu verschiedenen Wortarten-Kategorien statt. Nach der Kodierung der Spontansprachaufnahmen zu den vier Erhebungszeitpunkten umfaßte die Datenbank insgesamt 751 verschiedene Wörter, die von den 32 Kindern 3440 mal als types bzw. 9115 mal als token geäußert wurden.

Codierung der Wortarten
Wortarten (*parts-of-speech*) werden als Kategorien verstanden, die durch die Distribution der Wörter und durch deren semantische und syntaktische Funktionen ermittelt werden. Bei der Erfassung des kindlichen Vokabulars in der Einwortphase ist durch das Fehlen eindeutiger syntaktischer Hinweise immer mit Ambiguitäten zu rechnen. Bisher wurden zahlreiche Systeme erwogen, die vielfältige Unterschiede in der Anzahl, Art und Definition der anzusetzenden Kategorien, aber auch in der Zuordnung einzelner Wörter zu diesen Kategorien aufweisen. Grob gesehen lassen sich die meisten Klassifikationssysteme um Blooms System herum gruppieren, das zur adäquaten Erfassung des frühen Kinderwortschatzes sechs Kategorien vorschlägt: »person names, object names, relational words, social words, event words and other« (Bloom et al. 1993: 445). Viele andere Autoren setzen ähnliche Kategorien an, wobei teilweise mehrere der obigen Kategorien zusammengefaßt oder einzelne weiter aufgesplittert werden. So variiert die Gruppe der Nomen beispielsweise in der Einbeziehung von Eigennamen und Pronomen. Bei der Einschätzung von Aussagen über die Komposition des Kinderwortschatzes sollte man also immer das jeweilige Kategoriensystem der zugrunde liegenden Studie berücksichtigen. Jede Gliederung steht vor dem Problem, einerseits differenziert genug zu sein, um die Unterschiede im Status verschiedener Wörter nicht zu verwischen, andererseits aber noch ausreichend statistisch verwertbare Belege zu erhalten.

Nach einer vorbereitenden Durchsicht der frühen Wörter im Deutschen wurde hier ein Kodierungsraster aufgestellt, das die geäußerten Wörter neun Hauptkategorien zuordnet:

Tab. 1:

Wortart	Untergruppen und Beispiele
Nomen	• specific: Eigennamen (»Holger«) • specific: Personen und spezifische Objekte (»Mama«) • general: belebte und unbelebte Objekte (»Ball«) • abstrakte Nomen (»Idee«) • internal state-Nomen (»Angst«)
Verben (action words)	• objektbezogene Handlungen u. Tätigkeiten (»suchen«) • nicht objektbez. Handlungen: Events, Bewegung, Zustand (»pullern«) • innere Handlungen oder Tätigkeiten z.B: mentale, emotionale, volitionale »internal state«-Verben (»weinen«, »glauben«)
Adjektive (modifiers)	• modifizierende Elemente wie Attribute, Eigenschaften und Merkmale (»heiß«, »vier«) • innerpsychische Zustände, internal state-Adjektive (»böse«, »toll«)
personal-social words	interaktive und expressive Wörter • assertions (»ja«, »nein«) • social-expressives: Floskeln, Grüße (»hallo«, »danke«) • Gesprächssignale (»hm«) • attention getting devices (»guck«) • auf das persönliche Erleben bezogene expressive Äußerungen; internal state-Interjektionen (»aua«)
relationale Wörter	Relationen zwischen Handlungen/Objekten: • Auftauchen/Verschwinden (»da«, »weg«) • Ort (»oben«) • Funktionen von/mit Objekten (»ran«, »auf«) • zeitliche Durchführung von Handlungen (»wieder«)
Pronomen	• Personalpronomen (»du«) • Demonstrativpronomen (»dies«) • Possessivpronomen (»sein«) u.a.
Funktionswörter	• Präpositionen (»aus«) • Hilfsverben (»haben«) • Artikel (»ein«) • Konjunktionen (»weil«) • Fragewörter (»warum«) u.a.
Onomatopöien	lautmalerische Äußerungen (»brumm«, »tatütata«)
Sonstige	• Partikeln (»eben«, »denn«) • nicht klassifizierbare Wörter

4.   Empirische Studie – Resultate

4.1   Wortschatzwachstum

Erwartungsgemäß nimmt die Anzahl der Wörter, die von den 32 Kindern in den jeweils 10 ausgewerteten Minuten produziert wurden, im Laufe der Zeit zu. Tabelle 2 gibt einen deskriptiven Überblick über die Gesamtzahl, die durchschnittliche Anzahl und die Streuung der verschiedenen und der insgesamt geäußerten Wörter.

Tab. 2: *Häufigkeiten types und token*

Zeitpunkt	13 Mon	15 Mon	21 Mon	36 Mon
Gesamtzahl types	82	187	649	2522
mean types	2.56	5.8	20.28	78.81
range types	0-10	0-16	0-54	10-138
SD types	2.18	3.8	12.17	31.79
Gesamtzahl token	302	556	1846	6411
mean token	9.44	17.38	57.69	200.34
range token	0-52	0-58	0-140	18- 485
SD token	10.66	12.89	36.00	104.81
type-token-ratio	0.44	0.40	0.38	0.42

Types-Zuwachs
Mit dem types-Anstieg von durchschnittlich 2.5 auf 78.8 läßt sich eine statistisch bedeutsame Zunahme in der Anzahl unterschiedlicher Wörter in Abhängigkeit vom Lebensalter ($F_{(3,93)} = 169.36$ $p < 0,001$) nachweisen. Die Variable »Alter« erklärt dabei in hohem Maße – zu 84% – die Unterschiedlichkeit der types-Werte. Die restlichen Schwankungen könnten auf individuelle Faktoren innerhalb der Stichprobe, wie die Sprechfreudigkeit oder die aktuelle Motivation zu sprachlichen Äußerungen während der Beobachtungssituation, zurückzuführen sein. Damit ist das Ausmaß der altersunabhängigen individuellen Variation nicht so erheblich wie beispielsweise bei Bates et al. (1995: 104), wo der Alterseffekt nur 22% der Varianz in den Vokabularwerten bei Kindern von 8-16 Monaten und 46% bei den 16-30 Monate alten Kindern aufklärt. Trotz individueller Unterschiede werden hier also allgemeine Entwicklungssequenzen deutlich.

Graphik 1 veranschaulicht das Muster des Wachstums der types (und der token). Im Zeitraum zwischen 13 und 21 Monaten wächst der Wortgebrauch nicht gleichmäßig, sondern schneller als linear an. Über Trendanalysen wurden Indikatoren ermittelt, die die Annahme eines exponentiellen Wortschatzwachstums der types im zweiten Lebensjahr nahelegen. Im dritten Lebensjahr nimmt die Zuwachsgeschwindigkeit dann wieder ab und verläuft eher linear weiter. Der Verlauf der Trendlinien, der in Graphik 2 anhand der logarithmierten Werte dargestellt ist, zeigt eine Abflachung des Wortschatzwachstums zum letzten Erhebungszeitpunkt mit 36 Monaten.

Token-Zuwachs
Auch die Verwendungshäufigkeit der bekannten Wörter steigt als Folge des zunehmenden Alters von durchschnittlich 9 auf 200 Wörter an (vgl. Tabelle 2). Wiederum findet sich ein statistisch abgesicherter Alterseffekt ($F (3,93) = 95.24$; $p < 0,001$), der noch zu 75% die Unterschiedlichkeit der token-Werte erklärt. Auch die Häufigkeit der Wortverwendung folgt also einem stabilen altersbedingten Entwicklungstrend. Das Wachstumsmuster der token ist mit dem der types vergleichbar (Graphik 1 und 2). Die Ergebnisse der Trendanalysen mit token-Zahlen sprechen ebenfalls für eine exponentielle Komponente im zweiten Lebensjahr mit einer anschließenden Verlangsamung der Zuwachsrate. Um das festgestellte Muster des types- und token-Wachstums zu untermauern, wäre es wünschenswert, zusätzliche Meßtermine auszuwerten.

Graphik 1: *Wachstumsmuster types und token*

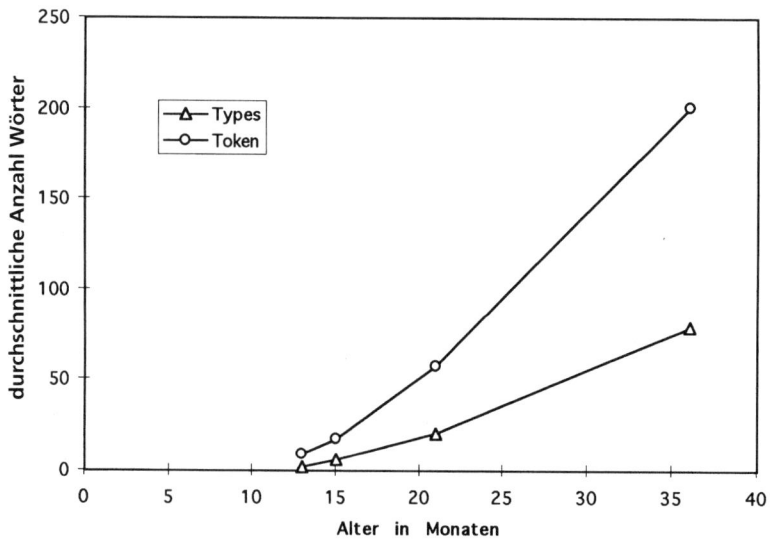

Graphik 2: *Trendlinien des Wortschatzwachstums (types und token)*

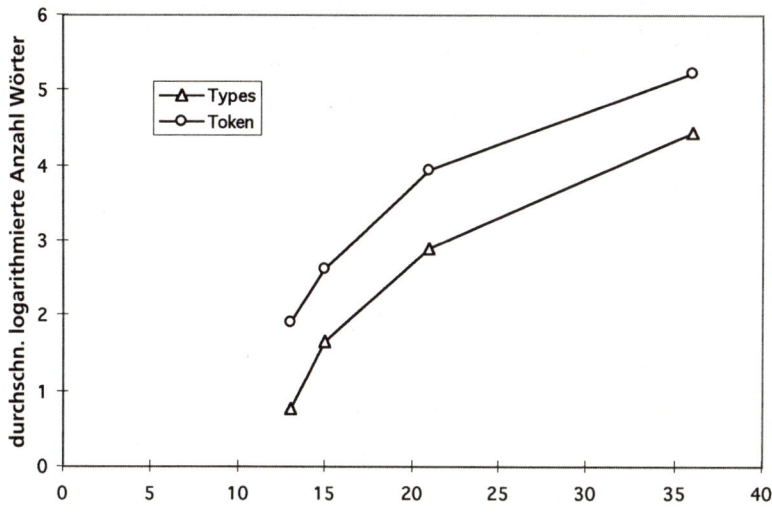

Der durch die Untersuchung abgedeckte Zeitraum spiegelt das Auftauchen der ersten Wörter (13 Monate), das deutliche Wortschatzwachstum (15 bis 21 Monate) und die lexikalische Weiterentwicklung (bis 36 Monate) wider. Die Beschleunigung der Entwicklungsgeschwindigkeit im zweiten Lebensjahr in Form eines *vocabulary spurt*, die in anderen Studien für die absolute Wortschatzgröße nachgewiesen wurde, ist hier auch bei der Betrachtung des tatsächlichen spontansprachlichen Wortgebrauchs innerhalb eines begrenzten Zeitausschnittes zu sehen. Der nonlineare Anstieg während des zweiten Lebensjahres kann anhand der types als auch anhand der token nachvollzogen werden. Beide Verlaufsmuster entsprechen, für die gesamte Stichprobe gesehen, eher einer exponentiell steigenden Kurve, d.h. weder einem einzigen klaren Umschlagpunkt (wie bei der klassischen »explosion« zu erwarten), noch einem gleichmäßigen linearen Fortschreiten. Dies bestätigt die Befunde von Bates et al. (1995), die die Beschreibung des lexikalischen Zuwachses innerhalb einer »Region der Beschleunigung« favorisieren.

Verhältnis type-token
Types und Token entwickeln sich im untersuchten Zeitraum nahezu proportional. Nach der Ermittlung der type-token-ratios für jedes Kind zu jedem Zeitpunkt wurden Durchschnittswerte gebildet (siehe Tabelle 2). Varianzanalysen zeigen, daß mit zunehmendem Alter keine bedeutsamen Veränderungen stattfinden

(F (3,81) = 0,42, p= 0,743). Daraus kann geschlossen werden, daß das Verhältnis von types zu token gleich bleibt. Die lexikalische Vielfalt unterliegt also keinen entwicklungsbedingten Schwankungen, sondern bleibt relativ konstant (Mittelwerte 0.44, 0.40, 0.38 – 0.42). Die type-token-ratio ist im zweiten und dritten Lebensjahr z.b. mit den von Menyuk et al. (1995) ermittelten Werten vergleichbar.

Einer Zunahme der Gesamtmenge geäußerter Wörter entspricht pro Kind immer auch eine höhere Anzahl verschiedener Wörter. Kinder, die viele Wörter verwenden, produzieren dabei auch mehr unterschiedliche Wörter, haben also ein vielfältigeres Lexikon. Kinder mit geringen Wortschatzkapazitäten neigen nicht dazu, die ihnen zur Verfügung stehenden Wörter besonders häufig zu realisieren. Diese Zusammenhänge erweisen sich anhand der hohen und signifikanten Korrelationen, die zwischen der jeweiligen type- und token-Anzahl zu jedem der vier Termine bestehen (Korrelationskoeffizienten zwischen 0,7482 und 0,9356).

4.2 Wortarten

Die Komposition des kindlichen Wortschatzes verändert sich im Entwicklungsverlauf. Die Graphiken 3-6 zeigen die Verteilung der Wortarten bei der gesamten Stichprobe für types und für token. Anfangs sind relationale Wörter (Beispiele: »weg«, »rein«) und *personal-social words* (Beispiele: »hallo«, »nein«, »aua«) vorherrschend. Sie stellen über zwei Drittel des Lexikons zum ersten Zeitpunkt und sie werden von vielen verschiedenen Kindern verwendet. Ein Beispiel für die hohe interindividuelle Gebrauchskonsistenz dieser Wortarten ist das relationale Wort »da«, das zum ersten Zeitpunkt von 26 Kindern geäußert wird, während das in der Stichprobe am meisten verbreitete Nomen »Ball« mit 13 Monaten von vier verschiedenen Kindern produziert wird. Die relationalen und sozialen Wörter werden außerdem sehr häufig produziert (siehe token). Der Anteil dieser beiden Kategorien an der Zusammensetzung der types nimmt sukzessive ab. Die *personal-social words* gehen von über 41% auf 7,5% zurück, die relationalen Wörter bleiben eine große Gruppe, gehen aber von 34% auf 16% zurück.

Nomen sind von Anfang an vorhanden und wachsen insbesondere während des zweiten Lebensjahres an. Während sich die Nomen zu den ersten beiden Terminen vorwiegend auf Eigennamen und *basic-level-objects* beziehen (Beispiele: »Papa«, »Löwe«, »Murmel«), kommen ab 21 Monaten auch spezifische Termini (Bsp.:«Augenbrauen«) und später abstrakte Begriffe (Bsp.: »Idee«) hinzu. Komposita und Derivationen (»Feuerwehrschlauch«, »Absturz«) zählen zu den später erworbenen Formen. Mit drei Jahren verwendet kein Kind mehr als 25% Nomen.

Mit 15 Monaten tauchen erstmals Verben auf, die dann erheblich ansteigen und mit 3 Jahren den stärksten Anteil am Lexikon ausmachen. Die Beispiele zeigen, daß die Kinder in dieser Zeit lernen, eine Bandbreite von Handlungen (»kochen«, »beißen«, »schieben«), Bewegungen (»hüpfen«, »fliegen«), Zuständen (»frieren«, »liegen«), Wahrnehmungen (»sehen«, »schmecken«) sowie innerpsychischen und mentalen Prozessen (»weinen«, »wissen«, »vergessen«) auszudrücken. Adjektive sind von Beginn an im Lexikon vertreten, ihr recht geringer Anteil (zwischen 2,5 und 6%) verändert sich kaum. Zu den späteren Terminen ist das Auftauchen und Anwachsen der Funktionswörter zu beobachten.

Bei der Betrachtung der token-Verteilung (Graphiken 7 und 8), die die Gebrauchshäufigkeit der Wortarten anzeigt, fällt besonders das häufige Vorkommen der relationalen Wörter auf, ihr Anteil an den gesamten token ist im 2. Lebensjahr mit 41% doppelt so hoch wie der an den types. Dies ist auch auf die extrem häufige Verwendung des Wortes »da« zurückzuführen. Zum ersten Zeitpunkt stellt das Wort »da« 58% aller überhaupt geäußerten Wörter und 99% aller relationalen Wörter. Mit 15 Monaten nimmt »da« immer noch 38% sämtlicher token und 84% der relationalen Wörter ein. Im dritten Lebensjahr geht die Gebrauchshäufigkeit der relationalen Wörter dann zurück. Insgesamt weicht die Komposition der types mit 36 Monaten nicht wesentlich von der token-Verteilung ab (vgl. Graphiken 6 und 8).

Graphik 3: *Komposition der types mit 13 Monaten*

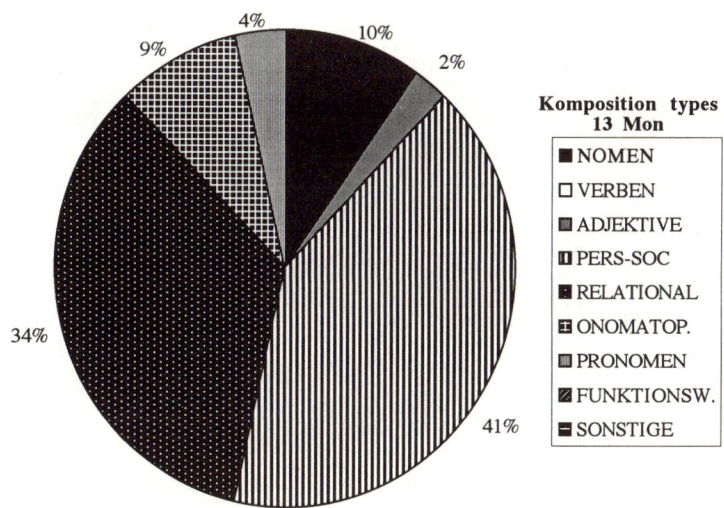

Graphik 4: *Komposition der types mit 15 Monaten*

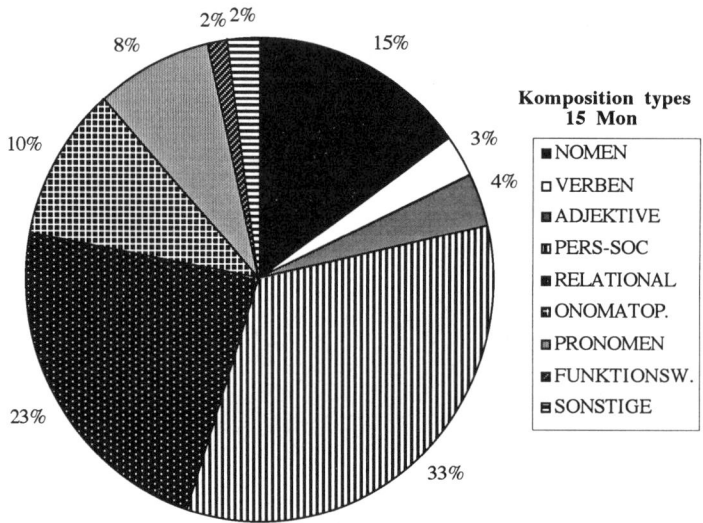

Graphik 5: *Komposition der types mit 21 Monaten*

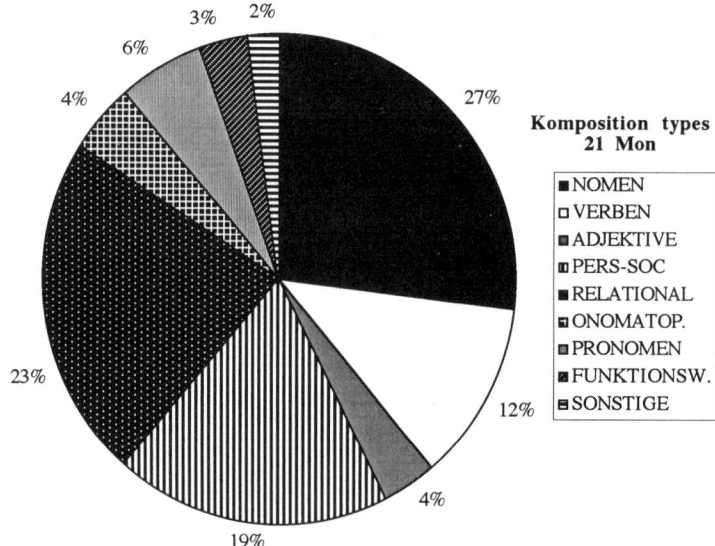

Graphik 6: *Komposition der types mit 36 Monaten*

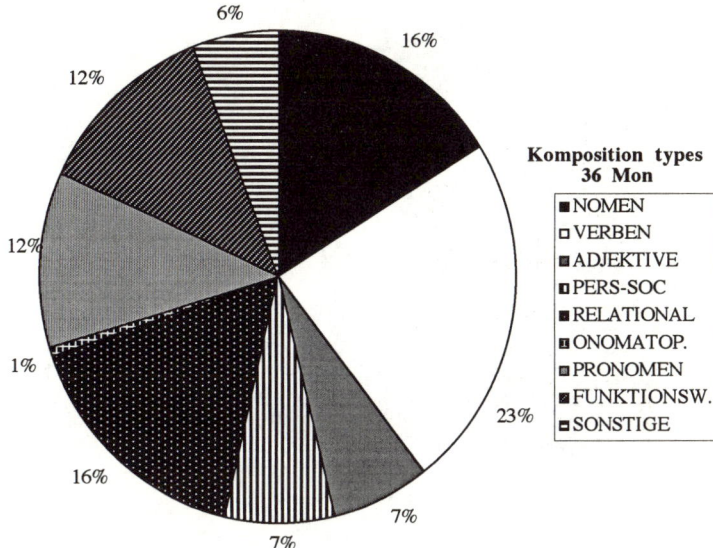

Graphik 7: *Komposition der token im 2. Lebensjahr*

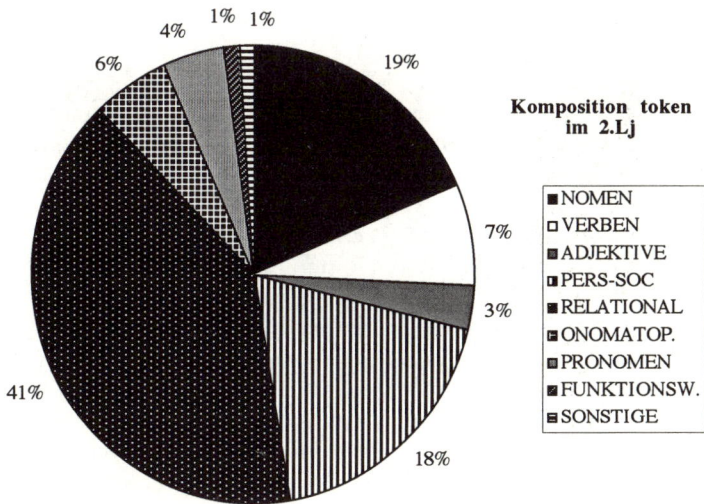

Graphik 8: *Komposition der token mit 36 Monaten*

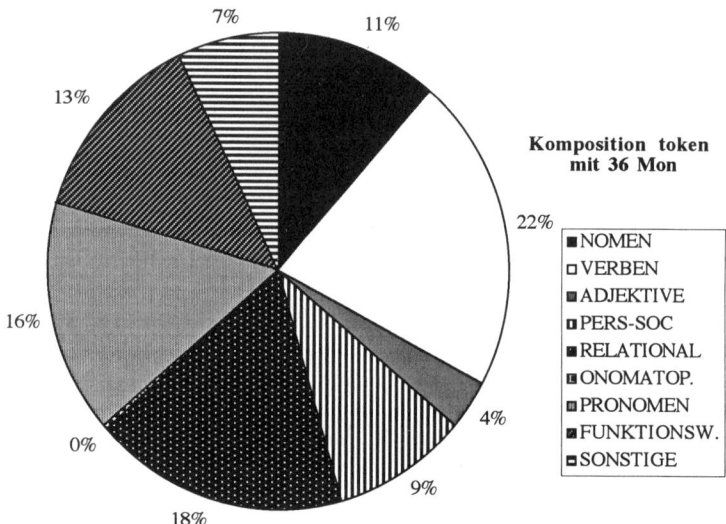

Die Ergebnisse von Trendanalysen demonstrieren die Richtung und das Muster in der Entwicklung der einzelnen Wortarten (Graphik 9). Für jede Wortart (gemessen in types) wurde zunächst geprüft, ob die Entwicklung über den untersuchten Zeitraum hinweg linear ist oder nicht, wobei die Linie steigend oder fallend sein kann. Alle Wortarten außer den Adjektiven zeigen hochsignifikante lineare Trends, d.h. es gibt entweder eine bedeutende Zunahme oder eine Abnahme. Zunehmende lineare Entwicklungsverläufe zeigen die Nomen, die Verben (eindeutig lineares Wachstum), die Pronomen, die Funktionswörter und die Gruppe der sonstigenWörter. Abnehmende lineare Entwicklungsverläufe zeigen die relationalen Wörter, die *personal-social-* Wörter und die Onomatopöien.

Bei drei Wortarten zeichnen sich über den generellen Trend der Zu- bzw. Abnahme hinaus Besonderheiten im Verlaufsmuster ab. Die Trendanalysen belegen hier, daß der Verlauf nicht monoton ist, sondern sich an einem bestimmten Punkt verändert. Bei den Nomen nimmt die Zuwachsrate nach einem anfänglich starken Anstieg wieder ab. Der Anteil der Nomen am gesamten Wortschatz erreicht mit 21 Monaten sein Maximum und fällt dann wieder. Auch die relationalen Wörter zeigen eine Wachstumsveränderung in der anderen Richtung: sie nehmen erst ganz abrupt ab, danach gibt es eine weitere, aber nicht mehr so starke Abnahme. Die Funktionswörter nehmen zunächst leicht, im dritten Lebensjahr dann deutlicher zu.

Graphik 9: *Trends der Wortartenentwicklung (types)*

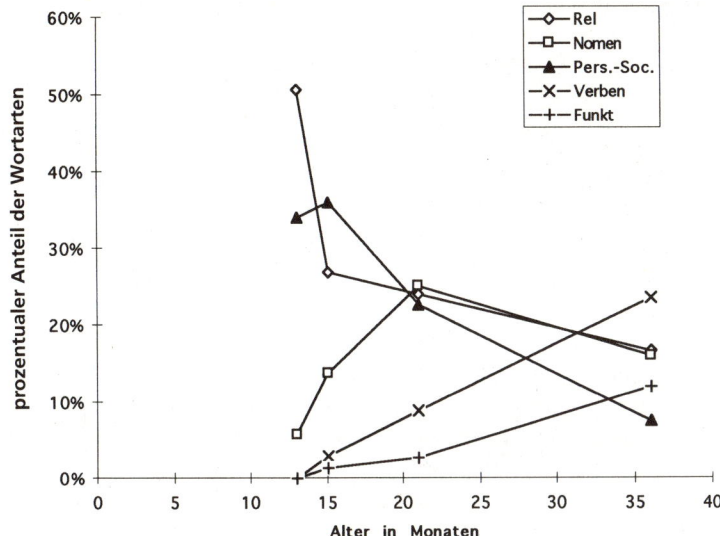

Insgesamt verdeutlichen die Ergebnisse zur Komposition die Dynamik der Wortartenentwicklung im frühen Lexikonerwerb. Anfangs decken die Kinder ihren Wortschatz mit relationalen, sozialen und einigen lautmalerischen Wörtern ab. Diese Wortarten werden dann zunehmend durch die neu hinzukommenden Wortarten substituiert, wobei erst die Nomen, dann die Verben auftreten. Während mit 13 Monaten zwei Wortarten ganz deutlich dominieren, ist das Lexikon mit drei Jahren ausgewogen zusammengesetzt, keine Wortart nimmt mehr als 25% ein.

4.3   Individuelle Unterschiede

Hinsichtlich der Menge der Wörter, die die Kinder in den zehn analysierten Minuten geäußert haben, sind deutliche interindividuelle Unterschiede zu verzeichnen, wie eine Betrachtung der Spannweite in der types- und token-Anzahl (Tabelle 2) zeigt. Geschlechtsspezifische Unterschiede für die Anzahl der types oder token bestehen dabei nicht. Anhand der Standardabweichung läßt sich erkennen, daß die Streuung mit jedem Zeitpunkt stärker zunimmt, d.h. die meisten Kinder beginnen ab 13 Monaten mit einigen wenigen Wörtern, entwickeln sich dann aber unterschiedlich weiter. Wie bereits erwähnt, sehen auch Bates et al. (1994) das Alter von etwa 13 Monaten als einen Zeitraum an, der den Beginn der Wortschatzentwicklung markiert. Erst nach dem Passieren dieses »Nadelöhres« beginnt eine drastische Erhöhung der individuellen Variation.

Individuell unterschiedlich verteilt ist auch das Vorkommen und die Stärke der Wortarten bei den einzelnen Kindern. Im zweiten Lebensjahr unterscheidet sich besonders der Anteil der Nomen (0-45%), der *personal-social words* (9-50%) und der relationalen Wörter (10-66%). Auch mit drei Jahren gibt es hohe Unterschiede z.B. im Anteil der Nomen, Verben, *relational* und *personal-social words*.

4.4   Längerfristige Entwicklung im Bereich Wortschatz

An die Darstellung der individuellen Variation in der Wortproduktion schließt sich die Frage an, ob diese Differenzen zufällig sind oder sich im Entwicklungsverlauf konstant zeigen und damit Kinder mit unterschiedlichen Fähigkeiten im Bereich des Wortschatzes voneinander abgrenzen. Ist dies der Fall, lassen sich sinnvolle prognostische Fragen ableiten und z.B. durch einen Vergleich der frühen Wortschatzwerte mit späteren Leistungen auf anderen Sprachebenen verfolgen. Die Frage nach der längsschnittlichen Konstanz klärt sich durch einen Rangordnungstest sowie durch Zusammenhänge zwischen individuellen Wortschatzwerten zu verschiedenen Zeitpunkten.

Rangordnungstest
Ein Rangordnungstest sollte ergeben, ob die Kinder über die vier Zeitpunkte hinweg ähnliche Rangordnungen untereinander im Hinblick auf die Anzahl ihrer types aufweisen. Für jedes Kind wurde für jeden Termin berechnet, wo es in Relation zu den anderen Kindern steht. Die Rangwerte zeigen, daß einige Kinder durchgehend im unteren, andere durchgehend im oberen Spektrum lagen. Es gibt also eine dauerhafte Reihung der Kinder, die hochsignifikant über das Zufällige hinausgeht (Friedman-Test, Chi-Quadrat (31) = 77,68; p< 0,001). Dieser Befund weist auf starke und signifikante individuelle Unterschiede zwischen den Kindern in der Rate des Lexikonerwerbs hin, die sich im Entwicklungsverlauf homogen und anhaltend zeigen.

Längsschnittliche Zusammenhänge in der Wortschatzgröße
Eine Untersuchung der Zusammenhänge zwischen der Anzahl der types pro Kind für jeden Termin belegt, daß die Wortschatzkapazitäten der einzelnen Kinder über die vier betrachteten Erhebungszeitpunkte ein gleichbleibendes Profil aufweisen. Bereits mit 13 Monaten korrelieren die types-Werte mit den entsprechenden Werten zum letzten Zeitpunkt (r = 0.4095). Diese Zusammenhänge

werden mit der Zeit stärker und führen zu hochsignifikanten Korrelationen zwischen den types-Werten bei 15 und 36 Monaten (r = 0,5356) sowie bei 21 und 36 Monaten (r = 0,5647). Den individuellen Differenzen in der Menge unterschiedlicher Wörter kommt also eine zunehmende Aussagekraft für die spätere Wortschatzgröße zu. Statistisch abgesicherte Zusammenhänge zwischen den individuellen token-Werten zu den vier Zeitpunkten bestätigen dieses Bild.

Aus der Anzahl geäußerter Wörter im zweiten Lebensjahr (besonders ab 15 Monaten) lassen sich somit Prognosen für die Weiterentwicklung des Wortschatzes erstellen. Kinder mit wenigen Wörtern im zweiten Lebensjahr haben diesen Rückstand im Vergleich zu den anderen Kindern der Stichprobe mit 3 Jahren noch nicht aufgeholt, sie wenden weiterhin deutlich weniger (verschiedene) Wörter an.

Zusammenhänge mit Testleistungen
Weitere Aufschlüsse über die Kontinuität der individuellen Wortschatzleistungen ergibt die Überprüfung des Zusammenhanges zwischen den type-Werten und den Ergebnissen im McCarthy-Intelligenztest, der bei allen Kindern mit 3 Jahren durchgeführt wurde. Die Untertests aus dem verbalen Teil des McCarthy- Tests beziehen sich hauptsächlich auf Leistungen aus dem lexikalisch-semantischen Bereich (Wortverständnis, Wortdefinitionen, Wortfindung zu Oberbegriffen, Bildung von Antonymen). Hochsignifikante Korrelationen finden sich zwischen den verbalen Testwerten und der types-Anzahl mit 21 Monaten (r = 0,5486) und mit 36 Monaten (r = 0,4843). Die Größe des Lexikons ab 21 Monate kann somit als Prädiktor für das spätere Abschneiden im verbalen Teil dieses Tests angesehen werden.

5. Diskussion

Empirisch abgesicherte Aussagen über den Verlauf des Lexikonerwerbs beziehen sich bislang meist auf die englische Sprache und wurden zum größten Teil durch Vokabular-Checklisten erhoben. Die hier präsentierten Ergebnisse zum Wortgebrauch im Deutschen, die über eine Analyse der Spontansprache von 32 Kindern gewonnen wurden, bestätigen und ergänzen das Bild zum Teil: auch für den deutschen Lexikonerwerb scheint zuzutreffen, daß der Beginn des Gebrauchs von Wörtern bei ca. 13 Monaten liegt, wobei es auch Kinder gibt, die zu diesem Zeitpunkt noch keine Wörter verwenden. Im Laufe des zweiten Lebensjahres zeigt sich dann, (obwohl hier nicht die absolute Wortschatzgröße gemessen wurde), konform mit zahlreichen angloamerikanischen Befunden, eine beschleunigte Zunahme im Sinne des *vocabulary spurt*, die als exponentielle Wachstumskurve erscheint. Die Anzahl der unterschiedlichen Wörter bei jedem Kind steht in enger Verbindung zu deren Verwendungshäufigkeit. Die Beobachtung, daß die type-token-ratio weder individuell noch im Entwicklungsverlauf entscheidenden Schwankungen unterworfen ist, unterstützt Vorschläge, nach denen als geeigneteres Maß der lexikalischen Vielfalt die Menge unterschiedlicher Wörter herangezogen werden sollte (vgl. Watkins et al. 1995).

Die Befunde zur Komposition des Lexikons stehen in deutlichem Widerspruch zur Hypothese des *noun bias*: nicht Nomen, sondern relationale Wörter und *personal-social words* scheinen die Sprachverwendung in frühen Erwerbsstadien zu dominieren. Entsprechend zu Bates' Befunden zeigen einige Wortarten charakteristische Verlaufskurven in bestimmten Entwicklungsphasen. So läßt sich zum Beispiel ein lineares Anwachsen der Verben, ein anfänglicher, dann abflauender Nomenzuwachs und ein später einsetzender deutlicher Zuwachs der Funktionswörter beobachten. Der frühe Wortgebrauch von Kindern dient offensichtlich nicht vorrangig der Benennung von Objekten. Die frühen Wörter, die viele Kinder in der Interaktion verwenden, lassen sich eher charakterisieren als

– deiktische Ausdrücke (z.B: »da«), um auf die Inhalte der gemeinsamen Aufmerksamkeit hinzuweisen
– relationale Wörter, die Handlungen von Personen mit oder ohne Objekte fordern oder kommentieren
– personal-soziale Ausdrücke, mit denen das Kind seine Einstellung zum aktuellen Geschehen vermittelt.

Die Vorstellung, daß das Kind beim Bedeutungserwerb von Nomen bzw. Objektbegriffen ausgeht, erscheint angesichts des tatsächlichen Wortgebrauchs fraglich. Erklärungsansätze, die Objektbegriffe in den Vordergrund stellen, sparen einen substantiellen Anteil des kindlichen produktiven Wortschatzes aus.

Im Laufe des zweiten Lebensjahres manifestieren sich deutliche individuelle Unterschiede sowohl hinsichtlich der Wortschatzgröße als auch bei der Verteilung von Wortarten. Die Anzahl der verschiedenen verwendeten Wörter bei einzelnen Kindern klafft zunehmend auseinander: so findet sich mit 21 Monaten ein Kind, das kein Wort äußerte, sondern noch überwiegend Vokalisationen produzierte, sowie ein Kind, das zur selben Zeit 54 verschiedene Wörter 140 mal verwendete. Diese individuellen Unterschiede erweisen sich als aussagekräftiger prognostischer Faktor sowohl für die weitere Wortschatzentwicklung bis zum Alter von 3 Jahren als auch für elizitierte sprachliche Leistungen auf der lexikalisch-semantischen Ebene. Interessant ist nun, ob eine späte oder langsame Entwicklung des Wortschatzes auch mit einer verzögerten Entwicklung auf anderen Sprachebenen zusammenhängt. Im Rahmen der hier berichteten Studie werden zur Zeit Analysen der grammatischen Fähigkeiten der Kinder mit 3 Jahren durchgeführt, die weitere Aufschlüsse über die Tragweite der frühen Wortschatzentwicklung geben sollen. Anhand der bislang vorliegenden Ergebnisse läßt sich die Hypothese erhärten, daß die Größe und Differenziertheit des expressiven Vokabulars im zweiten Lebensjahr mit diversen syntaktischen und morphologischen Leistungen mit 36 Monaten korrespondiert. Der Wortgebrauch im zweiten Lebensjahr kann demnach als (ein) prognostisches Mittel für den weiteren Verlauf der Sprachentwicklung genutzt werden.

Literatur

Aitchison, Jean (1994²): *Words in the mind: an Introduction to the Mental Lexicon.* – Oxford: Basil Blackwell.

Augst, Gerhard (1984): *Kinderwort: der aktive Kinderwortschatz (kurz vor der Einschulung) nach Sachgebieten geordnet mit einem alphabetischen Register.* – Frankfurt/M.: Peter Lang.

Barrett, Martyn (1995): Early Lexical Development. – In: P. Fletcher, B. MacWhinney (eds.): *The Handbook of Child Language,* 362-392. Oxford: Basil Blackwell.

Bates, Elizabeth, Bretherton, I., Snyder, Lynn (1988): *From First Words to Grammar. Individual differences and dissociable mechanisms.* – Cambridge: CUP.

Bates, Elizabeth, Dale, Philip, Thal, Donna (1995): Individual Differences and their Implications for Theories of Language Development. – In: P. Fletcher, B. MacWhinney (eds.): *The Handbook of Child Language,* 96-152. Oxford: Basil Blackwell.

Bates, Elizabeth, MacWhinney, Brian (1987): Competition, Variation and Language Learning. – In: B. MacWhinney (ed): *Mechanisms of Language Acquisition.* Hilldale, NJ: Erlbaum.

Bates, Elizabeth, Marchman, Virginia, Thal, Donna, Fenson, Larry, Dale, Philip, Reznick, Steven, Reilly, Judy, Hartung, Jeff (1994): Developmental and stylistic variation in the composition of early vocabulary. – In: *Journal of Child Language* 21/1, 85-121.

Bates, Elizabeth, O'Connell, Barbara, Shore, Cecilia (1987): Language and Communication in Infancy. – In: J.D. Osofsky (ed.): *Handbook of Infant Development.* 2. Aufl., 149 – 203. New York.

Bloom, Lois (1993): *The Transition from Infancy to Language: Acquiring the Power of Expression.* – New York: Cambridge University Press.

Bloom, Lois, Tinker, Erin, Margulis, Cheryl (1993): The Words Children Learn: Evidence Against a Noun Bias in Early Vocabularies. – In: *Cognitive Development* 8, 431-450.

Bruner, Jerome (1990): *Acts of Meaning.* – Cambridge, Mass., London: MIT Press.

Clark, Eve (1993): *The Lexicon in Acquisition.* – Cambridge: Cambridge University Press.

– (1995): Later Lexical Development and Word Formation. – In: P. Fletcher, B. MacWhinney (eds.): *The Handbook of Child Language,* 393-412. Oxford: Basil Blackwell.

Dore, John, Franklin, Margery B, Miller, Robert T., Ramer, Andrya L.H. (1976): Transitional phenomena in early language acquisition. – In: *Journal of Child Language* 3, 13-28.

Elsen, Hilke (1996): Two routes to language: stylistic variation in one child. – In: *First Language* 16, 141-158.

Fenson, Larry, Dale, Philip, Reznick, Steven, Bates, Elizabeth, Thal, Donna, Pethick, Stephen (1994): *Variability in Early Communicative Development* . – Monographs of the society for research in child development.

Füssenich, Iris (1992): Semantik. – In: S. Baumgartner, I. Füssenich (Hrsg.): *Sprachtherapie mit Kindern,* 80-122. München.

Gathercole, Susan E., Baddeley, Alan D. (1993): *Working Memory and Language.* – East Sussex, Erlbaum.

Gentner, Dedre (1982): Why Nouns are learned before Verbs: Linguistic Relativity versus Natural Partitioning. – In: St. Kuczaj (ed.): *Language Development.* Vol. 2: Language,

Thought and Culture, 301-334, Hillsdale, NJ: Erlbaum.

Gipper, Helmut (1987). Kinder unterwegs zur Sprache. – In: K.R. Wagner: *Wortschatz-Erwerb. (Arbeiten zur Sprachanalyse, Band 6*. 11-29. Frankfurt/M: Peter Lang.

Goldfield, Beverly, Reznick, Steven (1990): Early lexical acquisition: rate, content and the vocabulary spurt. – In: *Journal of Child Language* 17, 171-181.

Goldfield, Beverly, Reznick, Steven (1996): Measuring the vocabulary spurt: a reply to Mervis & Bertrand. – In: *Journal of Child Language* 23, 241-246.

Golinkoff, Roberta Michnick, Hirsh-Pasek, Kathy, Bailey, K., Wenger, R. (1992): Young children and adults use lexical principles to learn new nouns. – In: *Developmental Psychology* 28, 99-108.

Golinkoff, Roberta Michnick, Mervis, Carolyn, Hirsh-Pasek, Kathy (1994): Early object labels: the case for a developmental framework. – In: *Journal of Child Language* 21, 125-155.

Gopnik, Alison, Choi, Soonja (1995): Names, Relational Words, and Cognitive Development in English and Korean Speakers: Nouns are not always learned before verbs. – In: M. Tomasello, W. Merriman (eds): *Beyond names for things: young children's acquisition of verbs,* 63-80. Hillsdale, N.J.: Erlbaum..

Harris, Margaret, Barrett, Martyn, Jones, David, Brookes, Susan (1988): Linguistic input and early word meaning. – In: *Journal of Child Language* 15, 77-94.

Harris, Margaret, Yeeles, Caroline, Chasin, Joan, Oakley, Yvonne (1995): Symmetries and asymmetries in early lexical comprehension and production. – In: *Journal of Child Language* 22, 1-18.

Huttenlocher, Janellen, Smiley, Patricia (1987): Early Word Meaning: The Case of Object Names. – In: *Cognitive Psychology* 19, 63-89.

Kamhi, Alan G. (1986): The elusive first word: the importance of the naming insight for the development of referential speech. – In: *Journal of Child Language* 13, 15 -161.

Klann-Delius, Gisela (1990): *Manual zur Transkription*. – Ms. Berlin.

Levy, Elena, Nelson, Katherine (1994): Words in discourse: a dialectical approach to the acquisition of meaning and use. – In: *Journal of Child Language* 21, 367-389.

Lieven, Elena, Pine, Julian, Dresner Barnes, Helen (1992): Individual differences in early vocabulary development: redefining the referential-expressive distinction. – In: *Journal of Child Language* 19, 287-310.

Lucariello, Joan (1987): Concept formation and its relation to word learning and use in the second year. – In: *Journal of Child Language* 14, 309-332.

McCarthy, Dorothea (1972): *Manual for the McCarthy Scales of Children's Abilities*. – New York.

Marchman, Virginia, Bates, Elizabeth (1994): Continuity in lexical and morphological development: a test of the critical mass hypothesis. – In: *Journal of Child Language* 21, 339-366.

Menyuk, Paula, Liebergott, Jaqueline W., Schultz, Martin C. (1995): *Early Language Development in full-term and premature Infants*. – Hillsdale, N.J.: Lawrence Erlbaum.

Mervis, Carolyn, Bertrand, Jaqueline (1995): Early lexical acquisition and the vocabulary spurt: a response to Goldfield & Reznick. – In: *Journal of Child Language* 22, 461-468.

Nelson, Kathrine, Hampson, Jane, Kessler Shaw, Lea (1993): Nouns in early lexicons: evidence, explanations and implications. – In: *Journal of Child Language* 20, 61-84.

Pine, Julian M., Lieven, Elena, Rowland, Caroline (1996): Observational and checklist measures of vocabulary composition: what do they mean? – In: *Journal of Child Language* 23, 573-589.

Pine, Julian M., Lieven, Elena, Rowland, Caroline (1997): Stylistic Variation at the »Single-Word« Stage: Relations between Maternal Speech Characteristics and Children's Vocabulary Composition and Usage. – In: *Child Development*, Vol. 68, 5, 807-819.

Rescorla, Leslie (1991): Identifying expressive language delay at age two. – In: *Topics in Language Disorders* 11 (4), 14-20.

Snyder, Lynn, Bates, Elizabeth, Bretherton, Inge (1981): Content and context in early lexical development. – In: *Journal of Child Language* 8, 565-582.

Tomasello, Michael, Farrar, Michael Jeffrey, (1986): Joint Attention and Early Language. – In: *Child Development* 57, 1454-1463.

Vihman, Marilyn, McCune, Lorraine (1994): When is a Word a Word? – In: *Journal of Child Language* 21, 517-542.

Watkins, Ruth V., Kelly, Donna J., Harbers, Heidi M., Hollis, Wendy (1995): Measuring Children's Lexical Diversity: Differentiating Typical and Impaired Language Learners. – In: *Journal of Speech and Hearing Research*. Vol. 38, 1349-1355.

Zum Erwerb von deiktischen Elementen: Demonstrativpronomen im Neugriechischen[1]

Theodor Marinis

Abstract Dieser Aufsatz behandelt den Erwerb von Demonstrativpronomen im Neugriechischen. Das Ziel des Aufsatzes ist zweifach: 1) den Erwerb von Demonstrativpronomen zu beschreiben 2) theoretische Schlußfolgerungen über den Spracherwerbsmechanismus zu ziehen. Behauptet wird, daß die Lexikon-repräsentation der Demonstrativpronomen bei Kindern sich von der Lexikon-repräsentation bei Erwachsenen unterscheidet. Definiert wird die Lexikonrepräsentation der Demonstrativpronomen anhand von Merkmalen. Es wird gezeigt, daß die frühe Lexikonrepräsentationen von Kindern nicht völlig spezifiziert ist, sie enthält nur einen Teil der Merkmale der Erwachsenenrepräsentation. Durch die sukzessive Abbildung (mapping) von Merkmalen wird sie zielsprachlich spezifiziert. Die Daten zum Erwerb der Demonstrativpronomen im Neugriechischen unterstützen das Prinzip des Kontrastes und das Prinzip der Produktivität (Clark 1993).

1.   Einleitung

Das Wort *Deixis* kommt etymologisch aus dem griechischen Wort für »Zeigen«, deiktische Elemente werden auch oft mit Zeigegesten unterstützt. Grammatisch stellen deiktische Elemente keine einheitliche Gruppe dar. Es finden sich unter anderem Demonstrativpronomen (*dieses, das*), Lokaladverbien (*hier, da, dort*), Präpositionen (*vor, hinter*), Verben (*kommen, gehen*), Temporaladverbien (*jetzt*), Personalpronomen (*ich, du*). Was sind aber die Eigenschaften, die diese Wörter

---

1 Der vorliegende Artikel wurde im Rahmen des Graduiertenkollegs »Ökonomie und Komplexität in der Sprache« der Universität Potsdam und der Humboldt Universität zu Berlin verfaßt. Für schriftliche Kommentare bedanke ich mich bei zwei anonymen Reviewern, Susan Powers und Ute Bohnacker und für wertvolle Diskussionen bei Susan Powers, Jürgen Weissenborn, Esterella de Roo, Heiner Drenhaus und Dorothee Kaesler.

gemeinsam haben, und anhand von welchen Kriterien werden sie zu der Kategorie »Deixis« gerechnet ?

Alle diese Elemente sind besonders eng mit spezifischen Faktoren einer Situation verknüpft. Lokaladverbien, Präpositionen und Verben (wie *kommen* und *gehen*) beziehen sich auf den Sprechort, Temporaladverbien weisen einen Bezug zur Sprechzeit auf, Personalpronomen sind auf den Sprecher bzw. Hörer bezogen. Man unterscheidet also zwischen lokaler, temporaler und personaler Deixis (Weissenborn & Klein 1982).

Gemeinsam haben deiktische Elemente den direkten Bezug auf die Welt. Obwohl sie über eine vom Kontext unabhängige begriffliche Bedeutung verfügen (*hier* drückt Lokalität aus, *jetzt* Temporalität), ist ihre Deutung nicht unabhängig von der jeweiligen Sprechsituation. Wo *hier* ist und wo *dort*, wer *ich* ist und wer *du*, hängt von der Sprechsituation ab (Ehrich 1992).

Der zentrale Punkt dieses Artikels ist der Erwerb von Demonstrativpronomen, weil:

1. Demonstrativpronomen im Mittelpunkt der Diskussion über den Erwerb von Deixis stehen,
2. sie zusammen mit Lokaladverbien die ersten deiktischen Elemente sind, die von Kindern verwendet werden,
3. es lange dauert, bis Kinder die räumliche Kontrastbedeutung der Demonstrativpronomen erwerben,[2] obwohl sie sie sehr früh verwenden,
4. sie sowohl Eigenschaften von Funktionswörtern als auch von Inhaltswörtern haben,
5. sie zusammen mit den bestimmten Artikeln Definitheit zum Ausdruck bringen.

Der vorliegende Aufsatz ist folgendermaßen gegliedert. In 2. wird der Forschungsstand bezüglich des Erwerbs von Demonstrativpronomen dargestellt, wobei in 2.1. ihre Beziehung zu Funktionswörtern und Inhaltswörtern dargestellt wird. Im Abschnitt 2.2. werden Untersuchungen zum Erwerb der Referenzfunktion von Demonstrativpronomen anhand von Langzeitstudien und Tagebüchern vorgestellt, in 2.3. Untersuchungen anhand von Experimenten, bei denen die kontrastive räumliche Funktion der Demonstrativpronomen im Mittelpunkt steht. Die Ergebnisse der Studien von 2.2. und 2.3. werden dann in dem anschließenden Abschnitt, 2.4., anhand von dem in diesem Artikel dargestellten Modell klassifiziert. In 3. wird die Struktur der Demonstrativpronomen des Neugriechischen beschrieben und in 4. werden die Daten zum Erwerb der Demonstrativpronomen im Neugriechischen zusammengestellt. Die Ergebnisse dieser Studie werden im Abschnitt 5. diskutiert.

---

2 Zur räumlichen Kontrastbedeutung der Demonstrativpronomen siehe Abschnitt 2., zum Erwerb der räumlichen Kontrastfunktion der Demonstrativpronomen siehe Abschnitt 2.3.

2.   Forschungsstand

Untersuchungen zum Erwerb von Demonstrativpronomen und Lokaladverbien haben erwiesen, daß sie zu den ersten Wörtern gehören, die von Kindern produziert werden. Nelson (1973) gibt an, daß sie manchmal sogar unter den ersten 10 Wörtern sind, aber immer unter den ersten 50 Wörtern. Die ersten Belege für diese Elemente sind mit Zeigegesten begleitet (Bloom 1970, 1973), und sie dienen dazu, Aufmerksamkeit zu erregen. Das ist die eine Funktion der Demonstrativpronomen (1). Bloom (1973) berichtet, daß ihre Tochter Allison schon in der Einwortphase die ersten deiktischen Formen benutzt hat. Zwischen dem Alter von 1;1-1;2[3] verwendete sie die deiktische Form [∂↑] kombiniert mit einer Zeigegeste sehr häufig. Ähnliche Beobachtungen wurden für das Deutsche (Leopold 1949, Park 1970), Finnische (Bowerman 1973) und Koreanische (Park 1969) gemacht.

(1) **Funktion 1**: Aufmerksamkeit erregen.

Da Demonstrativpronomen deiktische Elemente sind, haben sie eine Referenzfunktion, man benutzt sie, um auf etwas hinzuweisen, auf etwas zu referieren (2). Sehr oft zeigen und benennen Kinder Gegenstände, indem sie ein Demonstrativpronomen und den Namen des Objekts benutzen (Benennungskontext), wobei sie häufig die Kopula auslassen (3).

(2) **Funktion 2**: die Referenz zum Ausdruck bringen.
(3) that (is)[4] a horse   (Brown & Bellugi 1964)

Demonstrativpronomen haben aber auch eine dritte Funktion, räumlichen Kontrast zum Ausdruck zu bringen (4), und es scheint, daß diese Funktion viel später sprachlich zum Ausdruck kommt (de Villiers & de Villiers 1974, Clark & Sengul 1978, Wales 1986). Obwohl fast alle Kinder im Alter von 2;6 zumindest eines der zwei deiktischen Elementen verwenden (*this-that*), sind sie sich ihrer kontrastiven Bedeutung nicht bewußt, und räumlichen Kontrast drücken sie mit Zeigegesten aus (Clark & Sengul 1978). Sogar im Alter von 7 Jahren haben weniger als 50% der Kinder, die an den Experimenten von Wales (1986) teilnahmen, die räumliche Kontrastfunktion der Demonstrativpronomen erworben.

(4) **Funktion 3**: kontrastive Funktion, *this* bezieht sich auf Objekte, Orte nahe zum Sprecher, *that* auf Objekte oder Orte, die weit entfernt vom Sprecher sind (Wales 1986).

---

3 Das Alter der Kinder wird in Jahren und Monaten angegeben (Jahr;Monat).

4 Elemente, die in den Beispielen in Klammern stehen, werden von Kindern oft ausgelassen.

2.1 Demonstrativpronomen: Eine Kategorie zwischen Funktions- und Inhaltswörtern

Inhaltswörter (z.b. Nomen, Verben, Adjektive) bilden eine offene Wortklasse und haben einen großen Bedeutungsgehalt; sie besagen inhaltlich stets dasselbe, unabhängig von der Gelegenheit, in der sie geäußert werden (Zimmermann 1991). Funktionswörter (z.b. Artikel, Komplementierer) haben keinen großen Bedeutungsgehalt, sie stellen eine geschlossene Klasse von Wörtern dar, deren wesentliche Funktion ist, grammatische Relationen zum Ausdruck zu bringen (Tabelle 1).

Tab. 1: *Eigenschaften von Inhaltswörtern, Demonstrativpronomen, Funktionswörtern*

	Inhaltswörter	Demonstrativpronomen	Funktionswörter
Wortklasse	offen	geschlossen	geschlossen
gramm. Funktion	-	+	+
Bedeutungsgehalt	groß	klein	klein
Bezug auf Welt	+	+	-

Demonstrativpronomen teilen bestimmte Eigenschaften von Inhaltswörtern und Funktionswörtern. Sie gehören wie die Funktionswörter zu einer geschlossenen Klasse von Wörtern (ihre Anzahl ist gering, man kann keine neuen Wörter für diese Klasse bilden) sie haben eine grammatische Funktion (sie drücken in manchen Sprachen Kasus, Genus, Numerus aus) und haben keinen großen Bedeutungsgehalt (sie sind keine referentiellen Ausdrücke). Mit den Inhaltswörtern haben sie aber die Eigenschaft gemeinsam, sich auf die Welt zu beziehen, obwohl ihr Bezug auf die Welt anders ist als der Bezug von Inhaltswörtern zur Welt. Inhaltswörter haben einen festen Inhalt unabhängig vom Kontext, Demonstrativpronomen andererseits haben zwar eine vom Kontext unabhängige, begriffliche Bedeutung, ihre Referenz jedoch ist vom Kontext ihrer Anwendung abhängig. Dieser spezielle Status (daß sie Eigenschaften sowohl von Inhaltswörtern als auch von Funktionswörtern teilen) ist unter anderem dafür verantwortlich, daß sie sehr früh von Kindern produziert werden, früher als viele Inhaltswörter und Funktionswörter.

2.2 Erwerb der Funktion des Hinweisens und der Referenz

Referenz und Hinweisen auf ein Objekt bzw. einen Ort werden von Kindern zuerst nicht sprachlich ausgedrückt. Die erste Form des Hinweisens kommt zustande durch die Blickrichtung des Kindes bzw. der Mutter und die Koordinierung ihrer zwei Blickrichtungen. In den ersten Monaten, in denen das Kind noch nicht in der Lage ist, der Blickrichtung der Mutter zu folgen, folgt die Mutter der Blickrichtung des Kindes, um zu erkennen, wo das Zentrum seiner Aufmerksamkeit liegt. Vom 4. Monat an ist auch das Kind in der Lage, der Blickrichtung der Mutter zu folgen. Die Koordinierung der Blickrichtungen von Mutter und Kind ist das erste Mittel, die gemeinsame Aufmerksamkeit sicherzustellen. Nach Bruner (1975) entwickeln sich im Anschluß an diese primitive Form des Hinweisens greifende Gesten, gerichtete Gesten und schließlich Zeigegesten.

Zahlreiche Studien, die Hinweise zum Erwerb von Demonstrativpronomen geben, sind in den 60er und 70er Jahren entstanden, mit dem Ziel, die Grammatik der Zweiwortäußerungen zu beschreiben. Braine (1963, 1976), Brown & Fraser (1963), Brown & Bellugi (1964), Brown, Fraser & Bellugi (1964), Miller & Ervin-Tripp (1964), Klima & Bellugi (1966), Brown, Cazden, & Bellugi (1969) haben den Wortschatz von Zweiwortäußerungen in zwei Wortklassen unterteilt, die Ähnlichkeiten mit der Unterscheidung in der Erwachsenensprache zwischen Funktionswörtern und Inhaltswörtern aufweisen. Die Funktionswörter wurden als »Operatoren« (Miller & Ervin-Tripp 1964), »Funktoren« (Brown & Fraser 1963) oder »Pivots« bezeichnet (Braine 1963, 1976, Bowerman 1973) und die Inhaltswörter als »Klasse der offenen Wörter«.

Obwohl im Mittelpunkt dieser Studien nicht der Erwerb von deiktischen Elementen stand, sondern die Grammatik von Zweiwortäußerungen, sind sie für die vorliegende Arbeit wichtig, denn in Zweiwortäußerungen wurden zahlreiche Demonstrativpronomen beobachtet, die der Klasse der »Pivots« zugeordnet wurden.

In einer Langzeitstudie von Brown & Bellugi (1964), die bei zwei Kindern, Adam und Eve, den Erwerb der Nominalphrase untersuchten, wurden Wortkombinationen zwischen einem »Pivot« und einem Wort der offenen Klasse (Inhaltswort) festgestellt. Hiernach sollen Kinder für die Generierung von Nominalphrasen (NPs) über folgende Regel verfügen:

(5) NP → Pivot + N   (Brown & Bellugi 1964)

Als »Pivots« wurden von Brown & Bellugi (1964) Artikel, Possessivpronomen, Kardinalzahlen, Quantifizierer, Adjektive und Demonstrativpronomen analysiert. Es gibt in dieser Entwicklungsphase keine distributionelle Unterscheidung zwischen den »Pivots«, alle werden als eine einzige Wortklasse klassifiziert.[5]

Im nächsten Schritt der Entwicklung der NP werden die Artikel (Art) von den Demonstrativpronomen (Dem) und beide Kategorien von den anderen »Pivots« unterschieden. NPs werden jetzt durch die Regel (6) generiert.

(6) NP $\rightarrow$ (Dem) + (Art) + (Pivot) + N $\qquad$ (Brown & Bellugi 1964)

Kritik an der Pivot-Grammatik wurde hauptsächlich daran geübt, daß: (a) der Inhalt und der Kontext der Äußerungen nicht berücksichtigt wurde und (b) sie die Grammatik von Zweiwortäußerungen beschreibt, ohne sie in Beziehung zur Erwachsenengrammatik zu stellen und den Erwerbsprozeß zu erklären.
Trotz der Probleme, die die Pivot-Grammatik aufweist, weisen die Daten von den Studien zur Pivot-Grammatik darauf hin, daß Kinder schon in der Zweiwortphase Demonstrativpronomen mit der Funktion des Hinweisens und der Referenz verwenden.

2.3 Erwerb der räumlichen Kontrastfunktion

Obwohl Demonstrativpronomen schon in der Einwortphase produziert werden, wird mit ihnen nicht von Anfang an räumlicher Kontrast ausgedrückt (Clark & Sengul 1978, Wales 1986). Ihre räumliche Kontrastfunktion ist viel schwerer zu erwerben als die Referenzfunktion und die Funktion des Hinweisens. Der höhere Schwierigkeitsgrad hat zweierlei Gründe:

1. der räumliche Kontrast hängt vom Kontext der Äußerung ab. Der räumliche Kontrast zwischen *this-that* ist nicht fest, er ändert sich, wenn der Kontext sich ändert. Beim Kontext »Puzzle-Spielen« kann *this* unmittelbar vor dem Spieler sein und *that* nicht weiter als 20 Zentimeter, beim Kontext »Stadtführung« kann aber *this church* 20 Meter weit sein und *that building* 100 Meter weit. Sowohl bei der Sprachproduktion als auch bei der Sprachperzeption muß das Kind die Kriterien für die Bestimmung der Nähe bzw. Ferne beherrschen, damit es *this* und *that* richtig produzieren bzw. interpretieren kann;
2. der räumliche Kontrast ist auf einen Referenzpunkt bezogen, im Falle von *this-that* ist der Referenzpunkt der Sprecher oder der Hörer. Das Kind muß lernen, seine Perspektive zu wechseln. Besonders beim Sprachverstehen, wie de Villiers & de Villiers (1978) zeigen, ist der Vorgang viel komplexer, weil das Kind eine Äußerung von der Perspektive des Sprechers zu seiner Perspektive umsetzen muß.

Um festzustellen, wann Kinder die Kontrastbedeutung von Demonstrativpronomen (und Lokaladverbien) verstehen, haben unter anderem de Villiers & de Vil-

---

5 Nach Clahsen et al. (1994) besteht bei deutschen Kindern in einer frühen Entwicklungsphase nur eine strukturelle Position für Determinierer, Quantifizierer, Adjektive und Nomen in Possessivkonstruktionen.

liers (1974), Webb & Abrahamsen 1976, Clark & Sengul (1978), Charney (1979), Verdiani, Tfouni & Klatzky (1983), Wales (1986) Experimente durchgeführt.

De Villiers & de Villiers (1974), die Experimente mit Kindern im Alter von 2 bis 4 Jahren durchführten, stellten fest, daß die Gruppe der zweijährigen Kinder am besten die Kontrastbedeutung verstand, wenn es für die Kinder nicht erforderlich war, ihre Perspektive zu ändern. Dreijährige Kinder konnten in die Perspektive des Sprechers wechseln, vierjährige Kinder jedoch übergeneralisierten den Perspektivenwechsel beim Verständnis von *in front of/behind*. Ihre Performanz für diesen Kontrast war schlechter als bei den zweijährigen Kindern. Besonders für das Verständnis von *this/that* konnten die Kinder die Kontrastbedeutung verstehen, wenn ein fester Referenzpunkt außerhalb des Objekts vorhanden war. Fehlte der Referenzpunkt, dann stand den Kindern die Kontrastbedeutung nicht zur Verfügung.

Clark & Sengul (1978) verfolgten bei der Durchführung von Experimenten ein weiteres Ziel, nämlich herauszufinden, welche Strategien Kinder anwenden, um die Kontrastbedeutung von Demonstrativpronomen und Lokaladverbien zu erwerben. Ihre Hypothese, die durch die Experimente bestätigt wurde, war, daß Kinder drei Entwicklungsstufen durchlaufen:

a) **kein Kontrast**: in dieser Stufe zeigen Kinder keinen Kontrast zwischen *this/that, here/there,*

b) **partieller Kontrast**: unter bestimmten Bedingungen interpretieren die Kinder Demonstrativpronomen und Lokaladverbien kontrastiv,

c) **vollständiger Kontrast**: die Kontrastbedeutung von *this/that, here/there* wird zielsprachlich interpretiert.

Bezüglich der Strategien, die Kinder anwenden, um die Kontrastbedeutung von Demonstrativpronomen und Lokaladverbien zu erwerben, stellten Clark & Sengul (1978) fest, daß Kinder zwei verschiedene Wege verfolgen. Eine Gruppe von Kindern bestimmte die Bedeutung von Demonstrativpronomen und Lokaladverbien mit Referenzpunkt auf sich selbst (child-centred route) und eine zweite Gruppe mit Referenzpunkt auf den Sprecher (speaker-centred route). Unabhängig von diesen zwei Wegen wurde festgestellt, daß manche Kinder Gegenstände in ihrer Nähe preferierten (proximal bias) und eine dominante egozentrische Perspektive hatten (egocentrical bias).

Die Hypothese von Clark & Sengul (1978) bezüglich der Entwicklungsstufen beim Erwerb der Kontrastbedeutung der Demonstrativpronomen und Lokaladverbien wurde von den Experimenten von Wales (1986) bestätigt, wobei er die Stufe des partiellen Kontrastes näher spezifizierte, indem er sie in zwei Stufen unterteilte:

a) **Stufe i)**: Erkennen, daß ein Kontrast manchmal relevant ist,
b) **Stufe ii)**: Erkennen, daß der Kontrast von der Stufe i) von der Position des Sprechers abhängig ist.

Ferner wurde in beiden Studien festgestellt, daß die Kontrastbedeutung von *here/there* früher erworben wird als die von *this/that*. Diese Tatsache wurde von Clark & Sengul (1978) im Sinne von Thorne (1972) interpretiert, der ausführt, daß die Bedeutungen von *this/that* die Bedeutungen von *here/there* enthalten und von ihnen abgeleitet werden, im Sinne von *this=something which is here, that=something which is there*.

2.4 Erwerb von Demonstrativpronomen durch den Erwerb von Merkmalen

Wie schon in 2. angedeutet wurde, werden Demonstrativpronomen von Kindern gebraucht, um drei Funktionen zu erfüllen: die Aufmerksamkeit zu erregen, auf etwas zu referieren und räumlichen Kontrast zum Ausdruck zu bringen, wobei nicht jede dieser drei Funktionen von Anfang an sprachlich zum Ausdruck kommt. Stellt man diese drei Funktionen durch Merkmale dar, so wird die Aufmerksamkeitsfunktion durch das Merkmal [aufm] dargestellt, die Funktion der Referenz durch das Merkmal [refer] und die räumliche Kontrastfunktion durch die Merkmale [kontrast] und [lokal].[6] Demonstrativpronomen drücken außerdem in ihrer Referenzfunktion Definitheit aus, die mit dem Merkmal [definit] dargestellt werden kann, ein Merkmal, das auch auf bestimmte Artikel abgebildet wird. In manchen Sprachen, wie z.B. im Deutschen und Neugriechischen, bringen Demonstrativpronomen auch grammatische Merkmale zum Ausdruck, die Merkmale Genus, Numerus, Person und Kasus.

Die Repräsentation der Demonstrativpronomen im Erwachsenenlexikon sollte über alle diese Merkmale verfügen. Die Lexikonrepräsentation der Demonstrativpronomen bei Kindern ist aber nach meinem Ansatz nicht identisch mit der Erwachsenenrepräsentation, sie ist nicht für alle Merkmale spezifiziert, die in der Lexikonrepräsentation der Erwachsenen enthalten sind. Es ist möglich,

1. daß die Lexikonrepräsentation der Kinder nicht alle Merkmale der Erwachsenenrepräsentation enthält, sondern nur einen Teil davon,

---

6   Die räumliche Kontrastfunktion wird durch zwei Merkmale dargestellt, denn sie beinhaltet zwei Konzepte, die von den Kindern nicht zum gleichen Zeitpunkt erworben werden, das Konzept des Kontrastes im allgemeinen und das Konzept des räumlichen Kontrastes (Nähe-Distanz), siehe Abschnitt 2.2 und unten Stufe IIIa), Stufe IIIb).

2. daß Merkmale, die in der Erwachsensprache auf bestimmte Wörter abgebildet sind (mapping), in der Kindersprache auf nicht-sprachliche Elemente, wie auf Zeigegesten, abgebildet werden.

Die in 2.2. und 2.3. dargestellten Entwicklungsstufen können somit folgendermaßen beschrieben werden (Tabelle 2):

a) **Stufe 0**: nicht-sprachlich; die Funktionen, die Aufmerksamkeit zu erzeugen und auf etwas hinzuweisen, werden nicht-sprachlich manifestiert, d.h. die Merkmale [aufm] und [refer] werden auf Zeigegesten abgebildet.[7]

b) **Stufe I**: Aufmerksamkeit; Kinder verwenden Demonstrativpronomen, um die Aufmerksamkeit zu erregen. Die Lexikonrepräsentation der Demonstrativpronomen enthält daher das Merkmal [aufm]. Wenn sie durch Zeigegesten auf einen Gegenstand oder Ort referieren, oder räumlichen Kontrast zum Ausdruck bringen, werden die Merkmale [refer], [kontrast] und [lokal] auf nicht-sprachliche Elemente abgebildet (Zeigegesten).

c) **Stufe II**: kein Kontrast; hier verwenden Kinder Demonstrativpronomen, um Aufmerksamkeit zu erzeugen und auf einen Gegenstand oder Ort zu referieren, daher werden die Merkmale [aufm] und [refer] auf diese Elemente abgebildet. Das Merkmal [definit] kommt durch die Referenzfunktion zum Ausdruck.[8] Wird räumlicher Kontrast durch Zeigegesten manifestiert, dann werden die Merkmale [kontrast] und [lokal] auf nicht-sprachliche Elemente abgebildet (Zeigegesten).

d) **Stufe III a)**: partieller Kontrast; Erkennung, daß ein Kontrast manchmal relevant ist. Dann sollten die Kinder Demonstrativpronomen kontrastiv interpretieren können. In diesem Fall wird das Merkmal [kontrast] auf die Lexikonrepräsentation der Demonstrativpronomen abgebildet.

e) **Stufe III b)**: partieller Kontrast; Erkennung, daß der Kontrast der Stufe III a) mit der Position des Sprechers verbunden ist und daß räumliche Information für die Interpretation von Demonstrativpronomen wichtig ist. Auf dieser Stufe werden die Merkmale [kontrast] und [lokal] auf die Lexikonrepräsentation abgebildet, wobei Kinder noch nicht in der Lage sind, die Perspektive zu wechseln.

f) **Stufe IV**: vollständiger Kontrast; alle Merkmale sind auf sprachlichen und/oder auch auf nicht sprachlichen Elementen abgebildet. Die Lexikonrepräsentation der Demonstrativpronomen ist vollständig spezifiziert.

---

[7] Ute Bohnacker hat darauf hingewiesen, daß Kinder auf der Stufe 0 nicht nur mit Zeigegesten, sondern auch akustisch durch glottale Verschlußlaute oder Frikative gekoppelt mit unspezifischen Vokalen wie [ʔe] [eh] oder eventuell durch Babbeln versuchen, die Aufmerksamkeit der Erwachsenen zu erregen. In ihren Daten zum bilingualen Erwerb Isländisch-Englisch verwendet das Kind [ʔe] auch noch in der Zwei- und Multiwortphase anstatt des Demonstrativpronomens *dedde* (=_*etta* 'this, that').

[8] Zum Erwerb des Merkmals [definit] siehe Abschnitt 4.2.2.

Tab. 2: *Merkmalsmodell: Erwerbsstufen der Merkmale[9] der Demonstrativpronomen*

Stufe 0	
Stufe I	[aufm]
Stufe II	[aufm] [refer] [definit]
Stufe IIIa	[aufm] [refer] [definit] [kontrast]
Stufe IIIb	[aufm] [refer] [definit] [kontrast] ([lokal])[10]
Stufe IV	[aufm] [refer] [definit] [kontrast] [lokal]

Im nächsten Kapitel werden Demonstrativpronomen in der Erwachsenensprache des Neugriechischen kurz beschrieben und in 4. wird der Erwerb von Demonstrativpronomen im Neugriechischen dargestellt.

3. Demonstrativpronomen in der neugriechischen Erwachsenensprache

Das Neugriechische verfügt über drei Formen von Demonstrativpronomen, die auch als starke Formen des Personalpronomens in der 3. Person verwendet werden:

1. *aftos-afti-afto*[11]*:* drückt räumliche Nähe aus, entspricht dem englischen Demonstrativpronomen *this* und den deutschen *dieser, der hier,*
2. *ekinos-ekini-ekino:* drückt räumliche Ferne aus, entspricht dem englischen Demonstrativpronomen *that* und den deutschen *jener, der da,*
3. *tutos-tuti-tuto:* drückt wie *aftos-afti-afto* räumliche Nähe aus.

Bezüglich ihrer Bedeutung sollte laut Tzartzanos (1946) früher *tutos* für Personen/Objekte, die sich in der Nähe des Sprechers befinden, verwendet werden, *aftos* für Personen/Objekte in der Nähe des Hörers und *ekinos* für Personen/Objekte weit von beiden. In der heutigen Sprache besteht aber keine Dreiteilung in der Bedeutung der Demonstrativpronomen mehr sondern eine Zweiteilung. *Aftos* wird für Personen/Objekte in der Nähe des Sprechers und des Hörers oder nur für einen der beiden verwendet, während *ekinos* Personen/Objekte entfernt von

---

9 Die Merkmale [aufm], [refer], [kontrast], [lokal] haben nicht den Status von semantischen Komponenten im Sinne der semantischen Merkmale von Clark (1973). Sie stellen, wie in 2.2., 2.3. angedeutet wurde, Funktionen dar, in denen Demonstrativpronomen verwendet werden.

10 Das Merkmal [lokal] steht in diesem Fall in Klammern, denn es ist zwar erworben, aber dadurch, daß Kinder den Mechanismus des Perspektivenwechsels noch nicht beherrschen, werden Demonstrativpronomen in Bezug auf räumliche Nähe/Ferne nicht richtig interpretiert.

11 Das Deklinationsparadigma der Demonstrativpronomen steht im Anhang.

beiden bezeichnet. *Tutos* wird nur umgangssprachlich benutzt, drückt räumliche Nähe des Sprechers aus und wird hauptsächlich für Objekte benutzt (Mackridge 1990).

Syntaktisch werden Demonstrativpronomen wie im Englischen und Deutschen als Pronomen oder Determinierer benutzt. In der Determinierer-Funktion muß jedoch der bestimmte Artikel obligatorisch vor dem Substantiv vorkommen (7), eine Struktur, die im Englischen und Deutschen ungrammatisch ist. Andere Sprachen, in denen Demonstrativpronomen zusammen mit dem bestimmten Artikel erscheinen, sind Spanisch, Katalanisch, Rumänisch und Schwedisch (Brugè & Giusti 1996), wobei im Rumänischen und Schwedischen der bestimmte Artikel an das Substantiv suffigiert wird.

(7) (a)   **afto**   **to**   vivlio
        dieses **das** Buch
        »dieses Buch«
   (b) * **afto**   vivlio
        dieses Buch

Morphologisch werden alle drei Demonstrativpronomen flektiert und tragen die Merkmale Person, Genus, Numerus und Kasus. Sie kongruieren in Person, Genus, Numerus und Kasus mit dem bestimmten Artikel und dem Substantiv, wenn sie als Determinierer benutzt werden und in Person und Numerus mit dem Verb, wenn sie in der Subjektposition sind.

4. Erwerb von Demonstrativpronomen im Neugriechischen

4.1. Daten

Die für die vorgestellte Analyse verwendeten Daten stammen aus der CHILDES Datenbank (Mac Whinney & Snow 1985) und bestehen aus 28 Aufnahmen mit Spontanäußerungen von 4 monolingualen Kindern, die in Athen aufwachsen. Alle Kinder sind Einzelkinder außer Maria, die eine fünf Jahre ältere Schwester hat. Das Alter der Kinder, die Anzahl der Aufnahmen und die Anzahl der Äußerungen sind in Tabelle 3 zusammengestellt.

Tab. 3: *Daten zum Neugriechischen*

Name	Spiros	Janna	Meri	Maria
Alter (Jahr; Monat)	1;9	1;11, 2;5, 2;9	1;9, 2;3, 2;9	2;3, 2;9
Anzahl der Aufnahmen	2	9	12	5
Anzahl der Äußerungen	443	1.357	4.154	3.074

Die Daten wurden von Ursula Stephany (1985, 1992, 1996) in natürlichen Sprechsituationen (vor allem in Spielsituationen, aber auch in Alltagssituationen) in der vertrauten Umgebung der Kinder erhoben und transkribiert (Stephany 1985). Anwesend bei den Aufnahmen waren außer dem Kind und U. Stephany im allgemeinen die Mutter der Kinder, bei Janna auch der Vater, eine Kindergärtnerin, eine Großmutter eine Tante und zwei weitere Kinder, bei Meri der Vater, eine Großmutter, eine Tante, ein Onkel, Nachbarskinder, und die Probantin Maria, bei Maria die Großmutter, Marias Schwester und die Probantin Meri. Während der Aufnahmen (Tonbandaufnahmen) oder spätestens am gleichen Tag beim ersten Abhören der Aufnahmen wurden Notizen über den außersprachlichen Kontext gemacht, die später in die Transkription eingingen. Die Transkripte wurden stellenweise mit den Müttern und fast im ganzen mit griechischen Muttersprachlerinnen überprüft. Außer der Kinder und Erwachsenenäußerungen enthalten die Transkripte eine morphologische und teilweise eine phonetische Kodierung.

Die Aufnahmen wurden (außer bei Spiros und Maria) zu drei Zeitpunkten gemacht, mit jeweils ungefähr sechs Monaten Abstand dazwischen. Anhand des Alters der Kinder lassen sich die Daten in drei Korpora einteilen, die in Tabelle 4 zu sehen sind.[12]

Tab. 4: *Einteilung der Daten in drei Korpora*

Name	Spiros	Janna	Meri	Maria
Korpus I				
Alter (Jahr;Monat.Tag)	1;9.2-1;9.11	1;11.0-1;11.10	1;9.17-1;9.26	
MLU[13]	1,6	1,4	2	
Korpus II				
Alter (Jahr;Monat.Tag)		2;5.12-2;5.15	2;3.16-2;3.22	2;3.9-2;3.11
MLU		2,4	2,2	2,3
Korpus III				
Alter (Jahr;Monat.Tag)		2;9.9-2;9.11	2;9.14-2;9.27	2;9.12-2;9.13
MLU		2,8	2,5	2,9

Neugriechisch ist eine stark flektierende Sprache, dessen Stämme so wie dessen Affixe gebunden sind. Daher werden schon zu einem früheren Zeitpunkt Affixe

---

12 Zur Einteilung der Daten in drei Korpora und zur Entwicklung im Bereich der Verbalgrammatik, vgl. Stephany (1985), (1996).

13 MLU = *mean length of utterance* (mittlere Äußerungslänge) dient als Index für den grammatischen Entwicklungsstand, indem sie die Äußerungslänge mit der grammatischen Reife korreliert (Brown 1973).

verwendet, die aber zuerst nur teilweise den Status selbständiger grammatischer Einheiten haben. Aus diesem Grund beruht die Berechnung der MLU-Werte auf Wort- und nicht auf Morphembasis.

In der Tabelle 4 ist zu erkennen, daß die MLU-Werte nicht immer mit dem Alter der Kinder übereinstimmen, z.B. zum Zeitpunkt I ist Meris MLU-Wert höher als Jannas, obwohl Janna zwei Monate älter war als Meri. Sechs Monate später, zum Zeitpunkt II, hat sich die Relation Alter-MLU zwischen Janna und Meri umkehrt, Jannas MLU-Wert ist höher als Meris.[14]

Bei den als Grundlage für diese Studie dienenden Daten handelt es sich um Spontanäußerungen aus Langzeitstudien. Daher ist es möglich zu beobachten, welche Demonstrativpronomen die Kinder in jedem Zeitpunkt verwenden, wie oft, und in welchen Strukturen, um daraus abzuleiten, wann auf die Lexikonrepräsentation der Demonstrativpronomen die Merkmale [aufm] und [refer] abgebildet werden (vgl. Stufe I). Es ist ebenso möglich, aufgrund des konkreten Kontextes zu schließen, ob Demonstrativpronomen verwendet werden, um Kontrast auszudrücken, d.h. wann das Merkmal [kontrast] auf die Lexikonrepräsentation abgebildet wird (vgl. Stufe IIa). Man kann außerdem feststellen, wie Definitheit ausgedrückt wird, durch Demonstrativpronomen oder/und durch bestimmte Artikel.

Um festzustellen, ob Kinder durch Demonstrativpronomen räumlichen Kontrast äußern und das Merkmal [lokal] auf die Lexikonrepräsentation der Demonstrativpronomen abbilden (vgl. Stufe IIb und Stufe III), ist es nötig, Experimente durchzuführen (Clark & Sengul 1978), in denen man testen kann, ob die Kinder imstande sind, ihre Perspektive zu wechseln, um die räumliche kontrastive Bedeutung durch Sprache verstehen und produzieren zu können. Da es sich bei den mir zur Verfügung stehenden Daten um Spontansprachdaten aus einer Langzeitstudie handelt, war es mir nicht möglich festzustellen, wann die räumliche Kontrastbedeutung erworben wird. Nimmt man aber an, daß die Schwierigkeiten beim Erwerb des Perspektivenwechsels nicht sprachspezifisch sind, dann kann man vermuten, daß die räumliche Kontrastfunktion der Demonstrativpronomen im Neugriechischen, wie auch im Englischen später erworben wird als die Referenzfunktion und die allgemeine Kontrastfunktion.

---

14 Stephany (1985) weist darauf hin, daß zu Beginn der Datenerhebung Meri sprachlich am weitesten fortgeschritten war, wobei im zweiten Zeitpunkt Janna größere Fortschritte gemacht hat im Vergleich zu Meri, eine Tatsache, die darauf zurückzuführen sein mag, daß Janna in der Kinderkrippe an kurzen Unterrichtseinheiten teilnahm, in denen kleine zum Nacherzählen bestimmte Geschichten vorgetragen wurden.

4.2   Analyse

4.2.1   Verteilung der Demonstrativpronomen – Die Merkmale [refer], [kontrast], [lokal]

In Korpus I verwenden die Kinder Demonstrativpronomen, um auf etwas hinzuweisen (Referenzfunktion). Daraus kann man schließen, daß in diesem Zeitpunkt die Lexikonrepräsentation der Demonstrativpronomen das Merkmal [refer] enthält. Alle drei Kinder verwenden fast ausschließlich die Demonstrativpronomen, die räumliche Nähe ausdrücken (*aftos* und *tutos*), vgl. Tabelle 5.

Tab. 5: *Verteilung der Demonstrativpronomen*

Korpus	Name	aftos (this)		tutos (this)		ekinos (that)	
I	Spiros	65%	28	33%	14	2%	1
	Janna	2%	1	94%	51	4%	2
	Meri	97%	137	1%	1	2%	3
II	Janna	98%	60	0 %	0	2%	1
	Meri	77%	75	0 %	0	23%	23
	Maria	98%	47	2 %	1	0 %	0
III	Janna	100%	26	0 %	0	0 %	0
	Meri	97%	122	3 %	4	0 %	0
	Maria	97%	72	1,5%	1	1,5%	1

Janna verwendet zum Zeitpunkt I zum größten Teil *tutos* und Meri *aftos*. Spiros ist das einzige Kind, bei dem eine relativ große Anzahl von beiden Formen benutzt werden, eine Tatsache, die möglicherweise darauf zurückzuführen ist, daß er *tutos* zwar in verschiedenen Kontexten verwendet, aber nicht im Kontext von Benennung (s.o.). *Aftos* verwendet er aber hauptsächlich, um etwas zu benennen.

Eine mögliche Erklärung für den individuellen Unterschied bei der Verteilung der Demonstrativpronomen zum Ausdruck räumlicher Nähe wäre ein unterschiedlicher Input bei den Kindern. Wäre der Input der Kinder entscheidend für den individuellen Unterschied bei der Verteilung der Demonstrativpronomen, würde man erwarten, daß der Input von Meri, Maria und Janna in Korpus II und III hauptsächlich *aftos* enthalten würde, der Input von Janna im Korpus I *tutos* und von Spiros beide. Bei der Untersuchung des Inputs hat sich jedoch ergeben, daß der Input sich bei den Kindern minimal unterscheidet, wie Tabelle 6 zeigt.

Tab. 6: *Prozentsatz von aftos, tutos im Input der Kinder*

Name	aftos (this)	tutos (this)
Spiros	95%	5%
Janna	96%	4%
Meri	98%	2%
Maria	98%	2%

Bei allen vier Kindern wurde im Input hauptsächlich *aftos* verwendet. Diese Beobachtung deutet darauf hin, daß der Input zwar ein wichtiger Faktor bei dem Erwerbsprozeß ist, die Verteilung der Demonstrativpronomen kann jedoch dadurch nicht bei allen Kindern erklärt werden. Bei Janna in Korpus II und III und bei Meri und Maria gibt es eine Korrelation zwischen Input und Verwendung der Demonstrativpronomen. Die Daten von Spiros, der *aftos* und *tutos* verwendet, können nicht durch den Einfluß des Inputs erklärt werden, sie sprechen aber auch nicht dagegen, weil er die zwei Demonstrativpronomen in unterschiedlichen Kontexten verwendet. Die Verwendung von *tutos* bei Janna in Korpus I spricht dennoch gegen den Einfluß des Inputs, denn ihr Input enthält hauptsächlich *aftos*.

Der Einfluß des Inputs auf den Spracherwerbsprozeß unterstützt Clarks Prinzip der Produktivität (Clark 1993), nach dem produktive Wortformen den Kindern zugänglicher sind als weniger produktive, weil sie von den Erwachsenen öfter verwendet werden.

Die Verwendung nur eines der beiden Demonstrativpronomen zum Ausdruck räumlicher Nähe (*aftos* oder *tutos*) und bei Spiros, der beides benutzt, die Beobachtung, daß er dadurch einen Kontrast äußert (Benennung vs. andere Kontexte), unterstützt das Prinzip des Kontrastes (Clark 1993), das besagt, daß Kontrast eine wichtige Rolle beim Aufbau des Lexikons spielt. Nach diesem Prinzip weisen Kinder unterschiedlichen Wortformen verschiedene Bedeutungen zu. Synonyme werden nicht gut gelernt.

Zu den Zeitpunkten II und III verwenden alle Kinder überwiegend das Demonstrativpronomen *aftos*, mit Ausnahme von Meri, die zum Zeitpunkt II häufig (23%) auch das Demonstrativpronomen *ekinos* verwendet. Bei Berücksichtigung des Kontextes der Äußerungen ist festzustellen, daß Meri durch die Verwendung von *ekinos* einen Kontrast zwischen zwei Gegenständen äußern möchte, der jedoch nicht unbedingt ein räumlicher Kontrast ist, wie in Beispielen (8) und (9) zu sehen ist.

(8) Meri: (d)iko mu   ine?   (2;3.17)
          mein   ist
          »Ist es meins [= Buch]?«

Interviewer: diko su ine ja simera.
deins ist für heute
»Es ist deins für heute.«
Meri: oxi **ekino**.
nein **das**
»Nein, das da.«
Interviewer: sto alo vivlio den exi tipota.
im anderen Buch nicht hat nichts
»Es steht nichts Interessantes im anderen Buch.«

(9) Mutter: den to vazun omos sto stoma afto. den to trone to alogaki.
nichtes stecken aber in den Mund das. nicht es essen das Pferdchen
»Das steckt man aber nicht in den Mund. Man ißt das Pferdchen nicht.«
Meri: **eki(n)o** to t(r)one.   (2;3.18)
das es essen
»Das da ißt man.«
Mutter: tipota den trone ap afta. afta ine zoa.
nichts nicht essen von diesen. die sind Tiere
»Man ißt keins von diesen. Die sind Tiere.«

Daraus ergibt sich, daß Meri sich in der Phase IIa des partiellen Kontrastes (Wales 1986) befindet, in der Kinder verstehen, daß Demonstrativpronomen einen Kontrast beinhalten, aber sie haben diesen Kontrast nicht unbedingt mit räumlicher Nähe/Ferne verbunden (s.o.).

Bezüglich der Merkmale in der Lexikonrepräsentation der Kinder kann man anhand der Daten zum Neugriechischen feststellen, daß die Lexikonrepräsentation sehr früh für das Merkmal [refer] spezifiziert ist (im Alter von 1;9 für Spiros und Meri und mit MLU-Wert 1,4 für Janna), sie enthält aber nicht die Merkmale [kontrast] und [lokal]. Zum Zeitpunkt II (Alter 2;3, MLU-Wert 2,2) ist Meris Lexikonrepräsentation mit dem Merkmal [kontrast] spezifiziert.

4.2.2 Abbildung der Definitheit durch Demonstrativpronomen [definit] – Vergleich mit dem Erwerb des bestimmten Artikels

Definitheit kommt in der Erwachsenensprache sowohl durch Demonstrativpronomen als auch durch bestimmte Artikel zum Ausdruck, die Lexikonrepräsentation beider Elemente enthält somit das Merkmal [definit]. Verwenden Kinder von früh an sowohl Demonstrativpronomen als auch bestimmte Artikel und enthält die Lexikonrepräsentation beider Elemente das Merkmal [definit]?

Zum Zeitpunkt I verwenden alle Kinder sowohl Demonstrativpronomen als auch bestimmte Artikel. Wie in Tabelle 7 zu sehen ist, fehlt jedoch eine große Anzahl von bestimmten Artikeln. Andererseits wurden keine Fälle festgestellt, in denen Demonstrativpronomen fehlen. Obwohl Kinder also schon im Alter von 1;9 sowohl Demonstrativpronomen als auch bestimmte Artikel verwenden, dauert es lange, bis bestimmte Artikel obligatorisch werden, was bei Demonstrativpronomen nicht der Fall ist.

Tab. 7: *Prozentsatz und Anzahl der vorhandenen bestimmten Artikel vs. Anzahl der vorhandenen Demonstrativpronomen*

Korpus	Name	Alter	MLU	bestimmte Artikel		Demonstrativpronomen
I	Spiros	1;9	1,6	23%	37	43
	Janna	1;11	1,4	17%	10	54
	Meri	1;9	2	77%	294	141
II	Janna	2;5	2,4	93%	67	61
	Meri	2;3	2,2	87%	215	98
	Maria	2;3	2,3	67%	32	48
III	Janna	2;9	2,8	97%	144	26
	Meri	2;9	2,5	91%	253	126
	Maria	2;9	2,9	92%	131	74

Die Verwendung von bestimmten Artikeln scheint mit den MLU-Werten zu korrelieren, vor allem bei Spiros und Janna, bei denen zum Zeitpunkt I sowohl die MLU-Werte als auch die Prozentsätze für den bestimmten Artikel niedriger sind als bei Meri. Vergleicht man jedoch die MLU-Werte mit der Produktion von bestimmten Artikeln der Kinder zum Zeitpunkt II, stellt man fest, daß sie nicht bei allen Kindern in Wechselbeziehung stehen. Janna z.B. mit dem höchsten MLU-Wert zum Zeitpunkt II hat auch die höchste Anzahl von bestimmten Artikeln. Maria andererseits, mit MLU-Wert 2,3 und Alter 2;3, verwendet weniger bestimmte Artikel als Meri zum Zeitpunkt I (MLU-Wert=2, Alter=1;9) und Zeitpunkt II (MLU-Wert=2,2, Alter=2;3). Man kann daraus schließen, daß die grammatische Entwicklung in manchen Fällen weder mit dem Alter noch mit der Äußerungslänge (MLU-Wert) korreliert.

Ein zuverlässigeres Kriterium für die Bestimmung der grammatischen Reife ist die Betrachtung der Komplexität der Grammatik der Kinder und die Herstellung von Relationen zwischen einzelner grammatischer Phänomene.[15] Vergleicht man die Anzahl der Demonstrativpronomen mit der Anzahl der bestimmten Artikel und mit dem Prozentsatz der fehlenden bestimmten Artikel, stellt man fest, daß

---

15 In Marinis (1998) wurde die Produktion von Demonstrativpronomen als XPs und als X^0 mit

der Produktion von bestimmten Artikeln und expletiven bestimmten Artikel mit Eigenna bei hohem Prozentsatz von fehlenden bestimmten Artikel die Anzahl der Demonstrativpronomen die Anzahl der vorhandenen bestimmten Artikel übersteigt. Das läßt sich am Beispiel von Spiros und Janna zum Zeitpunkt I und Maria zum Zeitpunkt II beobachten. Alle drei Kinder verwenden nämlich mehr Demonstrativpronomen als bestimmte Artikel.

Die Anzahl der vorhandenen Artikel hat bei Janna Browns 90%-Kriterium hinsichtlich der Verwendung von Wörtern in obligatorischen Kontexten schon zum Zeitpunkt II überschritten.[16] Daraus läßt sich schließen, daß der bestimmte Artikel bei Janna ab diesem Zeitpunkt obligatorisch ist.

Zum Zeitpunkt III haben nach Browns Kriterium alle Kinder den bestimmten Artikel erworben, denn die Anzahl der vorhandenen Artikel ist bei allen Kindern höher als 90% in obligatorischen Kontexten. Alle drei Kinder verwenden Demonstrativpronomen, die Anzahl der vorhandenen bestimmten Artikel übersteigt jedoch die Anzahl der Demonstrativpronomen. Alle Kinder verwenden Demonstrativpronomen sowohl in der pronominalen als auch in der Determinierer-Funktion (s.o. 3). Werden Demonstrativpronomen in der Determinierer-Funktion verwendet, dann kommen sie bei allen Kindern mit dem bestimmten Artikel vor, wie in Beispielen (10) und (11) zu sehen ist, wobei es jedoch bei Meri und Maria immer noch Fälle gibt, bei denen Demonstrativpronomen in der Determinerer-Funktion ohne den bestimmten Artikel vorkommen, wie im Beispiel (12).

(10) Janna: Jati o   kinigos, **aftos o   kinigos** pu ine stin ikona (...). (2;9.10)
weil der Jäger, **dieser der Jäger**   der ist im   Bild (...)
»Weil der Jäger, dieser Jäger, der im Bild ist (...).«

(11) Meri: **Afti   i   karek(l)a.**   (2;9.14)
dieser der Stuhl
»Dieser Stuhl.«

(12) Maria: kita **tudo   vivlio.**   (2;9.13)
kita **tuto   to   vivlio** (Äquivalent in der Erwachsensprache)
guck **dieses das Buch**
»Guck mal dieses Buch.«

Angenommen, daß Kinder schon vom Alter von 1;9 sich dem Konzept von Definitheit bewußt sind, aber sie es nicht immer zielsprachlich zum Ausdruck

men und Demonstrativpronomen verglichen und diese Relation als Grundlage für die Bestimmung der Entwicklungsphasen der Grammatik der Kinder im nominalen Bereich gestellt.

16 Brown (1973) hat als Kriterium für den Erwerb einer grammatischen Struktur das 90%ige Vorkommen der Struktur in obligatorischem Kontext in drei aufeinanderfolgenden Sprachstichproben bestimmt.

bringen, und daß es in der Kindersprache möglich ist, ein Merkmal durch andere Mittel (sprachliche oder nicht-sprachliche) auszudrücken als in der Erwachsenensprache (s.o. 2.4), dann ergibt sich die Frage, ob die Lexikonrepräsentation der Demonstrativpronomen und der bestimmten Artikel von Anfang an das Merkmal [definit] enthält. Würde ihre Lexikonrepräsentation dieses Merkmal nicht enthalten, würde man erwarten, daß sie in definiten Kontexten fehlen würden.

Es wurden keine Kontexte festgestellt, in denen Demonstrativpronomen fehlen. Andererseits fehlte vor allem zum Zeitpunkt I eine große Anzahl von bestimmten Artikeln, wie in Beispielen (13) und (14) zu sehen ist.

(13) Spiros: **kopela**   pezi.   (1;9.2)
                    i   **kopela**   pezi (Äquivalent in der Erwachsenenspr.)
                    »**Das Mädchen** spielt.«

(14) Interviewer: ke   pjos pini   to   gala?   (1;9.2)
                    »Und wer trinkt die Milch ?«

     Spiros: **(s)pi(r)os.**
                    o   **spiros**   (Äquivalent in der Erwachsenensprache)
                    der spiros
                    »**Spiros.**«

Stellt aber das Fehlen von bestimmten Artikeln Evidenz dar, daß das Merkmal [definit] in ihrer Lexikonrepräsentation fehlt ? Wenn die Lexikonrepräsentation der bestimmten Artikel nicht mit dem Merkmal [definit] markiert wäre, würde man erwarten, daß bestimmte Artikel auch in indefiniten Kontexten verwendet würden. Obwohl eine hohe Anzahl von bestimmten Artikeln bei Spiros und Janna in Zeitpunkt I fehlte, wurden keine bestimmten Artikel in indefiniten Kontexten beobachtet. Alle Kontexte, in denen bestimmte Artikel verwendet wurden, waren definit. Daraus kann man schließen, daß die Lexikonrepräsentation der bestimmten Artikel in Zeitpunkt I das Merkmal [definit] enthält. Da Demonstrativpronomen weder fehlten noch in indefiniten Kontexten verwendet wurden, kann man schließen, daß ihre Lexikonrepräsentation ebenfalls das Merkmal [definit] enthält.

Wenn die Lexikonrepräsentation beider Elemente mit dem Merkmal [definit] spezifiziert ist, wie läßt sich einerseits das Fehlen von bestimmten Artikeln und andererseits die Anwesenheit von Demonstrativpronomen erklären ?

Bestimmte Artikel haben nicht den gleichen phonologischen und syntaktischen Status wie Demonstrativpronomen :

a) bestimmte Artikel sind einsilbig und unbetont, Demonstrativpronomen zweisilbig und betont,

b) bestimmte Artikel werden zum Substantiv klitisiert, Demonstrativpronomen jedoch nicht,

c) bestimmte Artikel sind Determinierer (syntaktisch haben sie den Status von X^0), Demonstrativpronomen werden sowohl als Determinierer als auch als volle DPs verwendet (syntaktisch haben sie den Status von X^0 oder XP).

Nimmt man an, daß betonte Elemente und Elemente, die allein vorkommen, prominenter sind als unbetonte und immer an ein anderes Wort klitisierende Elemente, ergibt sich, daß Demonstrativpronomen prominenter sind als bestimmte Artikel. Prominenz scheint daher für die Asymmetrie beim Erwerb von Demonstrativpronomen und bestimmten Artikeln entscheidend zu sein. Obwohl bestimmte Artikel zum Zeitpunkt I nur in definiten Kontexten verwendet werden und daher mit dem Merkmal [definit] markiert sind, fehlt bei niedrigem MLU-Wert (Spiros und Janna in Zeitpunkt I) eine große Anzahl von ihnen in obligatorischen Kontexten, d.h. ihr Erwerbsprozeß dauert länger als der von den Demonstrativpronomen.

5.   Ergebnisse und Diskussion

Demonstrativpronomen sind unter den ersten Funktionswörtern, die von den Kindern verwendet werden, sie werden jedoch nicht von Anfang an zielsprachlich verstanden und produziert. In diesem Artikel wird ihre Lexikonrepräsentation durch ein Merkmalsmodell dargestellt. Nach diesem Modell ist ihre Lexikonrepräsentation bei den Kindern bezüglich mancher ihrer Merkmale nicht vollständig spezifiziert, sie enthält nur einen Teil der zu der Erwachsenenrepräsentation gehörenden Merkmale. Merkmale, die zunächst nicht enthalten sind, können auf nicht-sprachliche Elemente, wie Zeigegesten, abgebildet werden. Die Lexikonrepräsentation der Kinder wird durch die sukzessive Abbildung (mapping) von Merkmalen zielsprachlich spezifiziert.

Die Merkmale, durch die die Lexikonrepräsentation der Demonstrativpronomen dargestellt wird, stellen keine semantischen Komponenten dar, die die Bedeutung der Demonstrativpronomen kompositionell bilden. Sie sind auf die Funktionen zurückzuführen , die die Demonstrativpronomen ausüben: [aufm] auf ihre Funktion, Aufmerksamkeit zu erregen, [refer] auf ihre Referenzfunktion, [kontrast] und [lokal] auf ihre räumliche Kontrastfunktion. Das Merkmal [definit] ist im Gegensatz zu den anderen Merkmalen nicht auf eine eigenständige Funktion der Demonstrativpronomen zurückzuführen; es ergibt sich vielmehr aufgrund der Referenzfunktion der Demonstrativpronomen.

Für diese Studie wurden einerseits Produktionsdaten von Langzeitstudien und

Tagebüchern zum Erwerb des Englischen und Langzeitstudien zum Erwerb des Neugriechischen verwendet, andererseits Perzeptionsdaten von Experimenten zum Erwerb des Englischen.

Die Produktionsdaten zum Erwerb des Englischen haben gezeigt, daß:

1. Kinder schon in der Einwortphase Demonstrativpronomen verwenden, um Aufmerksamkeit zu erregen (Stufe I) (s.o. Abschnitt 2), und
2. Kinder in der Zweiwortphase Demonstrativpronomen mit der Funktion des Hinweisens und der Referenz verwenden (Stufe II) (s.o. Abschnitt 2.2.)

Durch die Experimente zum Verständnis der räumlichen Kontrastfunktion der Demonstrativpronomen im Englischen wurde sichtbar, daß Kinder dabei vier Phasen durchlaufen (s.o. Abschnitt 2.3.). In einer frühen Phase erkennen sie nicht, daß durch Demonstrativpronomen Kontrast ausgedrückt wird (Stufe II), in der nächsten Phase erkennen sie unter bestimmten Bedingungen, daß ein Kontrast manchmal relevant ist (Stufe IIIa). In einer weiteren Phase erkennen sie, daß der Kontrast von der Position des Sprechers abhängt (Stufe IIIb) und in der letzten Phase interpretieren sie die räumliche Kontrastfunktion der Demonstrativpronomen zielsprachlich (Stufe IV).

In den Daten zum Neugriechischen wurden die Stufen II und IIIa des Merkmalsmodells identifiziert. Hinsichtlich der Abbildung (mapping) der Merkmale auf die Lexikonrepräsentation der Demonstrativpronomen hat sich folgendes ergeben:

1. Demonstrativpronomen wurden in Korpus I in ihrer Referenzfunktion verwendet, was darauf hindeutet, daß die Lexikonrepräsentation der Demonstrativpronomen das Merkmal [refer] enthält (Stufe II).
2. Die Kinder zum Zeitpunkt I verwendeten hauptsächlich Demonstrativpronomen zum Ausdruck räumlicher Nähe. Zwei der drei Kinder (Janna und Meri) haben fast ausschließlich nur das eine der zwei Demonstrativpronomen zum Ausdruck räumlicher Nähe verwendet (Janna verwendete *tutos* und Meri *aftos*). Das dritte Kind (Spiros) verwendete beide Demonstrativpronomen zum Ausdruck räumlicher Nähe, aber nicht in den gleichen Kontexten (Benennung vs. andere Kontexte).
3. In Korpus II wurden bei einem Kind (Meri) Demonstrativpronomen zum Ausdruck räumlicher Ferne festgestellt. Vom Kontext der Äußerungen ist festzustellen, daß die Demonstrativpronomen in ihrer Kontrastfunktion verwendet wurden. Daraus kann man schließen, daß die Lexikonrepräsentation der Demonstrativpronomen bei diesem Kind zu diesem Zeitpunkt das Merkmal [kontrast] enthält (Stufe IIIa).

4. In allen drei Korpora gab es keine Kontexte, in denen Demonstrativpronomen fehlten, und alle Demonstrativpronomen wurden in definiten Kontexten verwendet. Daraus kann man schließen, daß die Lexikonrepräsentation der Demonstrativpronomen schon zum Zeitpunkt I das Merkmal [definit] enthält.

5. Definitheit kam auch durch bestimmte Artikel zum Ausdruck. Obwohl eine hohe Anzahl von bestimmten Artikeln vor allem in Korpus I bei den zwei Kindern mit dem niedrigsten MLU-Wert fehlte (Spiros und Janna), wurden alle bestimmten Artikel in definiten Kontexten verwendet. Das weist darauf hin, daß die Lexikonrepräsentation der bestimmten Artikel zum Zeitpunkt I mit dem Merkmal [definit] markiert ist.

6. Die Anzahl der vorhandenen Artikel hat bei Janna im Korpus II und bei Meri und Maria im Korpus III Browns 90%-Kriterium hinsichtlich der Verwendung von Wörtern in obligatorischen Kontexten überschritten.

7. Im Korpus III verwenden alle Kinder Demonstrativpronomen sowohl in der pronominalen als auch in der Determinierer-Funktion. In der Determinierer-Funktion werden sie bei Janna immer mit dem bestimmten Artikel verwendet, das gilt jedoch nicht für Meri und Maria, die in manchen Fällen das Demonstrativpronomen ohne den bestimmten Artikel verwenden.

8. Die Asymmetrie bei der An- bzw. Abwesenheit der Demonstrativpronomen vs. bestimmte Artikel kann durch ihren unterschiedlichen phonologischen und syntaktischen Status erklärt werden.

Wie stehen die Ergebnisse zum Erwerb der Demonstrativpronomen im Neugriechischen in Beziehung zu den Prinzipien zum Erwerb des Lexikons (Jones, Smith & Landau 1991, Golinkoff, Hirsh-Pasek, Bailey & Wenger 1992, Clark 1993, Carey 1994, Bloom 1994, Markman 1994, Soja 1994)?

In den meisten Studien zum Erwerb des Lexikons hat man sich mit dem Erwerb von Inhaltswörtern befaßt. Die Daten zum Erwerb der Demonstrativpronomen deuten darauf hin, daß Prinzipien zum Lexikonerwerb auch für den Erwerb der Funktionswörter gültig sind; sie unterstützen das Prinzip des Kontrastes und das Prinzip der Produktivität (Clark 1993).

Nach dem Prinzip des Kontrastes erwerben Kinder die Bedeutungen von Wörtern, indem sie annehmen, daß verschiedene Wortformen verschiedene Bedeutungen haben, und daß die Bedeutungen von jeweils zwei Wörtern einen Kontrast bilden. »Very young children, just like adults, act as if words contrast in meaning and they reject apparent synonyms.« (Clark 1993:92). Evidenz für die Gültigkeit dieses Prinzips bei dem Erwerb der Demonstrativpronomen im Griechischen liefert die Beobachtung, daß Janna, Meri und Maria nicht beide Demonstrativpronomen zum Ausdruck räumlicher Nähe verwenden, sie vermeiden Synonyme. Spiros, der beide verwendet, äußert dadurch einen Kontrast (Kontext von Benennung vs. andere Kontexte).

Das Prinzip der Produktivität besagt, daß produktive Wortformen den Kindern zugänglicher sind und früher erworben werden als weniger produktive, weil sie von den Erwachsenen öfter verwendet werden »... productive forms appear to be more available to children in that adults use them more often. If frequency affects acquisition, more productive forms should be acquired before less-productive ones.« (Clark 1993:15f.) Das Prinzip der Produktivität wird durch die Beobachtung bestätigt, daß alle Kinder außer Janna und Spiros in Korpus I fast ausschließlich das Demonstrativpronomen *aftos* verwenden, das öfter im Input der Kinder vorkommt (s.o. Abschnitt 4.2.1.). Die Verwendung beider Demonstrativpronomen (*aftos* und *tutos*) bei Spiros widerspricht dem Prinzip der Produktivität nicht, denn er verwendet die zwei Demonstrativpronomen in verschiedenen Kontexten. Gegen das Prinzip der Produktivität sprechen die Daten von Janna in Korpus I, die zu 94% das Demonstrativpronomen *tutos* verwendet, obwohl ihr Input 96% *aftos* enthält.

Literatur

Bloom, L. (1970): *Language Development: Form and function in emerging grammars.* – Cambridge, MA: MIT Press.

Bloom, L. (1973): *One word at a time: The use of single word utterances before syntax.* – The Hague, The Netherlands: Mouton.

Bloom, P. (1994): Possible names: The role of syntax-semantics mappings in the acquisition of nominals. – In: *Lingua* 92, 297-329.

Bowerman, M. F. (1973): *Early Syntactic Development: A Crosslinguistic Study with Special Reference Finnish.* – London: Cambridge University Press.

Braine, M. D. S. (1963): The ontogeny of English phrase structure: The first phase. – In: *Language* 39, 3-13.

Braine, M. D. S. (1976): Children's first word combinations. With Commentary by Melissa Bowerman. – *Monographs of the Society for Research in Child Development* 41.

Brown, R. W. (1973): *A First Language: The Early Stages.* – Cambridge, Mass.: Harvard University Press.

Brown, R. W. & U. Bellugi (1964): Three processes in the child's acquisition of syntax. – In: *Harvard Educational Review* 34, 133-151.

Brown, R. W., C. B. Cazden & U. Bellugi (1969): The child's grammar from I to III. – In: Hill, J. P. (ed.): *Minnesota Symposium on Child Psychology* 2, 28-73. Minneapolis: University of Minnesota Press.

Brown, R. W. & C. Fraser (1963): The acquisition of syntax. – In: Cofer, C. N. & B. S. Musgrave *Verbal Behavior and Learning,* New York: McGraw-Hill.

Brown, R. W., C. Fraser & U. Bellugi (1964): Explorations in grammar evaluation. – In: U. Bellugi & R. Brown (eds.): *The acquisition of language,* 79-92. Chicago: The University of Chicago Press..

Brugè, L. & G. Giusti (1996): *On Demonstratives.* GLOW Conference. Athens.

Bruner, J. S. (1975): From communication to language: A psychological perspective. – In: *Cognition* 3, 255-287.

Charney, R. (1979): The comprehension of 'here' and 'there'. – In: *Journal of Child Language* 6, 69-80.

Clahsen, H., S. Eisenbeiss & A. Vainikka (1994): The seeds of structure. – In: T. Hoekstra & B. D. Schwartz (eds.): *Language acquisition studies in generative grammar: Papers in honor of Kenneth Wexler from the 1991 GLOW workshops,* 85-118. Amsterdam: Benjamins.

Clark, E. V. (1973): What's in a word ? On the child's acquisition of semantics in his first language. – In: T. E. Moore (ed.): *Cognitive development and the acquisition of language,* 65-110. New York: Academic Press.

Clark, E. V. (1993): *The lexicon in acquisition.* – New York: Cambridge University Press.

Clark, E. V. & C. J. Sengul (1978): Strategies in the acquisition of deixis. – In: *Journal of Child Language* 5, 457-475.

Clark, H. H. & E. V. Clark (1977): *Psychology of language: An introduction to psych-linguistics.* – New York: Harcourt-Brace-Jovanovich.

de Villiers, J. G. & P. A. de Villiers (1978): *Language acquisition.* – Cambridge, MA: Harvard University Press.

de Villiers, P. A. & J. G. de Villiers (1974): On this, that and the other – nonegocentrism in very children. – In: *Journal of Experimental Child Psychology* 18, 438-447.

Dromi, E. (1987): *Early lexical development.* – New York: Cambridge University Press.

Ehrich, V. (1992): *Hier und jetzt: Studien zur lokalen und temporalen Deixis im Deutschen* – Tübingen: Niemeyer (=Linguistische Arbeiten 283), 199-227.

Gelman, S. A. & J. P. Byrnes (1991): *Perspectives on language and thought: interrelations in development.* – New York: Cambridge University Press.

Golinkoff, R. M., K. Hirsh-Pasek, L. M. Bailey & N. R. Wenger (1992): Young children and adults use lexical principles to learn new nouns. – In: *Developmental Psychology* 28, 99-108.

Jones, S. S., L. B. Smith & B. Landau (1991): Object properties and knowledge in early lexical learning. – In: *Child development* 62, 499-516.

Klima, E. S. & U. Bellugi (1966): Syntactic regularities in the speech of children. – In: Lyons, J. & R. J. Wales (eds.): *Psycholinguistics papers: The proceedings of the 1966 Edinburgh conference,* 183-208. Edinburgh: Edinburgh University Press.

Leopold, W. F. (1949): *Speech development of a bilingual child: A linguist's record.* – Evaston, Ill.: Northwestern University Press.

Mackridge, P. (1990): I neoelliniki glossa *(Die neugriechische Sprache).* – Athen: Pataki.

MacWhinney, B. & C. E. Snow (1985): The child language data exchange system. – In: *Journal of Child Language* 12, 271-296.

Macnamara, J. (1982): *Names for Things.* – Cambridge, MA: Bradford Books.

Marinis, T. (1997): *The early stage in the acquisition of the definite article and demonstrative in Modern Greek.* – Unpublished paper. Universität Potsdam, Institut für Linguistik/Allgemeine Sprachwissenschaft.

Marinis, T. (1998): The acquisition of expletive definite articles in Modern Greek. – In: *Proceedings of ConSOLE 6.*

Markman, E. M. (1994): Constraints on word meaning in early language acquisition. – In: *Lingua* 92, 199-227.

McNeill, D. (1966): The creation of language by children. – In: Lyons, J. & R. J. Wales (eds.): *Psycholinguistic papers: The proceedings of the 1966 Edinburgh conference,* 99-115. Edinburgh: Edinburgh Univer. Press.

Miller, W. R. & S. M. Ervin-Tripp (1964): The development of grammar in child language. – In: U. Bellugi & R. Brown (eds.): *The Acquisition of Language,* 9-34. Chicago: The University of Chicago Press.

Nelson, K. (1973): Structure and strategy in learning to talk. *Monographs of the Society for Research in Child Development* 38, (1-2).

Park, T.-Z. (1969): Language acquisition in a Korean child. – In: *Working Paper, Psychol. Inst., University of Münster.*

Park, T.-Z. (1970). *The acquisition of German Syntax.* Unpublished paper. Psychol. Inst., University of Bern.

Soja, N. N. (1994): Evidence for a distinct kind of noun. – In: *Cognition* 51, 267-284.

Stephany, U. (1985): *Aspekt, Tempus und Modalität: Zur Entwicklung der Verbalgrammatik in der neugriechischen Kindersprache.* – Tübingen: Gunther Narr Verlag (Language Universals Series 4).

Stephany, U. (1992): Grammaticalization in first language acquisition. – In: *Zeitschrift für Phonetik, Sprachwissenschaft und Kommunikationsforschung* 45, 289-303.

Stephany, U. (1996): The Acquisition of Greek. – In: D. I. Slobin (ed.): *The Crosslinguistic Study of Language Acquisition.* Vol. 4. Hillsdale, NJ: Lawrence Erlbaum Associates.

Szagun, G. (1996): *Sprachentwicklung beim Kind.* 6. vollst. überarb. Aufl. – München-Weinheim: Psychologie Verlags Union.

Tanz, Ch. (1980): *Studies in the Acquisition of Deictic Terms.* – Cambridge: Cambridge University Press.

Thorne, J. P. (1972): On the notion »definite«. – In: *FL* 8, 562-568.

Tzartzanos, A. (1946): *Neoelliniki Sindaxi (Neugriechische Syntax).* 2.Aufl. – Athen: OESB.

Verdiani Tfouni, L.& Klatzky, R. L. (1983): A discourse analysis of deixis: pragmatic, cognitive and semantic factors in the comprehension of »this«, »that«, »here« and »there«. – In: *Journal of Child Language* 10, 123-133.

Wales, R. J. (1986): Deixis. – In: Fletcher, P. & M. Garman (eds.): *Language acquisition,* 401-428. New York: Cambridge University Press.

Webb, P. A. & A. A. Abrahamsen (1976): Stages of egocentrism in children's use of this and that: A different point of view. – In: *Journal of Child Language* 3, 349-367.

Weissenborn, J. & W. Klein (eds.) (1982): *Here and There: Cross-linguistic Studies on Deixis and Demonstration.* – Amsterdam, Philadelphia: John Benjamins.

Zimmermann, T. E. (1991): Kontextabhängigkeit. – In: Stechow, A. v. & D. Wunderlich (Hgg.): *Semantik: ein internationales Handbuch der zeitgenössischen Forschung,* 156-229. Berlin, New York: de Gruyter.

Anhang

Tab. 1: *Deklinationsparadigma des Demonstrativpronomens: aftos-afti-afto*

		Maskulin	Feminin	Neutrum
Singular	Nominativ	aftos	afti	afto
	Akkusativ	afto(n)	afti(n)	afto
	Genitiv	aftu	aftis	aftu
Plural	Nominativ	afti	aftes	afta
	Akkusativ	aftus	aftes	afta
	Genitiv	afton	afton	afton

Tab. 2: *Deklinationsparadigma des Demonstrativpronomens: tutos-tuti-tuto*

		Maskulin	Feminin	Neutrum
Singular	Nominativ	tutos	tuti	tuto
	Akkusativ	tuto(n)	tuti(n)	tuto
	Genitiv	tutu	tutis	tutu
Plural	Nominativ	tuti	tutes	tuta
	Akkusativ	tutus	tutes	tuta
	Genitiv	tuton	tuton	tuton

Tab. 3: *Deklinationsparadigma des Demonstrativpronomens: ekinos-ekini-ekino*

		Maskulin	Feminin	Neutrum
Singular	Nominativ	ekinos	ekini	ekino
	Akkusativ	ekino(n)	ekini(n)	ekino
	Genitiv	ekinu	ekinis	ekinu
Plural	Nominativ	ekini	ekines	ekina
	Akkusativ	ekinus	ekines	ekina
	Genitiv	ekinon	ekinon	ekino

Über Nomen-Verb-Beziehungen im frühen Wortbildungserwerb

Jörg Meibauer

Abstract In der Diskussion um den Wortartenerwerb hat man die Kategorien Nomen und Verb jeweils isoliert betrachtet. Die Untersuchung früher Neubildungen bis 3;0 Jahren zeigt jedoch, daß Kinder schon früh Beziehungen zwischen Nomen und Verb etablieren. Zwei Tagebuchstudien belegen, daß Kinder wissen, daß man Nomina in Verben und Verben in Nomina verwandeln kann (Konversion); sie wissen auch, daß man Nomina aus Verben und Nomina gewinnen kann (-*er*-Derivation). Daß Kinder ein Nullmorphem als Lexikoneintrag haben, oder daß sie von der kategorienverändernden Funktion des Suffixes ausgehen, erweist sich als unwahrscheinlich. Vielmehr scheinen sie sich von semantischen Erwägungen leiten zu lassen, die in die Richtung einer semantischen 'bootstrapping'-Hypothese im Bereich des Wortbildungserwerbs weisen.

1.   Einleitung

Eines der vielen Rätsel der Kindersprache besteht darin, wie Kinder Wissen über die Wortarten einer Sprache erwerben. Ob Kinder schon in der präsyntaktischen Phase über ein solches Wissen verfügen, ist sehr zu bezweifeln. Zwar gibt es im frühen Lexikon einige Wörter, die aus der Sicht der Erwachsenen als Nomina einzustufen wären (z.B. *Mama, Ball*), aber diese Festlegungen müssen nicht für das Kind gelten. Grammatische Indizien für eine Wortartprägung erwachsen erst aus solchen kindersprachlichen Äußerungen, in denen zum Beispiel Verben eine klare Flexionsmarkierung aufweisen oder Nomina in typischen Subjekt- oder Objektpositionen vorkommen.

Für das Problem des Wortartenerwerbs unmittelbar relevant ist die Hypothese, daß Kinder Nomina in der Regel vor Verben lernen und es im frühen Wortschatz auch mehr Nomina als Verben gibt, weil Nomina einfacher zu lernen sind (Gentner 1982, Maratsos 1991). Der Begriff der Einfachheit ist wesentlich konzeptuell-semantisch motiviert, nämlich durch die Annahme, daß prototypische Nomina Objekte bezeichnen, und prototypische Verben Handlungen. Zwar bezeichnen nicht alle Nomina Objekte (*Mama* bezeichnet eine Person, *Hunger* einen Zustand, *Spiel* eine Handlung), und nicht alle Verben bezeichnen Handlungen (*schlafen* bezeichnet einen Zustand, *glauben* eine Einstellung), aber alle klaren Objektbezeichnungen sind Nomina; Verben können niemals Objekte bezeichnen. Insofern scheint die prototypische Zuordnung Nomen = Objektbezeichnung, Verb = Handlungsbezeichnung gerechtfertigt.

Darüber hinaus scheinen Nomina auch konzeptuell einfacher zu sein als Verben; die perzeptuellen Elemente, die ein Objekt ausmachen, sind sozusagen dicht gepackt und eng aneinander gebunden, während die perzeptuellen Elemente, die in eine Verbbedeutung abgebildet werden, in einem lockeren, weniger gebundenen Verhältnis zueinander stehen (Gentner 1982:324f.). Dem entspricht, daß Nomina nicht so spezifisch für eine Einzelsprache sind wie Verben. Sprachen unterscheiden sich oft darin, daß ein und dasselbe verbale Konzept auf verschiedene Weise lexikalisiert wird. Und schließlich ist auch die einzelsprachliche Weise, Konzepte auf Verben abzubilden, durch konkurrierende Muster und nichtreguläres Verhalten gekennzeichnet.

Nun ließe sich einwenden, daß dieses Übergewicht der Nomina in der frühen Kindersprache einfach auf den quantitativ höheren Anteil der Nomina in der Erwachsenensprache zurückzuführen sei. Es scheint aber so zu sein, daß der Anteil von Nomen-Types höher ist als der Anteil von Verb-Types, daß aber in der gesprochenen Sprache mehr Verb-Tokens als Nomen-Tokens zu hören sind (Gentner 1982:316ff., Nelson 1995:227f.).

Während die grundlegende Beobachtung, daß in der frühen Kindersprache die Nomina ein Übergewicht gegenüber den Verben aufweisen, wohl nicht leicht widerlegt werden kann, haben einzelne Studien kritische Aspekte herausgearbeitet: Erstens kann eine große Variabilität in der Zusammensetzung des Wortschatzes beobachtet werden. So scheint es 'expressive' Kinder zu geben, die über wenig Objektnomina, aber viele Eigennamen, soziale Wörter, Handlungsbezeichnungen verfügen und 'referentielle' Kinder, die in der Tat einen großen Vorrat an Objektnomina besitzen, aber eben weniger »expressives« Wortmaterial (Barrett 1995:364ff., Nelson/Hampson/Kessler Shaw 1993:66f.).

Zweitens wird der Anteil an 'relationalen' Wörtern (etwa *that, there, no, more, oh dear, up, down,* etc.) in der frühen Kindersprache häufig unterschätzt (Gopnik/Choi 1995: 65), und Nomina machen im Wortschatz bis zu 50 Wörtern (je nach Meßmethode) höchstens die Hälfte aller Wörter aus (Bloom/Tinker/Margulis 1993:442ff.). Drittens hat sich in einer Studie von Nelson/Hampson/Kessler Shaw (1993) gezeigt, daß Kinder im Alter von 1;8 Jahren zwar im allgemeinen mehr Nomina kennen als andere Wortarten, aber von diesen Nomina sind nur die Hälfte 'basic level object categories' im Sinne von E. Rosch. Die andere Hälfte bilden Handlungs-, Ereignis-, Personen- und Ortsbezeichnungen. Viertens haben Gopnik/Choi (1995) argumentiert, daß der frühe Nomenerwerb sprachspezifisch sein muß, denn koreanische Kinder sind stärker verborientiert als etwa englische Kinder.

Wenn auch diese Studien die These von dem quantitativen Übergewicht und dem (im Vergleich zu den Verben) frühen Erwerb der Nomina relativieren, so scheint doch das Resumée von Barrett (1995:367f.) Zustimmung finden zu können: »...it would appear that, during the earliest phase of lexical development (up until 50-100 words), children tend to predominantly acquire common nouns, but after this earliest phase, they also acquire a large number of verbs and adjectives as well.«

Es gibt inzwischen eine ganze Reihe von Arbeiten, die sich mit dem Erwerb der Nomensemantik befassen (vgl. den Überblick bei Bloom 1993); die Untersuchung der Verbsemantik und -syntax ist vergleichsweise jünger (vgl. Merriman/Tomasello 1995). Richtet man sein Augenmerk auf den Erwerb von Verben, spielt eher das Syntax-Semantik-Verhältnis eine Rolle; die forschungsleitende Fragestellung ist hier, ob das Kind von konzeptuell-semantischen Vorstellungen ausgeht und diese in die Verbsyntax projiziert, oder ob umgekehrt die Verbsyntax Hilfestellung bei der Gewinnung semantischer Konzepte leistet (semantisches vs. syntaktisches 'bootstrapping', vgl. Gleitman/Landau 1994, Stenzel 1997). Bei diesen Forschungen zum Wortartenerwerb bzw. syntaktischem und/oder semantischem 'bootstrapping' geht man jedoch immer, wegen der Konzentration auf Äußerungen bzw. Sätze, von der Existenz »reiner« Wortarten aus, seien diese nun dem Kind bewußt oder erst noch zu entdecken.

Ich untersuche dagegen im folgenden den Erwerb der Wortbildung im Deutschen, bei dem sich schon sehr früh Beziehungen zwischen den Wortarten Nomen und Verb feststellen lassen. Solche Beziehungen liegen unter anderem bei der Bildung denominaler Verben und der -er-Derivation vor. Zum Beispiel wird bei der Konversion (ohne Affigierung) das Nomen *Klavier* in das Verb *klavieren* 'Klavier spielen' überführt (Stern/Stern 1928); oder bei der -er-Derivation wird das Verb *schießen* in das Nomen *Schießer* 'Jäger' überführt (Meibauer 1995a). Kinder lernen also nicht nur die Wortarten je für sich, sondern sie entdecken und verwenden schon früh Regeln der Wortbildung, die Wortarten verändern.

Von der Untersuchung solcher Nomen-Verb-Beziehungen in der Kindersprache sind eine Reihe von Aufschlüssen zu den folgenden Fragen zu erwarten: Sind Nomina früher als Verben Ausgangspunkt oder Ziel solcher Wortbildungsprozesse? Wie werden die bei der Wortbildung beteiligten Elemente und Prozesse im Lexikon repräsentiert? Gibt es Erwerbsprinzipien, durch welche sich der Wortbildungserwerb erklären läßt? Ich stelle in Abschnitt 2 zunächst die Methode dar und in Abschnitt 3 die Resultate. In Abschnitt 4 diskutiere ich die angeschnittenen Fragen.

2.   Methode

Die kindersprachlichen Daten, auf die ich mich im folgenden stütze, sind Tagebuchstudien entnommen. Ich konzentriere mich auf den Zeitraum bis 3;0 Jahren. Die Daten zu denominalen Verben und deverbalen Nomina entstammen Neugebauer-Kostenblut (1914); sie enthält Neubildungen des Jungen Rafael zwischen 1;9 und 2;10. Bei den Daten zur *-er*-Derivation stütze ich mich auf eine von mir angefertigte Tagebuchstudie (vgl. Meibauer 1995a; dort auch das vollständige Korpus) zu Neubildungen meines Sohnes Gustav zwischen 2;0 und 4;11. Andere Daten zum frühen Wortbildungserwerb im Deutschen bis 3;0 in vergleichbarem Umfang sind mir nicht bekannt.

Leider fehlt es an systematischen Tagebuchstudien zum deutschen Wortbildungserwerb. Tagebuchstudien sind zur Feststellung der Wortbildungskompetenz von Kindern unter 3 Jahren methodologisch einschlägig, da man Kinder dieser Altersgruppe schlecht Produktions- und Verständnistests unterziehen kann. Zudem ist die Beobachtung von Neubildungen eine wesentliche Methode zur Feststellung der kindlichen Wortbildungskompetenz (vgl. Asbach-Schnitker 1987, Clark 1993, Becker 1994), aber Neubildungen lassen sich durch gelegentliche Mitschnitte nur zufällig erfassen.

3.   Ergebnisse

3.1   Denominale Verben, deverbale Nomina

Im folgenden betrachten wir zunächst neugebildete denominale Verben und dann neugebildete deverbale Nomina. In bezug auf die deutsche Erwachsenensprache unterscheiden Fleischer/Barz (1992:305ff.) bei der Bildung denominaler Verben die folgenden Wortbildungsprozesse und -mittel (Px = Präfix, Sx = Suffix):

(1) Denominale Verben nach Fleischer/Barz (1992)

WB-PROZESSE	WB-MITTEL	BEISPIELE
A. Konversion ohne Affigierung	-n, -en	geige+n, öl+en
B. Präfixkonversion	Px ... -n/-en	be+neid+en
C. Suffigierung	-(e)l-n	stück+el+n
	-ier-en	marsch+ier+en
	-ig-en	kreuz+ig+en
D. Präfix-Suffix-Derivation	Px ... Sx-n/-en	zer+stück+el+n
		ver+galopp+ier+en
		be+erd+ig+en

Die Elemente *-n*, *-en* werden bei der 'Konversion ohne Affigierung' als Flexions-morpheme betrachtet. Es handelt sich nach Olsen (1990:189f.) um transparente (d.h. kategorial unspezifizierte) Elemente, die an Stämme einer bestimmten Wortart treten können.[1] Im Englischen fehlen entsprechende Formantien be-kanntlich (Marchand 1969:364); die Verbbildung mithilfe der Elemente *-ate, -ize, -ify* ist bestimmten Restriktionen unterworfen. Auch das engl. Präfix *be-* spielt bei der denominalen Derivation nur eine marginale Rolle (Marchand 1969:148).

Rafael, über den in Neugebauer-Kostenblut (1914) berichtet wird, produzier-te zwischen 1;10 und 2;10 insgesamt 25 neugebildete denominale Verben. Das Korpus ist im Anhang wiedergegeben. Folgende Tabelle faßt die wichtigsten Er-gebnisse zusammen:

Tab. 1: *Neugebildete denominale Verben bei Rafael zwischen 1;10 und 2;10 (Neugebauer-Kostenblut 1914)*

	Typen	Beleg	Häufigkeit	1. Vorkommen
Typ 1	N+n	hummeln [3]	9(10)	1;10
Typ 2	N+en	schnuren [6]	1	1;11
Typ 3	N+(e)l+n	miezeln [2]	3	1;10
Typ 4	Px+N+n	anketten [1]	6	1;9
Typ 5	Px+N+en	beölen [12]	2	1;11
Typ 6	Px+N+(e)l+n	forträdeln [8]	1	2;1

Zeichen: N = Nomen, Px = Präfix

Bei der Klassifikation ergibt sich ein Problem mit den Belegen vom Typ 3/6. Es ist nicht klar, ob etwa *stöckeln* als [$_N$stöck+el]+n oder – wie in Tabelle 1 – als [$_N$stöck]+$_V$el+n zu analysieren ist. Bei *-el* könnte es sich um das oberdeutsche Di-minutivsuffix *-el* handeln, wie es auch in *Weibel* – vgl. (15) im Korpus – vor-kommt (vgl. Fleischer/Barz 1992:178ff., Prell/Schebben-Schmidt 1995:53f.). Typ 3 wäre dann zu Typ 1, Typ 6 zu Typ 4 zu stellen. Die Häufigkeitsangabe in Klam-mern bei Typ 1 bezieht sich auf den Beleg (17) im Korpus *dreschflügeln*, bei dem ich auf das Ansetzen eines eigenen Bildungstyps verzichtet habe.[2]
Insgesamt stellen wir folgendes fest: Alle Wortbildungsprozesse, die in der Er-wachsenensprache möglich sind, kommen bei Rafael in einem Zeitraum von 5

---

1 Prell/Schebben-Schmidt (1996: 23ff.) berufen sich dagegen auf den älteren Ansatz von Fleischer (1975), der das Verbalisierungsmor-phem *-en* zugleich als Wortbildungs- und Flexionsmorphem betrachtet. Die Elemente *-igen, -ieren, -eln, -ern* werden von Prell und Schebben-Schmidt als Verbsuffixe aufgefaßt.

2 Nach Olsen (1990:207) sind komponierte Basen wie in **nachrichten* und **schreibmaschi-nen* in der Erwachsenensprache nicht möglich, was sie durch ein nicht-lizenziertes Nullsuffix erklärt. Das von ihr genannte und ausgeschlos-sene *gutachten* ist aber vollkommen gebräuch-lich.

Monaten vor, wobei bei der Suffigierung und der Präfix-Suffix-Derivation nur das Suffix *-e(l)-n* Verwendung findet. Verschiedene Präfixe (oder präfixartige Elemente) werden gebraucht, z.B. *ab-, an-, be-, um-, ein-, aus-*. Nicht-Präfixbildungen (Typen 1-3) sind häufiger als Präfixbildungen (Typen 4-6). Es handelt sich überwiegend um 'instrument verbs' oder 'characteristic activity verbs' im Sinne von Clark (1982, 1993).

Folgt man den Auszählungen Gersbach/Graf (1985:344ff.) für die gesprochene Erwachsenensprache, ergibt sich, daß die sog. nur-suffigierten Ableitungen (Typ A und C in (1)) weitaus häufiger sind als die kombinatorischen Ableitungen (Typ B und D in (1)), wobei der Unterschied in der geschriebenen Sprache (vgl. Kühnhold/Wellmann 1973) nicht so kraß ausfällt. Faßt man in Tabelle 1 jeweils die Typen 1-3 und die Typen 4-6 zusammen, ergibt sich ein Verhältnis von 13(14):9. Mit aller Vorsicht bezüglich Umfang, Alter und regionaler Gebundenheit des Rafael-Korpus läßt sich sagen, daß diese Verteilung durchaus erwachsenensprachlichen Verhältnissen entspricht, wenn auch die Proportionen sich noch stärker in Richtung Präferenz der Typen 1-3 entwickeln dürften. Darüber kann man bezüglich des Rafael-Korpus keine Aussagen machen.

Weniger häufig als denominale Verben produziert Rafael neugebildete deverbale Nomina. Klare Fälle liegen in folgenden Bildungen vor: *Vorlick* (= *Vorlieg*) 'etwas das vorliegt' mit 2;2, *Back* 'etwas Gebackenes' mit 2;2, *Schokoladenspuck* 'ausgespuckte Schokolade' mit 2;6, und *Anfaß* 'Geländer' mit 2;9. Dieser Bildungstyp scheint mit *-e*-Ableitungen zu konkurrieren, vgl. *Kämme* 'Kamm' mit 1;9, *Wische* 'Lappen' mit 1;9, *Rumlicke* 'etwas das herumliegt' mit 2;2.

Schließlich bildet Rafael auch einige deadjektivische Nomina neu: *tiefen* 'tief hineingehen oder hineinfahren in etwas' mit 1;11, *breiten* 'sich mit ausgebreiteten Beinen auf die Erde setzen' mit 2;5, *sich festen* 'fest werden' mit 2;9, *verbräundeln* 'braun werden', für das eventuell auch eine verbale Basis in Frage kommt, mit 2;10.

3.2   *-er*-Derivate

Eine genaue Auswertung des Gustav-Korpus findet sich in Meibauer (1995a); das vollständige Korpus ist dort wiedergegeben. Diese Studie enthält auch einen Vergleich mit den neugebildeten *-er*-Derivaten von Rafael. Da es in dieser Arbeit unter anderem um eine Auseinandersetzung mit der Untersuchung von Clark/Hecht (1982) geht, die in Experimenten eine Präferenz der Kinder zur Bildung von Nomina Agentis (agent nouns) festgestellt haben, wurde auch die Semantik der *-er*-Derivate (Nomen agentis, Nomen instrumenti, Nomen acti) in die Typenbildung einbezogen.[3] Für die formale Nomen-Verb-Beziehung, um die es hier in erster Linie geht, spielt diese keine Rolle.

In der Erwachsenensprache gibt es die folgenden grundlegenden Typen von
-er-Derivaten (vgl. Meibauer 1995b), wobei ich hier von der möglichen Basis
Zahlwort absehe:

(2) BASIS   NOMEN AGENTIS   NOMEN INSTRUMENTI   NOMEN ACTI
    Verb   Fahr+er   Steck+er   Seufz+er
    Nomen   Handball+er   Benzin+er   –

Vergleichen wir nun die kindersprachlichen Daten. Für den Zeitraum von 2;0
und 2;11 habe ich bei meinem Sohn insgesamt 38 neugebildete -er-Ableitungen
beobachten können:

Tab. 2: *Neugebildete -er-Derivate bei Gustav zwischen 2;0 und 2;11 (Meibauer 1995a)*

	Typen	Lesart	Beleg	Häufigkeit	1. Vorkommen
Typ I	V+er	NA	Schießer	9(10)	2;0
Typ II	V+er	NI	Hänger	2	2;0
Typ III	*V+er+er	NA	Putzerer	3	2;4
Typ IV	N+V+er	NA	Walzerfahrer	4	2;6
Typ V	N+er	NA	Lader	14(15)	2;0
Typ VI	N+er	NI	Kurver	1	2;10
Typ VII	*N+er+er	NA	Bucherer	1	2;4
Typ VIII	N+N+er	NA	Polizeiwager	3	2;3

Zeichen: V – Verb, N – Nomen, NA – Nomen agentis, NI – Nomen instrumenti

Paraphrasen für die Belege aus Tabelle 2 werden im folgenden wiedergegeben:

(3)   a. Schießer   'Jäger mit Gewehr'
        b. Hänger   'Haken'
        c. Putzerer   'jd. der putzt'
        d. Walzerfahrer   'jd. der Walze fährt'
        e. Lader   'Verkäufer im Laden'
        f. Kurver   'Fahrradlenkstange'
        g. Bucherer   'Buchträger'
        h. Polizeiwager   'jd. der Polizeiwagen fährt'

Alle erwachsenensprachlichen Bildungsmöglichkeiten aus (2) sind hier vertreten, bis auf das deverbale Nomen acti. Die mit Asterisk versehenen Typen III und
VII kommen in der Gegenwarts-Standardsprache nicht vor.

---

3 Mit Clark (1993) verstehe ich diese Etiketten
in einem konzeptuellen Sinne, also als
PERSON, GERÄT und PRODUKT. Zu einer
weiteren Klassifizierung der relevanten Konzepte
siehe Meibauer (1995b).

Es gibt in diesem Teilkorpus zwei Belege, die man als doppelmotiviert betrachten kann, d.h. es ist nicht eindeutig entscheidbar, ob die Basis ein Nomen oder Verb ist:

(4)   a. Öler   'jd. der Öl in den Motor gießt' (2;3) < Öl/ölen
        b. Kurver   'Fahrradlenkstange' (2;10) < Kurve/kurven

Kurver wurde in meiner Tabelle als denominales Derivat analysiert, da dem Kind das Verb *kurven* vermutlich nicht bekannt war. Insgesamt ergab sich ein Verhältnis von 18(19): 19 (20) (Klammer für den Fall *Öler*) von V- zu N-basierten Ableitungen. Im Verlauf der weiteren Entwicklung zeigt sich dann, daß die deverbalen Derivate im Vergleich zu den denominalen Derivaten immer häufiger werden. Da nach den Berechnungen von Wellmann (1975) das Verhältnis von deverbalen zu denominalen *-er*-Derivaten 83% zu 15% beträgt (ähnlich in der gesprochenen Sprache, vgl. Gersbach/Graf 1984), kann man daraus schließen, daß sich das Kind den Produktivitätsverhältnissen im konventionellen Lexikon der Erwachsenen anpaßt (vgl. Meibauer 1995a).

4.   Diskussion

Wortbildung ist ein Verfahren der Lexikonerweiterung. Das gilt für die Erwachsenensprache genauso wie für die Kindersprache. Einige Wortbildungsprodukte sind okkasionell, sie werden für die konkrete Kommunikationssituation gebildet, dann wieder vergessen. Andere werden memoriert, d.h. sie werden im mentalen Lexikon eine Zeitlang gespeichert, und können zu passenden Gelegenheiten abgerufen werden. Bildungen wie *abzangen* 'mit der Zange abmachen'(Neugebauer-Kostenblut 1914, Stern/Stern 1928) oder *Bestimmer* 'jd. der etwas/über Kinder bestimmt' (Augst/Bauer/Stein 1977, Meibauer 1995a) scheinen zu solchen memorierten Bildungen zu gehören, die von Kindern immer wieder neu erfunden werden. Einige dieser Neubildungen sind illegitim, in dem Sinne, daß es bereits im Erwachsenenwortschatz existierende synonyme Wörter gibt. Zum Beispiel ist *dieben* 'stehlen' (Stern/Stern 1928) illegitim. Viele Neubildungen sind aber auch legitim in dem Sinne, daß sie genauso von Erwachsenen hätten gebildet werden können, z.B. *wimpern* 'die Wimpern bewegen' (Stern/Stern 1928). Schon Stern/Stern (1928:414) machen darauf aufmerksam, daß es verwunderlich sei, daß die Umgangssprache das (illegitime) Wort *klavieren* 'Klavier spielen' nicht kenne, da es einfacher sei als die »unbequeme« konventionelle Wendung 'Klavier spielen'. Clark (1993:78ff.) vertritt die Ansicht, daß kindliche Neubildungen dem Zweck dienen, lexikalische Lücken zu füllen. Es wurde aber auch gezeigt, daß auch junge Kinder gerne mit Wörtern/mit der Wortbildung spielen (Windsor 1993). Man könnte auch argumentieren, daß Kinder gerade deshalb Neubildungen produzieren, um eine entsprechende Reaktion der anderen Gesprächsteilnehmer (Aufmerksamkeit, Korrektur, etc.) zu erzielen. Das würde sie in ihrem Wortbildungserwerb sehr unterstützen.

4.1 Erwerbsreihenfolge

Wenn ein Kind noch relativ wenig Verben kennt, ist die N→V-Konversion sicherlich ein geeignetes Mittel, um den Bestand auszubauen. Mit der V→N-Konversion und der -*er*-Derivation wird dagegen das Nomenlexikon weiter ausgebaut. Geht man in Übereinstimmung mit der angloamerikanischen Forschung (a) von einem Übergewicht der Nomina im frühen Lexikon, und (b) von der größeren »Einfachheit« der Konversion (ohne Affigierung) gegenüber der Derivation aus (vgl. 4.4), dann würde man folgende kanonische Erwerbsreihenfolge erwarten:

(5) A.   Konversion (ohne Affigierung) vor -*er*-Derivation
     B.   N→V-Konversion vor V→N-Konversion
     C.   -*er*-Derivation mit N-Basis vor -*er*-Derivation mit V-Basis

Prüfen wir dies an den Daten von Rafael. (5A) trifft nicht zu. Rafaels erste Neubildung vom Typ N → [$_v$N+n] erfolgte mit 1;10 (*hummeln* 'Geräusch einer Biene'), seine erste -*er*-Derivation mit 1;8 (*Reiber* = *Schreiber* 'Federhalter, Bleistift'). Dazu ist einerseits zu bedenken, daß die Konversion (ohne Affigierung) im Deutschen nicht so einfach ist wie im Englischen, da ja immerhin ein bestimmtes segmentierbares Element angehängt oder weggelassen werden muß. Anderseits ist zu bedenken, daß in einer frühen Phase des Wortbildungserwerbs primär das Nomenlexikon ausgebaut werden muß, nicht das Verblexikon. Von daher ist eine frühe Anwendung der N→V-Konversion eigentlich nicht zu erwarten.

(5B) trifft zu, da die erste V→N-Konversion erst mit 2;2 erfolgt. Zu diesem Zeitpunkt dürfte das Kind schon einen gewissen Verbbestand aufgebaut haben. (5C) trifft insofern nicht zu, als von Rafael – in scharfem Kontrast zu Gustav – unter 37 neugebildeten -*er*-Derivaten im Alter von 1;8 bis 2;10,5 gar keine -*er*-Derivate mit N-Basis überliefert sind (vgl. Meibauer 1995a). Eine mögliche Erklärung wäre, daß Rafael, der schon ca. 4 Monate früher als Gustav mit der -*er*-Derivation beginnt, auf dieses erwachsenensprachlich eher schwach produktive Muster durchaus verzichten kann. Rafael zeigt ein deutliches Interesse an Nomina Instrumenti, und der Typ N+*er* tritt erwachsenensprachlich überwiegend als Nomen agentis auf. Gustav allerdings probiert beide Möglichkeiten der Basiswahl mit 2;0 aus, vgl. Tabelle 2.

Die Untersuchungen von Kauschke (in diesem Band) haben ergeben, daß in der Komposition des kindlichen Wortschatzes, so wie er sich in der gesprochenen Sprache zeigt, die Nomina gegenüber den Verben überwiegen. Während aber der Nomenbestand mit 21 Monaten seinen Höhepunkt erreicht und dann wieder zurückgeht, nimmt der Bestand an Verben kontinuierlich zu. Man beachte dazu, daß Rafael sein erstes denominales Verb mit 22 Monaten produziert. Einerseits benötigt das Kind einen gewissen Nominavorrat, um in die Bildung denominaler Verben einsteigen zu können, andererseits liefert dieser Prozeß genau das, was das Kind in dieser Phase seiner Entwicklung braucht, nämlich neue Verben. Hat es Erfolg mit dem Ausbau des Verblexikons, hat es eine gute Grundlage, um in die Produktion neuer -er-Derivate und deverbaler Nomina einzusteigen. Um diese Prozesse weiter zu erforschen, benötigte man genauere Studien, als uns zur Verfügung stehen. Die Annahme ist jedoch plausibel, daß die einzelnen Wortbildungsverfahren nicht isoliert nebeneinander stehen, sondern daß sie sich gegenseitig beeinflussen, zeitlich überlappen, auf dem vorhandenen Wortschatz operieren und der (wenn auch nur temporären) Erweiterung der sprachlichen Ausdrucksmöglichkeiten dienen.

4.2   Lexikoneinträge

Im Rahmen einer lexikalistischen Wortbildungstheorie würde man erwarten, daß Kinder Lexikoneinträge für Suffixe erlernen. Zum Beispiel gehört in den Lexikoneintrag für das -er-Suffix neben einer Angabe über seine Lautung, daß (a) durch die -er-Derivation Nomina abgeleitet werden, (b) daß das -er-Suffix an verbale und nominale Basen tritt, und (c) daß das -er-Derivat eine bestimmte Bedeutung aufweist. Ein wesentliches Problem besteht darin, zu erklären, wie Kinder ein Gespür für die Produktivität von Wortbildungsmitteln bekommen. Diese Frage kann ich wegen der Beschränkung auf den frühen Wortbildungserwerb bis 3;0 hier nicht diskutieren (vgl. Clark 1993: 137ff., 253f., Meibauer 1995a). Vielmehr möchte ich auf einige Schwierigkeiten hinweisen, die bei einer angemessenen Behandlung der N-V-Beziehungen im Rahmen einer lexikalistischen Wortbildungstheorie entstehen.

Die Konversion ohne Affigierung, d.h. die bloße Umkategorisierung vom Typ N→V und V→N, hat in der Wortstrukturtheorie vor allem deswegen Aufmerksamkeit gefunden, weil sie als nicht-kombinatorischer Wortbildungsprozeß erschien, als ein dritter Haupttyp von Wortbildungsprozeß neben der Affigierung und der Komposition, bei denen immer einem Ausgangselement morphologisches Material hinzugefügt wird.

Auf Marchand (1969) geht die Idee zurück, daß engl. Konversionsbildungen ein Nullmorphem aufweisen:

(6) legal-ize : clean-∅
     atom-ize : cash-∅

Suffixe haben die generelle Eigenschaft, eine Wortart/Kategorie in eine andere zu überführen. Genau wie das Adjektiv *legal* durch das Suffix *-ize* in ein Verb überführt werde, so werde das Adjektiv *clean* durch das Nullsuffix ∅ in ein Verb überführt.

Gegen die Annahme eines Nullsuffixes hat Lieber (1981) Einwände erhoben. Sie argumentiert, daß das Nullsuffix bei deutschen deverbalen Nomina nicht nur drei Genera, sondern auch verschiedene Flexionsklassen innerhalb der Genera erfassen müßte; und dies wäre ein absolut untypisches Verhalten für ein nominales Suffix.

Olsen (1990:194) hat dagegen eingewendet, daß es sich bei den entsprechenden deutschen Daten um einen historisch fixierten Bestand handele, der für die synchrone Wortbildung keine Rolle spiele. Olsen (1990:202ff.) bevorzugt eine Variante des Marchandschen Nullmorphems im Rahmen des abstrakten Morphembegriffs (notiert durch M) der autosegmentalen Phonologie. Wie diese Theorie mit einer lexikalistischen Wortbildungstheorie zusammenhängt, bleibt offen; ebenso, ob M einen Lexikoneintrag hat.

Der Konversionsbildung *zelten* kommt jedenfalls nach Olsen (1990:206) die folgende Struktur zu:

(7)
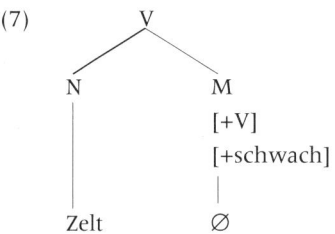

Ein solches Morphem – versehen »mit einer leeren phonologischen Melodie« (S. 213), verbindet sich nur mit nominalen und adjektivischen Basen zur Ableitung von Verben; deverbale Nomina werden als unproduktiv betrachtet. Als Gewinn dieser Theorie verbucht Olsen zweifellos, daß Konversion unter die Derivation subsumiert wird, und daß M als Kopf der Derivation behandelt wird.

Aus der Perspektive der Kindersprache ist jedoch nicht klar, inwiefern Kinder einen Lexikoneintrag für Nullmorpheme und damit den Begriff des leeren Kopfs in der Wortbildung erlernen. Ansätze, die ohne einen solchen Begriff des leeren Kopfs auskommen, scheinen für die Modellierung zumindest des frühen Wortbildungserwerbs geeigneter zu sein, da sie theoretisch weniger belastet sind.[4] Sehen wir uns unter diesem Gesichtspunkt noch einmal den Ansatz von Lieber (1981) an. In diesem Ansatz werden Lexikoneinträge, z.B. für den Verbstamm *ruf-* und das Nomen *Ruf*, durch Redundanzregeln vom Typ 'X steht in Beziehung zu Y' miteinander verknüpft. Der (für Lieber rein semantischen) Intuition über die 'Ableitungsrichtung' zwischen Nomen und Verb soll zusätzlich durch 'Semantische Interpretationsregeln' Rechnung getragen werden. Diese Regeln stellen einen Zusammenhang zwischen einem im Lexikon schon existierenden und mit einem vollen Lexikoneintrag versehenen Ausgangselement, und dem von diesem per Konversion abgleiteten, und deshalb semantisch noch unterbestimmten neuen Element her (Lieber 1981: 185f.). Zum Beispiel sei $_N$*Fisch* primär gegenüber $_V$*fischen*; dann tritt folgende Regel in Kraft (Übersetzung nach Olsen 1990):

(8) N→V Semantische Interpretationsregel
     Kommt ein semantisch vollspezifiziertes Nomen X, und ein verwandtes, aber semantisch nicht vollspezifiziertes Verb Y vor, so dient X als ein Argument in der Interpretation von Y.

'Fischen' heißt also so viel wie 'Fische fangen'. Das Gegenstück zu dieser Regel ist die folgende Interpretationsregel:

(9) V→N Semantische Interpretationsregel
     Kommt ein semantisch vollspezifiziertes Verb Y, und ein verwandtes, aber semantisch nicht vollspezifiziertes Nomen X vor, so wird X interpretiert als 'eine Instantiierung der verbalen Handlung'.

Diese Regel findet bei Fällen wie *treffen* → *Treff* Anwendung, wo das Verb als primär gelten kann.

Die Regeln sollen für das konventionelle Lexikon des Erwachsenen gelten. Man beachte dazu, daß es auch hier eine Reihe von Fällen gibt, wo solche Intuitionen über die Ableitungsrichtung einfach nicht bestehen (z.B. *rufen/Ruf, küs-*

---

4 Vgl. dazu folgende petitio principii bei Olsen (1992:10f.): »Die Notwendigkeit der Annahme eines Morphologie-Moduls ergibt sich daraus, daß die kombinatorische Natur gewisser Wortbildungstypen - wie beispielsweise der Nullableitung [...] - nicht in genügendem Maße an der Oberfläche signalisiert ist, daß das sprachlernende Kind sofort auf ihre binäre, endozentrische Struktur als einzige Analysemöglichkeit schließen könnte.« Später ist sogar »von einer genetischen Vorprogrammierung des positionellen Kopf-Begriffs« (S. 15) die Rede.

sen/Kuß etc.). Von kleinen Kindern eine semantische Überlegung derart zu erwarten, daß die Handlung des Fischens notwendig die Existenz von Fischen voraussetzt, und daß deswegen *Fisch* primär gegenüber *fischen* sein muß, scheint verfehlt (vgl. Olsen 1986:122f., Fleischer/Barz 1992:210f.).

Wenn für kleine Kinder eine Ableitungsrichtung besteht, dann eher bei Neubildungen. Es ist sicherlich richtig, anzunehmen, daß das Wort *Schnur* bekannt sein muß, damit das Kind *schnuren* bilden kann; man würde nicht erwarten, daß es *schnuren* bildet, ohne jemals zuvor *Schnur* gehört zu haben. Ist das Paar *schnuren/Schnur* erst einmal memoriert, dann spielt es für das Kind wahrscheinlich keine Rolle, welches von beiden primär ist. Eine Regel, die (8) ähnelt, ohne jedoch einen entsprechenden lexikalistischen Status zu haben, wurde von (Clark 1982:417) vorgeschlagen (vgl. auch Aronoff 1980):

(10) Any noun denoting a concrete entity can be used as a verb for talking about a state, process, or activity associated with that entity.

Dies ist – wie Clark (1982:416) selbst sagt – »an extremely general rule«, aber es ist nicht unplausibel anzunehmen, daß sich Kinder in einem frühen Stadium des Wortbildungserwerbs eher an solchen Regeln orientieren, als an solchen wie (8) oder (9). Nur wenn das Kind tatsächlich schon Paare wie *Fisch/fischen* gehört und als zusammengehörig analysiert hat, kann man annehmen, daß Regeln wie (8)/(9) im kindlichen Lexikon eine Rolle spielen.

Ähnliche Einfachheitsüberlegungen lassen sich hinsichtlich des Status der Konversionsregularitäten anbringen. Eine einfache Konversionsregel wie etwa N→V wird von Lieber (1981:180f.) und Olsen (1990) abgelehnt, und zwar aus theorieinternen Gründen (vgl. dagegen Aronoff 1980 und Olsen 1986). Für Kinder um 2;0 Jahren aber könnte gerade diese Einfachheit der Regel der entscheidende Grund sein, warum sie gerne angewendet wird. Mindestens für diese Kinder ist nicht ausgeschlossen, daß die Konversion (ohne Affigierung) ein nicht-kombinatorischer, kopfloser Wortbildungsprozeß ist.

Bei der deutschen *-er*-Derivation handelt es sich um einen Prozeß, der erwachsenen- und kindersprachlich nicht mit einer oft gemachten Annahme über suffixale Köpfe – daß diese grundsätzlich kategorienverändernde Wirkung haben – in Übereinstimmung steht. In der Darstellung von Olsen (1986) und Olsen (1992) werden die denominalen *-er*-Derivate ignoriert; vermutlich, weil sie als nicht-produktiv gelten (vgl. Meibauer 1995b). In meiner Untersuchung zum Erwerb des Lexikoneintrags für das *-er*-Suffix (Meibauer 1995a) wird aber deutlich, daß das Kind nicht nur die Kategorienveränderung bei verbaler Basis beherrscht, es kann auch aus einem Nomen durch Hinzufügung eines Suffixes ein neues Nomen machen (vgl. Tabelle 2). Auch dies zeigt, daß man theorieinterne Überlegungen – etwa über die kategorienverändernde Funktion von Suffixen – nicht vorschnell auf den Bereich der Kindersprache übertragen darf; da Kinder sich erst langsam den erwachsenensprachlichen Produktivitätsverhältnissen anpassen, haben sie durchaus eigene Vorstellungen über die Produktivität von Wortbildungsprozessen.

4.3   Doppelmotivierung

Im Deutschen gibt es eine ganze Reihe von konventionellen -er-Derivaten, deren Basis nicht eindeutig hinsichtlich Nomen- oder Verb-Status bestimmt werden kann, z.B. *Geiger, Rufer, Fischer*. Solche Fälle gibt es auch im Gustav-Korpus. Im allgemeinen werden diese Fälle nur klassifikatorisch behandelt. Man kann allerdings fragen, ob ihnen nicht eine bestimmte Funktion im Wortbildungserwerb zufallen kann. Schon Wilmanns (1899:14f.) hatte ihre entwicklungsgeschichtliche Bedeutung darin gesehen, daß sie »die Übertragung der Suffixe von einer Wortart auf die andere« vermitteln; sprachgeschichtlicher Hintergrund ist dabei die Tendenz von der denominalen zur deverbalen -er-Derivation (Meibauer 1998). Für die frühe Kindersprache könnte eine Rolle spielen, daß gerade diese Fälle Unterstützung für die Annahme liefern, daß jede Basis – gleich ob Nomen oder Verb – bei der -er-Derivation eine zulässige Basis ist. Man müßte, um dies testen zu können, genaue Angaben über die Häufigkeit dieses Typs in der Erwachsenensprache, im elterlichen Input und im konventionellen Lexikon der Kinder haben.

Hier bleibt nur, auf die Studie von Nelson (1995) hinzuweisen, die sich mit solchen Wörtern befaßt, die im Englischen als Nomen und Verb klassifiziert werden, z.B. *call, drink, help, hug, kiss, walk* ('dual category'-Ausdrücke). Nelson interessiert sich nicht für den Wortbildungsaspekt, sondern für die einleitend skizzierte Hypothese, daß Verben sich typischerweise auf Handlungen beziehen und Nomina auf Objekte. Die genannten 'dual category'-Ausdrücke beziehen sich nun sämtlich auf Handlungen (wenn auch in unterschiedlichem Maße) und sollten daher in ambigen Kontexten von den Kindern als Verben kategorisiert werden.

Bei der Untersuchung ergab sich zunächst, daß der Anteil von 'dual category'-Ausdrücken im konventionellen englischen Erwachsenenlexikon größer war als vermutet. Bei einer Auszählung von Nomen/Verb-types in der englischen Erwachsenensprache ergab sich ein Anteil von 11% an 'dual category'-Ausdrücken. Das Verhältnis von Nomina zu Verben betrug ungefähr 4:1.

Ein wichtiges Ergebnis der Untersuchung von 12 Mutter-Kind-Paaren (Alter der Kinder 13, 16, 18, 20 Monate; 8 Mädchen und 4 Jungen) ist, daß in den meisten Verwendungen die 'dual category'-Ausdrücke morphologisch nicht markiert waren. Nelson schließt daraus, daß die Kinder sich in ihrer Kategorienzuweisung auf syntaktische oder semantische Informationen stützen müßten. Spärlichkeit des Gebrauchs dieser Ausdrücke durch die Kinder in den beobachteten Situationen ließ jedoch keine weiteren Schlüsse zu. Nelson (1995:246) nimmt jedoch an, daß die Kinder die fraglichen Ausdrücke eher als Verben klassifizieren. Das würde die mutmaßliche Annahme, daß Verben als prototypische Bezeichnungen für Handlungen verstanden werden, bestätigen und wäre zugleich ein Argument für semantisches 'bootstrapping'.

Ausnahmen waren *kiss* und *bite*, die als Nomina klassifiziert wurden. Gerade der Fall von *kiss* ist insofern merkwürdig, als die beiden Denotate auf einer Skala von Distinktheit der Nomen-/Verbbedeutung eindeutig als nicht-distinkt einzuordnen sind (Nelson 1995: 235); daraus sollte eigentlich die Kategorisierung als Verben folgen. Auf der anderen Seite war gerade *kiss* (zusammen mit *hug*) öfter als Plural markiert. Morphologische Information ist hier anscheinend gewichtiger als semantische Information. Außerdem wurde *kiss* von den Müttern überwiegend als Nomen gebraucht.

Wegen der klaren Infinitivmarkierung *-en* bei deutschen Verben und ihrem wohl überwiegend flektierten Auftreten im elterlichen Input ist nicht zu erwarten, daß diese Ergebnisse für das Deutsche repliziert werden können. Was die Studie aber sehr deutlich zeigt, ist, daß Kinder in bestimmten ambigen Kontexten vor einem Kategorisierungsproblem stehen, und daß sie dann eine Hypothese vor dem Hintergrund ihrer Wortartenkompetenz bilden müssen. Die Wortartenkompetenz ist ein Bündel aus syntaktischem, morphologischem und semantischem Wissen. Ein mit den dual category-Fällen vergleichbares Problem tritt nun auch bei der Analyse von Wortbildungen mit doppelmotivierter Basis auf. Man würde erwarten, daß bei doppelmotivierter Basis junge Kinder eine Tendenz zur Annahme aufweisen, daß es sich um eine nominale Basis handelt, während ältere Kinder (in Übereinstimmung mit den erwachsenensprachlichen Produktivitätsverhältnissen) eher zur Annahme neigen, daß es sich um eine verbale Basis handelt. Im Gustav-Korpus läßt sich eine klare Tendenz zum Abbau der nominalen Basen zeigen (vgl. Meibauer 1995a). In jedem Fall könnte gerade diesen Fällen eine Schlüsselfunktion in der Konstitution von Nomen-Verb-Beziehungen auf der Ebene der Derivation zukommen.

4.4   Die Prinzipien der Einfachheit und Transparenz

Wie man beobachten kann, paßt sich das Kind im Laufe des Wortbildungserwerbs gewissen Wortbildungsbeschränkungen an, die in der Erwachsenensprache gültig sind. Wie dies geschieht – insbesondere, welche Rolle die Beobachtung der Häufigkeit eines Wortbildungstyps und die Analogiebildung spielen, ist unklar. Clark (1993:137ff.) bleibt in dieser Hinsicht äußerst verhalten, vielleicht zu Recht, denn die Produktivität ist auch für die Erwachsenensprache noch ein Rätsel (Baayen/Renouf 1995). Im Vordergrund ihres Ansatzes stehen einige Prinzipien, die einen gewissen Erklärungsanspruch in bezug auf den Gang des Wortbildungserwerbs haben (vgl. die Kritik von Johnston 1996). Ich gehe hier auf das Prinzip der Einfachheit der Form und das Prinzip der Transparenz ein.

Das Prinzip der Einfachheit der Form lautet folgendermaßen (Clark 1993:120):

(11) Simplicity of Form
      Speakers find it easier to interpret and coin a new word the simpler it is in form – that is, the less its root changes in its construction.

Angewandt auf die Entwicklung des Wortbildungserwerbs ist die Voraussage für das Englische, daß die N→V-Konversion ('zero-derivation') vor der Affigierung stattfindet, denn hier wird einfach eine Basis umkategorisiert, während bei der Affigierung der Basis etwas hinzugefügt wird.

Betrachtet man nun die Daten von Rafael, können wir folgendes feststellen: Seine erste Neubildung vom Typ N→[$_V$N+n] erfolgte mit 1.10 (*hummeln* 'Geräusch einer Biene', seine erste -er-Derivation mit 1.8 (*Reiber* = *Schreiber* 'Federhalter, Bleistift'). Bei Rafael scheint also – entgegen der Voraussage – die Suffigierung vor der Konversion zu beginnen. Die Bildung *anketten* 'Kette ummachen' mit 1;9 ist eine Präfixkonversion und *miezeln* 'Miauen einer Katze, die Mieze genannt wurde' mit 1;10 eine Suffigierung im Sinne von Fleischer/Barz (1992). Beides sind komplexere Typen als die Konversion ohne Affigierung.

Insgesamt produziert Rafael nur 10(11) Bildungen vom Typ Konversion ohne Affigierung, während die komplexen restlichen Bildungen 14(15) ausmachen. Der Eindruck, daß das Deutsche hinsichtlich der Bildung denominaler Verben dem Englischen ähnele (vgl. Clark 1993:206), stimmt jedenfalls angesichts dieser Daten nicht.

Es scheint daher, daß ein Prinzip wie (11) »parametrisiert« werden muß; d.h. bei der Bemessung der Einfachheit eines Wortbildungsprozesses und -produkts ist nicht nur der Grad der Veränderung eines Ausgangsmaterials zu bedenken (der ja zwischen dem Englischen und dem Deutschen differiert, vgl. 4.1), sondern auch die Produktivität eines Prozesses in der Erwachsenensprache. Im Englischen ist vor allem die Ableitung denominaler Verben vom Typ der 'zero-conversion' produktiver als in anderen Sprachen (Marchand 1969:363ff.), und die Bildung von Nomina Agentis scheint in einem frühen Entwicklungsstadium eher kompositional zu erfolgen (*cut-man* vs. *cutter*), vgl. Clark (1993:177ff.).

Neugebildete denominale Verben wie *to button* 'to press [the button on a calculator]' werden von Clark (1993:116) auch als Evidenz für das Prinzip der Transparenz der Bedeutung gewertet:

(12)   Transparency of meaning
       Speakers try to interpret and coin new words that are transparent in mea-
       ning – that is, words that are based on known roots and affixes.

Während es in der Tat plausibel ist, daß Kinder sich bei der Neubildung auf schon
bekannte Elemente stützen, ist doch aus der Diskussion um die Ableitungsrichtung in 4.2 deutlich geworden, daß das abgeleitete Element zunächst semantisch
unterbestimmt und in diesem Sinne nicht voll transparent ist. Es gibt bei einem
Wort wie *miezeln* eine große Menge an potentiellen Bedeutungen, die zum Teil
auch kontextuell induziert sein dürften.

Möglicherweise ist gerade diese semantische Offenheit eines Wortbildungs-
produkts etwas, was den Benennungsbedürfnissen der Kinder entgegenkommt.

4.5   Zusammenspiel von Konversion und -*er*-Derivation

Der Erwerb der Konversion und der -*er*-Derivation begünstigt das Füllen lexikalischer Lücken und dient – bei memorierten Bildungen – der Erweiterung des Lexikons. Wissen über die Regularitäten der Wortbildung dient aber auch der Analyse des bereits etablierten, konventionellen Lexembestands, ein bei Clark (1993)
vernachlässigter Gesichtspunkt. Im folgenden skizziere ich, wie ein Kind, dem jeweils das Nomen oder das Verb bekannt ist, mithilfe der Verfahren der Konversion ohne Affigierung und der -*er*-Derivation seinen Wortschatz erweitern kann.
Die folgenden Fälle sind nach dem Grad der Leichtigkeit, mit der diese Erweiterung vorgenommen werden kann, geordnet. Betrachten wir zunächst (12):

(13)   Geige   →   geigen   geigen   →   Geige
                  →   Geiger   →   Geiger

Hört das Kind zuerst *Geige*, dann kann es daraus die Wörter *geigen* per Konversion und *Geiger* per -*er*-Derivation gewinnen. Hört es zuerst das Wort *geigen*, kann
es per N→V- Konversion *Geige* und per -*er*-Derivation *Geiger* gewinnen. Es befindet sich damit immer in Übereinstimmung mit dem Lexikon der Erwachsenen,
denn alle Bildungen sind usuell. Vgl. nun (14)(Meibauer 1995a; *Öler* wurde von
Gustav mit 2;3 gebildet):

(14)   Öl   →   ölen   ölen   →   Öl
               →   #Öler   →   #Öler

In diesem Fall ist *Öler* eine Neubildung (markiert durch #). Im folgenden Beispiel sind die Möglichkeiten etwas eingeschränkter:

(15) Fußball   →   #fußballen   #fußballen   →   Fußball
            →   Fußballer   →   Fußballer

Hier kann das Kind nur das Nomen *Fußball* hören, und von dort mittels N→V-Konversion zu *fußballen* gelangen, oder per *-er*-Derivation zum usuellen *Fußballer*. Anders im Fall (16), bei dem die entsprechenden Wortbildungsprodukte beide nicht-konventionell sind (Neugebauer-Kostenblut 1914; *zangen* wurde von Rafael mit 2;4 gebildet):

(16) Zange   →   #zangen   #zangen   →   Zange
            →   #Zanger   →   #Zanger

Noch mehr Aufwand verlangt der folgende Fall (Neugebauer-Kostenblut 1914):

(17) #Back   →   backen   backen   →   #Back
            →   Bäcker   →   Bäcker

Hier scheidet *Back* als Grundlage für weiterführende Prozesse aus. Das Verb *backen* kann vom Kind gehört werden, und es kann per V→N-Konversion *Back* und per *-er*-Derivation *Bäcker* gewinnen.

Es scheint nun möglich, die Leichtigkeit, mit der das Lexikon ausgebaut werden kann, zu bemessen, wobei wir hier nur einen winzigen Auschnitt betrachtet haben (und von dem Ausgangspunkt *-er*-Derivat ganz abgesehen haben). Das bereits etablierte Lexikon, Kenntnis der Wortbildungsprozesse qua Analyse usueller Bildungen, Blockierung durch das konventionelle Lexikon und Beobachtung der konventionellen Produktivitätsverhältnisse, und schließlich der angezielte Nutzen einer Bildung in einer Kommunikationssituation dürften die wesentlichen Einflußfaktoren sein.

5.   Schluß

Wir sind davon ausgegangen, daß Nomina gegenüber Verben im frühen Lexikon überwiegen. In der bisherigen Debatte, in der man dies überwiegend semantisch erklärt hat – Nomina sind prototypisch Objektbezeichnungen, Verben prototypisch Handlungsbezeichnungen – hat man sich auf die Rolle von Nomina und Verben im Satzrahmen konzentriert. Dabei zeigt die Betrachtung des Wortbildungserwerbs sehr deutlich, daß das Kind schon früh Beziehungen zwischen Nomen und Verb etabliert. Es weiß, daß man Nomina in Verben und Verben in Nomina verwandeln kann; es weiß auch, daß man Nomina aus Verben und Nomina gewinnen kann, indem man das Suffix -er hinzufügt. Die Asymmetrie der Verwendung von N→V- vs. V→N-Konversion korreliert mit Regularitäten in der Komposition des kindlichen Wortschatzes. Ich habe hier angenommen, daß es eher unwahrscheinlich ist, daß das Kind ein Nullmorphem als Lexikoneintrag hat, oder daß es davon ausgeht, daß Suffixe immer die Kategorie der Basis verändern müssen. Vielmehr scheint es sich von semantischen Erwägungen leiten zu lassen, zum Beispiel, daß man jedes Nomen, das ein Objekt bezeichnet, benutzen kann, um über eine Handlung zu sprechen, die man mit dem Objekt durchführt. Diese Überlegungen weisen in die Richtung einer semantischen 'bootstrapping'-Hypothese im Bereich des Wortbildungserwerbs.

Literatur

Aronoff, Mark (1980): Contextuals.- In: *Language* 56, 744-758.

Asbach-Schnitker, Brigitte (1987): Wortbildungserwerb und Lexikalismus: Zur Konstituentenabfolge innerhalb morphologisch komplexer Wörter des Deutschen.- In: B. Asbach-Schnitker, J. Roggenhofer (Hgg.): *Neuere Forschungen zur Wortbildung und Historiographie der Linguistik. FS Herbert Brekle.*- Tübingen: Narr, 225-237.

Augst, Gerhard/Bauer, Andrea/Stein, Anette (1977): *Grundwortschatz und Ideolekt. Empirische Untersuchungen zur semantischen und lexikalischen Struktur des kindlichen Wortschatzes.*- Tübingen: Niemeyer.

Barrett, Martyn (1995): Early Lexical Development.- In: P. Fletcher, B. MacWhinney (Eds.), *The Handbook of Child Language.*- Oxford: Blackwell, 362-393.

Baayen, R. Harald/Renouf, Antoinette (1996): Chronicling the Times: Productive Lexical Innovations in an English Newspaper.- In: *Language* 72, 69-96.

Becker, Judith A. (1994): 'Sneak-shoes', 'sworders' and 'nose-beards': a case study of lexical innovation.- In: *First Language* 14, 195-211.

Bloom, Lois/Tinker, Erin/Margulis, Cheryl (1993): The Words Children Learn: Evidence Against a Noun Bias in Early Vocabularies.- In: *Cognitive Development* 8, 431-450.

Bloom, Paul (1993): Overview: Controversies in language acquisition. In: P. Bloom (Ed.): *Language Acquisition: Core readings.*- Cambridge, Mass: MIT Press, 5-48.

Clark, Eve (1982): The young word maker: a case study of innovation in the child's lexicon.- In: E. Wanner, L.R. Gleitman (Eds.): *Language Acquisition. The State of the Art.*- Cambridge: C.U.P., 390-425.

Clark, Eve (1993): *The lexicon in acquisition.*- Cambridge: C.U.P.

Clark, Eve/Hecht, Barbara (1982): Learning to coin agent and instrument nouns.- *Cognition* 12, 1-24.

Fleischer, Wolfgang (1975): *Wortbildung der deutschen Gegenwartssprache.*- Tübingen: Niemeyer.

Fleischer, Wolfgang/Barz, Irmhild (1992): *Wortbildung der deutschen Gegenwartssprache.* – Tübingen: Niemeyer.

Gentner, Dedre (1982): Why nouns are learned before verbs: linguistic relativity versus natural partitioning.- In: S.A. Kuczaj II (Ed.), *Language Development. Vol. 2: Language, thought and culture.*- Hillsdale: Erlbaum, 301-334.

Gersbach, Bernhard/Graf, Rainer (1984): *Wortbildung in gesprochener Sprache. Die Substantiv-, Verb- und Adjektiv-Zusammensetzungen und -Ableitungen im »Häufigkeitswörterbuch gesprochener Sprache«. Bd. 1.*- Tübingen: Niemeyer.

Gersbach, Bernhard/Graf, Rainer (1985): *Wortbildung in gesprochener Sprache. Die Substantiv-, Verb- und Adjektiv-Zusammensetzungen und -Ableitungen im »Häufigkeitswörterbuch gesprochener Sprache«.* Bd. 2.- Tübingen: Niemeyer.

Gleitman, Lila/Landau, Barbara (Eds.)(1994): *The Acquisition of the Lexicon.*- Cambridge, Mass.: MIT Press.

Gopnik, Alison/Choi, Soonja (1995): Names, Relational Words, and Cognitive Development in English and Korean Speakers: Nouns are not Always Learned before Verbs.- In:

M. Tomasello, W.E. Merriman (Eds.): *Beyond Names for Things. Young Children's Acquisition of Verbs.*- Hillsdale: Erlbaum, 63-80.

Kühnhold, Ingeburg/Wellmann, Hans (1973): *Deutsche Wortbildung. Typen und Tendenzen in der Gegenwartssprache. Erster Hauptteil: Das Verb.*- Düsseldorf: Schwann.

Johnston, Margaret (1996): Review of Eve V. Clark, The lexicon in acquisition. *Journal of Child Language* 23, 725-730.

Kauschke, Christina (1998): Früher Wortschatzerwerb im Deutschen: eine empirische Studie zum Entwicklungsverlauf und zur Komposition des kindlichen Lexikons. *(in diesem Band)*

Lieber, Rochelle (1981): Morphological conversion within a restrictive theory of the lexicon.- In: M. Moortgat, H. v.d. Hulst, T. Hoekstra (Eds.): *The scope of lexical rules.*- Dordrecht/Cinnaminson: Foris, 161-200.

Maratsos, Michael P. (1991): How the Acquisition of Nouns May Be Different from That of Verbs.- In: N.A. Krasnegor, D.M. Rumbaugh, R.L. Schiefelbusch, M. Studdert-Kennedy (Eds.): *Biological and Behavioral Determinants of Language Development.*- Hillsdale: Erlbaum, 67-88.

Marchand, Hans (1969): *The Categories and Types of Present-Day English Word-Formation. A Synchronic-Diachronic Approach.*- Second edition. München: Beck.

Meibauer, Jörg (1995a): Neugebildete *-er*-Derivate im Spracherwerb. Ergebnisse einer Langzeitstudie.- In: *Sprache & Kognition* 14, 138-160.

Meibauer, Jörg (1995b): Wortbildung und Kognition. Überlegungen zum deutschen *-er*-Suffix.- In: *Deutsche Sprache* 23, 97-123.

Meibauer, Jörg (1998): *kunst vertrücker* und *kolengreber*: Zum Wortbildungswandel der N+V+*er*-Bildungen im Frühneuhochdeutschen.- In: I. Barz, G. Öhlschläger (Hgg.): *Zwischen Grammatik und Lexik.*- Tübingen: Niemeyer.

Merriman, William E./Tomasello, Michael (1995): Introduction: Verbs are Words too.- In: M. Tomasello, W.E. Merriman (Eds.): *Beyond Names for Things. Young Children's Acquisition of Verbs.*- Hillsdale: Erlbaum, 1-18.

Nelson, Katherine (1995): The Dual Category Problem in the Acquisition of Verbs.- In: M. Tomasello, W.E. Merriman (Eds.): *Beyond Names for Things. Young Children's Acquisition of Verbs.*- Hillsdale: Erlbaum, 223-249.

Nelson, Katherine/Hampson, June/Kessler Shaw, Lea (1993): Nouns in early lexicons: evidence, explanations and implications.- In: *Journal of Child Language* 20, 61-84.

Neugebauer-Kostenblut, Hanna (1914): Sprachliche Eigenbildungen meines Sohnes. In: *Zeitschrift für Kinderforschung* 19, 174-181; 242-246; 362-370.

Olsen, Susan (1986): *Wortbildung im Deutschen. Eine Einführung in die Theorie der Wortstruktur.*- Stuttgart: Kröner.

Olsen, Susan (1990): Konversion als ein kombinatorischer Wortbildungsprozeß.- In: *Linguistische Berichte* 127, 185-216.

Olsen, Susan (1992): Zur Grammatik des Wortes. Argumente zur Argumentvererbung.- In: *Linguistische Berichte* 137, 3-32.

Prell, Heinz-Peter/Schebben-Schmidt, Marietheres (1996): *Die Verbableitung im Frühneuhochdeutschen.*- Berlin/New York: de Gruyter.

Stenzel, Achim (1997): *Die Entwicklung der syntaktischen Kategorien Nomen und Verb bei ein-*

und zweisprachigen Kindern.- Tübingen: Narr.

Stern, Clara/Stern, William (1928): *Die Kindersprache. Eine psychologische und sprachtheoretische Untersuchung.* 4. Aufl. (Nachdruck 1982).- Darmstadt: WBG.

Wellmann, Hans (1975): *Deutsche Wortbildung. Typen und Tendenzen in der Gegenwartssprache. Zweiter Hauptteil: Das Substantiv.*- Düsseldorf: Schwann.

Wilmanns, Wihelm (1899): *Deutsche Grammatik. Gotisch, Alt-, Mittel- und Neuhochdeutsch. Zweite Abteilung: Wortbildung.*- Straßburg: Trübner.

Windsor, Jennifer (1993): The functions of novel word compounds.- In: *Journal of Child Language* 20, 119-138.

Anhang: Korpus Rafael (Neugebauer-Kostenblut 1914)

(1) 1.9   an+kette+n   Px+N+n
           'Kette ummachen'
           - konventionelles Wort *anketten* 'an die Kette legen'
           unbekannt

(2) 1.10 mieze+l+n   N+(e)l+n
           'Miauen der Katze, die Mieze genannt wurde'

(3) 1.10 hummel+n   N+n
           'Geräusch einer Biene'

(4) 1.10 bilder+n   N+n
           'im Bilderbuch blättern'
           - Pluralform von Bild als Basis

(5) 1.11 leiter+n   N+n
           'auf die Leiter steigen'

(6) 1.11 schnur+en   N+en
           'eine Schnur binden'

(7) 1.11 ab+schnur+en   Px+N+en
           'abbinden'

(8) 2.1   fort+räd+el+n   Px+N+(e)l+n
           »Lekta-Sch is forträdelt.«
           'Wegfahren einer Straßenbahn'

(9) 2.1   peitsche+n   N+n
           'peitschen'
           - konventionelles Wort unbekannt

(10) 2.2   rein+spitze+n   Px+N+n
           'mit der Spitze eines Gegenstands in ein Loch
           stoßen'
           - auch Analyse als Px+Adj+en möglich

(11) 2.3   an+brosche+n   Px+N+n
           'Gürtelschloß anmachen'

(12) 2.3   be+öl+en   Px+N+en
           'sich mit Öl dreckig machen'

(13) 2.4   zange+n   N+n
             »Mutter, was kann ich noch zangen?«
             'mit einer Zange bearbeiten'

(14) 2.4   ab+zange+n, um+zange+n   Px+N+n
             'mit einer Zange bearbeiten'

(15) 2.4   ein+weib+el+n   Px+N+e(l)+n
             »Die Lampe is einweibelt.«
             'die Lampe so mit einem Staubtuch umhüllen,
              daß sie aussieht wie ein Weibel' – »Weibel«
             hatte die Mutter R. genannt, als er mit einem
             Badetuch umhüllt war.

(16) 2.4   flügel+n   N+n
             'Tuch schütteln'

(17) 2.4   dresch+flügel+n   V+N+n
             'Dreschflügel=Dreschflegel benutzen'

(18) 2.4   tunndel+n   N+n
             »Die Schraube tunndelt durch.«
             'Bewegung einer Schraube beim Eindrehen'

(19) 2.6   mühle+n   N+n
             'eine kleine Leier drehen'

(20) 2.7   be+wasser+n   Px+N+n
             »Der Stock soll bewassert sein!«
             'naß machen'

(21) 2.8   näs+el+n   N+(e)l+n
             'an der Nase hin- und herwischen'
             - konventionelles Wort unbekannt

(22) 2.9   stöck+el+n   N+(e)l+n
             'Steine mit einem Stock streicheln'

(23) 2.9   schnäbsel+n   N+n
             'Tätigkeit eines Schnabels von Straußen
              im Bilderbuch'

(24) 2.9   ab+schnabel+n, weg+schnabel+n   Px+N+n
             'eine Erdbeeren naschende Amsel spielen'

(25) 2.10   aus+plätz+el+n   Px+N+(e)l+n
             'Plätzchen ausstechen'

Flexion und Wortbildung im Spracherwerb[1]

Susanne Niedeggen-Bartke

Abstract   Ab wann beherrschen Kinder die Prinzipien der Erwachsenengrammatik? Als ein Beitrag zu dieser Diskussion soll die Untersuchung eines Teilbereiches des mentalen Lexikons dienen, das nicht allein als eine reine Auflistung von Wörtern betrachtet wird, sondern ebenso morphologische und phonologische Prozesse umfaßt. Gegenstand der vorliegenden experimentell angelegten Untersuchung sind die Pluralflexion und die lexikalische Komposition im Spracherwerb des Deutschen. Die Ergebnisse aus zwei Elizitationsverfahren zeigen, daß bereits den jüngsten Kindern der hier untersuchten Gruppe (Alter: 3 Jahre) die Prozesse, die das mentale Lexikon strukturieren, zur Verfügung stehen. Zugleich ermöglichen die Ergebnisse, die Rolle von Inputfrequenzen für die Organisation des mentalen Lexikons einzuschätzen.

1.   Die Modelle und der Spracherwerb

In einer Untersuchung zur englischen Pluralflexion und Kompositumbildung hat Gordon (1985) erste Hinweise darauf gefunden, daß bereits sehr junge Kinder bestimmte Grammatikprinzipien der Erwachsensprache beherrschen. An seiner Studie nahmen insgesamt 33 Kinder im Alter von drei bis fünf Jahren teil. Die Durchführung des Experimentes gliederte sich in 3 Schritte, wobei im ersten Schritt dem jeweiligen Kind eine Handpuppe vorgestellt wurde (*cookie monster*), die viele verschiedene Dinge essen kann (*Do you know what he likes to eat?*; vgl. Gordon 1985:79.). Mit Hilfe der Präsentation eines entsprechenden Gegenstan-

---

1   Für anregende Diskussionen danke ich Harald Clahsen, Sonja Eisenbeiss, Gary Marcus, Jörg Meibauer, Jutta Pollmann, Monika Rothweiler, Helga Weyerts und Richard Wiese. Die vorliegenden Untersuchungen sind Teil eines von der DFG geförderten Projektes gewesen, das unter der Leitung von Prof. Dr. H. Clahsen an der Heinrich-Heine-Universität Düsseldorf durchgeführt wurde (Cl 97/5-1).

des wurde dann die Singularform des jeweiligen Testwortes erfragt. In einem zweiten Schritt wurde die entsprechende Pluralform elizitiert. Im dritten und letzten Schritt der Durchführung bestand die abschließende Aufgabe jeweils darin, ein korrespondierendes Kompositum zu bilden, indem das Kind gefragt wurde *What do you call someone who eats X?* (X = Pluralform des Testitems; vgl. Gordon 1985:79).

In den Ergebnissen konnten zweierlei Beobachtungen gemacht werden. Zum einen bestanden die inkorrekten Pluralformen zu 90% aus Übergeneralisierungen des -*s* Flexivs. Zum anderen zeigte sich in der Analyse der Komposita, daß die Kinder in etwa 98% der Fälle, in denen sie den Plural zuvor mit dem -*s* Affix markiert hatten, das -*s* Flexiv nicht in den Komposita beibehielten. Dagegen konnten irreguläre Pluralformen in der Erstkonstituente eines Kompositums auftreten (90%, vgl. Gordon 1985: 83), wie z.B. *mice-eater*. Dies spiegelt eine Relation zwischen Pluralmorphologie und Nominalkomposition wider, wie sie auch im Erwachsenensystem des Englischen besteht: In der Erstkonstituente eines Kompositums kann kein -*s* Plural beibehalten werden (vgl. die Beispiele **cars heap* vs. *mice eater* (Marcus et al. 1995)). Für diese Ergebnisse stehen nun mehrere Interpretationsmöglichkeiten zur Verfügung.

Zum einen könnte der Schluß gezogen werden, daß die Kinder eine Abfolgebeschränkung beachten, wie sie im Modell der Lexikalischen Morphologie/ Phonologie (Kiparsky 1982) für das mentale Lexikon im Erwachsenensystem dargestellt wird. Hier sind unterschiedliche flektivische, derivationelle und kompositionelle Prozesse in der Weise nacheinander auf unterschiedlichen Ebenen angeordnet, daß die irreguläre Pluralflexion vor dem Prozeß der lexikalischen Komposition stattfindet. Dabei dient der Output der jeweils vorhergehenden Ebene als Input der folgenden. Erst auf der letzten Ebene können Prozesse im Sinne der *Elsewhere Condition* angewendet werden. Dies bedeutet, daß ein Defaultprozeß, der als der am geringsten spezifizierte Prozeß charakterisiert wird, immer dann zur Anwendung kommt, wenn eine spezifischere Regel zuvor nicht aktiv wurde. Im Englischen kann angesichts der Übergeneralisierungen (vgl. Gordon 1985) der -*s* Plural als Defaultplural betrachtet werden. Da der Prozeß der Komposition aber bereits abgeschlossen ist, bevor eine Defaultpluralform für eine Erstkonstituente überhaupt zur Verfügung stehen kann (z.B. **mouses*), ist eine -*s* Pluralform als Erstkonstituente unmöglich.

Alternativ besteht die Möglichkeit, zumindest die Übergeneralisierungen als einen Frequenzeffekt zu interpretieren: Der -*s* Plural ist im Englischen die häufigste Pluralform, zugleich das einzige produktive, overte Pluralflexiv, und wird deshalb am häufigsten in den inkorrekten Pluralbildungen der Kinder beobachtet. Aufgrund dessen ist es Computersimulationsmodellen, wie sie im Rahmen des Konnektionismus von z.B. Rumelhart und McClelland (1986) oder Plunkett

und Marchman (1991) entwickelt worden sind, möglich, Fehler in der Sprach-
generierung zu simulieren, die im kindlichen Spracherwerb beobachtet werden.
Das frequenzbasierte Computersimulationsmodell von Rumelhart und McClelland (1986) besteht im wesentlichen aus zwei Komponenten: a) aus einem Netzwerk, das als Musterassoziierer bezeichnet wird und zur Verknüpfung von Wortstamm und Flexiv dient, sowie b) aus einem Netzwerk zur De- bzw. Enkodierung
phonologischer Repräsentationen. Zwischen den Netzwerkbereichen sind diejenigen Knoten lokalisiert, die die Kodierung der Wortrepräsentationen enthalten.
Eine flektierte Form wird generiert, indem der Wortstamm vom Musterassoziierer mit einem Flexiv versehen wird. Im Falle von dem Netzwerk unbekannten
Wortstämmen kann sich der Musterassoziierer anhand der Inputfrequenzen zum
Beispiel für die häufigste Flexionsform entscheiden. Dies ist im englischen Pluralsystem das -s Flexiv, d.h. das Netzwerkmodell hätte mit Hilfe eines einzigen
Generierungsmechanismus' die Beobachtungen simuliert, wie sie in den experi-
mentellen Ergebnissen zum Spracherwerb in Gordons Studie zu finden sind.

Eine ganz andere Beschreibung zur Relation von Flexion und Komposition
geht davon aus, daß die Kinder einfach sämtliche Affixe von einem Wort 'abstreifen', bevor dieses als Erstkonstituente eines Kompositums eingesetzt wird
(Clark 1993). Diese Schlußfolgerung hat Clark nicht nur aus der Bildung von Nominalkomposita gezogen, sondern generell bei der Komposition beobachten
können. Sie interpretiert ihre Beobachtungen als Evidenz für die Strategie 'Einfachheit der Form' (*simplicity of form*; vgl. Clark 1993:119ff), derzufolge Kinder eine Wortform morphologisch so einfach wie möglich gestalten. Eine mit einem
Suffix flektierte Wortform wie z.B. ein englisches Substantiv im Plural stellt keinen optimalen Kandidaten für einen weiteren Wortbildungsprozeß wie z.B. die
lexikalische Komposition dar. Dagegen können irreguläre Formen innerhalb
eines Kompositums beibehalten werden, weil sie im Englischen nicht durch Suffixe markiert werden. Substantive, deren Plural von den Kindern jedoch mit
einem -s Flexiv markiert wird, müssen das Suffix 'abstreifen', bevor sie als Erstkonstituente eines Kompositums verwendet werden können. Genau dies spiegelt
sich in den Ergebnissen von Gordons Untersuchung wider: Die Kinder beachten
das Prinzip 'Einfachheit der Form', weshalb sie irreguläre Pluralformen innerhalb
eines Kompositums beibehalten können, jedoch mit -s flektierte Formen nicht als
solche in ein Kompositum integrieren können.

Im Rahmen eines weiteren Interpretationsansatzes, dem *dual mechanism* Modell von Pinker und Prince (1988, 1991), wird das mentale Lexikon weder allein
mittels Regeln, noch allein mittels eines Netzwerkes beschrieben. In diesem Modell wird den beiden qualitativ unterschiedlichen Flexionsvorgängen durch zwei
unterschiedliche Generierungsmechanismen Rechnung getragen. Reguläre Flexion wird mittels einer symbolischen Regel, der Defaultregel, appliziert, wohin-

gegen irreguläre Formen in einem phonologiebasierten assoziativen Netzwerk gespeichert sind. Da auch hier der Default nach der *Elsewhere* Bedingung angewendet wird, sind die Pluraldaten aus der Studie von Gordon (1985) auch mit diesem Modell erklärbar. Allerdings macht dieses Modell in der derzeitigen Form keine Aussagen über das Verhältnis zwischen Prozessen der Flexion und der Komposition.

Zu dieser Theoriendiskussion kann gerade eine Analyse zum Deutschen einen wertvollen Beitrag leisten, da das deutsche Pluralsystem mehrere overte Pluralmarkierungen besitzt, die zudem alle unterschiedliche Frequenzwerte aufweisen. Hiermit läßt sich zeigen, i) inwieweit die Kinder über eine Strukturierung des mentalen Lexikons verfügen, die dem des Erwachsenensystems gleicht, und ii) inwieweit Frequenzeffekte einen Einfluß auf das Grammatiksystem haben. Die Ergebnisse aus den experimentell erhobenen Daten werden eine Grundlage darstellen, auf der sich entscheiden läßt, welches der vier zuvor genannten Modelle des mentalen Lexikons als beschreibungsadäquat herangezogen werden kann.

2. Das Pluralsystem im Deutschen

In meiner Beschreibung des deutschen Pluralsystems gehe ich von insgesamt vier overten und einem nicht-overten Pluralallomorph aus: *-(e)n, -s, -e, -er* und *-Ø*, wobei die drei letztgenannten jeweils eine Variante mit Umlaut zulassen (vgl. z.B. die Pluralformen *Blum-en, Auto-s, Hund-e, Gäns-e, Brett-er, Männ-er, Väter-Ø, Adler-Ø*). Da Umlaut als phonologischer Prozeß (Frontierung; vgl. Wiese 1987, 1996) beschrieben werden kann, soll hier nicht weiter darauf eingegangen werden (für eine ausführliche Diskussion vgl. Bartke 1998).

Unter diesen fünf Pluralallomorphen fällt das *-s* Affix in mehrfacher Hinsicht besonders auf. Zunächst ist dieses Flexiv weniger an eine spezifische phonologische Umgebung gebunden als die anderen Flexive. Zudem ist es das einzige Flexiv im Pluralsystem des Deutschen, das in so unterschiedlichen Kontexten wie in den Pluralformen von Namen (die *Lasker-Schüler-s*), Kurzformen (*Lok-s*), Akronymen (*LKW-s*), Entlehnungen (*Kiosk-s*) und Kunstwörtern mit ungewöhnlicher phonologischer Struktur (*pnähf-s*) verwendet werden kann (vgl. Marcus et al. 1995). Doch obwohl das *-s* Flexiv so vielfältig eingesetzt werden kann (hohe Kontextfrequenz), unterscheidet es sich in bezug auf die Oberflächenfrequenz (hier in Type- und Tokenfrequenz) von den übrigen Pluralflexiven sehr deutlich (vgl. Tabelle in (1); nach Marcus et al. 1995).

Tab. 1: *Frequenzen der Pluralfomen im Deutschen*[2]

Affix	200 hoch-frequente Types (Janda 1990)		6 Mio. Wörter (CELEX)		Input an Kinder; Wagner (CHILDES)	
	types	tokens	types	tokens	types	tokens
-(e)n	42%	—	68%	65%	53%	49%
-e	35%	—	22%	28%	33%	30%
∅	12%	—	—	—	—	—
-er	10%	—	2%	5%	8%	15%
-s	1%	—	8%	2%	5%	6%

Die Tabelle 1 in zeigt, daß das Pluralflexiv mit der höchsten Frequenz das *-(e)n* Flexiv ist. Dagegen ist das *-s* Flexiv dasjenige mit der geringsten Oberflächenfrequenz, wobei die einzige Ausnahme von den fünf Auswertungen lediglich die Type-Frequenz der CELEX-Datenbank darstellt.

Eine weitere Besonderheit des *-s* Affixes wird in Zusammenhang mit der Nominalkomposition sichtbar. Betrachtet man die Beispiele unter (2), so wird deutlich, daß das *-s* Flexiv das einzige Pluralallomorph ist, das innnerhalb von Komposita nicht auftritt.

Tab. 2:

a. Händ-**e**-druck	vs.	Hand-∅-creme
b. Ei-**er**-kuchen	vs.	Ei-∅-schnee
c. Bett-**en**-verkäufer	vs.	Bett-∅-wäsche
aber:		
d. *Bonbon-s-reklame	vs.	Bonbon-(-reklame

Ein *-s* Affix innerhalb eines Kompositums ist ausschließlich als Fugenelement interpretierbar, aber niemals als Pluralflexiv wie dies an den Beispielen *Blut-s-verwandtschaft* (kein Plural für *Blut*), *Freund-e-s-kreis* (*Freund-*PLURAL + *-s*) und *Schwein-s-öhrchen* (Plural von *Schwein* (*Schwein-e*; *Schwein-s*) illustriert werden kann (eine ausführliche Diskussion vgl. Bartke 1998; Clahsen et al. 1996; Marcus et al. 1995; Rothweiler 1994).

Resümierend wird deutlich, daß im Pluralsystem des Deutschen klare Reihenfolgebeschränkungen bestehen, durch die ein *-s* Plural innerhalb eines Kompositums nicht möglich ist. Die Sonderposition des *-s* Plurals und dessen Default-

---

2 Die Zahlen Jandas (1990) stammen aus Auszählungen von 200 hoch-frequenten Nomen (Basis: 600.000 Wörter). Das CELEX-Corpus (Baayen et al. 1993), enthält sechs Millionen Wörter aus Schrifttexten. Die Auszählungen für den an Kinder gerichteten Input beruhen auf neun einzelnen Spontansprachaufnahmen aus der Datensammlung von Wagner (1991, CHILDES). Es wurden diejenigen Redebeiträge ausgewertet, die direkt an das jeweilige Kind gerichtet sind.

status haben Marcus et al. (1995) in einem Fragebogenexperiment, das sie mit erwachsenen Sprechern des Deutschen durchgeführt haben, detailliert beschrieben. Insgesamt ergab das Experiment, daß die reguläre Pluralform (d.h. der -*s* Plural) immer dann gegenüber einer anderen Pluralform vorgezogen wurde, wenn i) keine phonologische Analogiebildung zu einem existierenden Wort des Deutschen möglich war, ii) wenn das Item als Name präsentiert wurde, iii) wenn das Item als Entlehnung eingeführt wurde. In diesen Fällen wurde also die unspezifischere Pluralform (-*s* Flexiv) der spezifischeren Pluralform (irregulär) vorgezogen. Wenn aber eine phonologische Ähnlichkeit eine Assoziation zu einem existierenden Wort ermöglichte, eine irreguläre Form zu bilden, so haben die Teilnehmer diese als die akzeptablere Form beurteilt. Dieses Ergebnis erlaubt eine Interpretation, derzufolge ein reguläres Flexiv mittels einer Defaultregel appliziert wird. Ein phonologiebasiertes assoziatives Netzwerk unterstützt dagegen die Suche nach einem entsprechenden existierenden Eintrag im mentalen Lexikon, wenn dies die phonologische Struktur des Kunstwortes nahelegt. Hiermit kann das *dual mechanism* Modell nach Pinker und Prince (1988, 1991), das zunächst anhand des Englischen entwickelt wurde, durch Ergebnisse aus Analysen einer flexionsreichen Sprache wie dem Deutschen bestätigt werden.

Ergebnisse sowohl aus Spontansprachstudien als auch von experimentell erhobenen Daten zum Spracherwerb des Deutschen geben Hinweise darauf, daß auch Kinder schon sehr früh eine qualitative Unterscheidung zwischen regulären und irregulären Flexionsprozessen vornehmen. Darüber hinaus beachten sie spezifische Reihenfolgebeschränkungen zwischen Flexions- und Kompositionsprozessen. Clahsen et al. (1992) haben anhand der Longitudinaldaten eines Kindes feststellen können, daß es einen spezifischen Plural, das -*s* Flexiv, als Defaultwert kategorisiert hatte. Genau dieses Flexiv war dasjenige, das innerhalb von Komposita nicht verwendet wurde. Eine klare Abfolgebestimmung unterschiedlicher Flexions- und Kompositionsprozesse konnte dadurch als strukturierender Faktor für das kindliche mentale Lexikon angenommen werden.

Für die Annahme, daß zwei unterschiedliche Flexionsprozesse durch zwei unterschiedliche Verarbeitungsmechanismen repräsentiert sind, haben mehrere Studien zum Deutschen mit Kunstwortmaterial erste Hinweise geliefert (Mugdan 1977; MacWhinney 1978; Schöler & Kany 1989; Gawlitzek-Maiwald 1994). An sich stellen Kunstwörter den idealen Testfall dar, um herauszufinden, ob und welchen Defaultplural Kinder verwenden, weil erfundene Wörter keinen vorhandenen Lexikoneintrag besitzen können. Angesichts des oben dargestellten deutschen Pluralsystems würde man überwiegend -*s* Formen erwarten, doch diese unterschiedlichen Studien zeigten eine überraschende Gemeinsamkeit in ihren Ergebnissen: Als häufigste Pluralformen wurden diejenigen mit dem -*e* Plural oder mit dem -*(e)n* Plural beobachtet.

Dies scheint in deutlicher Diskrepanz zu dem Ergebnis der Studien von Clahsen et al. (1992, 1995) und Bartke et al. (1995) zu stehen. Dort konnte mittels unterschiedlicher Elizitationsverfahren der -s Plural als häufigste Pluralform beobachtet und als der Default bestimmt werden. Die Diskrepanz zwischen diesen Studien und den zuvor genannten löst sich aber auf, wenn das Kunstwortmaterial näher betrachtet wird. Die Kunstwörter in den Untersuchungen von Gawlitzek-Maiwald, MacWhinney, Mugdan und Schöler und Kany weisen eine starke Ähnlichkeit zu bereits existierenden Wörtern auf. Diese Eigenschaft der Wörter war in den Itemlisten von MacWhinney (1978) und Schöler und Kany (1989) bewußt eingeführt worden, um die Strategie des *rote learning*, d.h. vereinfacht gesagt: des Auswendiglernens, genauer untersuchen zu können. Doch auch bei Mugdan (1977) und Gawlitzek-Maiwald (1994) finden sich fast ausnahmslos Kunstwörter, deren phonologische Struktur eine Reimmöglichkeit zu einem existierenden Wort zuläßt. Aufgrund dieser phonologischen Gegebenheiten sagt das *dual mechanism* Modell voraus, daß eher irreguläre Plurale gebildet werden als reguläre, weil mittels phonologiebasierter assoziativer Strategien der irreguläre Plural des existierenden Wortes schließlich auf das Kunstwort übertragen werden kann. Genau dies ist das Ergebnis, das übereinstimmend in den Studien gefunden wurde. Unterstützung findet die Analyse im Rahmen des *dual mechanism* Modells durch Ergebnisse sowohl aus dem Bereich der Partizipflexion (Weyerts & Clahsen 1994; Clahsen 1996) als auch in experimentell erhobenen Daten zum Plural und der lexikalischen Komposition (Bartke 1998; Bartke et al. 1995; Clahsen et al. 1996). Im nachfolgenden sollen neben der Möglichkeit, Plurale von Kunstwörtern über ein assoziatives Netzwerk zu bilden, vor allem die Bedingungen für eine Defaultapplikation näher untersucht werden. Auch hier wird sich zeigen, daß die Frequenz keinen Einfluß auf die Festlegung des spezifischen Defaultwertes im Spracherwerb ausübt.

3.   Experimentelle Untersuchungen

Ergebnisse aus zwei unterschiedlichen Erhebungsverfahren sollen hier präsentiert werden. Mit Hilfe des ersten Verfahrens wird sowohl die Pluralflexion als auch die Nominalkomposition untersucht. Die Verknüpfung von Pluralflexion und der Bildung synthetischer Komposita soll Rückschlüsse darauf ermöglichen, inwieweit die Kinder Reihenfolgebeschränkungen beachten. Mit dem zweiten Experimentdesign wird vornehmlich der Frage nach den Bedingungen für die Verwendung des Defaultplurals nachgegangen, indem die Kinder vorgegebene Pluralformen von Kunstwörtern beurteilen.

3.1 Produktion von Plural und Nominalkomposition

Material und Methode

An diesem als Produktionsexperiment angelegten Verfahren nahmen insgesamt 66 Kinder im Alter von 3;1 bis 8;11 teil (Durchschnitt: 5;8 J.; 39 Jungen, 27 Mädchen). Das dazu benötigte Material besteht aus einer Handpuppe (in diesem Fall ein Bär) und aus 16 Gegenständen. Diese Gegenstände werden sowohl durch Spielzeugfiguren als auch durch Haushaltsgegenstände dargestellt und müssen jeweils in mehrfacher Ausführung vorhanden sein. Sie repräsentieren diejenigen Items, deren Pluralformen im Verlauf des Experimentes elizitiert werden soll. Dabei ist die Itemliste in der Weise zusammengestellt worden, daß die Pluralform mit der geringsten Frequenz, diejenige mit der höchsten Frequenz und die übrigen irregulären Pluralformen gleich häufig auftreten (vgl. Tab. in (3)). Darüber hinaus wurde anhand des Frequenzwörterbuches von Ruoff (1981) die Frequenz des jeweiligen Items kontrolliert. Die Angaben der Typefrequenz ist in Klammern in der Itemliste angegeben.

Tab. 3:

-∅		irreg. Pl.		-(e)n Pl.		-s Pl.	
Dübel	(k.E.)[3]	Glas	(.04%)	Feder	(.01%)	Auto	(.23%)
Kabel	(.01%)	Tuch	(.04%)	Fassung	(k.E.)	Clown	(k.E.)
Pflaster	(.00%)	Schwamm	(k.E.)	Schraube	(.01%)	Klo	(.00%)
Haken	(.04%)	Kranz	(.01%)	Münze	(.00%)	Bonbon	(.00%)

Die Methode wurde von Gordon (1985) übernommen, d.h. auch hier erfolgen insgesamt drei Durchführungsschritte. Dem Kind wird zunächst ein einzelner Gegenstand ('X') gezeigt, den es benennen sollte. Ist dem Kind der Begriff unbekannt, wird er von dem/der Untersucher/in vorgegeben. In einem zweiten Schritt werden mehrere Exemplare desselben Gegenstandes gezeigt, wobei das Kind erneut zur Benennung aufgefordert wird ('X'-pl). Im dritten und letzten Schritt erscheint die Handpuppe 'Bernie' (der 'Fresser'), und die Aufgabe des Kindes besteht darin, denjenigen zu benennen, der die jeweils zuvor gezeigten Gegenstände 'auffrißt' ('X-(pl)-Fresser'). An dieser Stelle wird in jedem Fall die vom Kind angegebene Pluralform aufgegriffen und nicht durch eine zielsprachlich korrekte von der Untersucherin ersetzt, falls das Kind eine Übergeneralisierung produziert haben sollte (für eine detailliertere Beschreibung der Methodik und Durchführung siehe Bartke 1994). Dadurch kann in der Analyse der Komposita vorausgesetzt werden, daß das Kind zur Kompositabildung diejenige Plu-

---

3 'Kein Eintrag' wird hier mit 'k.E.' abgekürzt.

ralform zugrundelegt, die sein mentales Lexikon als wohlgeformte Generierung akzeptiert. Andernfalls ließe sich nur schwer entscheiden, welche der beiden konkurrierenden Pluralformen (die vom Kind selbst gebildete oder die dem Erwachsenen nachgesprochene) letztendlich bei der Kompositabildung berücksichtigt wurde.

Ergebnisse: Pluralformen am Simplex
Die Pluralformen werden daraufhin analysiert, ob eine Form des Erwachsenensystems gebildet wurde oder aber eine inkorrekte Form (Übergeneralisierung). Die Übergeneralisierungsrate berechnet sich als Quotient aus der Anzahl der Übergeneralisierungen und der Summe aller gebildeten Pluralformen.

Es zeigt sich, daß die Kinder zu etwa 72% (absolut: 751 von 1048) die Items mit einem Pluralflexiv markieren. Die Übergeneralisierungsrate für die Gesamtgruppe beträgt nach gegebener Formel 18.5% (n = 141)[4]. Eine statistische Überprüfung der einzelnen Übergeneralisierungsraten ergibt einen signifikanten Unterschied zwischen der Anzahl der korrekten vs. der Anzahl der inkorrekten Pluralmarkierungen[5]. Daher darf daraus geschlossen werden, daß alle Kinder von der Ratewahrscheinlichkeit abweichen, d.h. die gebildeten Pluralformen entstehen aufgrund grammatischen Wissens. Zwar erscheint die Zahl der Übergeneralisierungen damit in dieser Studie höher zu liegen als dies aus Spontansprachanalysen bekannt ist, doch entspricht sie den quantitativen Ergebnissen, die auch in anderen Elizitationsstudien gefunden wurde (vgl. Gawlitzek-Maiwald 1994; Schöler & Kany 1989; Wegener 1992). Um bestimmen zu können, ob die Kinder eine qualitative Distinktion zwischen regulärer und irregulärer Flexion vornehmen, ist eine affixspezifische Analyse erforderlich , wobei die nichtoverten Formen (n = 11) hier unberücksichtigt bleiben (vgl. Abb. in (5); nach Bartke 1998:75).

---

4   Die Berechnung bleibt ohne Berücksichtigung der nicht-overt markierten Formen (n = 297), weil diese entweder eine Imitation der Singularform oder aber eine tatsächlich nicht-overt markierte Pluralform darstellen können. Eine sichere Interpretation dieser Formen ist somit nicht möglich.

5   Statistische Auswertung: Z = -7.06, $p < .000$, Mittelwerte, korrekt vs. inkorrekt: .75 vs. .17. *Mittelwert* im folgenden abgekürzt mit MW).

Tab. 5: *Übergeneralisierungen der einzelnen Affixe in %*

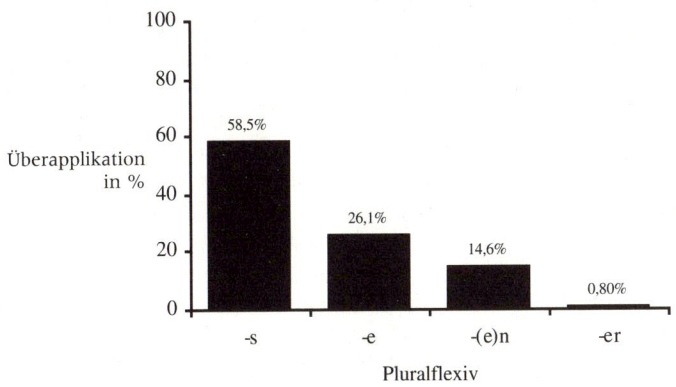

Es wird deutlich, daß das -*s* Affix in den übergeneralisierten Formen am häufigsten zu finden ist, also das Flexiv mit der geringsten Oberflächenfrequenz im Input. Dieser Befund weist darauf hin, daß die Kinder den Defaultstatus des -*s* Flexivs identifiziert haben und daher das -*s* Affix immer dann verwenden, sobald eine irreguläre Pluralform (noch) nicht zur Verfügung steht. Die Oberflächenfrequenz eines Pluralaffixes scheint keinen Einfluß auf diesen Identifikationsprozeß zu haben, da nicht das Affix mit der höchsten Oberflächenfrequenz, sondern dasjenige mit der geringsten Oberflächenfrequenz als Default kategorisiert wird.

Plurale und lexikalische Komposition
Um herauszufinden, ob die Kinder die spezifischen Reihenfolgebedingungen berücksichtigen, muß neben der Pluralmorphologie auch die Erstkonstituente der hier elizitierten synthetischen Komposita analysiert werden. Daher ist es notwendig, für jedes einzelne Kind zu überprüfen, ob und welche Pluralaffixe in der Erstkonstituente eines Kompositums stehen können. Für englischlernende Kinder hatte Gordon zeigen können, daß der reguläre Plural aus der Erstkonstituente ausgelassen wurde, irreguläre Plurale aber beibehalten werden konnten. Für die weitere Auswertung ist daher besonders die Auslassungsrate innerhalb der Komposita von Interesse. Die Auslassungsrate berechnet sich als Quotient aus der Anzahl der in Komposita ausgelassenen Plurale und der Summe der Komposita mit beibehaltenem Pluralflexiv und den Komposita mit ausgelassenem Pluralflexiv. Für die Gesamtgruppe ermittelt sich mit dieser Formel eine Auslassungsrate von .64, d.h. von den in Experimentschritt 2 generierten overten Pluralmarkierungen wurde etwa ein Drittel in den Komposita (Schritt 3 der Durchführung) beibehalten. Da nicht ein einziges Kind sich der Strategie bedient

hat, alle auftretenden Pluralmarkierungen generell aus der Erstkonstituente herauszulassen, kann aus diesen Daten keine empirische Evidenz für die Theorie von Clark et al. (1986) und Clark (1993) gezogen werden. Das Prinzip der *Einfachheit der Form* (*'simplicity of form'*) wie es sich für die Beschreibung der Daten zum Englischen als adäquat erwies, da die Kinder grundsätzlich jegliche Affixe aus der Erstkonstituente ausließen, kann also nicht auf andere Sprachen wie z. B. das Deutsche übertragen werden. Clarks Ansatz kann demzufolge lediglich zur Charakterisierung von Lernerstrategien englischsprachiger Kinder herangezogen werden.

Wie aber sehen nun die Komposita der deutschsprachigen Kinder aus? Generell läßt sich die Gruppe aufgrund der Übergeneralisierungen in Schritt 2 in drei Untergruppen einteilen: a) Kinder, die mit lediglich einem einzigen Affix Übergeneralisieren (n = 30); b) Kinder, die mehr als ein Affix übergeneralisieren (n = 21); c) Kinder, die ,berhaupt kein Affix übergeneralisieren (n = 15). An dieser Stelle werden die Daten der Kinder aus der erstgenannten Untergruppe analysiert, da hier angenommen werden kann, daß die Übergeneralisierungen auf die Verwendung einer produktiven Regel zurückgehen, welche sich wiederum auf ein einziges Pluralflexiv bezieht[6].

Innerhalb dieser Gruppe von 30 Kindern ist in bezug auf das übergeneralisierte Flexiv eine leichte Variation zu beobachten: 20 Kinder (67%) gebrauchten das *-s* Allomorph in den Übergeneralisierungen, während 7 Kinder (23%) das *-(e)n* Flexiv und weitere 3 Kinder (10%) das *-e* Flexiv übergeneralisierten. Wie die entsprechenden Beispiele in (7) bis (9) illustrieren, ist das jeweilige übergeneralisierte Pluralallomorph nicht aufgrund von Fehlerbewußtsein aus den Komposita ausgeschlossen worden, sondern wie die Komposita der entsprechenden korrekt flektierten Pluralformen verdeutlichen, ist das spezifische Pluralflexiv aufgrund spezieller Reihenfolgebedingungen aus den Komposita ausgeschlossen (Beispiele nach Bartke 1998:81).

Tab. 7: *Andreas (6;9); Übergeneralisierungen mit -s*

Plurale am Simplex	korrespondierende Komposita
a) *Dübel**s**	Dübel-∅-fresser
b) *Kabel**s**	Kabel-∅-fresser
c) *Pflaster**s**	Pflaster-∅-fresser
d) *Schwamm**s**	Schwamm-∅-fresser
e) Auto**s**	Auto-∅-fresser
f) Clown**s**	Clown-∅-fresser
g) Bonbon**s**	Bonbon-∅-fresser
h) Klo**s**	Klo-∅-fresser
reguläres Pluralflexiv →	**-s Affix**

---

6   Für die Analyse von Daten, die von Kindern der
    Gruppe unter (b) stammen, vgl. Bartke 1998:84ff.

Tab. 8: *Ulf (7;7); Übergeneralisierungen mit -e*

Plurale am Simplex	korrespondierende Komposita
a) *Clöwn**e**	Clown-∅-fresser
b) *Klo**e**	Klo-∅-fresser
c) Schwämm**e**	Schwamm-∅-fresser
d) Kränz**e**	Kranz-∅-fresser
reguläres Pluralflexiv → **-e Affix**	

Tab. 9: *Maren (3;10); Übergeneralisierungen mit -(e)n*

Plurale am Simplex	korrespondierende Komposita
a) *Clown**en**	Clown-∅-fresser
b) *Pflaster**n**	Pflaster-∅-fresser
c) *Dübel**n**	Dübel-∅-fresser
d) *Gläser**n**	Glas-∅-fresser
e) *Tuch**en**	Tuch-∅-fresser
f) *Kranz**en**	Kranz-∅-fresser
g) Feder**n**	Feder-∅-fresser
h) Schraube**n**	Schraube-r-fresser
i) Münz**en**	Münze-n-fresser
reguläres Pluralflexiv → **-(e)n Affix**	

Eine Ersetzung der Art, wie sie bei Maren in dem Beispiel *Schrauben* → *Schrauberfresser* beobachtet wird, ist nur in etwa 5% (n = 40) der gebildeten Komposita zu finden. Es kann kein Muster wie z.B. eine spezifische Altersgruppe, ein spezifisches Pluralflexiv oder ein spezifisches Testitem als Erklärung für diese Phänomen herangezogen werden. Daher sollen im weiteren diese Komposita aus der Analyse ausgeschlossen werden. Insgesamt wird anhand der Beispiele in (7) bis (9) deutlich, daß die Kinder das jeweilige reguläre Pluralflexiv aus den Erstkonstituenten ausschließen. Dies wird unterstrichen durch die Ergebnisse der gesamten Gruppe: In Tabelle 10 (kindspezifische Daten vgl. Bartke 1998:82f.) sind in der ersten Datenzeile die Ergebnisse für Kinder mit dem *-s* Flexiv (n = 20) eingetragen, in der zweiten Datenzeile diejenigen für Kinder mit dem *-(e)n* Flexiv (n = 7), und in der dritten Datenzeile diejenigen für Kinder mit dem *-e* Flexiv (n = 3). Verglichen wird hier die Auslassrate irregulärer Pluralformen (s. die ersten drei Datenspalten) mit der Auslassrate regulärer Pluralfromen (s. die letzten drei Datenspalten).

Tab. 10:

Gruppe	irreguläre Pluralformen			reguläre Pluralformen		
	Plurale, abs.	Plurale, ausgel.	Ausl.rate im Kompositum	Plurale, abs.	Plurale, ausgel.	Ausl.rate im Kompositum
-s Übergenera-lisierer (n = 20)	119	51	0.43	112	97	0.87
-e Übergene-ralisierer (n = 7)	50	27	0.54	17	15	0.88
-(e)n Übergene-ralisierer (n = 3)	7	4	0.57	16	9	0.56

Eine statistische Überprüfung der gesamten Daten[7], bei der der jeweilige reguläre Pluralwert unberücksichtigt bleibt, ergibt ein signifikantes Ergebnis[8]. Dieses erlaubt, den quantitativen Unterschied dahingehend zu interpretieren, daß die Kinder einen qualitativen Unterschied zwischen regulärer und irregulärer Flexion vornehmen und darüber hinaus spezifische Reihenfolgebeschränkungen berücksichtigen, wie sie im erwachsenen mentalen Lexikon bestehen. Hiermit sind die Vorhersagen der Modelle bestätigt worden, die ganz bestimmte Abfolgebeschränkungen zwischen Flexions- und Wortbildungsvorgängen annehmen (u.a. Kiparsky 1982, 1985; vgl. Abschnitt (iv) in Kapitel 1).

3.2 Pluralformen von Kunstwörtern

In dem zuvor dargestellten Elizitationsverfahren wurden existierende Wörter als Testwörter verwendet, die eine geringe Oberflächenfrequenz aufweisen. Dies hatte zum Ziel, die Wahrscheinlichkeit einzugrenzen, mit der eine zielsprachliche Pluralform als zugriffsbereiter Eintrag im mentalen Lexikon vorhanden ist. In dem folgenden Verfahren, das als Beurteilungsexperiment konzipiert ist, wurden Kunstwörter verwendet, für die a priori keine vorhandene Pluralform zur Verfügung steht. Keine der Pluralformen kann als solche zugriffsbereit im mentalen Lexikon eingetragen sein, sondern muß produktiv vom Kind gebildet werden. Mit Hilfe dieser Items können den Kindern gut kontrollierte Bedingungen für die

---

7 Ein erster Blick auf die drei Datenzeilen läßt vermuten, daß die Daten der Kinder mit den -(e)n Übergeneralisierungen anders zu interpretieren sind als die der übrigen Kinder: Unabhängig von der regulär/irreglär Distinktion wird ein Flexiv genauso häufig ausgelassen wie auch beibehalten. Doch worauf dies zurückgeführt werden könnte ist gerade angesichts der geringen Größe der Gruppe nicht zu sagen.

8 MW: .44 vs. .84, WILCOXON: T = 4.13, p < .0001. Insgesamt wurden für dieses Experiment 11 Tests durchgeführt, die hier allerdings nicht im einzelnen vorgestellt werden. Von diesen 11 Tests waren insgesamt 3 auf dem .05 Niveau nicht signifikant. Die daraus resultierende Alpha-Adjustierung ergibt für diese Testreihe (= .016 (vgl. Shaffer 1986).

Verwendung eines regulären Pluralflexivs geboten werden. Die Testitems wurden, um eine bessere Vergleichsmöglichkeit zu den vorhandenen Daten der Erwachsenen zu haben (Marcus et al. 1995), aus eben diesem Experimentdesign übernommen.

Insgesamt haben 37 Kinder im Alter von 3;6 bis 6;6 Jahren (Durchschnitt: 4;11; 16 Jungen; 21 Mädchen) an dem Experiment teilgenommen.

Material und Methode
Bei der Erstellung des Testmaterials wurden verschiedene Kriterien berücksichtigt, wie sie einerseits zur Untersuchung der Vorhersagen des *dual mechanism* Ansatzes und andererseits zur Analyse der Bedingungen der Defaultverwendung im Spracherwerb erforderlich sind. Die eine Testbedingung bezieht sich auf die phonologische Gestalt der Kunstwörter: Die Hälfte der Kunstwörter weist eine phonologische Analogie zu existierenden Wörtern des Deutschen auf (Kunstwörter mit Reim, n = 12), die andere Hälfte dagegen nicht (Kunstwörter ohne Analogie, n = 12). Die andere Testbedingung bezieht sich auf den semantischen Kontext: Die Wörter werden entweder als normaler Begriff des deutschen Wortschatzes (z.B. *Wußtest du, daß dieses kleine Dingsbums eine* **klot** *ist?*) oder aber als (Eigen-)Name (z.B. **Pröng**, *das Pferd, ist ein Arbeitspferd*) eingeführt. Desweiteren werden die Items gleichhäufig mit maskulinem und femininem Genus präsentiert[9]. Weitere 12 existierende Wörter werden als Ablenkitems aufgenommen (vgl. Itemliste in (11)).

Tab. 11: *Itemliste des Beurteilungsexperimentes*

Kunstwörter mit Reim	Kunstwörter ohne Analogie	Existierende Wörter
mur	fnähf	Gespenst
pund	fnöhk	Schwamm
bral	fneik	Leiter
raun	pläk	Schwert
pisch	snauk	Koch
klot	pnähf	Nadel
spand	plaupf	Blatt
kach	bnaupf	Schrank
pind	bneik	Bett
spert	pröng	Dach
wak	pleik	Brief
nuhl	bnöhk	Ohr

Die Methode der Beurteilung, wie sie bei Marcus et al. (1995) als Papier-Bleistift-Test konzipiert wurde, mußte an die Situation der Kinder angepaßt werden.

---

9 Für eine ausführliche Beschreibung mit Beispielen zur Durchführung vgl. Bartke (1994).

Nicht jede mögliche Pluralform wurde zur Beurteilung angeboten, sondern zwei spezifische Formen: Plurale mit dem *-(e)n* Flexiv und Plurale mit dem *-s* Flexiv. Damit wird das häufigste Pluralflexiv demjenigen mit der geringsten Frequenz (vgl. (1)) direkt gegenübergestellt. Beide Formen wurden gleichhäufig präsentiert. Zudem wurde der Test mündlich durchgeführt, indem die Experimentatorin dem Kind jeweils den entsprechenden Text vorgelesen hat. Die Illustration der Items erfolgt durch Bildkarten, wobei die obere Hälfte der Karte jeweils einen einzelnen Gegenstand zeigt, und der untere verdeckbare Teil der Karte mehrere Exemplare des gleichen Gegenstandes darstellt. Insgesamt werden 36 Bildkarten und zwei identisch aussehende Teddybären benötigt.

Der erste Schritt des Experimentes besteht darin, daß die Experimentatorin mit zwei bis drei Sätzen das Testwort in dem passenden Kontext einführt. Nächstfolgend wird der untere Teil der Bildkarte aufgedeckt, der die Pluralbedingung veranschaulicht. Nacheinander geben die beiden Spielzeugbären die beiden Pluralformen vor. Im letzten Schritt wird das Kind aufgefordert, eine der beiden vorgegeben Pluralformen als die 'richtigere' oder 'bessere' zu beurteilen. Alternativ hat das Kind die Möglichkeit, eine eigene Pluralbildung zu geben, falls beide Vorgaben abgelehnt werden.

Ergebnisse

Zunächst sollen die Beurteilungen der Kunstwörter betrachtet werden, die als normaler Begriff eingeführt wurden. Anschließend werden die Ergebnisse zum Kontext *Name* vorgestellt.

Wie in (12) dargestellt, werden Kunstwörter, die als normale Begriffe eingeführt wurden, tendenziell häufiger mit einer regulären Pluralendung bevorzugt als mit einer irregulären.

Tab. 12: *Kunstwörter im Kontext Normaler Begriff (vgl. Bartke 1998:94)*

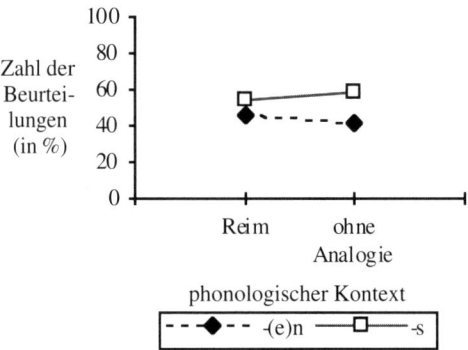

Allerdings ist hierbei ein deutlicher Einfluß der phonologischen Struktur der Items zu erkennen. Und zwar werden für reimende Items reguläre und irreguläre Pluralformen nahezu gleichhäufig als akzeptabel beurteilt[10]. Im Gegensatz dazu werden für Kunstwörter ohne Analogie deutlich häufiger die *-s* Pluralformen den *-(e)n* Pluralformen vorgezogen[11]. Für den regulären Plural kann kein interpretierbarer Unterschied in bezug auf die beiden unterschiedlichen Itemgruppen festgestellt werden[12]. Aber ein marginal signifikanter Unterschied zeigt sich in der Zahl der Beurteilungen für irreguläre Pluralformen: Sie werden häufiger bei reimenden Kunstwörtern bevorzugt als bei nicht-reimenden[13].

Mit diesem Ergebnis können Befunde vorheriger Studien repliziert werden (Bartke et al. 1995, Gawlitzek-Maiwald 1994, MacWhinney 1976, Mugdan 1977, Schöler & Kany 1989) und dahingehend interpretiert werden, daß die phonologische Form von Kunstwörtern einen Einfluß auf die Entscheidung 'reguläre vs. irreguläre Pluralform' ausübt. Ist eine Analogiebildung zu einem existierenden Wort des Deutschen nicht möglich, so wird eine reguläre Pluralbildung gegenüber einer irregulären Pluralform bevorzugt. Betrachtet man die Ergebnisse zum Kontext *Name*, so wird der Einfluß eines weiteren Faktors deutlich (vgl. (13)).

Tab. 13: *Kunstwörter im Kontext Name (vgl. Bartke 1998:95)*

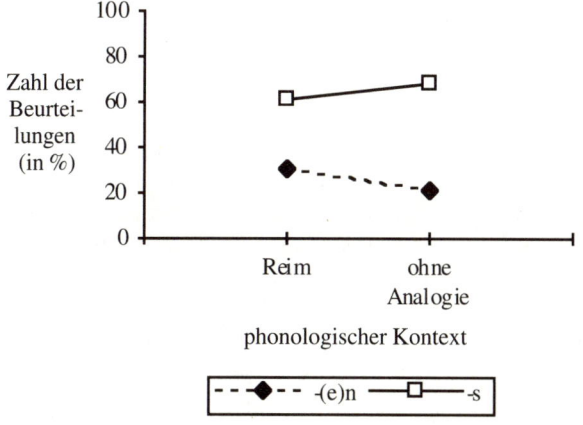

10 MW: .54 vs .46; Rang-Summen Test; Z = .8852, *p* = .1882; n.s. Der Wert für die statistischen Analysen dieser 2. Testreihe ist mit * = .01 anzugeben.

11 MW: .59 vs. .41; Rang-Summen Test; Z = .19795; *p* = .0238.

12 MW: .59 vs. .54; Vorzeichentest; Z = 1.4924; *p* = .0678.

13 MW: .46 vs. 41; Vorzeichentest; Z = .9805; *p* = .01634.

Ähnlich wie die Erwachsenen in der Studie von Marcus et al. (1995) und der kleineren Gruppe von Kindern in der Studie von Bartke et al. (1995) zeigen hier die Kinder eine generelle Bevorzugung der regulären Pluralform, und zwar unabhängig von der phonologischen Form des jeweiligen Items. In der Gruppe der reimenden Items werden statistisch gesehen zwar nur unwesentlich häufiger -*s* Pluralformen gegenüber den -*(e)n* Formen bevorzugt[14], doch in der Gruppe der Wörter ohne Analogie werden reguläre Pluralformen eindeutig als die besseren beurteilt[15]. Werden reimende Kunstwörter mit solchen ohne Analogie verglichen, so zeigt sich auch hier wieder, daß unabhängig von der phonologischen Form des Testwortes eine reguläre Pluralform generell als die bessere beurteilt wird: Bei Items ohne Analogie wird die reguläre Pluralform kaum häufiger bevorzugt als dies bei reimenden Kunstwörtern der Fall ist[16]; und für reimende Kunstwörter werden auf statistischer Basis kaum häufiger Beurteilungen zugunsten eines irregulären Plurals abgegeben[17] als dies bei Kunstwörtern ohne Analogie stattfindet. Dies erlaubt die Interpretation, daß außer der phonologischen Bedingung auch die kontextuelle Bedingung *Name* einen starken Einfluß auf die Beurteilung von regulären vs. irregulären Pluralformen ausübt.

4. Diskussion

Zusammenfassend zeigen die Ergebnisse zweierlei. Das Ergebnis aus dem Experiment zur Pluralflexion und Kompositabildung zeigt, daß Kinder schon sehr früh spezifische Reihenfolgebeschränkungen zwischen Prozessen der Flexion und Komposition identifiziert haben und berücksichtigen. Dieses Ergebnis konnte auch in einem weiteren Experiment verifiziert werden, in dem die Kinder ebenfalls synthetische Komposita bilden sollten, wobei die Zweitkonstituente allerdings nicht fixiert war (vgl. Clahsen et al. 1996; Bartke 1998). Auf diese Weise konnten Ergebnisse aus Analysen von Spontansprachkorpora (Clahsen et al. 1992) mit Hilfe experimentell elizitierter Daten empirisch untermauert werden. Dabei ist mit Hinblick auf die hier vorgelegten Ergebnisse der Kompositaanalyse eine Interpretation im Rahmen des von Clark (1993) entwickelten Ansatzes nicht gelungen. Nicht eines der Kinder in dieser Studie hat bei der Generierung der Komposita die Strategie verwendet, sämtliche Affixe 'abzustreifen', wenn das Wort als Erstkonstituente in ein Kompositum eingesetzt werden soll. Der Ansatz, der auf dem Prinzip 'Einfachheit der Form' basiert, kann den Beobachtungen

---

14 MW: .61 vs. .31; Rang-Summen Test; Z = 1.7961, *p* = .0362.
15 MW: .68 vs. .21; Rang-Summen Test; Z = 3.2986, *p* = .0004.
16 MW: .68 vs. .61; Vorzeichentest; Z = 1.6432, *p* = .1006.
17 MW: .31 vs. 21; Vorzeichentest; Z = 1.4855; *p* = .0687.

zum Spracherwerb des Deutschen nicht gerecht werden und muß zurückgewiesen werden. Demzufolge können nur Modelle als beschreibungsadäquat herangezogen werden, die die hier beobachteten und das mentale Lexikon strukturierenden Reihenfolgebedingungen berücksichtigen (Kiparsky 1982, 1985). Darüber hinaus wurde an dieser Stelle schon deutlich, daß die Kinder eine qualitative Differenzierung zwischen regulärer und irregulärer (Plural-)Flexion vornehmen.

Die Frage nach den Bedingungen für die Defaultflexion kann anhand der Ergebnisse des Beurteilungsexperimentes mit Kunstwörtern tiefergehend beantwortet werden. Mindestens zwei Bedingungen, die im Pluralsystem der Erwachsenengrammatik die Defaultflexion erforderlich machen, können auch von den Kindern als solche erkannt werden: i) Kunstwörter mit einer phonologischen Struktur, die keine Analogiebildung zu existierenden irregulären Pluralformen zuläßt; ii) (Eigen-)Namen. Der Defaultwert im kindlichen Pluralsystem wird durch das -s Allomorph repräsentiert, was mit den Daten aus dem ersten Experiment (vgl. Abschnitt 3.1) konsistent ist: Für den Großteil der Gruppe wurde der -s Plural am häufigsten in Übergeneralisierungen beobachtet, d.h produktiv verwendet wurde, und dies war auch derjenige Plural, der innerhalb von Komposita nicht auftrat. Irreguläre Pluralformen wurden im Beurteilungsexperiment dagegen am häufigsten bei Kunstwörtern mit Analogie zu existierenden Wörtern beobachtet, besonders dann, wenn diese als normale Begriffe präsentiert wurden. Diese Ergebnisse entsprechen den Befunden aus der Studie von Clahsen et al. (1996); Marcus et al. (1995) und Bartke et al. (1995). Zusätzliche Bestätigung erhalten diese Ergebnisse aus einem Produktionsexperiment mit Kunstwörtern, das als Satzlückentest konzipiert wurde (vgl. Bartke 1998). Sollte der Plural von einem reimenden Kunstwort gebildet werden, so haben die Kinder häufiger eine irreguläre Pluralform angegeben als eine reguläre. Die hier vorgelegten Befunde bezüglich der irregulären Pluralformen widersprechen damit nur oberflächlich betrachtet den Beobachtungen aus früheren experimentellen Studien (vgl. MacWhinney 1976, Gawlitzek-Maiwald 1994, Schöler & Kany 1989; Mugdan 1977). Statt dessen können die Ergebnisse der vorherigen Studien im Sinne des *dual mechanism* Modells und in Übereinstimmung mit den hier vorgelegten Daten interpretiert werden. Eine Neuformulierung des Defaultbegriffs, wie Gawlitzek-Maiwald (1994) dies aufgrund der Analyse ihrer Daten fordert, ist demzufolge nicht notwendig.

Es liegt die Interpretation nahe, daß die kindliche Grammatikrepräsentation im mentalen Lexikon mit Bezug auf Plural und lexikalische Komposition schon von einem frühen Zeitpunkt an derjenigen der Erwachsenensprache gleicht. Dabei darf angenommen werden, daß die Differenzierung zwischen regulärer und irregulärer Pluralflexion auf zwei unterschiedlichen Generierungsmechanismen basiert, wie sie im *dual mechanism* Modell von Pinker und Prince (1988, 1991) postuliert werden: Der reguläre Flexionsprozeß wird durch eine symbolische Regel immer dann aktiviert, sobald eine irreguläre Pluralform (noch) nicht zur Verfügung steht. Irreguläre Pluralformen sind dagegen in einem phonologiebasierten assoziativen Netzwerk gespeichert. Die Interpretation im Rahmen des *dual mechanism* Ansatzes erhält zusätzliche empirische Evidenz aus dem Bereich der Partizipflexion, wie dies die Studie von Weyerts & Clahsen (1994) gezeigt hat. Sowohl in Übergeneralisierungen bei existierenden Verben als auch bei der Partizipflexion von Kunstverben haben die Kinder in großer Mehrzahl das *-t* Flexiv, das zugleich eine geringere Frequenz im Input aufweist als Partizipien mit dem *-en* Suffix, defaultmäßig verwendet (siehe auch Clahsen 1996; Marcus 1996). Darüber hinaus konnte eine Analyse im Rahmen des *dual mechanism* Modells durch Experimente mit Erwachsenen bestätigt werden, in denen ereigniskorrelierte Potentiale (EKPs) aufgezeichnet wurden. Sowohl für die Partizipflexion (Penke et al. 1997) als auch für die Pluralflexion (Weyerts 1997, Weyerts et al. 1997) konnten unterschiedliche hirnelektrische Antworten auf reguläre und irreguläre Flexionsprozesse beobachtet werden.

Anhand dieser Ergebnisse wird deutlich, daß frequenzorientierte Modelle, wie sie im Rahmen des Konnektionismus entworfen wurden (vgl. z.B. Rumelhart & McClelland 1986) nicht geeignet sind, um den Erwerb grammatischen Wissens zu beschreiben: Wie die Ergebnisse aus den beiden experimentellen Studien zeigen, ist nicht das Pluralaffix mit der höchsten Oberflächenfrequenz (*-(e)n*) im kindlichen Pluralsystem der Default, sondern das Affix mit der geringsten Oberflächenfrequenz (*-s*). Dagegen hat das *-s* Affix eine höhere Kontextfrequenz und zeigt damit eine außergewöhnliche Flexibilität. Möglicherweise lenkt genau diese Eigenschaft die Aufmerksamkeit der Kinder auf das *-s* Flexiv, das so als Default identifizierbar ist. Es muß jedoch betont werden, daß die Kontextfrequenz von fundamental anderer Qualität ist als die Oberflächenfrequenz. Was demzufolge benötigt wird, ist ein psycholinguistisches Modell, das sowohl den Reihenfolgebeschränkungen verschiedener Flexions-, Kompositions- und Derivationsprozesse als auch den qualitativ unterschiedlichen Generierungsmechanismen regulärer vs. irregulärer Flexionsprozesse Rechnung trägt. Wie genau ein Modell zur Beschreibung des mentalen Lexikons aufgebaut sein müßte, das einerseits eine Netzwerkkomponente enthält und andererseits aus einer Ebenenstruktur besteht, bedarf allerdings noch weiterer Forschung auf theoretischem und experimentellem Gebiet.

Literatur

Baayen, Harald R., Richard Piepenbrock & H. van Rijn (1993): *The CELEX lexical database*. Philadelphia/PA, University of Pennsylvania: Linguistic Data Consortium.

Bartke, Susanne (1998): *Experimentelle Studien zur Flexion und Wortbildung. Pluralmorphologie und lexikalische Komposition im unauffälligen Spracherwerb und im Dysgrammatismus*. Tübingen: Niemeyer.

Bartke, Susanne (1994): Experimente zur Pluralmorphologie. In: S. Eisenbeiß et al. (1994). *Elizitationsverfahren in der Spracherwerbsforschung: Nominalphrasen, Kasus, Plural, Partizipien*. Theorie des Lexikons. Arbeiten des Sonderforschungsbereichs 282, Nr. 57, 39-45. Universität Düsseldorf.

Bartke, Susanne, Gary Marcus & Harald Clahsen (1995): Acquiring German Noun Plurals. In: *Proceedings of the 19th Annual Boston University Conference on Language Development* Vol.1, 60-69.

Clahsen, Harald (1996): The Representation of Participles in the German Mental Lexicon: Evidence for the Dual-Mechanism Model. In: *Essex research reports in linguistics* 1996/9, 1-18.

Clahsen, Harald, Gary Marcus, Susanne Bartke & Richard Wiese (1996): Compounding and inflection in German child language. In: Geert E. Booij & Jaap van Marle (eds.). *Yearbook of Morphology* 1995, 115-142.

Clahsen, Harald, Monika Rothweiler, Andreas Woest & Gary Marcus (1992): Regular and irregular inflection in the acquisition of German noun plurals. In: *Cognition* 45, 225-255.

Clark, Eve V. (1993): *The lexicon in acquisition*. Cambridge/Mass.: Cambridge University Press

Clark, Eve V., Barbara. Hecht & Richard Mulford (1986): Coining complex compounds in English: affixes and word order in acquisition. In: *Linguistics* 24, 7-29.

Gawlitzek-Maiwald, Ira (1994): How Do Children Cope With Variation in the Input? The Case of German Plural and Compounding. In: Rosmarie Tracy & Elsa Lattey (eds.): *How tolerant is UG? Problems of Learnability and Language Variation*. Tübingen: Niemeyer, 225-266.

Gordon, Peter (1985): Level-ordering in lexical development. In: *Cognition* 21, 73-93.

Kiparsky, Paul (1982): From Cyclic Phonology to Lexical Phonology. In: H. van der Hulst & N. Smith (eds.). *The Structure of Phonological Representations*. Dordrecht: Foris Publications, 131-175.

Kiparsky, Paul (1985): Some Consequences of Lexical Phonology. *Phonology Yearbook* 2, 85-138.

MacWhinney, Brian (1978): *The Acquisition of Morphophonology*. Monographs of the Society for Research in Child Development, Serial No. 174/43, Nos. 1-2.

Marcus, Gary F. (1996): *Why Do Children Say* 'Breaked'?. In: Current Directions in Psychological Science Vol.5/No.3, 81-85.

Marcus, Gary F. (1995, in press). Children's overregularization of English plurals: a quantitative analysis. In: *Journal of Child Language*.

Marcus, Gary F., Ursula Brinkmann, Harald Clahsen, Richard Wiese & Steven Pinker (1995): German Inflection: The Exception that proves the rule. In: *Cognitive Psychology* 29, 189-256.

Marcus, Gary F., Steven Pinker, Michael Ullman, Michelle Hollander, T. John Rosen & Fei Xu (1992): *Overregularization in language acquisition*. Monographs of the Society for Research in Child Development 57/4, Serial No. 228.

Mugdan, Joachim (1977): *Flexionsmorphologie und Psycholinguistik. Untersuchungen zu sprachlichen Regeln und ihrer Beherrschung durch Aphatiker, Kinder und Ausländer am Beispiel der deutschen Substantivdeklination.* Tübingen: Narr.

Penke, Martina, Helga Weyerts, Michael Gross, Elke Zander, Thomas F. Muente & Harald Clahsen (1997): How the brain processes complex words: An ERP-study of German verb inflections. In: *Cognitive Brain Research* 6, 37-52.

Pinker, Steven & Alan Prince (1991): Regular and Irregular Morphology and the Psychological Status of Rules of Grammar. In: *Proceedings of the 17th Meeting of the Berkeley Linguistics Society.* University of California, Berkeley, 230-251.

Pinker, Steven & Alan Prince (1988): On Language and Connectionism: Analysis of a Parallel Distributed Processing Model of Language Acquisition. In: *Cognition* 28, 73-193.

Rothweiler, Monika (1994): Zum Status regulärer und irregulärer Flexion. Evidenzen aus der Pluralmorphologie. In: *Bremer Linguistisches Kolloquium (BLIcK)* Band5, 59-76.

Rumelhart, David E. & James. L. McClelland (1986): On learning the past tense of English verbs. In: D. E. Rumelhart, J. L. McClelland & the PDP Research Group (eds.): *Parallel Distributed Processing. Exploration in the Microstructure of Cognition. Vol.2: Psychological and biological models.* Cambridge/Mass.: Bradford Books/ MIT Press, 216-271.

Ruoff, Arnold (1981): *Häufigkeitswörterbuch gesprochener Sprache.* Tübingen: Niemeyer.

Schöler, Hermann & Werner Kany (1989): Lernprozesse beim Erwerb von Flexionsmorphemen: ein Vergleich sprachbehinderter mit sprachunauffälligen Kindern am Beispiel der Pluralmarkierung (Untersuchung I und II). In: Gerd Kegel et al. (eds.): *Sprechwissenschaft & Psycholinguistik 3. Beiträge aus Forschung und Praxis.* Opladen: Westdeutscher Verlag, 123-176.

Shaffer, Judith Popper (1986): Modified Sequentially Rejective Multiple Test Procedures. In: *Journal of the American Statistical Association* 81/395, 826-831.

Wagner, Klaus R. (1991): The Wagner-Corpus. In: Brian MacWhinney. *The CHILDES Project. Tools for Analyzing Talk.* Hillsdale/NewJersey: Lawrence Erlbaum.

Weyerts, Helga (1997): *Reguläre und irreguläre Flexion: Psycholinguistische und neuro-physiologische Ergebnisse zu Erwerb, Verarbeitung und mentaler Repräsentation.* Diss. Universität Düsseldorf.

Weyerts, Helga & Harald Clahsen (1994): Netzwerke und symbolische Regeln im Spracherwerb: Experimentelle Ergebnisse zur Entwicklung der Flexionsmorphologie. In: *Linguistische Berichte* 154, 430-460.

Weyerts, Helga, Martina Penke, Ulrike Dohrn, Harald Clahsen & Thomas F. Muente (1997): Brain potentials indicate differences between regular and irregular German plurals. In: *Neuroreport* 8, 957-962.

Wiese, Richard (1987): Phonologie und Morphologie des Umlauts im Deutschen. In: *Zeitschrift für Sprachwissenschaft* 6/2, 227-248.

Wiese, Richard (1996): *Phonology of German.* Oxford: Oxford University Press.

Die Rolle der Fokuspartikel AUCH im frühen kindlichen Lexikon

Eine Studie zum Erwerb des Deutschen im Vergleich mit dem doppelten Erstspracherwerb Deutsch-Englisch und dem verspäteten Sprechbeginn[1]

Zvi Penner & Rosemarie Tracy & Karin Wymann

Abstract   Im Mittelpunkt des Beitrags steht die Hypothese, daß die Fokuspartikel AUCH, die beim Spracherwerb zu den frühesten lexikalischen Errungenschaften eines Deutsch lernenden Kindes gehört, eine zentrale Rolle für den weiteren Strukturaufbau spielt. Die Partikel liefert Lernern klare Hinweise auf die Existenz von Strukturschichten oberhalb der Verbalphrase und schafft damit die Grundlage für den Erwerb weiterer, strukturell verwandter Phänomene (z.B. Satznegation, w-Fragen). Der Aufsatz behandelt diese Entwicklung in verschiedenen Erwerbstypen: dem sogen. normalen Spracherwerb, dem Erwerb durch entwicklungsverzögerte Kinder und dem doppelten Erstspracherwerb Deutsch-Englisch.

0.   Einleitung

Der vorliegende Aufsatz befaßt sich mit der Schnittstelle zwischen Lexikon und Syntax im frühen Spracherwerb. Im Mittelpunkt steht die Annahme, daß die Fokuspartikel AUCH im Deutschen eine herausragende Rolle innerhalb eines »Bootstrapping«-Verfahrens spielt, das es dem Kind ermöglicht, die Struktur des Mittelfeldes und der ersten Operatorkonfigurationen zu entdecken.[2] Neben Da-

---

1   Die unserem Beitrag zugrundeliegenden Daten wurden, sofern im Text keine anderen Quellen angegeben werden, in den folgenden DFG-Projekten erhoben: Tübinger Projekt »Erwerb der komplexen Syntax« (Leitung R. Tracy) des DFG-Schwerpunkts »Spracherwerb«, Projekt »Normaler und gestörter Erwerb der Lexikon/Syntax-Schnittstelle und die Entstehung lexikalischer Variation« (Leitung Z. Penner) des Konstanzer SFB 471 »Entwicklung und Variation im Lexikon«. Wir danken der DFG für die Förderung dieser Forschungsvorhaben. Des weiteren danken wir Heike Behrens und Petra Gretsch für Unterstützung bei der ChiLDes-Recherche und den Herausgebern und Gutachtern dieses Bandes für hilfreiche Anregungen.

2   Mit Hilfe der Metapher des »Bootstrapping« (im folgenden von uns auch als »Steigbügelverfahren« bezeichnet) versucht man zu

ten aus dem monolingualen Erstspracherwerb werden Daten einer Untersuchung des doppelten Erstspracherwerbs Deutsch-Englisch sowie Daten von verzögerten Sprechbeginnern (»*late talkers*«) herangezogen, welche die Hypothese der Auslöserfunktion von AUCH unterstützen.

Satzwertige Äußerungen in natürlichen Sprachen benötigen drei funktionale Schichten: die operatorenhaltige CP-Schale, die IP, die den propositionalen Kern des Satzes samt Verbflexion, Modus- und Tempusmarkierung beinhaltet, und die VP. In letzteren ist dem Verb der thematische Kern einer zugrundeliegenden Ereignisstruktur angesiedelt. Unter Ereignisstruktur ist dabei eine Spezifizierung der Partizipanten des Verbs und der Aktionsart zu verstehen. Eine der zentralen Fragen der Spracherwerbsforschung lautet nun: Wie erwirbt ein Kind die lexikalischen Elemente, welche für die Bildung der drei genannten funktionalen Schichten notwendig sind?

Wir nehmen an, daß sich Kinder im Erwerbsprozeß die zielsprachliche Struktur Schicht für Schicht erschließen, i.e. in der Abfolge VP > IP > CP. Vom lexikalischen Standpunkt aus betrachtet, sollte man daher erwarten, daß sich ein Kind zunächst auf Nomen und Verben konzentriert und damit die grundlegenden Bestandteile der Ereignisstruktur erwirbt. Durch den Erwerb des Verbs wird die Kodierung von Zuständen, Prozessen und Zustandsveränderungen gewährleistet. Mit dem Nomen kann das Kind die Partizipanten kodieren, die an den Ereignissen beteiligt sind. Was wissen wir über die Details dieser Erwerbsschritte?

Nomen treten als referentielle Ausdrücke im allgemeinen früh in der lexikalischen Entwicklung in Erscheinung. Gleichzeitig finden sich in Sprachen wie Deutsch und Englisch auch die anaphorischen Negationspartikel *nein/no* und deiktische Elemente, vor allem *da/there*. Interessanterweise tritt der eigentliche thematische Kern der Proposition, nämlich das Verb, erst in fortgeschritteneren Stadien der lexikalischen Entwicklung auf. Wie schon Mills (1985) und Tracy (1991) zeigten, werden zunächst trennbare Verbpartikel ohne den dazugehörigen Stamm realisiert. Typisch für die erste Phase des Verblexikons sind daher Äußerungen wie *Tür ab, Ball rein* oder Einwortäußerungen wie *zu* und *auf*, in denen die Partikel den Endzustand eines Ereignisses kodiert. Vollverben wie *essen* oder *malen* und expletive Verbstämme wie in *auf-machen* treten in der Regel zu einem späteren Zeitpunkt hinzu. Penner, Wymann & Dietz (1998) behaupten nun, daß diese Erwerbsreihenfolge keineswegs willkürlich ist. Die Vorliebe der Kinder für Verbpartikel geht auf ihre Tauglichkeit als syntaktische »Steigbügel« zurück. Deutsche Verbzusätze wie *auf, rein* und *zu* eignen sich nicht nur deshalb

verstehen, wie es einem Kind gelingen kann, sich neue Wissenszusammenhänge zu erschließen, d.h. Strukturen, die im bisherigen System noch nicht enthalten waren.

»Trigger« (Auslöser) sind Elemente, die einen Prozeß der Systemveränderung anstoßen können, in unserem konkreten Fall die Fokuspartikel AUCH.

als Auslöser für den Aufbau des Verblexikons, weil sie im Input prosodisch durch die Kompositabetonung salient markiert und syntaktisch »platzfest« (i.e. unbeweglich) sind. Ausschlaggebend ist sicher auch, daß die Verbpartikel eindeutig den Kopf der zugrundeliegenden Ereignisstruktur markiert (z.B. das Unterereignis »Endzustand«) und somit die Aktionsart des Verbs deutlich macht (vgl. dazu auch Wittek in diesem Band).[3]

Welche Schritte unternimmt nun ein Kind, um die anfänglich minimale Kodierung der Ereignisstruktur in Äußerungen des Typs *Ball rein*, um eine weitere Schicht zu erweitern? Laut Penner, Tracy & Weissenborn (i.Dr.) benutzt das Kind zunächst die Fokuspartikel AUCH, um erste strukturelle Erweiterungen des bis dahin telegraphischen Satzbaus durch die Eingliederung von Fokuskonfigurationen vorzunehmen. Mit anderen Worten: In Analogie zu der Rolle, welche Verbpartikeln für den Aufbau des frühen Verblexikons spielen, erfüllt AUCH eine Steigbügelfunktion für den Erwerb der deutschen Satzstruktur, insbesondere für die Konstruktion des Mittelfeldes.

Im folgenden skizzieren wir zunächst den typischen Erwerbsverlauf und die distributionellen Eigenschaften von AUCH in kindlichen Äußerungen. Abschnitt 2 erläutert den Erklärungsansatz von Penner, Tracy und Weissenborn (i.Dr.), in dem die Hypothese der Steigbügelfunktion von AUCH erörtert wird. Abschnitt 3 wendet sich einem kurzen Vergleich mit dem Erwerb des Englischen bei monolingualen Kindern zu. Argumentiert wird, daß potentielle Äquivalente des deutschen AUCH, in erster Linie TOO, ALSO und AS WELL, nichts Vergleichbares für den syntaktischen Strukturaufbau des Englischen leisten. Dadurch läßt sich erklären, warum englischsprachige Kinder sämtliche Strukturschichten oberhalb der VP später zu entdecken scheinen als Kinder mit Deutsch als Erstsprache. In Abschnitt 4 wird der doppelte Erstspracherwerb Deutsch-Englisch als Testfall für diese Annahme herangezogen, da sich aus Asynchronien beim Erwerb beider Sprachen interessante Hinweise auf die unterschiedliche Komplexität der jeweiligen Erwerbsaufgabe gewinnen lassen. Weitere Unterstützung für die besondere Rolle von AUCH im Erwerbsprozeß läßt sich schließlich dem Syntaxerwerb spracherwerbsverzögerter Kinder entnehmen. In Abschnitt 5 werden wir argumentieren, daß die Zugänglichkeit von AUCH dazu beiträgt, daß die Struktur des deutschen Mittelfelds schließlich auch von Kindern mit Spracherwerbsstörungen ausgebildet werden kann.

---

3 Vgl. auch Tracy (1991:423ff.) für Überlegungen dahingehend, welche Mechanismen und Prinzipien ein Kind dazu veranlassen könnten, zunächst unabhängig produzierte Verbalpartikeln und Verbstämme als zusammengehörig zu reanalysieren.

1.   Die Pionierleistung von AUCH

1.1   Zum syntaktischen Verhalten von AUCH

Die frühe und häufige Verwendung von AUCH in hochdeutschen und schwei-zerdeutschen Spracherwerbsdaten ist gut dokumentiert (Miller 1976, Tracy 1991, Penner 1994, Penner, Tracy & Weissenborn i. Dr.). Die folgenden Beispiele von monolingualen Kindern (aus Tracy 1991) dürfen daher durchaus als typisch gel-ten.[4] (1)-(2) stammen aus einem Zeitraum, in dem das zitierte Kind noch vor-wiegend Einwortäußerungen produzierte (MLU 1.11); (3) und (4) wurden einem späteren Korpus (MLU 2.01) entnommen.

(1) Julia (1;7) legt einen Klotz in   daREIN\
     eine Kiste, nimmt anderen Klotz
     in die Hand, legt ihn auch hinein.   AUCH darein\

(2) Julia (1;8), betrachtet Bild einer
     Familie, die mit gepackten Koffern
     vor ihrem Auto steht.   koffer AUCH ... AUCH auto\

(3) Julia (1;11) sieht T.'s Kette,
     faßt sich an den Hals,   julia KETte/ ..
     schaut auf den Hals der Mutter.   mami AUCH kette/

(4) Julia (1;11) legt Spielsachen in Kiste. EINräum\
     E.   Einräumen willst du sie wieder?
     J. legt Ziegenfigur in Kiste.   ziege AUCH/ ... tracy AUCH
                                              einräum/
     E.   Ich soll auch?
     J.   ja\

Im Alter von zwei Jahren produziert Julia in einer einstündigen Tonaufnahme (insgesamt etwa 400 Äußerungen) 50 Zwei- und Mehrwortkonstruktionen mit Vollverben, von denen ein Drittel AUCH enthält. Dazu gehören 13 Belege von Äußerungen wie *Mami auch reingehn* und *Tracy auch kinderzimmer gehn* (vgl. Tracy 1991:193). Auch bei anderen Kindern, deren Daten Penner et al. (i.Dr.) analy-siert haben, liegt der Anteil der Zwei- und Mehrwortäußerungen mit AUCH im

---

4   In den Beispielen folgen wir folgenden Konven-tionen: Betonte Silben werden großgeschrieben; das Alter der Kinder wird als *Jahr; Monat* notiert;

E.= Erwachsene(r), V.=Vater, M.=Mutter; /,\,–kennzeichnen steigende, fallende und progre-diente Tonhöhenbewegungen.

Alter von 1;8 bis 2;2 bei 20-25%.

Der folgende chronologische Überblick[5] bettet das Auftreten von AUCH in den Gesamtverlauf von Julias Syntaxerwerb ein.

Tab. 1: *Erwerbsverlauf Julia*

Alter	Verbpositionen	Ist AUCH belegt?	Belegte NEGATIONS-ELEMENTE	Sind W-Operatoren belegt?
1;8	VE{-fin}	+	NEIN (=Adjunkt)	–
1;11	↓	↓	↓	w-Vorläufer
2;2	V2{+fin}	↓	NICHT / KEIN	↓
2;5	V2{+fin} und C...VE{+fin}	↓	↓	w + V2

Legende: Die Spalte Verbposition zeigt, wo im jeweiligen Alter finite und nichtfinite Verben auftreten; VE= Verbendposition; V2= Verbzweitposition (einschließlich Verberststrukturen); C=Komplementierer; w=Fragepronomen. Im Text wird erläutert, was unter »Vorläuferstrukturen« zu verstehen ist. Die Pfeile deuten an, daß eine bereits belegte Strukturoption weiterhin nachgewiesen werden kann.

Wenn im Verlauf des Spracherwerbs nach den ersten Verbpartikeln Vollverben auftreten, ist AUCH zunächst nur in nichtfiniten Äußerungen belegt. AUCH geht auch dem Erwerb von Interrogativstrukturen voraus; es tritt noch vor solchen Fragestrukturen auf, in denen die linke Satzperipherie von formelhaften Vorläuferelementen wie [vozə] (für zielsprachlich *wo ist er/der* etc.) »simuliert« wird (i.e. [vozə] leute?, [vozə] ball?).

Von unmittelbarer Relevanz für unsere spätere Diskussion ist auch die Beobachtung (vgl. Spalte 3 und 4), daß AUCH in Erscheinung tritt, bevor NICHT dokumentiert ist.[6] Beispiel (5) stammt aus einem Zeitraum, in dem Julia für anaphorische und nicht-anaphorische Negation nur NEIN verwendet.

(5) J. (1;11) klettert auf eine Schaukel.   fällt runter NEIN/

Das im Vergleich mit NICHT frühere Auftreten von AUCH findet sich auch in anderen Korpora gut belegt.[7] Das folgende Beispiel (6) einer anderen Fallstudie (Stephanie) aus Tracy (1991) unterstreicht die frühe Präsenz von AUCH, während dem Kind für die Negation nur NEIN zur Verfügung steht, in diesem

---

6 Dabei finden sich allenfalls lexemspezifische Fehlsegmentationen wie [ge:tiç], (= geht nicht).

7 Vgl. dazu die ausführliche Fallstudie von Juwal in Penner (1994) und Penner et al. (i.Dr.).

234 Zvi Penner & Rosemarie Tracy & Karin Wymann

konkreten Fall unterstützt von einer Geste.

(6) E. betrachtet einen Spielzeugaffen   Der Bobo mit seiner schönen
     (= Bobo), der eine Halskette trägt.   Kette, ne?
     S. (1;8) schaut E.'s Halskette an.   ROsi auch\
     E.   Ja, ich hab auch eine Kette, das
                                            stimmt.

     S. berührt ihren eigenen Hals,
     schüttelt den Kopf.   stefanie NEIN nein\
     E.   Nein?
     S. schaut wieder auf E.'s Kette   ROsi kette\
     S. dreht sich zu ihrem Vater um, schaut
     auf seinen Hals, schüttelt ihren Kopf. papa AUCH/...NEIN nein\

Obgleich, wie (6) zeigt, zu diesem Zeitpunkt bereits NEIN belegt ist, werden Ne-
gationsstrukturen mit NICHT erst einen Monat später produziert, vgl. (7).

(7) S. (1;9) befürchtet, daß V. einen Turm   NICHT Papa umschmeißen\
     umstoßen könnte.

NICHT tritt also erst in Erscheinung, nachdem Strukturen mit AUCH belegt sind:
Daher unsere Hypothese, daß weder die Syntax noch die Semantik oder Prag-
matik von NEIN ausreichen, um NICHT sofort in das kindliche System zu integrieren. Dies wird erst durch die vermittelnde, strukturbildende Funktion des
Operators AUCH möglich.

   Der fortschrittliche Eindruck, den die frühen Äußerungen mit AUCH er-
wecken, läßt sich allerdings nicht länger aufrecht erhalten, sobald Kinder finite
Verben produzieren. Vielmehr muß man nun feststellen, daß in Äußerungen mit
AUCH das Verb auch weiterhin ausgelassen wird. In (8) zeigt sich die anfänglich
komplementäre Verteilung von AUCH und Finitum besonders deutlich.

(8) S. (1;10) deutet auf einen   das isə BObo\
     Stoffaffen namens »Bobo«.
     E.   Ja.
     S. deutet auf kleineren Stoffaffen.   das AUCH äffchen\
     Erw.   Äffchen, jawohl.
     S.   das NOCH ein bobo\

Laut Penner, Tracy & Weissenborn (i.Dr.) wiederholt sich die soeben skizzierte Abfolge von Erwerbsstadien bei allen normalentwickelten Kindern. Sie läßt sich folgendermaßen zusammenfassem: (a) AUCH tritt früh in Erscheinung, zeitgleich mit NEIN, aber vor der Negation durch NICHT und vor w-Fragen; (b) AUCH erscheint zunächst in gänzlich verblosen oder nichtfiniten Äußerungen; und schließlich, (c), verhalten sich Äußerungen mit AUCH auch dann noch auffällig (zum Beispiel durch Fehlen des Verbs), wenn bereits finite Verben produziert werden können.

1.2 Zur semantischen und pragmatischen Komplexität der frühen AUCH- Konstruktionen

Die Pionierleistung der Fokuspartikel ist nicht nur aus syntaktischer Perspektive relevant. Sowohl in satzsemantischer als auch in diskursrepräsentationeller Hinsicht zeugt die frühe Verwendung der Fokuspartikel von bemerkenswerten Fähigkeiten. Die verfügbaren Daten belegen, daß Kinder AUCH von Anfang an korrekt in seiner additiven semantischen Funktion einsetzen. Auf der Ebene der Satzbedeutung legen die frühen verblosen Strukturen mit AUCH zwei modale Interpretationen nahe. Die eine Lesart kann man im weitesten Sinne als »existentiell« bezeichnen, wie sie von Äußerungen wie *das auch Äffchen* oder *Mama auch Kette* nahegelegt wird. Diese Äußerungen lassen sich am ehesten als Aussagen über das Vorhandensein von Gegenständen oder Personen umschreiben (i.e. für (6) in etwa *Rosi hat auch eine Kette*, für (8): *das ist auch ein Äffchen*).

Eine andere modale Lesart läßt sich mit Äußerungen wie *Tracy auch einräumen* (vgl. (4) oben) in Verbindung bringen, die – wie die Reaktionen der Gesprächspartner in den Beispielen zeigen – als Aufforderungen, Wünsche und Handlungsankündigungen verstanden wurden. Hier erscheint die Partikel AUCH stellvertretend für die Modalverben *sollen, wollen, können* und *müssen*, die noch nicht ins Lexikon aufgenommen wurden.

Nun wird in frühen AUCH-Konstruktionen aber nicht nur auf *hic et nunc*-Ereignisse referiert. In den meisten Fällen spielt auch noch der Bezug zum vorangegangenen Diskurs eine wichtige Rolle. Das bedeutet, daß AUCH-Konstruktionen in Übereinstimmung mit der zielsprachlichen Funktion der Partikel bereits vollständige informationsstrukturelle Relationen mit einem Hintergrund- und einem Fokusteil kodieren. Der Hintergrund stellt das Diskurstopik, d.h. diejenige Information, die entweder durch den Diskurs vererbt oder als gemeinsames Wissen von Sprecher und Hörer vorausgesetzt wird. Der Fokusteil umfaßt die Konstituente, welche die neue Information in der Proposition ausdrückt. Beide informationsstrukturellen Bestandteile, i.e. Fokus und Hintergrund, können sowohl explizit ausbuchstabiert werden (z.B. mit *einräumen* als Topik und *Tracy* als Fokus in *Tracy auch einräumen*) als auch implizit bleiben.

2.   Die syntaktische Steigbügelfunktion von AUCH

Innerhalb des X-bar-theoretischen Rahmens, den wir hier zugrundelegen, läßt sich die hierarchische Struktur von Sätzen durch rekursive Einbettung eines einzigen Formats erzeugen. In jeder Strukturschicht werden zugleich mit einem syntaktischen KOPF Positionen für Komplemente und Spezifikatoren eröffnet. Das minimale »Fraktal«[8] eines solchen Strukturaufbaus, das eine vollständige Ereignisstruktur ausbuchstabieren kann, ist die VP. In ihrer transitiven Standardversion umfaßt sie das Verb als projizierenden KOPF und zwei Argumentpositionen für Subjekt und Objekt. Für das Deutsche, in dem das nichtfinite Verb nach links regiert, ergibt sich damit folgende Konfiguration:

(9)

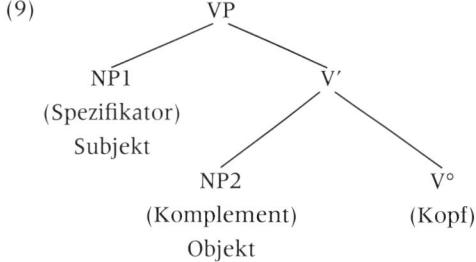

Nach Penner, Tracy & Weissenborn (i.Dr.) übernimmt die Fokuspartikel AUCH eine maßgebliche Rolle für den weiteren Strukturaufbau, indem sie als eigenständiger Kopf eine vollständige funktionale Strukturschicht oberhalb der (Wurzel-)VP eröffnet und damit diese VP zu ihrem Komplement macht. Zusammen mit einer fokussierten Phrase bildet AUCH eine Operatorkonfiguration in einem Spezifikator-Kopf-Segment des Baumes.[9] Mit der Spezifikatorposition (=SPEC) stellt die Syntax einen Landeplatz bereit, in welche Argumente aus der VP be-

---

8 Mandelbrot (1982) wählte diese Bezeichnung für selbstähnliche Strukturen, die sich auf immer kleineren Skalen wiederholen. Vgl. Hohenberger (1997) für eine »fraktale« Theorie des Spracherwerbs.

9 In Anlehnung an Rizzi (1995) und die dort zitierte Literatur gehen wir davon aus, daß die

fokussierten Konstituenten quantifizierend sind, i.e. daß sie eine bestimmte Untermenge von Entitäten bezeichnen, die sich kontrastiv von anderen Mitgliedern einer Menge abheben. Damit stellen fokussierte Konstituenten einen Spezialfall von Operatoren dar. Für eine detaillierte Begründung vgl. Penner et al. (i.Dr.).

wegt werden können. In der frühen deutschen Kindersprache entstehen somit komplexe Fokuspartikelphrasen (FPP) wie in (10):

(10)

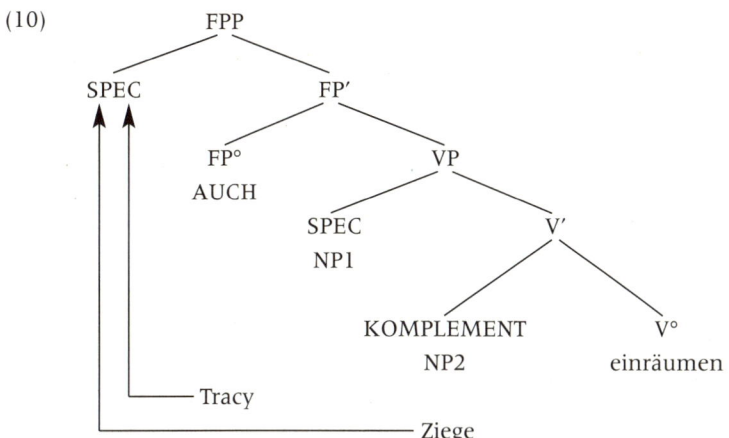

Innerhalb dieser FFP ergibt sich bereits als Vorläufer späterer V2-Strukturen eine Art »AUCHzweit«-Effekt, denn vergleichbar dem zielsprachlichen Vorfeld des Deutschen (i.e. der Position vor dem finiten Verb im Hauptsatz) wird innerhalb der FPP nur *eine* Position zur Verfügung gestellt, in die sich Argumente bewegen können. Strukturen wie *ziege auch...Tracy auch einräum* entstehen, wie in dem obigen Baum angedeutet, durch Bewegung von entweder Objekt oder Subjekt aus der VP in die Position SPEC, FFP.[10]

Des weiteren behaupten Penner et al. (i.Dr.), daß die zeitliche Reihenfolge, in der die Partikeln AUCH und NICHT im Spracherwerb auftreten, nicht zufällig ist, sondern den Grad ihrer Zugänglichkeit widerspiegelt. Vor allem folgende Unterschiede zwischen AUCH und NICHT scheinen für den Erwerbsvorgang und die Steigbügelfunktion von AUCH ausschlaggebend zu sein: Während wir im Deutschen für die anaphorische Negation, die existentielle Negation und die Konstituentennegation unterschiedliche lexikalische Formen mit uneinheitlichem X-bar-theoretischen Status finden, bleibt AUCH ungeachtet seiner semantischen Funktion im Satz »uniform«. Der syntaktischen Ambiguität der Negatoren steht daher AUCH als synkategorematisches Funktionswort gegenüber, das (relativ) leicht zu identifizieren ist und deshalb automatisch als Kopf klassifiziert werden

---

10 Innerhalb der FPP ergibt sich also eine erste Möglichkeit, Argumente lokal zu »scramblen«, i.e. über ein Adverb oder eine Partikel hinweg nach links zu bewegen. Für einen Vergleich mit anderen Ansätzen zur Erklärung des frühen Scrambling vgl. Penner, Tracy & Weissenborn (i.Dr.).

kann. Die folgende Übersicht faßt den Vergleich verkürzt zusammen:

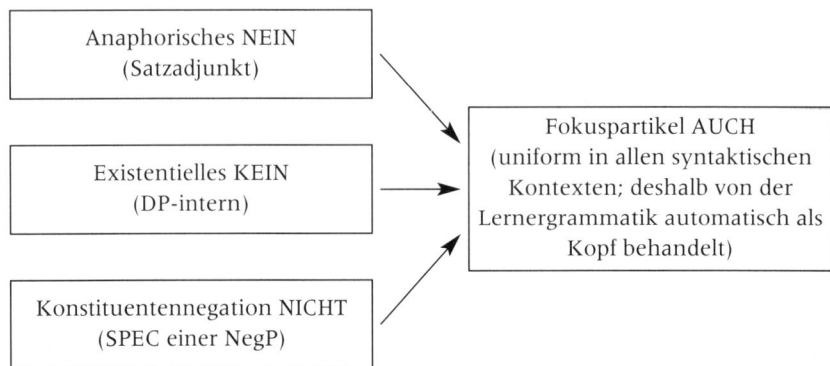

Daher kann es eigentlich nicht überraschen, wenn das AUCH-Format von einem Kind aufgrund seiner strukturellen Eindeutigkeit vorgezogen wird und wenn die Partikel AUCH vor NICHT und KEIN auftritt. NICHT-Konfigurationen werden erst in einem zweiten Erwerbsschritt in die um AUCH herum projizierte Struktur integriert.[11]

Interessant ist nun auch die mehrfach erwähnte Beobachtung, daß w-Fragen erst nach AUCH auftreten. Wenn Penner, Tracy & Weissenborn (i.Dr.) recht haben, so verdanken neben der NICHT-Konstruktion auch Interrogativstrukturen ihre Anfänge dem AUCH-Format.

Das Fokusmerkmal, das innerhalb eines Satzes neue Information markiert, spielt nicht nur in deklarativen, sondern auch in interrogativen Sätzen eine zentrale Rolle. Generell läßt sich festhalten, daß die erfragte Konstituente in einer w- oder Entscheidungsfrage mit der fokusmarkierten Phrase oder Teilphrase identisch ist. Dies ist keineswegs überraschend, da sowohl die erfragten Phrasen in Interrogativsätzen als auch die fokusmarkierten Phrasen in Deklarativsätzen den informationsstrukturellen Satzteil »neue Information« verkörpern. Formal ausgedrückt kann man sagen, daß sowohl die erfragten Phrasen in interrogativen als auch die fokusmarkierten Phrasen in deklarativen Strukturen quantifizierend sind und somit als zwei unterschiedliche Manifestationen von Operatoren gelten dürfen. Letztere setzen eine formale Lizensierung in Spezifikator-Kopf-Konfigurationen voraus. Sobald im Verlauf des Spracherwerbs AUCH und (mit Verzöge-

---

11 Dies bedeutet, daß NICHT im weiteren Verlauf des Erwerbsprozesses als Spezifikator reanalysiert werden muß, ein Problem, das wir an dieser Stelle nicht weiterverfolgen.

Zur Frage des Status der Negation vgl. Haegeman & Zanuttini (1991) und die Diskussion in Penner, Tracy & Weissenborn (i.Dr.).

rung) NICHT ihre Strukturschichten projizieren, können die damit vorhandenen Operatorkonfigurationen auch für die Bildung der strukturell verwandten w-Fragen genutzt werden.

3. Überlegungen zum monolingualen Erwerb des Englischen

Bisher war die Rede von Asynchronien innerhalb des monolingualen Erwerbs des Deutschen: AUCH erscheint vor NICHT, und beide gehen zielsprachlichen Fragesätzen voraus. Wenn unsere Überlegungen stichhaltig sind, so ist AUCH der erste Operator, der sozusagen Tor und Tür für weitere Entwicklungen öffnet.

Wie sieht es nun im Sprachvergleich aus? Wenn wir die frühe Sprachentwicklung bei monolingualen englischsprachigen Kindern untersuchen, ergibt sich in mancher Hinsicht ein anderes Bild. Ausdrücke, die semantisch und informationsstrukturell als Äquivalente von AUCH gelten können, *too, also* und das umgangssprachlich seltenere *as well*, treten in den Daten englischsprachiger Kinder, die vom Alter und der Äußerungslänge her den bisher zitierten deutschsprachigen Kindern vergleichbar wären, selten (*too*) bzw. nie (*also, as well*) auf (Brown 1973, Braine 1976, Radford 1990).

Vergleicht man nun die genannten additiven Fokuspartikeln des Englischen miteinander, so sieht man, daß sie sich keineswegs einheitlich verhalten (vgl. Quirk et al. 1985:604ff). *Too* und *as well* folgen der Fokuskonstituente üblicherweise.[12] Sie vermeiden die »medialen« Positionen vor, inmitten oder nach dem Auxiliarkomplex und können auch noch vom Satzende aus das Subjekt fokussieren (*Péter* (=Focus) *could smell it tòo*). *Also* kann der Fokuskonstituente vorangehen oder ihr folgen. Im Falle eines fokussierten Subjekts ist allerdings letzteres obligatorisch, wobei die Partikel den Primärakzent erhält (*Peter* (=Fokus) *álso recognized the problem*). *Also* stehen auch die von *as well* und *too* vermiedenen Positionen nach und vor dem finiten Hilfsverb offen, wobei im Falle einer Negation nur letztgenannte Option zulässig ist (vgl. *Peter also couldn't hear the dog* vs. **Peter couldn't also ...*). In der gesprochenen Sprache wird die Festlegung der Skopusdomäne (eng oder weit) vor allem mithilfe der Intonation geregelt. In geschriebenen Texten muß man sich auf die desambiguierende Rolle des Kontextes verlassen.

Aus Lernerperspektive bedeutet all dies, daß sich englischsprachige Kinder mit verschiedenen lexikalischen Alternativen (*too, also, as well*) und ihren jeweiligen

---

12 Quirk et al. (1994:609) weisen auf markierte Optionen hin, z.B. *She has invited TOO/as WELL* <some of her own FAMily>, wobei < > den Fokus anzeigt und sprechen hier von »rather 'prepared' usage«. Man beachte auch, daß *too* selbst nicht im Skopus einer Negation liegen kann, vgl. *JÓHN saw him TÒO* mit *JÓHN didn't see him ÈITHER.*

Stellungsprivilegien konfrontiert sehen.[13] Schwieriger als im Deutschen gestaltet sich auch die Identifikation möglicher Skopusdomänen, da auch bei engem Skopus Partikel und Fokusteil nicht benachbart sein müssen. Schließlich besteht ein weiterer wesentlicher Unterschied zum Deutschen darin, daß es im Englischen keine dem deutschen Mittelfeld vergleichbare topologische Domäne gibt, innerhalb derer sich Objekte und Adjunkte über Adverbien hinweg nach links bewegen (= Scrambling). Hinweise für Bewegung ergibt sich allenfalls aus der Beobachtung der Verteilung von Hilfs- oder Modalverben sowie der Kopula *be* im Verhältnis zu *also* (vgl. *There also was a time ...*/ *There was also a time...*). Der Erwerb eben dieser Verben aber ist ein Problem *sui generis*. Zumindest im Falle der Linksbewegung englischer Hilfs- und Modalverben würde es sich auch keineswegs um eine dem Deutschen vergleichbare Verbbewegung aus der VP handeln.

Im Erwerbsverlauf tritt erwartungsgemäß *too* zuerst in Erscheinung, und zwar in Äußerungen wie (11)-(14) aus dem Adam-Korpus. Im Alter 2;2 ist *too* in fast jeder Aufnahme mehrmals vertreten, wohingegen *as well* bis ins fünfte Lebensjahr fehlt; *also* ist später als *too* belegt, und auch dann nur vereinzelt. Aufgrund der Position von *too* am Äußerungsende dürfen wir schließen, daß es der Fokuskonstituente folgt, selbst wenn wir aufgrund fehlender prosodischer und kontextueller Information nicht entscheiden können, welche Skopusverhältnisse im einzelnen vorliegen. Analog würden wir vermuten, daß auch im Falle von *Robbie too driving* in (11) *Robbie* Fokus ist. Man beachte, daß (14) von der Zielsprache abweicht, da sich hier *too* (anstelle von *either*) unzulässig innerhalb des Skopus der Negation befindet.

(11)	(2;2)	Robbie driving too, Robbie too driving
(12)	(2;3)	you ride roadgrader too
(13)	(2;11)	I going turn water off tomorrow too
(14)	(3;1)	This one not clean too

Bemerkenswerterweise fehlen zu diesem Zeitpunkt noch Belege für Elemente, die als Köpfe eine englische IP oder gar CP projizieren könnten. Es gibt keine Hilfs- oder Modalverben, abgesehen von fehlsegmentierten Lexemen wie *wanna* (= want to)/*hafta* (= have to) keinen produktiven Infinitivmarker *to*, und bis über den dritten Geburtstag hinaus findet man in w-Fragen keine Inversion. Daraus schließen wir, daß die dafür notwendige funktionale Architektur noch fehlt. Was

---

13 Im Falle von *too* ist weiterhin die Existenz der homonymen Intensivierungspartikel (*It is too cold outside*) zu berücksichtigen, die in den englischen Kinderdaten ebenfalls belegt ist. Dadurch entstehen unweigerlich Ambiguitäten (*he too big*), die nur mithilfe des Kontextes aufgehoben werden können.

immer daher die semantische und diskursrepräsentationelle Leistung von *too* in Adams Äußerungen sein mag: Sie zieht keine dem Erwerb von AUCH im Deutschen vergleichbaren Konsequenzen für den restlichen Strukturaufbau nach sich. Vielmehr werden im Englischen andere Elemente als Steigbügel benötigt, um allmählich Strukturschichten oberhalb der VP zu erschließen.[14]

4. Der doppelte Erstspracherwerb als natürliches Experiment

Ein Kind, das mit zwei Erstsprachen aufwächst, ermöglicht es uns, Faktoren zu differenzieren, die beim monolingualen Erwerb nur schwer voneinander zu trennen sind (vgl. Meisel 1989, de Houwer 1990, Tracy 1995, 1996). Produziert ein monolinguales Kind bestimmte Strukturen nicht, so kann dies u.a. daran liegen, daß es ihm an bestimmten kognitiven Voraussetzungen fehlt. Erscheint hingegen bei einem bilingualen Kind eine Struktur bereits in einer der beiden Sprachen, so kann man fehlende kognitive Voraussetzungen nicht für ein Fehlen äquivalenter Strukturen in der anderen Sprache verantwortlich machen. In solchen Fällen versprechen wir uns von der zeitlichen Asynchronie Hinweise auf die größere Komplexität der Erwerbsaufgabe in der langsameren Sprache (vgl. in diesem Sinne bereits Slobin 1973).

Untersuchungen zum simultanen Spracherwerb Deutsch-Englisch[15] stützen die Annahme, daß bilinguale Kinder auch bei günstigen Inputbedingungen (d.h. reichhaltigem Angebot in beiden Sprachen) die Strukturschichten oberhalb der VP im Deutschen schneller entdecken können als im Englischen. Dabei entsprechen die Erwerbsverläufe im wesentlichen dem Bild, wie wir es bisher für den monolingualen Erwerb skizziert haben. Auch bei den bilingualen Kindern ist AUCH bereits *vor* der Herausbildung der deutschen IP gut belegt.[16] Von den englischen Äquivalenten stellt sich im Alter zwischen 2;5 und 3;2 bei allen Kindern als erstes *too* ein. *As well* ist in Tausenden von Kinderäußerungen überhaupt nur ein einziges Mal, und *also* nur jeweils ein einziges Mal bei zwei von vier Kindern belegt.

---

14 Vgl. in diesem Zusammenhang die Hypothesen zu *no* in Hyams 1992 und die Diskussion um die Rolle der Infinitivpartikel *to* in Gawlitzek-Maiwald 1997.

15 Zum Thema Bilingualismus im allgemeinen und den unseren Untersuchungen zugrundeliegenden Theorien und Methoden vgl. Tracy 1995, 1996, Gawlitzek-Maiwald & Tracy 1996 und Gawlitzek-Maiwald 1997. Insgesamt wurden innerhalb dieses Projekts die Erwerbsverläufe von fünf monolingualen und fünf bilingualen Kindern verglichen.

16 Die quantitative Auswertung für die beiden jüngsten Kinder des Projekts ergibt, daß AUCH vor der Produktivität der deutschen IP bei einem Kind in sämtlichen Korpora in bis zu 8% aller Mehrwortäußerungen auftritt, bei dem anderen in etwa 10% (und in einzelnen Korpora noch mehr). In den englischen Daten derselben Aufnahmezeitpunkte tritt *too* nicht auf.

Interessant ist nun, auf welche Weise Mischäußerungen, die man in den frühen Korpora vieler bilingualer Kinder antreffen kann, den jeweiligen Entwicklungsstand in beiden Sprachen reflektieren. Die folgenden Beispiele stammen von Hannah, die im Alter von 2;4 im Deutschen bereits (15), im Englischen hingegen »nur« (16) produziert. In den englischen Äußerungen fehlen Kongruenzmerkmale, Hilfs- und Modalverben und w-Operatoren.

(15) Was ist das? / Ich mussə das noch machen. / Jetzt kannst du Hause gehn
(16) Papa doing? / Mami picking flowers inə forest

In Hannahs Mischäußerungen finden wir indessen die Äußerungen in (17), in denen Strukturformate und Lexeme, die im Englischen noch nicht produktiv sind, dem Deutschen entlehnt wurden.

(17) Kannst du move a bit? / Sie haben gone away / Ich habe gemade you much better.

Hannahs Mischäußerungen läßt sich auch entnehmen, daß die Wahl der Fokuspartikel ebenfalls konsistent zugunsten des deutschen AUCH ausfällt, vgl. (18)-(21).

(18) Hannah (2;1) schaut Bilder an.   də AUCH little
(19) Hannah (2;3) deutet auf Bild.   monkey AUCH bike\
(20) Mutter   Let's put your tights on.
      Hannah (2;4) deutet auf Pullover. THIS one auch\
(21) Hannah (2;6) deckt sich zu,   ich cover michself up\
      zu M.   ə du AUCH covered up/

Nachdem die englische Syntax und das englische Lexikon aufgeholt haben, wird diese Anleihe beim Deutschen überflüssig (vgl. die Darstellung in Tracy 1995).

5.   AUCH bei spracherwerbsverzögerten Kindern

Kinder, die im Alter von 24 Monaten noch nicht über einen Wortschatz von 50 Wörtern verfügen, werden von der Forschung als verzögerte Sprechbeginner bzw. als »late talkers« bezeichnet (vgl. Grimm & Weinert 1994, Grimm 1997). Die Verbreitung dieser Verzögerung ist recht groß: In der Literatur ist die Rede von 13 bis 20% aller Kinder, von denen sich wiederum 6-8% zu dysgrammatisch sprechenden Kindern entwickeln.

Trotzdem läßt sich zeigen, daß der Spracherwerb verspäteter Sprechbeginner analog demjenigen normalsprechender Kinder verläuft (vgl. Fikkert et al. 1998). Der wesentlichste Unterschied besteht in der extremen Verlangsamung des gesamten Lernprozesses, wobei kurzen, aktiven Lernphasen immer wieder ausgeprägte Stagnationsphasen folgen. Diese Stagnationen erweisen sich oft als sehr persistent. Die von uns untersuchten spracherwerbsverzögerten Kinder leiden außerdem alle unter einer erheblich verminderten Verstehensfähigkeit.

Die beobachtete Plateaubildung ist als selektive Stagnation in einer Zwischengrammatik zu verstehen. Wir führen sie auf Probleme bei der Verbindung von Informationen aus verschiedenen Modulen zurück, beispielsweise auf Schwierigkeiten bei der Korrelation von prosodischen, semantischen und syntaktischen Merkmalen. Dadurch wird die Gewinnung erwerbsrelevanter Trigger aus dem Input erschwert; die Folge sind Defizite in allen formalen Bereichen der Grammatik. Interessanterweise lassen sich durch den verzögerten Verlauf Unterphasen des Erwerbsprozesses belegen, welche beim normal ablaufenden Spracherwerb nie oder nur während einer sehr kurzen Zeitspanne sichtbar werden (vgl. dazu auch Penner, Wymann & Weissenborn i.E.).

Grundlegende Prinzipien der Grammatik und globale Parameter, wie zum Beispiel die Direktionalitätsfestlegung des Kopfes, bleiben also auch bei spracherwerbsverzögerten Kindern intakt. Im folgenden werden wir überprüfen, ob die verspäteten Sprechbeginner AUCH ebenfalls als Steigbügel für weitere syntaktische Entwicklungen nutzen können. Zu diesem Zweck werden wir die individuellen Erwerbsverläufe von drei Kindern vorstellen.[17]

Die Syntax von Kind Na. ist erheblich beeinträchtigt. Mit 3;4-3;6 entspricht ihre Entwicklung derjenigen normaler Kinder im Alter von 1;6-1;8. Wie die folgenden Beispiele – denen wir hochdeutsche Glossen zur Seite stellen – zeigen, verwendet Na. in diesem Alter sowohl AUCH als auch NICHT, allerdings beide nicht in Verbindung mit Verben, wenngleich diese in anderen Kontexten schon auftreten.

(22)	(3;4)	mimi o be	Mimi (=Puppe) auch (ins) Bett
(23)	(3;4)	mi ou fou	mich (=ich, mein Mund) auch voll
(24)	(3;4)	mami o mu	Mama (hat) auch (einen) Mund
(25)	(3;4)	Papi niid	Papa nicht

---

17 Diese Daten entstammen einer Studie von Wymann (i.Vorb.) zum Schweizerdeutschen, das sich allerdings hinsichtlich der hier diskutierten syntaktischen Strukturen nicht vom Standarddeutschen unterscheidet. Die im folgenden angeführten Beispiele lassen u.a. auch eine erhebliche Beeinträchtigung der Phonologie erkennen. Zu Verzögerungen auf der Ebene von Phonologie und Prosodie, die wir hier nicht diskutieren, vgl. Fikkert, Penner & Wymann (1998).

244 Zvi Penner & Rosemarie Tracy & Karin Wymann

Vollverb plus Negation sind zum ersten Mal gemeinsam im Alter 3;9 belegt, vgl.(26). Mit 3;11 treten Vollverben mitsamt einem ihrer Argumente mit der Fokuspartikel AUCH auf, vgl. (27)-(28), und zwar mit 12 Belegen in ca. 200 Äußerungen. Die Verben dieser Zeit sind sämtlich nichtfinit und finden sich nur in der Verbendposition.

(26) (3;9)   nä mee ni(d) ZUEdue   nein [...] nicht zutun (= schließen)
(27) (3;11) i o ni däie   ich auch nicht drehen
(28) (3;11) fofi oo däie   Sofie auch drehen
                                     (= Spielkarte mit Bild von »Sofie«)

Vergleicht man die Verwendung der Subjektspronomina in (23) und (27), so erkennt man, daß Na. anfänglich eine nicht-nominativische Pronominalform *mi* (= mich) zur Markierung des Subjekts verwendet. Von 3;4 an steigt die Häufigkeit dieses *mi*, vgl. dazu die Beispiele (29)-(31). Diese pronominale Markierung stellt eine Zwischenphase dar, welche bei normalsprechenden Kindern entweder nicht vorkommt oder aber verborgen bleibt.

(29) (3;7)   mi nää   mich (= ich) nehmen
(30) (3;7)   mi oo buu   mich (= ich) auch Buch
                            (=ich habe auch ein Buch
(31) (3;9)   mi oo   mich (= ich) auch

Im Alter 3;11 tritt der zielsprachliche Nominativ *ii* (ich) hinzu, wobei sich *mii* und *ii* zunächst quantitativ die Waage halten. Mit 4;1 ist diese Übergangsphase abgeschlossen; danach findet sich in der Subjektsfunktion nur noch *ii*.

(32) (3;11) mi da nää, ja ii   mich (=ich) da/das nehmen, ja ich
(33) (3;11) ii ou   ich auch
(34) (4;1)   ii o nii   ich auch nicht
(35) (4;1)   ii o da nää   ich auch da/das nehmen

Relevant ist weiterhin die Genese von Fragen. Erste Vorläuferformen ohne Verben (*wo da* oder *wo*+Nomen) treten mit 3;7 auf, also zu einem Zeitpunkt, zu dem die Fokuspartikel bereits gut etabliert ist. Dabei steht *wo* für einen allgemeinen Interrogativoperator, i.e. Entscheidungsfrage und Konstituentenfrage sind nicht immer klar zu trennen. Von 3;9 an ist diese Fragebildung sehr produktiv, und ab 4;1 treten zum ersten Mal nichtfinite Vollverben in Fragen auf.

(36)	(3;9)	wo MEme/	wo (ist) Meret?
(37)	(4;1)	Mama wo daa/	wo (ist) Mama? (oder: Ist Mama da?)
(38)	(4;1)	wo Anna gaa/	wo Anna gehen?[18] (oder: Geht Anna?)

Die Entwicklung von Fragen vollzieht sich also wie die Konstruktion der Fokuspartikelphrase über verschiedene Zwischenphasen, u.a. solchen, in denen Interrogativoperatoren zunächst ohne Verb auftreten, bevor schließlich beide gemeinsam realisiert werden. In jedem Fall treten aber diese Strukturformate erst dann auf, wenn vollständige Fokuspartikelphrasen längst produktiv sind.

Das zweite Kind, Ni., von dem im folgenden berichtet wird, ist ebenfalls in hohem Maße spracherwerbsverzögert. Seine Lexikonentwicklung stagniert bis zum Alter von 2;11 weitgehend, und im Bereich des Verblexikons manifestieren sich nur Verbalpartikel oder Platzhalterelemente für andere Lexeme, z.T. lautmalerische Formen. Für AUCH läßt sich erstmals im Alter 2;4 ein idiosynkratisches Platzhalterlexem *ojo* (von *auch noch*) nachweisen. Einen Monat später (mit 2;5) tritt ebenfalls zum ersten Mal in Form von *ä-ä* [ˀæ ˀæ] eine prälexikalische undifferenzierte Negation als Vorläufer für anaphorisches NEIN auf. Mit 2;6 wird dieser Platzhalter, wie man in (39) sehen kann, um ein syntaktisch nicht kategorisierbares, prälexikalisches Element (*näm*, vergleichbar dem hochdeutschen lautmalerischen *Hamham*) erweitert.

(39)	(2;6)	näm ä-ä	essen nein

Die folgenden Beispiele illustrieren, daß Konstruktionen mit AUCH und dem Negationsvorläufer des weiteren zunächst durch *da* erweitert werden, das seinerseits nicht nur als Adverb sondern auch als Platzhalter von Artikeln und Argumenten auftritt.[19]

(40)	(2;10)	da mämmäm oja	da(s) Essen auch
			(=das Essen mag ich auch)
(41)	(2;11)	da papa ä-ä	da Papa nein (= das ist nicht Papa)
(42)	(2;11)	da mama ojo	das Mama auch (= das hat M. auch)
(43)	(2;11)	täfi ojo da	Bonbon (=«Täfi») auch da
(44)	(2;11)	iam nää ... daa	Katze nehmen ... das
(45)	(2;11)	iam mämmäm nää	Katze Essen nehmen

---

18 *Wo* erfüllt hier zunächst eine Platzhalterfunktion für Interrogativität im allgemeinen. Daher lassen sich diese Äußerungen nicht alle als w-Fragen analysieren. Dies läßt sich anhand von Auffälligkeiten bei der Produktion und beim Verstehen von Fragen festmachen.

19 Zur Platzhalterfunktion von *da* im ungestörten Erwerb vgl. Tracy (1991) und Penner (1994).

Zu dieser Zeit sind die Verben von Ni. nichtfinit und stehen in Verbendposition. Diese als VPs oder FPPs analysierbaren Strukturen wirken freilich noch fortschrittlich, wenn man sie mit den Äußerungen Ni.'s vergleicht, die man als Fragen interpretieren kann. Auch hier finden sich zunächst nur Vorläuferstrukturen wie in (46):

(46) (2;11) da/   da? (= Was ist das?)

Im Alter 3;0 tritt AUCH vereinzelt mit Subjekt und Verb auf, vgl. (47). In den gleichen Korpora ist jetzt auch als erstes zielsprachliches Negationslexem *nei* (*nein*) belegt. In (48) werden die alte und neue Variante der Negation gemeinsam realisiert.

(47) (3;0) bibi oi abeggumpe   Huhn auch runterspringen
(48) (3;0) da a-a nei   da nein nein (= da ist nichts)

Zwei Monate später tritt als nächstes Negationslexem der zielsprachliche Quantor *nüüt* (*nichts*) auf, vgl. (49)-(50), einen Monat danach gefolgt von *nii* (*nicht*).

(49) (3;3) o soo nüüt   auch so nichts
(50) (3;3) ojo nüüt   auch nichts
(51) (3;4) nii SNIdä   nicht schneiden

In diesem Alter finden sich mehr und mehr Strukturen wie in (52), die man als vollständig ausbuchstabierte Fokuspartikelphrasen analysieren kann.

(52) (3;4) dää bub o ei blong   dieser Bub (soll) auch einen
               ufplaase   Ballon aufblasen

Erst zu diesem Zeitpunkt werden auch Interrogativstrukturen komplexer, wenngleich w-Fragen immer noch w-Operatoren vermissen lassen, wie in (53), oder als *w-in-situ*-Fragen geäußert werden, vgl. (54).

(53) (3;4) dää maCHÄ/   der machen? (= was macht der?)
(54) (3;4) ig waas LUEge/   ich was schaue(n)?

Interessant ist, daß nun erste Verbformen auftreten, die, wie *luege* in (54), nicht mehr mit Sicherheit als nichtfinit gelten können. Hier zeichnet sich die Entstehung eines Kongruenzparadigmas und damit eine erste Entwicklung hin zur Konstruktion der IP ab.

Der Spracherwerb des dritten Kindes, Va., ist ebenfalls sehr verzögert, mit erheblicher Einschränkung des Wortschatzes. Im Alter von zwei Jahren produziert Va. noch keine Verben, aber die erwarteten Verbalpartikeln *abe / ab* (runter) und *ufe* (rauf). Gleichzeitig finden wir wie bei Ni. eine prälexikalische Negationspartikel *ä-ä*, aber auch schon zielsprachliches *näi* für anaphorisches NEIN sowie die Fokuspartikel AUCH, letztere erstmals zusammen mit dem deiktischen Element *da* in (55):

(55) (2;0) da ou   da auch

Zwei Monate später (mit 2;2) produziert Va. die ersten Verben; Mehrwortäußerungen folgen im Alter 2;3, ebenso die weitere Differenzierung der Negation. Zu den genannten anaphorischen Elementen gesellt sich nun auch *niit* (NICHT), u.a. in der Funktion des negativen Quantors NICHTS.

(56) (2;3) niit ässe   nicht(s) essen

Im Alter 2;5 treten dann sowohl weiterhin elementare verblose Fokuspartikelphrasen wie in (57) auf als auch finite Verben, die nicht angehoben werden. Vgl. hierzu (58), wo anstatt der Satznegation *nicht*, die Form der anaphorischen Negation verwendet wird.

(57) (2;5) du au obe   du (= ich[20]) auch oben
(58) (2;5) näi gaat   nein geht (= geht nicht)

Besonders relevant ist nun aber, daß es auch finite Verben gibt, die sowohl über die zielsprachlich angemessene Negation als auch über AUCH hinaus nach links wandern und einen »Verbzweiteffekt« (im Falle von (59) mit leerem Vorfeld) bewirken. Beispiel (61), mit dem inkorporierten Pronomen, stellt dabei eine Strukturoption dar, wie wir sie auch aus dem ungestörten Erwerb kennen.

(59) (2;5) buuchi a nid   brauch -ich auch nicht
(60) (2;7) i saffä au   ich arbeite(n) auch
(61) (2;7) futsig au hani   Flugzeug auch hab-ich

Zu diesem Zeitpunkt erst treten bei Va. Fragen auf, in denen allerdings zunächst noch ein overter Operator fehlt.

---

20 Das Kind verwendet Pronomina der zweiten Person für die Selbstreferenz, i.e. hier wurde noch nicht erkannt, daß sich die Pronomen der ersten und zweiten Person nicht etwa wie Eigennamen verhalten, sondern vielmehr Rollen im Diskurs indizieren; vgl. dazu Tracy (1983).

(62)   (2;7)   macht ä/   (Was) macht er?

Abschließend lassen sich anhand der Auswertung der Daten spracherwerbsverzögerter Kinder mindestens drei Schlußfolgerungen ziehen:

(a) *Parallelität*: Beim Erwerb der Strukturschichten des deutschen Mittelfelds läßt sich bei sprachverzögerten Kindern ein Entwicklungsverlauf feststellen, wie wir ihn bereits aus dem ungestörten Erwerb kennen. Auch hier findet man AUCH zunächst als Vorläufer und nach dem Erwerb von Verbformen weiterhin als eine Art modaler Proform verbaler Elemente.

(b) *Zwischenphasen*: Aufgrund der z.T. erheblichen Verlangsamung des Erwerbsprozesses lassen sich Zwischenphasen erkennen, welche beim ungestörten Erwerb in der Regel nicht sichtbar werden, z.B. die Verwendung von *mi* als Subjekt bei dem Kind Na. Anzunehmen ist, daß die interindividuellen Unterschiede, die wir bei den drei verzögerten Sprechbeginnern trotz aller Gemeinsamkeiten beobachten konnten, daher rühren, daß die Kinder innerhalb verschiedener Zwischenphasen stagnieren, z.B. indem einige von ihnen länger in einer Phase undifferenzierter Negationspartikeln (z.B. *ä-ä* bei Ni.) verharren als andere oder auch gänzlich idiosynkratische prälexikalische Elemente verwenden (wie *näm* bei Ni.).

(c) *Bootstrapping-Effekte*: Auch bei erheblich spracherwerbsverzögerten Kindern folgen dem Auftreten von AUCH qualitativ ähnliche Erwerbsschritte (Integration der Satznegation, Konstruktion von Interrogativstrukturen), wie wir sie bei sprachlich normal entwickelten Kindern feststellen können. Dies stützt unsere Hypothese, daß der Fokuspartikel AUCH eine entscheidende Steigbügelfunktion zukommt.

6.   Abschließende Bemerkungen

Im Mittelpunkt unserer Überlegungen standen lexikalische Elemente, insbesondere die Fokuspartikel AUCH, denen die Spracherwerbsforschung bis vor kurzem wenig Aufmerksamkeit geschenkt hat. Wir haben versucht zu zeigen, daß es sich nicht nur aus der Perspektive des Lexikonerwerbs lohnt, sich intensiver mit dieser Partikel zu beschäftigen, da sie, wenn wir uns nicht irren, auch beim Erwerb der deutschen Syntax eine wichtige Funktion erfüllt.

Die Partikel liefert Lernern relativ robuste, i.e. strukturell und lexikalisch eindeutige Evidenz für die Existenz von Strukturschichten oberhalb der VP und kann daher als verläßlicher Steigbügel genutzt werden. Dies gilt auch, wenngleich verlangsamt, für spracherwerbsverzögerte deutschsprachige Kinder. In

Sprachen, in denen es an vergleichbar hilfreichen lexikalischen Pionieren fehlt, werden die Strukturschichten oberhalb der VP langsamer erschlossen als im Deutschen. Belege dafür finden wir in den Daten bilingualer Kinder, die mit Deutsch und Englisch als simultanen Erstsprachen aufwachsen, insbesondere in den Mischäußerungen. Bilinguale Kinder nutzen hier die Möglichkeit einer lexikalischen Anleihe, um vorübergehende Lücken in ihrem rudimentäreren Englisch mithilfe von AUCH zu schließen.

Ungeachtet aller semantischen und informationsstrukturellen Komplexität führt die syntaktische Transparenz von AUCH als Kopf zu Vorteilen gegenüber anderen lexikalischen Elementen wie NICHT. Daher kann AUCH sowohl unter normalen als auch unter erschwerten Erwerbsbedingungen eine Pionierleistung vollbringen und weitere Entwicklungen auslösen.

Literatur

Brown, R. (1973): *A first language.* – Cambridge, Mass.:Harvard University Press.

Clahsen, H. (1988): Critical Phases of Grammar Development: A Study in the Acquisition of Negation in Children and Adults. – In: P. Jordens & J. Lalleman (Hgg.): *Language Development,* 123-148. Dordrecht: Foris.

Braine, M.D.S. (1976): *Children's first word combinations. Monographs of the Society for Research in Child Development* 41.

Fikkert, P., Z. Penner und K. Wymann (1998): Das Comeback der Prosodie. Neue Wege in der Diagnose und Therapie von phonologischen Störungen. – In: *Logos.*

Gawlitzek-Maiwald, I. (1997): *Der monolinguale und bilinguale Erwerb von Infinitivkonstruktionen.* – Tübingen: Niemeyer (= Linguistische Arbeiten 370).

Gawlitzek-Maiwald, I. & R. Tracy (1994): Bilingual Bootstrapping. – In: N. Müller (Hg.): *Two Languages. Studies in Bilingual First and Second Language Development. Linguistics* 34, 901-926.

Grimm, H. (1994) Sprachentwicklungsstörung: Diagnose und Konsequenzen für die Therapie. – In: Grimm, H. und S. Weinert (Hgg.): *Intervention bei sprachgestörten Kindern,* 3-32. Stuttgart: Fischer.

Grimm, H., H. Doil, Ch. Müller und S. Wilde (1996): Elternfragebogen für die differentielle Erfassung früher sprachlicher Fähigkeiten. – In: *Sprache und Kognition* 15, 32-45.

Haegeman, L. & R. Zanuttini (1991): Negative Heads and the Neg Criterion. – In: *The Linguistic Review* 8, 233-251.

Hoekstra, T. & Jordens, P. (1994): From Adjunct to Head. – In: T. Hoekstra & B. Schwartz (Hgg.): *Language Acquisition Studies in Generative Grammar,* 119-150. Amsterdam: John Benjamins.

Hohenberger, A. (1996). *Functional categories and language acquisition: Self-organization of a dynamic system.* Dissertation Universität Frankfurt.

Hyams, N. (i.Dr.): The Underspecification of Functional Categories in Early Grammar. – In: H. Clahsen (Hg.): *Generative Perspectives on Language Acquisition. Empirical Findings, Theoretical Considerations, Crosslinguistic Comparisons.* Amsterdam: John Benjamins.

Mandelbrot, B. (1982): *The Fractal Geometry of Nature.* – San Francisco: Freeman.

Miller, M. (1976): *Zur Logik der frühkindlichen Sprachentwicklung.* – Stuttgart: Klett.

Mills, A. (1985): The Acquisition of German. – In: D.I. Slobin (Hg.). *The Crosslinguistic Study of Language Acquisition.* Vol. 1, 141-254. Hillsdale (N.J.): Erlbaum.

Penner, Z. (1994): *Ordered Parameter Setting.* Habilitationsschrift. – Universität Bern.

Penner, Z. & T. Roeper (1998): Trigger Theory and the Acquisition of Complement Idioms. – In: N. Dittmar & Z. Penner (Hgg.): *Issues in the Theory of Language Acquisition. Essays in Honor of Jürgen Weissenborn,* 77-112. Bern: Lang.

Penner, Z., K. Wymann & C. Dietz (1998): From Verbal Particles to Complex Object-Verb Constructions in Early German.- In: *Fachgruppe Sprachwissenschaft Universität Konstanz. Arbeitspapier* 88.

Penner, Z., K. Wymann & J. Weissenborn (i.E.): On the Prosody / Lexicon Interface in Learning Word Order. – In: J. Weissenborn & B. Höhle (Hgg.): *Phonological, Syntactic, and Neuropsychological Aspects of Early Language Acquisition.* Amsterdam: John Benjamin.

Penner, Z., R. Tracy & J. Weissenborn (i.Dr.): Where Scrambling Begins: Triggering Object Scrambling in Early Language Acquisition. – In: C. Hamann & S. Powers (Hgg.): *The Berne Volume: Papers from the Workshop on L1-L2 Acquisition of Clause-Internal Rules, Scrambling and Cliticization*. Dordrecht: Kluwer.

Quirk, R., Greenbaum, S., Leech, G. Svartvik, J., (1994[12]): *A Comprehensive Grammar of the English Language*. – London/New York: Longman.

Radford., A. (1990): *Syntactic theory and the acquisition of English syntax: The nature of early child grammars of English*. – Oxford: Basil Blackwell.

Rizzi L. (1991): Residual Verb Second and the Wh Criterion. *Technical Reports in Formal and Computational Linguistics* 2. – University of Geneva.

Slobin, D. (1973): Cognitive Prerequisites for the Acquisition of Grammar. – In: C. A. Ferguson & D.I. Slobin (Hgg.): *Studies of Child Language Development*, 175-208. New York: Holt, Rinehart & Winston.

Tracy, R. (1983). Cognitive Processes and the Acquisition of Deixis. – In: G. Rauh (Hg.): *Essays on Deixis*, 99-148. Tübingen: Narr.

Tracy, R. (1991): *Sprachliche Strukturentwicklung: Linguistische und kognitionspsychologische Aspekte einer Theorie des Erstspracherwerbs*. – Tübingen. Narr. (=Language Development 13).

Tracy, R. (1995): *Child Languages in Contact: the simultaneous acquisition of two first languages (English/German) in early childhood*. Habilitationsschrift – Universität Tübingen.

Tracy, R. (1996): Vom Ganzen und seinen Teilen: Fallstudien zum doppelten Erstspracherwerb.- In. W. Deutsch & H. Grimm (Hgg.), Sonderheft *Sprache und Kognition*, 70-92.

Wittek, A. (dieser Band): Zustandsveränderungsverben im Deutschen – Wie lernt das Kind die komplexe Semantik?

Wode, H. (1977): Four Early Stages in the Development of L1 Negation. – In: *Journal of Child Language* 4, 87-102.

Wymann, K. (in Vorb.): *Profiles and Stages in the Language Development of Late Talkers. A Longitudinal Study on Delayed Language Acquisition of Bernese Swiss German*. Dissertation. – Universität Bern.

Neue Ergebnisse zum *fast mapping* bei sprachnormalen und bei sprachentwicklungsgestörten Kindern[1]

Monika Rothweiler

Abstract   In der vorliegenden Studie geht es um die Frage, ob spezifisch sprachentwicklungsgestörte Kinder mit einem Wortschatzdefizit schon bei der ersten Identifikation von Wörtern im sprachlichen Kontext und bei der Aufnahme dieser Wörter ins Lexikon, also beim *fast mapping*, scheitern. Zur Klärung dieser Frage wurden in einem Videoexperiment die *fast mapping*-Leistungen von acht sprachnormalen Kindern im Alter von 3;11 bis 6;0 Jahren und von elf spezifisch sprachentwicklungsgestörten Kindern im Alter von 4;11 bis 7;11 Jahren untersucht. Im Gegensatz zu Ergebnissen von Rice et al. (1988, 1990) und von Oetting et al. (1994) ergaben sich weder bedeutsame Unterschiede zwischen den *fast mapping*-Leistungen von sprachgestörten und sprachnormalen Kindern, noch ließen sich generelle Wortartdifferenzen belegen. Allerdings unterschieden sich die Untersuchungsgruppen bedeutsam in den Speicherleistungen. Sprachgestörte Kinder mit einem Wortschatzdefizit erkannten nach etwa zehn Tagen weniger der über *fast mapping* identifizierten Wörter wieder als Kinder ohne Wortschatzprobleme. Abschließend wird diskutiert, wie dieses Speicherdefizit in einem Lexikonmodell beschrieben und erklärt werden kann.

1.   Lexikalischer Erwerb und *fast mapping*

Nach einer ersten Phase im Erwerb von Wörtern, in der Kinder alle zwei bis drei Tage ein neues Wort in ihr Lexikon aufnehmen, setzt mit 18 bis 24 Monaten ein Wortschatzspurt ein, und es werden fünf bis zehn Wörter am Tag erworben.[2] Mit

---

1   Die in diesem Aufsatz vorgestellte Studie zum *fast mapping* ist Teil eines umfangreicheren Projekts zum lexikalischen Erwerb und zu lexikalischen Erwerbsstörungen, das von der Universität Bremen unter den Kennziffern 653/5-1995 und 652/5-1995 gefördert wurde. Für ihre Mitarbeit bei der Durchführung der Tests gilt mein besonderer Dank Andrea Kislich, Julia Siegmüller, Stefan Pitsch und Uta Lürßen.

fünf bis sechs Jahren verstehen Kinder etwa 9.000 (Templin 1957) bis 14.000 Wörter (Carey 1978) und können 3.000 bis 5.000 Wörter aktiv produzieren (s. dazu Bates et al. 1994). Vorschulkinder nehmen also täglich mehrere neue Wörter in ihr Lexikon auf, und es stellt sich die Frage, *wie* sie das tun. Sicherlich fragen Kinder nach Namen für Dinge und nach der Bedeutung von unbekannten Wörtern, und Erwachsene geben oft explizite sprachliche Informationen, ohne daß das Kind danach fragt. Aber den größten Teil seines Wortschatzes baut ein Kind ohne metasprachliche Instruktion auf.

Der Erwerb eines neuen Wortes umfaßt sowohl das Identifizieren von Referenten und Bedeutungen als auch das Isolieren möglicher Wortformen aus dem Kontext. Diese beiden Prozesse laufen in einem dritten Prozeß zusammen, in dem Referenz und Bedeutung auf die Form abgebildet werden. Carey/Bartlett (1978) konnten zeigen, daß schon kleine Kinder Wörter nach ein- oder zweimaligem Hören in einem sprachlichen Kontext ins Lexikon übernehmen. Sie bezeichneten diesen Prozeß daher als *fast mapping* (= schnelles Abbilden). Das Konzept von *fast mapping* trägt wesentlich zur Erklärung des schnellen Ausbaus des Lexikons bei Vorschulkindern bei. Kinder nutzen (wie Erwachsene) für den Abbildungsprozeß grammatische, kontextuelle und kommunikative Informationen aus dem sprachlichen, aber auch aus dem nicht-sprachlichen Kontext. Diese Informationen sind aber nicht ausreichend, um die Genauigkeit und die Geschwindigkeit von *fast mapping*-Prozessen und des lexikalischen Erwerbs überhaupt zu erklären (vgl. Clark 1993; Markman 1994). Da das Kind aus einer prinzipiell endlosen Menge möglicher Hypothesen über den Bezug zwischen Wort und Kategorie die richtige auswählen muß, nehmen eine Reihe von Autorinnen an, daß diese Hypothesenbildung durch lexikalische Beschränkungen (*constraints*), Strategien oder Prinzipien gesteuert wird (s. z.B. Markman 1989, 1994; Golinkoff et al. 1994, 1995).

Diese Strategien steuern den Erwerbsprozeß und im engeren Sinn auch den ersten Abbildungsprozeß, das *fast mapping*. Auf der Basis der im *fast mapping*-Prozeß identifizierten Informationen über das neue Wort bildet das Kind eine erste partielle Repräsentation (Carey 1978; Clark 1993; Heibeck/Markman 1987). In diese Repräsentation gehen Informationen über den Referenten[3] und über Bedeutungsaspekte ein, über phonologische Merkmale, über den syntaktischen Rahmen, in dem das neue Wort auftritt, über Besonderheiten der Situation, in

---

2 Zum Aufbau des kindlichen Lexikons verweise ich auf den Beitrag von Kauschke in diesem Band. Fragen des Wortschatzspurts werden sowohl in dem Beitrag von Kauschke als auch in dem Beitrag von Elsen diskutiert.

3 Referent ist hier in einem sehr allgemeinen Sinn zu verstehen. Als Referent wird hier

nicht nur ein außersprachliches Objekt (bzw. die entsprechende Kategorie) verstanden, sondern auch physisch oder psychisch existente Einheiten wie Ereignisse, Handlungen, Eigenschaften, Gefühle usw., auf die sich Sprache mit Nomen, Verben und Adjektiven bezieht.

der es verwendet wurde und über seine Beziehung zu schon erworbenen Wörtern des semantischen Feldes, dem es zugeordnet wird (Dollaghan 1985). Allerdings ist noch weitgehend unklar, wie umfangreich und wie genau die im *fast mapping*-Prozeß erstellten Repräsentationen sind. Sobald eine Repräsentation besteht, kann das Kind darauf zugreifen und sie ergänzen, wenn es bei erneuter Präsentation des Wortes in einem anderen Kontext weitere Informationen über Bedeutung, Form und Gebrauch identifiziert. Der Erwerb eines Wortes umfaßt also mindestens zwei Phasen. Der ersten Phase, dem *fast mapping*, folgt eine weitaus länger andauernde Phase, in der die erste unvollständige lexikalische Repräsentation allmählich ausdifferenziert wird.

In der vorliegenden Studie geht es um diesen *fast mapping*-Prozeß im Spracherwerb und um die Frage, *ob* und gegebenenfalls *wie* Kinder mit einem Wortschatzdefizit mit diesem lexikalischen Prozeß Schwierigkeiten haben. In vielen Studien mit sprachentwicklungsgestörten Kindern wird beobachtet, daß ihre Wortschatzleistungen schlechter sind als die sprachnormaler Kinder (z.B. Leonard 1988). Der Gedanke ist naheliegend, daß ihre Wortschatzprobleme auf Abbildungsprobleme, also auf Probleme mit dem Prozeß des *fast mappings* zurückgehen könnten. In dem in dieser Studie durchgeführten *fast mapping*-Experiment wurde überprüft, ob Kinder mit einem Wortschatzdefizit schlechtere *fast mapping*-Leistungen zeigen als sprachnormale Kinder. Eine Bestätigung dieser Annahme würde die These stützen, daß Wortschatzdefizite von sprachentwicklungsgestörten Kindern schon in der ersten Phase des lexikalischen Erwerbs (mit)begründet sind.

2.   *Fast mapping* bei sprachnormalen Kindern

Seit der ersten *fast mapping*-Studie von Carey/Bartlett (1978) hat es eine Reihe von Untersuchungen zum *fast mapping* gegeben (z.B. Dollaghan 1985; Heibeck/Markman 1987; Oetting et al. 1995; Rice et al. 1994; Rice/Woodsmall 1988). Diese Studien konzentrieren sich auf Kinder im Alter von zwei bis fünf Jahren; selten reichen die Studien bis ins Schulalter (s. aber Oetting et al. 1995). Tatsächlich nehmen schon Zweijährige über *fast mapping* Wörter in ihr Lexikon auf. Das gängigste Versuchsdesign ist die Präsentation neuer Wörter in Form von Bildmaterial zu bisher unbenannten Entitäten. Direkt im Anschluß an die Präsentation oder / und ein paar Tage später wird ermittelt, wieviele der präsentierten Wörter die Kinder noch wiedererkennen. Alle Studien überprüften das Verständnis; nur in einigen wenigen Arbeiten wurde auch die Produktion getestet (z.B. Carey/Bartlett 1978; Dollaghan 1985; Heibeck/Markman 1987). Dabei ergab sich durchgängig eine Diskrepanz zwischen Verstehens- und Produktionsleistung. Offensichtlich sind für die Wiedererkennung eines Wortes relativ unvollständige Einträge ausreichend, während für die Produktion eines Wortes ausdifferenzierte phonetisch-phonologische und semantische Informationen notwendig sind, die erst durch häufigere Präsentation aufgebaut werden können (Crais 1992).

Eine besondere Variante von *fast mapping*-Studien stellen die von Rice und Kolleginnen durchgeführten Videoexperimente dar. Rice/Woodsmall (1988) untersuchten, ob und wie *fast mapping* während des Fernsehens funktioniert, das Rice/Woodsmall für einen wichtigen, alltäglich genutzten und damit natürlichen Input halten, aus dem Kinder neue Wörter übernehmen. Sie zeigten drei- und fünfjährigen Kindern dialogfreie Zeichentrickfilme, die sie mit einer zum Film passenden Erzählung unterlegten. In diesem Text präsentierten sie zwanzig neue Wörter jeweils mindestens fünfmal in unterschiedlichen Kontexten. Im nachfolgenden Verständnistest zeigte sich, daß alle Kinder über *fast mapping* einige neue Wörter in ihr Lexikon übernommen hatten. Vier- bis fünfjährige Kinder erkannten deutlich mehr Wörter wieder als zwei- bis dreijährige Kinder. Den größten Zuwachs konnten Oetting et al. (1995) in einer gleich gestalteten Studie bei achtjährigen Schulkindern beobachten.[4]

Einige Studien liefern Evidenzen dafür, daß *fast mapping*-Leistungen bei verschiedenen Wortklassen unterschiedlich ausgeprägt sind. In der Studie von Heibeck/Markman (1987) wurden Wörter (Adjektive) für die äußere Gestalt (*shape*; z.B. *oval*) besser verstanden als Farbwörter und diese wiederum besser als Wörter für Oberflächenstrukturen (*texture*; z.B. *coarse*). In den Studien von Rice et al. (1990) und Oetting et al. (1995) wurden Eigenschaftsadjektive und Objektwörter besser erkannt als Emotionswörter und Aktionsverben. Verben wurden erst von den älteren Schulkindern im nennenswerten Umfang wiedererkannt. Emotionswörter waren für die Kinder durchgängig schwierig, besonders für die Dreijährigen, was Rice mit der Komplexität der konzeptuellen Domäne begründet. Aktionsverben könnten aufgrund ihrer komplexen Semantik und Argumentstruktur und den an ihnen morphologisch kodierten grammatischen Merkmalen schwierig sein[5]. Andererseits übernahmen in der Studie von Rice et al. (1994) zwei- bis fünfjährige Kinder mehr Verben als Nomen aus dem Kontext. Rice et al. führen dieses abweichende Ergebnis darauf zurück, daß die Aktionen besonders prägnant dargestellt wurden und Verben daher leicht zu erschließen gewesen seien. Diese Erklärung überzeugt nicht so recht. Eine Ursache für diese un-

---

4 Wenn ich im Zusammenhang mit *fast mapping* die Begriffe *erwerben, Erwerbsrate, Erwerbseffekt* oder *Lerneffekt* verwende, dann immer unter der Maßgabe, daß mit diesem ersten Abbildungsprozeß nur eine vorläufige Repräsen-

tation zu einem neuen Wort geschaffen wird, womit es nicht als zielsprachlich korrekt erworben gelten kann.

5 S. dazu auch Behrens in diesem Band.

terschiedlichen Ergebnisse könnte vielmehr darin liegen, daß in den ersten Studien zwanzig Wörter aus vier semantischen Klassen getestet wurden, während Rice et al. (1994) nur acht Wörter aus zwei grammatischen Klassen einführten. Dieser klare Kontrast zwischen Nomen und Verben könnte den Verben einen gewissen Erwerbsvorteil verschafft haben – zumindest im Vergleich zu den Vorläuferstudien. Als Erklärung für die absolute Verbüberlegenheit reicht aber auch das nicht.

Die Videoexperimente von Rice, Oetting und weiteren Kolleginnen zeigen, daß Kinder wenig unterstützende Strukturen in Interaktion, Kontext oder Grammatik benötigen, um neue Wörter zu isolieren und auf ihre Referenz und Bedeutung zu schließen. Obwohl Kinder prinzipiell in der Lage sind, aufgrund einer einmaligen Präsentation Wörter aus dem Kontext zu übernehmen, spielt die Inputfrequenz eine wichtige Rolle (Rice et al. 1994). Die Steigerung der Inputfrequenz erhöht die *fast mapping*-Rate bei Kindern aller Altersstufen, was auf den Ausbau an lexikalischer Information zurückgehen sollte, die mit jeder erneuten Präsentation aus dem Kontext übernommen werden kann. Da Rice/Woodsmall (1988) und Oetting et al. (1995) nur das Verständnis, aber nicht die Produktion überprüften, können sie keine Aussagen darüber machen, ob die Kinder Wörter in den aktiven Wortschatz übernehmen, wovon aber grundsätzlich auszugehen ist, wie die Studie von Dollaghan (1985) zeigt.

3.   *Fast mapping* bei sprachentwicklungsgestörten Kindern

Bis heute gibt es wenig Arbeiten zum lexikalischen Erwerb bei spezifisch sprachentwicklungsgestörten Kindern (= SSES-Kinder[6]) , auch wenn im Zusammenhang mit der Beschreibung der sprachlichen Defizite dieser Kinder lexikalische Schwächen wie Wortschatzarmut und Wortfindungsprobleme häufig genannt werden. Daß die ersten Wörter später erworben werden und daß der Wortschatz langsamer erweitert wird als bei sprachnormalen Kindern, gilt als ein besonderes Kennzeichen für eine Sprachentwicklungsstörung (vgl. Leonard 1988). Über die Natur der lexikalischen Probleme sprachgestörter Kinder sagen diese Beobachtungen wenig aus. *Fast mapping* als ein Aspekt des lexikalischen Abbildungsprozesses ist allerdings in einer Reihe von Studien auch bei sprachent-

---

6   Unter einer spezifischen Sprachentwicklungsstörung versteht man eine Entwicklungsstörung, die sich auf den sprachlichen Bereich konzentriert und die nicht auf eine anders gelagerte Primärbeeinträchtigung (z.B. eine Hörstörung) zurückgeführt werden kann. Ich beziehe mich im folgenden auch mit dem Ausdruck *sprachgestörte* oder *sprachentwicklungsgestörte Kinder* auf SSES-Kinder. Im englischen Sprachraum ist der Ausdruck SLI für *specific language impairment* gebräuchlich (s. dazu auch Abschnitt 4).

wicklungsgestörten Kindern überprüft worden (z.B. Dollaghan 1987; Rice et al. 1990, 1994; Oetting et al. 1995). Diese Studien belegen, daß auch SSES-Kinder über *fast mapping* neue Wörter im Experiment erwerben. Zugleich ergaben sich signifikante Unterschiede zu sprachnormalen Kindern.

Dollaghan (1987) untersuchte *fast mapping*-Leistungen bei vier- und fünf-jährigen sprachnormalen und sprachgestörten Kindern. Die *fast mapping*-Anfor-derungen in ihrem Test waren minimal. Der Kontext war eng, es ging um ein ein-ziges neues Lexem mit phonologisch einfacher Wortform. Die SSES-Kinder schnitten im Verständnistest gleich gut ab wie die sprachnormalen Kinder. Alle Kinder zeigten in der Produktion schlechtere Leistungen als im Verständnis des neuen Items. Dieser Unterschied war aber bei den sprachgestörten Kindern be-sonders groß. Dollaghan schließt aus den Verständnisleistungen, daß alle Kinder grundsätzlich genügend phonologische Information identifizieren und spei-chern. Die sprachgestörten Kinder aber hätten Probleme, für die Produktion auf diese phonologische Information zuzugreifen. Dollaghan muß sich fragen lassen, wie sie aus undifferenzierten Wiedererkennungsleistungen – denn mehr wird in ihrem Verständnistest nicht verlangt – Rückschlüsse auf die Genauigkeit und Menge der gespeicherten phonologischen und semantischen Information ziehen kann.

Wesentlich höhere Anforderungen an die *fast mapping*-Fähigkeiten der Kinder stellt das Video-Experiment-Design von Rice und ihren Kolleginnen (Rice et al. 1990, 1994; Oetting et al. 1995) (s.o.). Die fünfjährigen SSES-Kinder erkannten im Durchschnitt deutlich weniger Wörter wieder als dreijährige sprachnormale Kinder einer MLU[7]-Vergleichsgruppe und als gleichaltrige sprachnormale Kinder. Sprachgestörte Schulkinder im Alter von sechs bis acht Jahren verbesserten sich auf etwa den Wert der dreijährigen sprachnormalen Kinder (Oetting et al. 1995). Allerdings spricht nichts dafür, daß die sprachgestörten Kinder im Laufe der Grundschulzeit in den *fast mapping*-Leistungen zu den sprachnormalen Kindern aufschließen. Die bei sprachnormalen Kindern beobachteten Wortklasseneffekte zeigten sich auch in den Daten der SSES-Kinder. Obwohl die sprachgestörten Kinder wesentlich weniger Wörter aus dem Kontext übernahmen, taten sie das nach demselben Worttypenmuster.

Dieser Leistungsunterschied zwischen sprachnormalen und sprachgestörten Kindern nivellierte sich in der Studie von Rice et al. (1994) in der Gruppe der vier- und fünfjährigen Kinder, wenn die Zielwörter zehnmal präsentiert wurden. Alle Kinder erkannten bei zehnmaliger Präsentation zunächst gleich viele Wör-ter wieder, und zwar beide Gruppen signifikant mehr Verben als Nomen. Eine dreimalige Präsentation war (wie bei zwei- bis vierjährigen sprachnormalen Kin-dern) nicht ausreichend, um überhaupt Testitems (aus einem Kontext mit acht

---

7 MLU = mean length of utterance; durch-schnittliche Äußerungslänge gemessen in Wörtern (für das Deutsche) oder in Morphemen (für das Englische).

neuen Wörtern) zu übernehmen. Einerseits steigerte sich also die Erwerbsrate bei allen Kindern mit der Inputhäufigkeit, andererseits zogen SSES-Kinder ab einer bestimmten Inputhäufigkeit mit sprachnormalen Kindern gleich. Dieses Ergebnis muß als starke Evidenz dafür gewertet werden, daß der *fast mapping*-Prozeß bei SSES-Kindern prinzipiell ablaufen kann, aber auf ein bestimmtes Mindestmaß an Input angewiesen ist.

Rice et al. (1994) fanden in dieser Studie aber einen bemerkenswerten Unterschied zwischen SSES- und sprachnormalen Kindern. In einem zweiten Verständnistest, der nach einigen Tagen ohne erneute Videopräsentation durchgeführt wurde, verbesserte sich die Wiedererkennungsrate bei den sprachnormalen Kindern für Nomen, während sie für Verben gleich blieb. Die SSES-Kinder erzielten insgesamt schlechtere Werte, da sie einen signifikant großen Teil der Verben vergaßen und in der Nomenleistung konstant blieben. Rice et al. (1994) vermuten, daß die sprachgestörten Kinder Probleme damit haben, die abstrakten grammatischen Eigenschaften von Verben zu identifizieren und für die assoziative Verankerung im Lexikon zu nutzen. Daher vergessen sie Verben schnell. Dafür, daß die sprachnormalen Kinder im zweiten Test mehr Nomen erkannten, liefern Rice et al. (1994) aber keine Erklärung.

Die Ergebnisse – vor allem von Rice und ihren Kolleginnen – zeigen, daß der Prozeß der Aufnahme neuer Wörter in das mentale Lexikon und/oder die Einbindung in das Lexikon bei SSES-Kindern gestört ist. Entsprechend wurde für die vorliegende Untersuchung die Hypothese verfolgt, daß die *fast mapping*-Leistungen und die Speicherleistungen der SSES-Kinder schlechter sein würden als die von sprachunauffälligen Kindern.

4. Das *fast mapping*-Experiment

Versuchsanordnung

Die Versuchsanordnung des *fast mapping*- oder FMG-Tests (für *fast mapping German*) entspricht in den Hauptaspekten Rice/Woodsmall (1988) und Rice et al. (1990). Den Kindern wurde ein Video mit zwei Zeichentrickfilmen vorgeführt, in denen insgesamt vierzehn neue Wörter vorkamen. Um sicherzustellen, daß die Kinder keines der Wörter kannten, wurden als neue Wörter nur Kunstwörter verwendet. Die neuen Wörter bezogen sich auf in diesen Zeichentrickfilmen vorkommende Dinge, Eigenschaften und Handlungen, für die die Kinder noch keine Wörter kannten (wie z.B. auf eine Telefonschnurschlaufe (= *die Farge*)).

Die Kinder sahen das Video im Abstand von einer Woche zweimal. Direkt im Anschluß an die zweite Vorführung wurde in einem Sprachverständnistest die

Wiedererkennung überprüft. Abweichend vom Versuchsdesign von Rice et al. (1990) wurde nach zehn bis vierzehn Tagen der Verständnistest ein zweites Mal (ohne erneute Videopräsentation) durchgeführt. Während der erste Test die eigentliche *fast mapping*-Leistung überprüfte, wurde mit dem zeitlich versetzten zweiten Test die dauerhafte Speicherung der durch *fast mapping* ins Lexikon übernommenen Items überprüft.

Versuchspersonen

An der Studie nahmen insgesamt 19 Kinder teil, und zwar acht sprachunauffällige (= SU-) Kinder im Alter von 3;11 bis 6;0 Jahren und elf spezifisch sprachentwicklungsgestörte Kinder (= SSES-Kinder) im Alter von 4;11 bis 7;11 Jahren. Nach der ICD 10 (= International Classification of Diseases) der Weltgesundheitsorganisation WHO (vgl. Dilling et al. 1993) liegt eine spezifische Sprachentwicklungsstörung vor, wenn der Spracherwerb nicht altersgerecht verläuft und diese Abweichung vom normalen Erwerbsverlauf nicht befriedigend erklärt werden kann durch
– eine weitere kognitive Beeinträchtigung,
– diagnostizierbare neuro-physiologische Ursachen,
– sensorische Defizite wie Schwerhörigkeit oder Gehörlosigkeit,
– Verhaltensstörungen,
– soziale Umweltfaktoren.
Alle Kinder der Untersuchungsgruppe entsprachen dieser Definition. Dabei wurde die Einschätzung der Therapeutinnen, daß ein lexikalisches Defizit vorliegen könnte, als Auswahlkriterium berücksichtigt. Die sprachnormalen Kinder besuchten alle einen Kindergarten oder eine Kindertagesstätte.

Da die soziale Umgebung und die Intelligenz als Einflußgrößen für den Wortschatzumfang gelten, wurden diese Faktoren kontrolliert. Hinsichtlich der sozialen Umgebung wurde bei der Auswahl der Kinder darauf geachtet, daß der Anteil der Kinder aus sozial schwierigen Verhältnissen und der Anteil der Kinder aus sozial günstigen Verhältnissen in beiden Gruppen gleich groß war.

Mit allen Kindern wurde ein non-verbaler IQ-Test durchgeführt. Die IQ-Werte aller Kinder lagen im Normalbereich. Außerdem gab es keine signifikanten Unterschiede in den IQ-Werten zwischen den Gruppen der sprachnormalen und SSES-Kinder und auch nicht zwischen den verschiedenen Wortschatzgruppen (zur Definition der Wortschatzgruppen s.u.).

Alle Kinder wurden nach den Kriterien Alter, MLU-Leistung und Wortschatzleistung zu weiteren Gruppen zusammengefaßt (s. Tabellen 1 bis 3).

In Tabelle 1 gibt es zwei altersgleiche Gruppen (A-SU-II und A-SSES-II), sowie eine Gruppe älterer SSES-Kinder und eine Gruppe jüngerer sprachnormaler Kinder.

Tab. 1: *Überblick über die Alterssubgruppen (in Monaten und in Alter und Monaten)*

Gruppe	**A-SU-I**	**A-SU-II**
Alter Monate / Jahre	∅ 52 / 4;4	∅ 66 / 5;6
Altersbereich	47 – 58 Monate	62 – 72 Monate
Anzahl Versuchspersonen	n = 4	n = 4

Gruppe	**A-SSES-II**	**A-SSES-III**
Alter Monate / Jahre	∅ 64 / 5;4	∅ 89 / 7;5
Altersbereich	58 – 72 Monate	81 – 95 Monate
Anzahl Versuchspersonen	n = 7	n = 4

Tabelle 2 zeigt, daß sich alle sprachnormalen Kinder einer MLU-Gruppe zuordnen ließen. Sechs der elf SSES-Kinder erzielten vergleichbare Äußerungslängen, so daß sich zwei MLU-gleiche Gruppen ergaben, die in der Auswertung weiter berücksichtigt wurden. Die SSES-Kinder waren im Durchschnitt 17 Monate älter als die Kinder der MLU-Vergleichsgruppe.

Tab. 2: *Überblick über die MLU-Subgruppen*

SSES-Kinder		**SU-Kinder**	
MLU	∅ 3.9 (3.5 – 4.7)	MLU	∅ 4.1 (3.5 – 4.5)
Alter	∅ 76 Monate	Alter	∅ 59 Monate
Anzahl VP's	n = 6	Anzahl VP's	n = 8

Mit allen Kindern wurden je drei Wortschatztests durchgeführt. Es handelte sich dabei um zwei selbsterstellte Wortschatztests (aktiv = AWS; passiv = PWS), die jeweils 50 Items überprüften. Diese Tests überprüften Nomen, Verben und Adjektive, die – anders als in den Wortschatztests PPVT-R (s.u.) oder AWST 3-6 – entsprechend ihrem Anteil am kindlichen Wortschatz vertreten waren.[8] Um eine Altersnormierung miteinzubringen, wurde zusätzlich der Aktive Wortschatztest (AWST 3-6) von Kiese/Kozielski (1979) durchgeführt. Da die Ergebnisse des AWS und des PWS hochsignifikant mit den Rohwerten des AWST[9] korrelieren, ist ein Bezug der Tests aufeinander gerechtfertigt. Auf der Basis der Prozentränge im AWST und der Ergebnisse der beiden anderen Wortschatztests wurden die Kinder verschiedenen Wortschatzgruppen zugeteilt (s. Tabelle 3). Die vier ältesten SSES-Kinder wurden zu einer eigenen Gruppe mit schlechtem Wortschatz zusammengefaßt, da ihre Wortschatzleistung im AWST nur schlecht bis durchschnittlich war, obwohl sie vom Alter her ein Jahr und mehr über dem Gel-

---

8 Beide Tests enthielten je 30 Nomen, 15 Verben und 5 Adjektive. Vgl. dazu Günther (1991).

9 Pearson Correlation Coefficient 0.86593, p= .0001.

tungsbereich des AWST (bis 5;11 Jahre) lagen. Zudem lag ihr Altersdurchschnitt zwei Jahre über dem der übrigen Wortschatzgruppen.

Eine paarweise statistische Überprüfung der Wortschatzgruppeneinteilung in der vorliegenden Studie ergab, daß sich die in Tabelle 3 definierten Wortschatzgruppen WSII, WSIII und WSIV in ihren Wortschatzleistungen signifikant voneinander unterscheiden, wodurch die Gruppeneinteilung statistisch bestätigt wird.

Tab. 3: *Überblick über die Wortschatz-Leistungsgruppen*

WS-Gruppen	WS I	WS II	WS III	WS IV
WS-Leistung **AWST-Alter***	alt/schlecht ∅ 93, sx=5.4	schlecht ∅ 69, sx=5.2	ausreichend ∅ 61, sx=8.1	gut ∅ 64, sx=11.9
∅ **PWS****	40.75, sx=3.9	35.71, sx=4.3	35.75, sx=4.7	43.25, sx=2.1
∅ **AWS****	26.50, sx=5.8	21.00, sx=4.8	20.75, sx=5.0	30.75, sx=2.9
∅ **AWST-** **Rohwerte*****	47.75, sx=9.4	36.29, sx=6.3	41.25, sx=10.1	57.00, sx=2.4
∅ **AWST-** **Prozentränge**	[PR 22 (3 – 50)]	PR 5 (0 – 12)	PR 23 (18 – 27)	PR 67 (42 – 99)
Kindertyp	4 x SSES (= A-SSES-III)	5 x SSES 2 x SU	2 x SSES 2 x SU	4 x SU

*   Angabe in Monaten, sx = Standardabweichung;
**   absolute Werte, maximal 50 möglich;
***   absolute Werte, maximal 82 möglich.

Versuchsmaterial

Wir wählten zwei etwa fünfminütige Zeichentrickfilme mit dem Maulwurf[10] (bekannt aus der »Sendung mit der Maus«) aus und unterlegten sie mit zum Film passenden Erzähltexten. Dabei wurde darauf geachtet, daß weder durch Sprechrhythmus, Intonation, Pausen noch durch Phrasen wie »Guck mal, da ist ein/e XY!« die Aufmerksamkeit auf bestimmte Begriffe gelenkt wurde.

Es wurden insgesamt 14 Zielwörter eingeführt: sechs Objektnomen, vier Aktionsverben und vier Adjektive. Von den Objektnomen waren jeweils zwei den drei Genera im Deutschen zugeordnet. Zwei der Adjektive waren Emotionsadjektive. Jedes Wort wurde fünf- oder sechsmal eingesetzt. Die Testwörter sind im Anhang zusammengestellt.

Das Testmaterial für den Verständnistest entsprach im Aufbau dem Peabody Picture Vocabulary Test (= PPVT-R; Dunn/Dunn 1981). Fotos aus den Videos wurden zu Vierersets zusammengestellt. Das Foto mit dem Zielitem wurde jeweils mit drei Fotos kombiniert, die aus derselben Geschichte stammten. Die

---

10 Filme mit dieser Figur wurden auch in den   (1988) und Rice et al. (1990) verwendet.
Untersuchungen von Rice & Woodsmall

Fehlfotos wurden so gewählt, daß eines ohne Zusammenhang zum Zielbegriff war, während die beiden anderen dem Zielbegriff näher standen, weil sie ebenfalls Objekte zeigten, wenn das Zielitem ein Objektnamen war, oder ebenfalls Aktionen darstellten, wenn das Zielitem ein Verb war. Das Zielitem war leicht und eindeutig identifizierbar, wenn das Wort gelernt war. Ich möchte das an dem Beispiel RUDELN demonstrieren. Das Zielfoto zeigt den Maulwurf, der gerade vom Teppich *rudelt* (= eine Rolle rückwärts macht). Ohne Zusammenhang ist das Foto mit einer fliegenden Ente (ohne Maulwurf). Das dritte Foto zeigt den Maulwurf beim Sprung in den Maulwurfshügel. Das vierte Foto zeigt den Maulwurf, der gerade den Teppich wäscht. Alle Fotos zeigen Aktionen; drei der Fotos zeigen Aktionen, die der Maulwurf ausführt.

Zur Einführung des Tests wurde ein Viererset vorangeschickt, auf dem eine Ente identifiziert werden sollte. Die Items wurden in zufälliger Abfolge dargeboten, die aber für alle Kinder gleich war.

Auswertung

Zur Bestimmung der *fast mapping*- bzw. FMG-Leistungen (FMG = *fast mapping German*) wurden zunächst die Leistungen in beiden FMG-Tests, also FMG1 und FMG2 ausgewertet. Für beide Tests wurden die Werte für die einzelnen Wortarten bestimmt, also für Nomen, Verben und Adjektive. Zur Bestimmung des Zusammenhangs der Leistungen im FMG1 und FMG2 wurden zudem drei Konstanzwerte berechnet, die die Konstanz zwischen den Leistungen in den beiden FMG-Tests anzeigen.

1. FMG-Abweichung
   Dieser Wert entspricht der Summe der voneinander abweichenden Antworten im FMG1 und FMG2. Dieses Maß berücksichtigt sowohl richtige als auch falsche Antworten.
2. FMG-Übereinstimmung
   Dieser Wert entspricht der Summe der Antworten, die sowohl im FMG1 als auch im FMG2 korrekt sind.
3. FMG-Übereinstimmung / relativ
   Dieser Wert berechnet das Verhältnis der korrekten Antworten im FMG2 zu den korrekten Antworten im FMG1 als relativen Anteil (in Prozent).

---

11 Unterstützung in der Anwendung des Programms erhielt ich in der *Statistischen Beratung* im Studiengang Mathematik der Universität Bremen. Mein besonderer Dank gilt Werner Wosniok. Differenzen wurden mit dem Wilcoxon-Mann-Whitney-Test bzw. mit dem Kruskal-Wallis-Test auf Signifikanz geprüft. Für den Vergleich der Ergebnisse in den

Die statistische Datenauswertung erfolgte mit dem Programm SAS (SAS Institute Inc. 1990).[11]

Ergebnisse

Wortschatzleistung

Die Zuordnung der SU- und SSES-Kinder zu den verschiedenen Wortschatzgruppen (s. Tabelle 3) zeigt, daß nicht alle SSES-Kinder schlechte Wortschatzleistungen und nicht alle SU-Kinder gute Wortschatzleistungen erzielten. Zwei SSES-Kinder konnten der Gruppe der Kinder mit ausreichendem Wortschatz (WSIII) zugeordnet werden, während zwei als sprachunauffällig geltende Kinder in die Gruppe mit einem schlechten Wortschatz fielen (WSII).

Ein wichtiges Ergebnis ist, daß es nur einen bedingten Zusammenhang zwischen Sprachauffälligkeit und Wortschatzdefizit in dem Sinn gibt, als die meisten SSES-Kinder in den Wortschatztests schlechte Ergebnisse hatten, während gute Ergebnisse *ausschließlich* von sprachunauffälligen Kindern erzielt wurden.

Da das Hauptziel der Untersuchung war, mögliche Zusammenhänge zwischen einem lexikalischen Defizit und lexikalischen Erwerbsprozessen aufzuzeigen, liegt der Schwerpunkt der Auswertung auf den Wortschatzgruppen. Die Ergebnisse zu den Altersgruppen werden nur kurz zusammengefaßt.

Überprüfung des Lerneffektes

Für die Gesamtgruppe gilt, daß 55% der Testwörter im FMG1 und 50% im FMG2 korrekt erkannt wurden. Im FMG1 reichen die Ergebnisse von 5 bis 11, im FMG2 von 3 bis 11. Die Überprüfung der Ergebnisse ergab hochsignifikante Unterschiede zwischen Zufallsverteilung[12] und Testleistung für alle Wortschatz- und Altersgruppen im FMG1 und FMG2. Das bedeutet, daß durchgängig für alle Gruppen in beiden Tests ein genereller Lerneffekt nachgewiesen werden konnte.

---

beiden Wortschatztests und in den beiden FMG-Tests wurde der Wilcoxon-Test für abhängige Stichproben eingesetzt. Für den Vergleich von Testergebnissen mit der Zufallsverteilung wurden Chi-Quadrat-Tests durchgeführt. Pearson's *r* wurde als Korrelationsmaß gewählt. In diesen Tests wurde als Signifikanzniveau p < .05 gewählt. Zur Überprüfung der Wortschatzleistungen bzw. der FMG-Leistungen in bezug auf Zusammenhänge zwischen Wortarten und Gruppen wurden für alle Kombinationen Kreuztabellen erstellt und mit Chi-Quadrat-Tests auf Signifikanz überprüft. Da bei solchen multiplen Vergleichen die Irrtumswahrscheinlichkeit bei einem Signifikanzniveau von 5% hoch ist, besonders bei der kleinen Anzahl von Testitems und von Versuchspersonen in den Subgruppen, wurde für diesen Teil der Auswertung als relevantes Signifikanzniveau p < .01 festgelegt.

12 Die Zufallsverteilung entspricht in einem Test über 14 unabhängige Fälle (= Items) mit je 4 Wahlmöglichkeiten dem Wert 3.5.

Korrelationen zwischen »fast mapping«-Leistungen und Wortschatz
Die Ergebnisse der Korrelationsanalysen zwischen FMG-Leistungen einerseits und den Ergebnissen in den Wortschatztests andererseits ergaben nur bei den Nomen eine signifikante Korrelation zwischen den Nomenwerten im Passiven Wortschatztest und den Nomenwerten im FMG2. Aufschlußreicher sind die Ergebnisse der Korrelationsanalysen zwischen Wortschatzleistungen und den FMG-Konstanzwerten, die auf eine mittelbare Beziehung zwischen *fast mapping*-Fähigkeiten und Umfang des kindlichen Wortschatzes hinweisen. Es ergibt sich eine signifikante Korrelation zwischen PWS und FMG-Übereinstimmung und eine signifikante negative Korrelation zwischen PWS und FMG-Abweichung. Diese Korrelationen zeigen einen Zusammenhang zwischen den Konstanzwerten und dem passiven Wortschatz.

Wortschatzgruppen und FMG-Leistungen
Sowohl bei den FMG1-Leistungen als auch bei den FMG2-Leistungen gibt es deutliche Unterschiede zwischen den Wortschatzgruppen, wie die Tabelle 4 zeigt (s. dazu auch die Graphiken 1 und 2). Dabei ist in der nicht nach Wortarten getrennten Auswertung im FMG1 die Gruppe WSIII (ausreichend) deutlich schlechter als alle anderen Gruppen. Sowohl zur Gruppe WSI (alt/schlecht) als auch zur Gruppe WSII (schlecht) ist der Unterschied signifikant. Im FMG2 erzielten die Kinder der Gruppe WSII (schlecht) deutlich niedrigere Werte als die anderen Kinder. Die Kinder der Gruppe WSI (alt/schlecht) sind deutlich besser als alle anderen Kinder. Der paarweise Vergleich zeigt signifikante Unterschiede zwischen WSI und WSII.

Tabelle 4 gibt einen Überblick über die Konstanzwerte. Bei den Konstanzwerten sind die ältesten Kinder (WSI) und die Kinder der Wortschatzgruppe WSIV (gut) deutlich besser als die Kinder der beiden übrigen Gruppen (schlecht und ausreichend). So gibt es in Bezug auf die FMG-Konstanzwerte signifikante Unterschiede zwischen der Gruppe WSII und WSI sowie zwischen WSIII und WSI. Sowohl die Kinder mit schlechtem Wortschatz als auch die mit ausreichendem Wortschatz sind signifikant schlechter als die ältesten Kinder mit schlechtem Wortschatz. Das bedeutet, daß von den Kindern, die keinen guten Wortschatz haben, die älteren Kinder besser als die jüngeren Kinder sind. Es zeigt sich hier also ein Alterseffekt, wie schon bei den Unterschieden in den FMG2-Leistungen (s.o.). Auch zwischen der Gruppe WSII (schlecht) und WSIV (gut) gibt es signifikante Unterschiede in den Konstanzwerten. Die Kinder mit gutem Wortschatz erzielten deutlich bessere Ergebnisse.

Tab. 4: *FMG-Gesamtwerte und Konstanzwerte für Wortschatzgruppen*

WS-Gruppe	WS I alt / schlecht n = 4	WS II schlecht n = 7	WS III ausreichend n = 4	WS IV gut n = 4
FMG 1 gesamt	9.00, sx=0.8	8.00, sx=1.5	5.75, sx=1.0	7.50, sx=2.7
FMG 2 gesamt	9.50, sx=1.3	5.43, sx=1.9	7.25, sx=1.3	6.75, sx=2.9
FMG Abweichung[*]	5.25, sx=1.0	6.00, sx=1.7	5.50, sx=1.9	3.25, sx=1.7
FMG Übereinst.[**]	7.00, sx=0.8	3.71, sx=1.6	3.75, sx=0.5	5.50, sx=2.5
FMG Überein. %[***]	78 %	46 %	65 %	73 %

[*] Dieser Wert gibt an, wieviele Antworten in FMG2 von den Antworten in FMG1 abweichen.
[**] Dieser Wert gibt an, wieviele der in FMG1 korrekten Antworten in FMG2 ebenfalls korrekt sind.
[***] Dieser Wert gibt an, wieviel Prozent der in FMG1 korrekten Antworten in FMG2 ebenfalls korrekt sind.
Bis auf die letzte Zeile sind die Zahlen als absolute Zahlen zu lesen (Anzahl der Testitems = 14).
sx = Standardabweichung.

Graphik 1: *Vergleich der Wortarten im FMG1 nach Wortschatzgruppen*

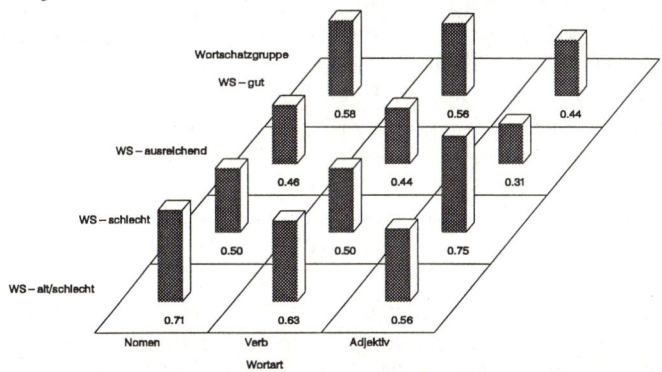

Graphik 2: *Vergleich der Wortarten im FMG2 nach Wortschatzgruppen*

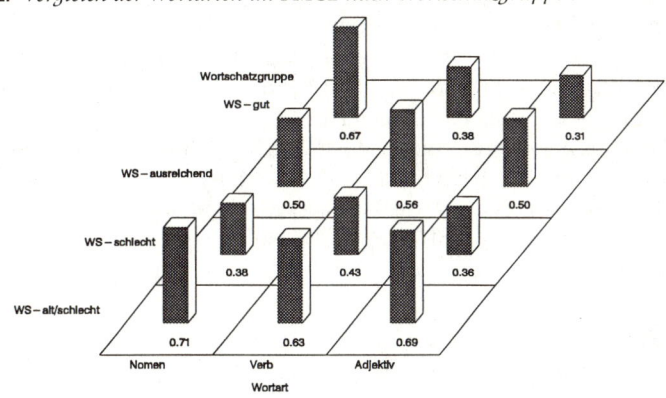

Wortartleistungen im FMG1 und FMG2

Im FMG1 wurden 55% der Nomen, 53% der Verben und 55% der Adjektive wiedererkannt. Im FMG2 wurden immer noch 54% der Nomen, 49% der Verben und 45% der Adjektive wiedererkannt. Die Graphiken 1 und 2 geben einen Überblick über die *fast mapping*-Leistungen der vier Wortschatzgruppen gesondert für die drei überprüften Wortarten. Die eingetragenen Werte geben den Anteil der korrekten Antworten an.

Eine Überprüfung der Ergebnisse ergab hochsignifikante Unterschiede zwischen Zufallsverteilung und Testleistung für jede der drei Wortarten sowohl im FMG1 als auch im FMG2. Unterschiede zwischen den drei Wortarten (Nomen/Verb; Verb/Adjektiv; Nomen/Adjektiv) sind weder im FMG1 noch im FMG2 signifikant. Nomen, Verben und Adjektive werden von der Gesamtgruppe gleich gut wiedererkannt.

Die paarweise Überprüfung für jede einzelne Wortschatzgruppe ergab keine signifikanten Unterschiede zwischen Wortartleistungen.[13] Die Differenz zwischen zwei Wortarten innerhalb einer Gruppe beträgt im FMG1 nur bei der Gruppe der Kinder mit schlechtem Wortschatz mehr als 15%. Hier liegen die Adjektivleistungen 25%-Punkte höher als die für Nomen und Verben. Im FMG2 gibt es nur bei den Kindern mit gutem Wortschatz deutliche Unterschiede zwischen Wortarten. Hier sind die Nomen tendenziell besser als die Adjektive (s. Graphiken 1 und 2). Tatsächlich konnte in dieser Gruppe für die Adjektive weder im FMG1 noch im FMG2 ein signifikanter Lerneffekt nachgewiesen werden (im Sinne eines bedeutsamen Unterschieds zur Zufallsrate). Bei den Adjektiven ergab sich auch für die Gruppe WSIII (ausreichend) im FMG1 und für die Gruppe WSII (schlecht) im FMG2 kein signifikanter Lerneffekt. Bei den Nomen zeigen alle Wortschatzgruppen einen signifikanten Lerneffekt. Bei den Verben ist der Lerneffekt in der Gruppe WSIII im FMG1 nicht signifikant und in der Gruppe WSIV (gut) im FMG2 ebenfalls nicht mehr.

Eine paarweise Überprüfung, inwieweit sich die Wortschatzgruppen jeweils in den drei Wortarten unterscheiden, ergibt nur einen signifikanten Effekt. Die Gruppe WSII (schlecht) erzielte bei den Adjektiven wesentlich bessere Werte als die Gruppe WSIII (ausreichend). Auch zur Gruppe WSIV (gut) gibt es einen tendenziell bedeutsamen Unterschied. Im FMG2 gibt es einen tendenziell wichtigen Alterseffekt bei den Adjektiven, d.h. die WSI-Kinder sind besser als die Kinder der Gruppe WSII (schlecht) und der Gruppe WSIV (gut), die jeweils keinen signifikanten Lerneffekt bei den Adjektiven aufwiesen (s.o.). Auch bei den Nomen ist die Gruppe WSII schlechter als WSI (alt/schlecht) (fast signifikant, p = .011), und auch in der Tendenz schlechter als WSIV (gut).

---

13 Vgl. Fn. 11. Bei p<.05 und p>.01 spreche ich von
   einer wichtigen oder bedeutsamen Tendenz.

Vergleich der Ergebnisse von FMG1 und FMG2

Die Überprüfung des Unterschieds zwischen FMG1- und FMG2-Ergebnissen mit dem Wilcoxon-Test für abhängige Stichproben ergibt nur für die Gruppe WSII (schlecht) einen signifikanten Unterschied. Während im FMG1 alle Kinder Werte von 5 bis 11 erreichten, erreichten im FMG2 drei Kinder aus der Gruppe WSII (schlecht) nur 3 oder 4 richtige Antworten, also in der Größenordnung der Zufallstreffer.

Der Vergleich der Wortartleistungen im FMG1 mit denen im FMG2 ergibt bei den Nomen keine wortartspezifischen Differenzen innerhalb einer Gruppe. Die maximale Differenz innerhalb einer Gruppe beträgt 12% von FMG1 zu FMG2. Die Korrelationsanalysen zwischen FMG1 und FMG2 jeweils getrennt für die drei Wortarten ergeben für die Nomen eine signifikante Korrelation. Auch bei den Verben gibt es in den meisten Gruppen keine Unterschiede zwischen FMG1 und FMG2. Nur bei der Gruppe mit gutem Wortschatz beträgt die Differenz 18%. Es gibt also einen Verbverlust. Bei diesen Kindern mit gutem Wortschatz war im FMG2 auch bei den Verben der Lerneffekt nicht signifikant. Bei den Adjektivwerten sind für die Gruppe mit ausreichendem Wortschatz die Werte im FMG2 deutlich höher als im FMG1 (19%). Der Lerneffekt ist im FMG1 nicht signifikant. Keine der Differenzen zwischen FMG1 und FMG2 ist signifikant. Der Rückgang von 39% bei den Adjektiven in der Gruppe mit schlechtem Wortschatz ist fast signifikant (auf dem 6%-Niveau). Der Lerneffekt ist im FMG2 nicht mehr signifikant.

FMG-Ergebnisse und Altersgruppen

Zwischen den beiden altersparallelisierten Gruppen A-SU-II und A-SSES-II gibt es weder in einzelnen Testleistungen noch bei den Konstanzwerten signifikante Unterschiede. Allerdings ist der Wert der FMG-Abweichung bei den sprachnormalen Kinder geringer, also günstiger als bei den Kindern aus der Gruppe der gleichaltrigen sprachgestörten Kinder.

Die Altersgruppen unterscheiden sich im FMG1 nicht bedeutsam voneinander, aber im FMG2. Während die älteren sprachgestörten Kinder bessere Werte als die jüngeren SSES-Kinder (und der dazu altersgleichen SU-Gruppe) erzielten, war es bei den sprachnormalen Kindern umgekehrt. Die jüngeren SU-Kinder erzielten höhere Werte als die älteren SU-Kinder. Signifikante Unterschiede ergeben sich aber nur zwischen der Gruppe der ältesten Kinder A-SSES-III einerseits und den beiden mittleren Altersgruppen andererseits.

Bei den Konstanzwerten erzielten die jüngsten (= sprachnormalen) und die ältesten (= sprachgestörten) Kinder die besten Ergebnisse. Sowohl zwischen den beiden Altersgruppen der sprachgestörten Kinder als auch zwischen den beiden Gruppen der sprachnormalen Kinder finden sich auffällige Unterschiede. Auch hier erzielten die jüngeren sprachnormalen Kinder höhere Werte als die älteren SU-Kinder, während die älteren sprachgestörten Kinder besser waren als die jüngeren SSES-Kinder. Signifikante Unterschiede gibt es bei den FMG-Übereinstimmungen, und zwar wieder zwischen der Gruppe der ältesten Kinder A-SSES-III einerseits und den beiden mittleren Altersgruppen andererseits. Auch für den relativen FMG-Übereinstimmungswert gibt es signifikante Unterschiede. Dabei sind sowohl die jüngsten als auch die ältesten Kinder signifikant besser als die Kinder der Gruppe A-SSES-II.

Hinsichtlich der wortartspezifischen Leistungen innerhalb der einzelnen Altersgruppen gibt es keine signifikanten Unterschiede zwischen den Leistungen für die verschiedenen Wortarten. Bei den Nomen gibt es im FMG1 einen tendenziellen Alterseffekt zwischen A-SSES-III und A-SU-II (letztere zeigen keinen signifikanten Lerneffekt) und im FMG2 zwischen A-SSES-III und A-SSES-II. Das heißt, bei den Nomen gibt es einen Alterseffekt zwischen den ältesten Kindern und den Kindern der mittleren Altersgruppen. Im FMG2 zeigt sich dieser Effekt auch bei den Adjektiven (vgl. die Graphiken 1 und 2). Die jüngsten Kinder (A-SU-I) erzielten im FMG1 keinen signifikanten Lerneffekt bei den Adjektiven.

Es zeigen sich keine signifikanten Unterschiede zwischen FMG1 und FMG2 bei den einzelnen Altersgruppen. Auch der Vergleich der Wortartleistungen im FMG1 mit denen im FMG2 ergibt keine signifikanten Unterschiede für Altersgruppen. Immerhin gibt es bei den Verben in der Gruppe A-SU-II einen Verlust von 25%, so daß im FMG2 kein signifikanter Lerneffekt mehr auftritt, und bei den Adjektiven in der Altersgruppe A-SSES-II einen Rückgang um 18% und bei der Altersgruppe A-SU-II um 38%, so daß bei beiden kein signifikanter Lerneffekt mehr nachzuweisen ist.

FMG-Ergebnisse und MLU
Es gibt keine signifikanten Korrelationen zwischen den MLU-Werten und verschiedenen FMG-Ergebnissen. Der Vergleich der Ergebnisse der beiden MLU-gleichen Gruppen ergab keine signifikanten Unterschiede hinsichtlich der verschiedenen FMG-Werte. Beide Gruppen erzielten sowohl in beiden FMG-Tests als auch bei den verschiedenen Konstanzwerten ähnliche Ergebnisse.

5. Diskussion

Die leitende Frage für das *fast mapping*-Experiment war, ob und inwieweit Kinder mit einem Wortschatzdefizit in der Lage sind, über *fast mapping* neue lexikalische Items im Kontext zu identifizieren, in ihr mentales Lexikon aufzunehmen und bei Bedarf abzurufen. Die Hypothese hinter dieser Frage war, daß lexikalische

Defizite bei SSES-Kindern durch unzureichende *fast mapping*-Fähigkeiten (mit)begründet sein können.

In den bisher vorliegenden Untersuchungen wurde ein direkter Zusammenhang zwischen Wortschatzleistungen und *fast mapping* nicht untersucht, auch wenn ein solcher Zusammenhang mehr oder weniger explizit angenommen wurde. In den in Abschnitt 4 vorgestellten *fast mapping*-Studien mit sprachgestörten Kindern wurde der Wortschatz zwar in der Regel getestet, aber die Ergebnisse dieser Tests wurden nicht auf die *fast mapping*-Ergebnisse bezogen. Oetting et al. (1995) ermittelten, daß die Leistungen von SLI-Kindern in standardisierten (passiven) Wortschatztests ein bis zwei Standardabweichungen unter dem Durchschnitt lagen, was allerdings nicht bedeuten muß, daß das für jedes einzelne Kind galt. In der Dollaghan-Studie (1987) beispielsweise variierten die Leistungen der sprachgestörten Kinder von durchschnittlichen Werten bis zu zwei Standardabweichungen unter dem Durchschnitt.

In der vorliegenden Studie wurde sowohl die aktive als auch die passive Wortschatzleistung überprüft. Ein erstes Ergebnis ist, daß nicht bei allen SSES-Kindern ein lexikalisches Defizit nachgewiesen werden konnte. Damit bestätigt sich, daß SSES-Kinder durchaus lexikalische Probleme haben können, daß ein Wortschatzdefizit aber nicht zu den definitorischen sprachlichen Störungsbereichen von SSES-Kindern gehört.

Die Wortschatzleistungen der Kinder wurden im Zusammenhang mit ihren *fast mapping*-Leistungen untersucht. Die *fast mapping*-Ergebnisse belegen bei allen Kindern, auch bei den sprachentwicklungsgestörten Kindern mit schlechtem Wortschatz einen eindeutigen Lerneffekt. In Bezug auf die Ergebnisse des ersten Verständnistests unterscheiden sich die Kinder mit einem Wortschatzdefizit nicht von den sprachnormalen Kindern. Damit weichen die Ergebnisse wesentlich von den Ergebnissen bei Rice et al. (1990) und Oetting et al. (1995) ab. Bei sprachnormalen fünfjährigen Kindern sind die (um die Zufallsrate bereinigten) *fast mapping*-Werte in den Untersuchungen etwa gleich. Die Werte liegen bei 21,1% bei Rice und Oetting und bei 26,8% in meinen Daten. Ganz anders aber sieht es bei den sprachgestörten Kindern aus. Während die *fast mapping*-Werte der SSES-Kinder bei Rice und Oetting nur bei 7,5% lagen, erzielten diese Kinder in meiner Untersuchung einen Wert von 31,5% und die im Durchschnitt etwa gleichaltrigen Kinder mit schlechtem Wortschatz sogar den Wert 32,1%. Wie kann ein derart drastischer Unterschied bei einem nahezu identischen Untersuchungsdesign erklärt werden? Ich vermute, die Ursache liegt im »nahezu«. Einerseits testeten Rice et al. (1990) zwanzig Wörter, wodurch im Vergleich zu vierzehn Wörtern in der vorliegenden Untersuchung die *fast mapping*-Aufgabe besonders für die SSES-Kinder kritisch erschwert sein könnte. Entscheidender aber ist wohl der folgende Unterschied. Rice und Oetting verwendeten keine Kunstwörter, sondern ungewöhnliche Wörter, die den Kindern unbekannt waren (z.B. *artisan* statt *carpenter*). Konfrontiert mit dem neuen Wort (*artisan*), suchen die Kinder im Kontext nach einem geeigneten Referenten. Der geeignete Referent hat aber schon einen Namen (*carpenter*). Ich nehme an, daß sprachgestörte Kinder viel größere Probleme als sprachnormale Kinder haben, einen zweiten Namen für ein Objekt bzw. für eine Einheit zu akzeptieren. Das würde heißen, daß sich sprachgestörte Kinder im *fast mapping*-Prozeß zu sehr auf Erwerbsstrategien wie die *mutual exclusivity assumption* (Markman 1994) verlassen, derzufolge sich die Referenz zweier Wörter gegenseitig ausschließt, so daß Kinder zu der Annahme kommen, daß ein Objekt (bzw. eine Einheit) nur einen Namen tragen kann.[14] So könnten die Kinder in komplexen Kontexten nicht flexibel reagieren. Ein möglicher Grund für diesen Unterschied zwischen sprachnormalen und sprachgestörten Kindern könnte sein, daß es den sprachnormalen Kindern leichter fällt, aus dem Kontext neue Bedeutungsaspekte zu isolieren, so daß das neue Wort mit dem bekannten Namen zwar nicht synonym ist, aber trotzdem auf denselben Referenten paßt (Meibauer, ps. Mitteilung). Das hieße, daß sich sprachnormale Kinder diesen Alters nach dem Prinzip des Kontrastes (Clark 1993) richten, während die SSES-Kinder rigider reagieren und verschiedene Namen für einen Referenten ablehnen (*mutual exclusivity assumption*), weil sie nicht in der Lage sind, Bedeutungsdifferenzen zu identifizieren. Dieser Aspekt ist bedenkenswert, führt aber im vorliegenden Zusammenhang zu weit. Wir dürfen nicht vergessen, daß in dem Testdesign von Rice et al. die ungewöhnlichen Wörter (*artisan*) tatsächlich wie echte Synonyme für schon bekannte Wörter (*carpenter*) eingesetzt wurden, d.h. daß im Kontext gerade *keine* Hinweise auf weitere, differenzierende Bedeutungsaspekte angeboten wurden, weder für die sprachnormalen noch für die sprachgestörten Kinder.

Ein weiterer auffälliger Unterschied zu den Ergebnissen von Rice et al. (1990, 1994) und Oetting et al. (1995) ist, daß in meiner Studie keine generellen Wortarteffekte auftraten. Die Gesamtgruppe erzielte für alle drei Wortarten signifikante Lerneffekte in beiden Tests. Außerdem wurden Nomen, Verben und Adjektive insgesamt gleich gut wiedererkannt. Die Ursache für diesen Unterschied ist unklar. Möglicherweise liegt ein Grund darin, daß in der vorliegenden Studie Wörter aus drei grammatischen Wortarten getestet wurden, während Rice et al. Wörter aus vier semantischen Klassen wählten. Dabei wurden beispielsweise Wörter aus der Klasse der *affective state-words* (Emotionswörter) sowohl als Parti-

---

14 Beschränkt auf die lexikalische Basisebene ist diese Annahme korrekt. Das Wort *Tasse* bezieht sich eindeutig auf andere Objekte als das Wort *Teller*. Werden weitere hierarchische Ebenen berücksichtigt, gilt die *mutual exclusivity assumption* nicht mehr (eine *Tasse* ist auch ein *Gefäß*), sondern nur noch das Prinzip des Kontrastes (Clark 1993), wonach die Bedeutung zweier Wörter nicht identisch sein darf.

zipien (z.B. *dejected*) als auch als Nomen präsentiert (*dejection*). Diese Art der Präsentation (nach Lexemen und nicht nach Wortformen) steigert auf jeden Fall die Komplexität der *fast mapping*-Aufgabe.[15]

Es ergab sich aber ein Wortarteffekt in Form eines Alterseffektes. So ließ sich bei einigen Gruppen der Lerneffekt bei den Adjektiven nicht als signifikant bestätigen. Nur die ältesten Kinder erzielten in beiden Verständnistests signifikante Werte, während bei den jüngsten Kindern mit gutem Wortschatz die Leistungen in beiden Tests nicht signifikant waren. Die Kinder der mittleren Altersgruppen erkannten zunächst ausreichend Adjektive wieder, vergaßen sie aber bis zum zweiten Test wieder. Ein vergleichbarer, signifikanter Alterseffekt trat bei den Nomen und Verben nicht auf. Wie in den Studien von Rice erwiesen sich also besonders die Adjektive für die jüngeren Kinder als schwierig.

Der in Rice et al. (1994) beobachtete Effekt, daß die Nomenleistung bis zum zweiten Test bei den sprachnormalen Kindern anstieg, konnte nicht bestätigt werden. Wenn man für die drei Wortarten die Differenz zwischen beiden Tests betrachtet, so sind die Nomenwerte in allen Gruppen stabil. Auch die Ergebnisse für Verben sind relativ konstant, d.h. auch der von Rice et al. beobachtete Verbverlust bei den sprachgestörten Kindern trat nicht auf. Die Adjektivwerte sanken nur bei der Gruppe mit schlechtem Wortschatz deutlich vom ersten zum zweiten Verständnistest. Die Differenz zwischen den Ergebnissen der beiden Tests ist hier aber nur deshalb so groß, weil die Identifikationsrate für Adjektive im ersten Verständnistest auffällig hoch war. Dadurch wird die Aussage, die Speicherleistung für Adjektive sei schlechter als für die anderen Wortarten, relativiert.

Ein genereller Alterseffekt trat bei den Speicherleistungen auf. Daß die ältesten Kinder deutlich besser waren als die Kinder der mittleren Altersgruppen, kann als Einfluß eines komplexeren und umfangreicheren Lexikons auf die Speicherleistung erklärt werden. Das bedeutet, daß sich mit fortschreitendem Alter nicht der *fast mapping*-Prozeß an sich verändert, sondern daß die unmittelbare Integration eines neuen Wortes in das bestehende Netzwerk immer besser gelingt – auf der Wortform- oder/und Bedeutungsebene. Daß in der Gruppe der sprachnormalen Kinder die jüngeren Kinder höhere Werte erzielten als die älteren Kinder, hängt wohl damit zusammen, daß zwei der vier jüngsten Kinder hervorragende Wortschatzleistungen zeigten, während zwei der älteren Kinder einen schlechten Wortschatz hatten.

Im Hinblick auf einen Zusammenhang zwischen Wortschatzumfang und *fast mapping*-Fähigkeiten ergab sich das folgende zentrale Ergebnis. Während nur die Kinder mit einem nur ausreichenden Wortschatz in dem an die Videoprä-

---

15 Vgl. auch die Diskussion in Abschnitt 3 zu den abweichenden Ergebnissen in Rice et al. (1994).

sentation anschließenden Verständnistest weniger Wörter identifizierten als die Kinder der übrigen Gruppen, erkannten nur die Kinder mit einem schlechten Wortschatz im zweiten Test signifikant weniger Wörter wieder als im ersten Test. Zugleich ergaben sich signifikante Korrelationen zwischen Konstanzwerten (aus denen Rückschlüsse auf die längerfristige Speicherung von Wörtern gezogen werden können) und den Leistungen im passiven Wortschatztest.

Vergleicht man nur die drei Wortschatzgruppen II, III und IV, die auch vom Alter her vergleichbar sind, hinsichtlich ihrer *fast mapping*-Leistung (FMG1) und ihrer *fast mapping*-Speicherleistung (FMG2, Konstanzwerte) miteinander, ergibt sich folgender Überblick:

WS II (schlecht)   *fast mapping* **++**   Speicherleistung **+**
WS III (ausreichend)   *fast mapping* **+**   Speicherleistung **++**
WS IV (gut)   *fast mapping* **++**   Speicherleistung **+++**

Dieses Ergebnis verweist darauf, daß es besonders wichtig ist, *wie* ein neues Wort ins Lexikon aufgenommen wird. In der vorliegenden Studie waren alle Kinder, auch solche mit einem lexikalischen Defizit, fähig, Referenten oder Bedeutungen in einem Kontext zu identifizieren und auf neue Wörter abzubilden. Aber nur Kinder, die viele Wörter über *fast mapping* identifizierten *und* sie gut speicherten, erzielten letztendlich gute Werte im passiven Wortschatztest. Ob also eine »gelungene Abbildung« zu einer dauerhaften Speicherung eines Lexems führt, wird offensichtlich von weiteren Faktoren beeinflußt. Die Frage ist, ob die Abbildung exakt und explizit genug ist. Davon sollte abhängen, ob das Lexem langfristig gespeichert wird (also in den Wortschatz übergeht) und ob es für die Produktion zur Verfügung steht. Hier wirken zudem Faktoren, die den Einbau des neuen Wortes in das lexikalische Netzwerk betreffen. Genau in diesem Punkt könnten sich sprachgestörte Kinder mit einem Wortschatzdefizit von sprachnormalen Kindern unterscheiden. Die Ergebnisse legen nahe, daß Kinder mit einem Wortschatzdefizit weniger der über *fast mapping* aufgenommenen Wörter dauerhaft speichern als die übrigen Kinder, weil ihre über *fast mapping* aufgebauten lexikalischen Erst-Repräsentationen ungenauer sind. Sie sind daher zwar ausreichend für die unmittelbare Wiedererkennung, denn in einem beschränkten Kontext reichen einige markante phonologische Informationen (z.B. Silbenzahl, Onset), die Zuordnung zu einem semantischen Feld und die Festlegung der Wortart aus, nicht aber für die Produktion und nicht für den langfristigen Einbau ins Lexikon.

In diesem Modell ergibt sich auch eine neue Interpretation für den Nomenanstieg vom ersten zum zweiten Test in der Studie von Rice et al. (1994). Unter der Prämisse, daß für die aktive Verwendung, also für die Produktion eines Wortes die lexikalischen Informationen vollständiger sein müssen als für das Verständnis, ist es denkbar, daß Kinder aus dem Video aufgenommene Nomen im Gegensatz zu Verben direkt aktiv verwenden können, weil für Nomen weniger grammatisch-abstrakte Merkmale identifiziert und repliziert werden müssen. Jede aktive Verwendung aber verstärkt die assoziativen Verbindungen im Netzwerk. Damit steigt die Verständnisleistung für Nomen auch ohne neuen Input, während sie für Verben bis zum zweiten Test konstant bleibt. Wenn wir davon ausgehen, daß sprachgestörte Kinder insgesamt weniger Informationen zu einem neuen Wort aufnehmen, dann erklärt das, wieso die Nomenleistung bei ihnen nicht ansteigt: sie können sie nicht aktiv verwenden. Daß ein vergleichbarer Effekt in meiner Untersuchung nicht auftrat, kann damit erklärt werden, daß sich die neuen Wörter auf spezifische Entitäten in den Videos bezogen, die im Alltag nicht auftreten, so daß die neuen Wörter nicht aktiv verwendet werden konnten.

Zugriffs- bzw. Wortfindungsprozesse unterliegen in Produktion (aktiver Wortschatz) und Verständnis (passiver Wortschatz) jeweils unterschiedlichen mentalen Anforderungen. Für die Produktion müssen mehr Informationen über ein Lexem gespeichert sein, als im Prozeß des *fast mapping* zu den meisten Items identifiziert werden. Es ist denkbar, daß wir beim *fast mapping* zwischen quantitativen Leistungen und qualitativen Leistungen unterscheiden müssen. Viele schnelle und oberflächliche Abbildungsprozesse schlagen sich in guten Verständnisleistungen nieder. Das entspricht dem üblichen Verständnis von *fast mapping*. Auf der qualitativen Ebene geht es darum, daß im *fast mapping*-Prozeß ausreichend semantische, grammatische und phonologische Informationen zu einem Item aufgenommen werden. Wenn das geschieht, ist dieses Item auch für die spontane Produktion verfügbar. Dieses qualitative *fast mapping* kann nur über einen *fast mapping*-Produktionstest überprüft werden (der in der vorliegenden Untersuchung nicht durchgeführt wurde). Mit anderen Worten: ob es bedeutsame Korrelationen zwischen dem produktiven Wortschatz und *fast mapping*-(Speicher-) Leistungen gibt, kann nur mit einem *fast mapping*-Produktionstest und nicht mit einem Verständnistest geprüft werden.

Auch die Frage, wieweit das beobachtete Speicherdefizit verschiedene Aspekte des lexikalischen Eintrags betrifft, kann hier nicht entschieden werden. Gathercole/Baddeley (1993) nehmen an, daß Wortschatzbeschränkungen bei sprachgestörten Kindern auf ein Verarbeitungsproblem im phonologischen Arbeitsspeicher zurückgehen, das sich auf die endgültige Repräsentation der phonologischen Form auswirkt. Rice et al. (1994) weisen ein phonologisches Defizit zurück, da sich in ihrer Untersuchung einerseits phonologisch komplexe Wörter als sehr viel einfacher erwiesen als einige der einsilbigen Wörter, und da andererseits auf phonologischer Ebene allein wortartspezifische Unterschiede im *fast mapping* nicht erklärt werden können.

Kail et al. (1984) führen lexikalische Probleme auf die mangelnde Qualität der semantischen Vernetzung im Lexikon zurück. Sie vermuten, daß die ersten Repräsentationen mit weniger oder schwächeren assoziativen Verbindungen aufgebaut werden als bei sprachnormalen Kindern. Damit nehmen sie an, daß sprachgestörte Kinder mit lexikalischer Beschränkung ein qualitatives, aber kein quantitatives sprachliches Speicherdefizit haben.

Mit diesem Modell sind die Testergebnisse meiner Studie kompatibel. Sie sind eindeutig in der Hinsicht, daß die Mechanismen zur Aufnahme und Speicherung von Information, die zur unmittelbaren Wiederkennung notwendig ist, sowohl bei den sprachgestörten Kindern als auch bei den Kindern mit schlechtem Wortschatz prinzipiell verfügbar sind – ausreichende Inputfrequenz und nicht-ambigue Bezüge zwischen Wort und Referent vorausgesetzt. Probleme zeigen sich erst in der Langzeitspeicherung, die eine explizitere Informationsstruktur benötigt. Daher kann das Defizit in einer begrenzten Informationsaufnahme begründet liegen, was nichts anderes bedeutet, als daß der Aufbau einer ersten Repräsentation im *fast mapping*-Prozeß schlechter gelingt, oder aber das Problem betrifft Sprachverarbeitungsprozesse wie Speicherung und Abruf, Prozesse, die mit der lexikalischen Organisation und dem Aufbau von assoziativen Verbindungen zusammenhängen. Darüber, ob sich das Speicherproblem eher auf eine defizitäre Aufnahme und Vernetzung semantischer und grammatischer Informationen zurückführen läßt oder auf eine gestörte phonologische Verarbeitung und Speicherung oder auf eine Kombination von beidem, gibt meine Untersuchung keinen Aufschluß. Genaugenommen gilt das aber auch für Dollaghan (1987) und für Gathercole/Baddeley (1993). Ihre Ergebnisse zeigen, daß sprachgestörte Kinder Probleme mit der Speicherung phonologischer Formen (bzw. mit dem Zugriff darauf) haben. Sie zeigen aber *nicht*, inwieweit die Speicherung weiterer lexikalischer Informationen ebenfalls betroffen ist. Erst Studien, die gleichzeitig die Aufnahme und Verarbeitung phonologischer *und* semantischer Informationen untersuchen, werden diese Fragen beantworten können.

Literatur

Aitchison, J. (1994²): *Words in the mind: An Introduction to the Mental Lexicon.* – Oxford (UK), Cambridge (USA): Blackwell.

Bates, E. & V. Marchman & D. Thal & L. Fenson & P. Dale & J.S. Reznick & J. Reilly & J. Hartung (1994): Developmental and stylistic variation in the composition of early vocabulary. – In: *Journal of Child Language* 21, 85-121.

Carey, S. (1978): The child as word learner. – In: M. Halle & J. Bresnan & G.A. Miller (eds.): *Linguistic Theory and Psychological Reality*, 264-293. Cambridge, Mass.: MIT Press.

Carey, S. & E. Bartlett (1978): Acquiring a single new word. – In: *Papers and Reports on Child Language Development* 15, 17-29.

Clark, E. (1993): *The Lexicon in Acquisition.* – Cambridge: Cambridge University Press.

Crais, E.R. (1992): Fast mapping: A new look at word learning. – In: R. S. Chapman (ed.): *Processes in Language Acquisition and Disorders*, 159-185. St. Louis: Mosby-Year Book.

Dilling, H. & W. Mombour & M. Schmidt (Hrsg.) (1993²): *Internationale Klassifikation psychischer Störungen: ICD-10, Kapitel V (F).* – Bern, Göttingen: Hans Huber.

Dollaghan, C. (1985): Child meets word: »Fast mapping« in preschool children. – In: *Journal of Speech and Hearing Research* 28, 449-454.

Dollaghan, C. (1987): Fast mapping in normal and language impaired children. – In: *Journal of Speech and Hearing Disorders* 52, 218-222.

Dunn, L.M. & L.M. Dunn (1981): *Peabody Picture Vocabulary Test* – Revised. – Circle Pines, MN: American Guidance Service.

Gathercole, S.E. & A. D. Baddeley (1993): *Working Memory and Language.* – Hillsdale (N.J.), Hove (UK): Lawrence Erlbaum Associates.

Golinkoff, R.M. & C.B. Mervis & K. Hirsh-Pasek (1994): Early object labels: the case for developmental framework. In: *Journal of Child Language* 21, 125-155.

Golinkoff, R.M. & K. Hirsh-Pasek & C.B. Mervis & W.B. Frawley & M. Parillo (1995): Lexical principles can be extended to the acquisition of verbs. – In: M. Tomasello & W.E. Merriman (eds.): *Beyond Names for Things. Young Children's Acquisition of Verbs*, 185-221. Hillsdale (N.J.), Hove (UK): Lawrence Erlbaum Associates.

Günther, K.B. (1991): Probleme der Diagnostik lexikalisch-semantischer Störungen. – In: M. Grohnfeldt (Hg.): *Störungen der Semantik*, 167-195. Berlin: Edition Marhold (= Handbuch der Sprachtherapie. Bd. 3).

Heibeck, T.H. & E. Markman (1987): Word learning in children: An examination of fast mapping. – In: *Child Development* 58, 1021-1034.

Kail, R. & C.A. Hale & L.B. Leonard & M.A. Nippold (1984): Lexical storage and retrieval in language-impaird children. – In: *Applied Psycholinguistics* 5, 37-49

Kiese, C. & P.-M. Kozielski (1979): *Aktiver Wortschatztest für drei- bis sechsjährige Kinder (AWST 3-6).* Weinheim: Beltz Test.

Leonard, L.B. (1988): Lexical development and processing in specific language impairment. – In: R. Schiefelbusch & L. Lloyd (eds.): *Language perspectives – Acquisition, Retardation, and Intervention*, 69-87. Austin (Texas): PRO-ED, Inc.

Markman, E. (1989): *Categorization and Naming in Children: Problems of Induction.* – Cambridge, Mass.: MIT Press.

Markman, E. (1994): Constraints on word meaning in early language acquisition. – In: L. Gleitman & B. Landau (eds.): *The Acquisition of the Lexicon*, 199-228. Cambridge, Mass.: MIT Press.

Oetting, J.B. & M.L. Rice & L.K. Swank (1995): Quick incidental learning (QUIL) of words by school-age children with and without SLI. – In: *Journal of Speech and Hearing Research* 38, 434-445.

Rice, M.L. (1990): Preschooler's QUIL: Quick incidental learning of words. – In: G. Conti-Ramsden & C. Snow (eds.): *Children's Language*: Vol.7, 171-196. Hillsdale (N.J.), Hove (UK): Lawrence Erlbaum Associates.

Rice, M.L. & J.C. Buhr & M. Nemeth (1990): Fast mapping word-learning abilities of language-delayed preschoolers. – In: *Journal of Speech and Hearing Disorders* 55, 33-42.

Rice, M.L. & J.B. Oetting & J. Marquis & J. Bode & S. Pae (1994): Frequency of input effects on word comprehension of children with specific language impairment. – In: *Journal of Speech and Hearing Research* 37, 106-122.

Rice, M.L. & L. Woodsmall (1988): Lessons from television: Children´s word learning when viewing. – In: *Child Development* 59, 420-429.

SAS Institute Inc. (1990): *SAS Procedures Guide*. – Version 6. Third Edition. Cary, NC.

Templin, M.C. (1957): *Certain Language Skills in Children: Their Development and Interrelationships*. – Minneapolis, MN: University of Minnesota Press.

Anhang

Testwörter in den Videofilmen

Kunstwort			**Referent / Referenz**

Objektnomen

das Maxiton	(MT)	6x	altmodisches Telefon
die Farge	(MT)	5x	Kabelschlaufe
das Mult	(MT)	5x	Hörergabel des Telefons
der Begel	(MT)	6x	Hörmuschel des Telefons
die Zwieke	(MFT)	5x	Fluginsekt
der Kolm	(MFT)	6x	Maulwurfsbehausung (Hügel)

Verben

tespern	(MT/MFT)	6x	vor Schreck zusammenzucken
blasten	(MT/MFT)	5x	mit dem Ohr direkt am Objekt horchen
rudeln	(MFT)	5x	Rolle rückwärts machen
wockern	(MFT)	5x	Teppich bewegt sich wie eine Raupe

Adjektive / Adverbien

zinder	(MT/MFT)	6x	glücklich, daß etwas gelungen ist
gautsch	(MT/MFT)	5x	ratlos grübelnd
rekel	(MFT)	5x	frisch und strahlend
kard	(MFT)	6x	Farbe des Teppichs (grau-oliv)

MT = Film mit Maulwurf und Telefon; MFT = Film mit Maulwurf und Fliegen-
dem Teppich.

Zustandsveränderungsverben im Deutschen – Wie lernt das Kind die komplexe Semantik?[1]

Angelika Wittek

Abstract Charakteristisch für die Bedeutung von transitiven Zustandsveränderungsverben wie *füllen* ist, daß sie Information über den Endzustand des Referenten der Objekt-Nominalphrase geben (»voll«). Aus Studien zum Erwerb des Englischen, wo es gleichartige Verben gibt, wird jedoch deutlich, daß für drei- bis sechsjährige Kinder diese Endzustandskomponente keine zentrale Bedeutungskomponente darstellt. Stattdessen scheinen Kinder diese Verben so zu interpretieren, als ob sie die Handlungsart eines Agens spezifizieren: *fill* 'füllen' wird z.b. interpretiert wie *pour* 'schütten' (Gropen et al. 1991). Dies wird als Teil eines generelleren Erwerbsmusters gesehen, nach dem Kinder zunächst bevorzugt Bedeutungskomponenten in den Lexikoneintrag von Verben aufnehmen, die die Handlungsart (»manner«) eines Agens beschreiben (»manner bias«, Gentner 1978). Im Deutschen können Zustandsveränderungen produktiv durch komplexe Verben ausgedrückt werden, die den Endzustand auf der linguistischen Oberfläche transparent machen (z.B. *vollmachen*). In diesem Beitrag diskutiere ich anhand von zwei Studien zum Erwerb des Deutschen, welche Rolle transparente Verbmorphologie beim Erwerb der Bedeutung von Zustandsveränderungsverben spielt.

0. Einleitung

Das Ziel meiner Untersuchung ist es, herauszufinden, wie Kinder die Bedeutung von transitiven Zustandsveränderungsverben lernen. Das heißt, es geht mir nicht

---

1 Die in diesem Artikel berichtete Forschung ist Teil meiner Dissertation, die mit einem Stipendium der Max-Planck-Gesellschaft zur Förderung der Wissenschaften, München, ermöglicht wird. Mein spezieller Dank geht an Melissa Bowerman und Wolfgang Klein für ausgedehnte Diskussionen über Erwerb und Theorie von Zustandsveränderungsverben. Weiterhin möchte ich der Spracherwerbsgruppe am Institut und den Projektgruppen Argumentstruktur und Skopus herzlich für hilfreiche Kommentare danken.

darum, wann und wie häufig Kinder diese Verben in spontanen Äußerungen verwenden, sondern zu klären, was sie tatsächlich von der Bedeutung dieser Verben wissen – ein Aspekt, der in der Forschung zum Erwerb des Lexikons nur selten behandelt wird.

Kinder haben schon sehr früh, d.h. ab dem zweiten Lebensjahr, sprachliche Mittel, um Zustandsveränderungen auszudrücken (z.B. im Deutschen durch Partikeln wie *aus, auf*). Und nicht viel später besitzen sie sogar ein umfangreiches Repertoire an Zustandsveränderungsverben (s. z.B. Clark 1993, Clark, Carpenter, Deutsch 1995 für eine Übersicht über den Erwerbsverlauf im Englischen und im Deutschen). Wir wissen jedoch, daß Kinder gerade beim Erwerb von Verbbedeutung Schwierigkeiten haben (s. Pinker 1989:326ff).

Um präzise beschreiben zu können, ob und welche Probleme Kinder mit Zustandsveränderungsverben haben, erläutere ich im folgenden deren Bedeutung (Abschnitt 1). In Abschnitt 2 diskutiere ich zwei Studien zum Erwerb des Englischen, die beide auf ein bestimmtes Problem hinweisen, das Kinder bei der Interpretation von monomorphematischen Zustandsveränderungsverben wie *fill* 'füllen' haben. In Abschnitt 3 berichte ich über zwei Studien, die ich zum Erwerb des Deutschen durchgeführt habe.

Mein Ziel war es dabei, herauszufinden, a) ob Kinder, die das Deutsche lernen, Zustandsveränderungsverben ähnlich interpretieren wie Kinder, die das Englische lernen, und b) ob die Verbmorphologie des Deutschen eine Rolle beim Erwerb der Bedeutung von Zustandsveränderungsverben spielt: Zustandsveränderungen können im Deutschen – wie im Englischen – durch morphologisch einfache Verben wie *füllen* oder *wecken* ausgedrückt werden. Eine produktivere Option des Deutschen sind jedoch komplexe Verben mit abtrennbaren Partikeln, also Verben wie *vollmachen* oder *wachmachen*. Diese komplexen Verben machen die Bedeutungsbestandteile auf der linguistischen Oberfläche transparent. Deshalb habe ich getestet, ob Kinder bei der Interpretation von Zustandsveränderungsverben von dieser Transparenz Gebrauch machen.

1. Zur Bedeutung von transitiven Zustandsveränderungsverben

Charakteristisch für transitive Zustandsveränderungsverben ist, daß sie Information über den Endzustand des Referenten der Objekt-Nominalphrase enthalten. Für ein Verb wie *wecken* in Beispiel (1) ist das der Endzustand »*WACH*«:

(1)   Der Prinz weckt Dornröschen.

(1')   [Der Prinz tut etwas] CAUSE [BECOME (*WACH* (Dornröschen))]

Insgesamt sind für die Semantik von transitiven Zustandsveränderungsverben jedoch mindestens drei Komponenten zu unterscheiden: a) eine Komponente, die repräsentiert, daß der Referent des ersten Arguments in irgendeiner Weise aktiv ist: der Prinz tut etwas, b) die Endzustandskomponente (wie oben schon erwähnt): Dornröschen ist am Ende wach. Diese Komponente kann auch auf der linguistischen Oberfläche transparent gemacht werden wie durch die Partikel »wach« in *der Prinz hat Dornröschen wachgemacht* und c) eine Komponente, die einen kausalen Zusammenhang zwischen den beiden Komponenten in a) und b) herstellt: CAUSE. Der Satz *der Prinz hat Dornröschen geweckt* kann also wie folgt paraphrasiert werden: der Prinz hat etwas getan und dadurch verursacht, daß Dornröschen wach ist. Etwas allgemeiner für transitive Zustandsveränderungsverben heißt das: Ein Agens tut etwas und verursacht dadurch, daß ein Patiens eine Zustandsveränderung erfährt (2):

(2)   [X tut etwas] CAUSE [BECOME (*STATE* (Y))]

Dies wird in linguistischen Theorien auf unterschiedliche Weise formalisiert. (s. z.B. Dowty 1979 für die klassische Analyse und Klein 1997 für eine informelle Darstellung). Wofür alle Ansätze unabhängig von der Art der Darstellung Rechnung tragen müssen, ist die Komplexität der Bedeutung von transitiven Zustandsveränderungsveben.

Im nächsten Abschnitt wird dargelegt, inwiefern sich die semantische Repräsentation, die Kinder von Zustandsveränderungsverben haben, davon unterscheidet.

2.   Forschungsstand

Detaillierte Untersuchungen zum Erwerb der Bedeutung von Zustandsveränderungsverben sind bisher nur aus dem Bereich des Erwerbs des Englischen bekannt. Die beiden wichtigsten Studien sind von Gentner (1978) und Gropen et al. (1991).

Gentner (1978) kontrastierte in einer Verstehensstudie das Zustandsveränderungsverb *mix* 'mischen' / 'mixen', das einen Zuwachs an Homogenität ausdrückt, aber nicht die Art und Weise, wie diese zustandekommt, mit den Verben *stir* 'rühren', *beat* 'schlagen' und *shake* 'schütteln'; diese Verben drücken keine Zustandsveränderung aus, sondern jeweils eine bestimmte Art und Weise, wie eine Substanz bearbeitet wird (»manner-of-motion«). Aufgabe der Versuchspersonen (5 – 9-jährige Kinder und eine Erwachsenenkontrollgruppe) war es, zu beurteilen, ob Szenen, die ihnen vom Versuchsleiter vorgeführt wurden, mit diesen Verben beschrieben werden können. Während die Verben, die eine Bewegungsart beschreiben, von allen Kindern fast immer korrekt interpretiert wurden, war die Zustandsveränderung, die *mix* ausdrückt, für die 5 – 7-jährigen Kinder ein Problem: Fast in der Hälfte der Fälle akzeptierten sie das Verb als Beschreibung von Szenen, die nur eine Bewegungsart ausdrücken. Die älteren Kinder und die Erwachsenenkontrollgruppe hingegen verwendeten dieses Verb vorwiegend zur Beschreibung von Szenen, in denen die Substanz mischbar war.

Ein ähnliches Ergebnis wurde in den Studien von Gropen et al. (1991) erzielt. Gropen et al. (1991) haben zwei Verstehensexperimente mit Kindern zwischen 2;6 und 8;9 Jahren durchgeführt. Im ersten Experiment wurde das Verb *fill* 'füllen' mit dem Verb *pour* 'schütten', und das Verb *empty* 'leeren' mit dem Verb *dump* 'schütten'/ 'auskippen' kontrastiert. Ziel des semantischen Teils des Experiments war es, herauszufinden, ob Kinder eine Vorliebe (einen »bias«) bei der Interpretation dieser Verben haben. Zum Beispiel wurde getestet, ob sie *fill* interpretieren wie *pour*, also als ob *fill* eine bestimmte Art und Weise ausdrückt, mit der man Flüssigkeit in einen Behälter bringt.

Den Versuchspersonen (Kinder im Alter von 2;6 bis 5;11 und Erwachsene) wurden zu jedem Verb zwei Bilderserien vorgelegt, und sie mußten entscheiden, welche der beiden Bilderserien zu dem Verb paßt (»two alternative forced-choice task«). Eine Bilderserie eines Paares zeigte jeweils, wie ein Agens die Zustandsveränderung eines Behälters auf eine bestimmte Art und Weise erreicht; z.B. füllt eine Frau ein Glas, indem sie langsam Wasser durch den Wasserhahn hineintröpfeln läßt, bis es voll ist. Die andere Bilderserie zeigte nur die Art und Weise, wie eine Substanz manipuliert wird, aber keine Zustandsveränderung des Behältnisses: beispielsweise schüttet jemand Flüssigkeit aus einer Kanne in ein Glas, aber sie verschüttet die ganze Flüssigkeit und das Glas bleibt leer. Die Kinder wiesen zwar in den meisten Fällen die Verben *pour* und *dump* den Bildern zu, die die richtige Art und Weise darstellten, wie eine Substanz manipuliert wurde. Die Zustandsveränderungsverben *fill* und *empty* waren allerdings ein Problem: Zum Beispiel wies die Hälfte der ältesten Kinder (8 von 16 Kindern im Alter von 4;6 bis 5;11) das Verb *fill* den Bildern zu, die eine Schüttbewegung darstellten, ohne daß das Glas voll wurde. Die Erwachsenenkontrollgruppe hingegen ordnete die Verben *fill* und *empty* öfter den Bildern zu, die die Zustandsveränderung des Behältnisses zeigten, und die Verben *pour* und *dump* den Bildern, die die jeweilige Handlungsart eines Agens darstellten.

Wenn sich Kinder also entscheiden müssen, ob *fill* entweder ausdrückt, daß etwas voll wird (egal, wie das geschieht), oder, daß man eine Flüssigkeit auf bestimmte Art und Weise manipuliert (z.B. man macht eine Schüttbewegung), dann neigen sie zu letzterem.

Das zweite Experiment wurde als Fallstudie nur mit dem Zustandsveränderungsverb *fill* durchgeführt. Das Experiment sollte unter anderem klären, ob Kinder (3;5-8;9) sensitiv für die Endzustandskomponente sind, d.h. ob es für Kinder relevant ist, daß ein Glas voller ist, nachdem man es gefüllt hat. Zu diesem Zweck wurden Paare von Bilderserien kontrastiert, bei denen nur der Endzustand variierte, und nicht die Art und Weise, wie dieser zustandekam. Zum Beispiel zeigten die Bilder von beiden Bilderserien eine Schüttbewegung; auf dem letzten Bild der einen Bilderserie war ein volles Glas, auf dem der anderen ein leeres Glas abgebildet. Die Ergebnisse zeigen, daß die Endzustandskomponente für Kinder zunächst nicht relevant ist. Zum Beispiel wiesen nur 10 der 16 ältesten Kinder (6;10-8;9) das Verb *fill* den Bilderserien zu, auf denen das jeweils vollere Glas abgebildet war.

Die Studien von Gentner (1978) und von Gropen et al. (1991) zeigen also, daß die für Zustandsveränderungsverben eigentlich charakteristische Endzustandskomponente für Kinder zunächst keinen notwendigen Bedeutungsbestandteil darstellt.

Wie lassen sich die Ergebnisse erklären? Zunächst ist nicht auszuschließen, daß die Ergebnisse dem Aufbau der Experimente, insbesondere der Auswahl des Testmaterials, zuzuschreiben sind. In beiden Studien wurden nur Verben getestet, die graduelle Zustandsveränderungen ausdrücken: das Verb *mix* spezifiziert einen Zuwachs an Homogenität, das Verb *fill* die graduelle Veränderung eines Behältnisses zum Endzustand »voll«. Mit anderen Worten, diese Verben referieren auf Situationen, bei denen die verursachende Tätigkeit nach und nach zum Endzustand eines Objekts führt. Bei Verben, die keine graduellen Zustandsveränderungen ausdrücken (wie *töten* oder *zerbrechen*), kann der Zustandswechsel eines Objekts klarer von der verursachenden Tätigkeit getrennt werden.

Kann es also sein, daß Kinder nur bei der Interpretation von Verben, die einen graduellen Zustandswechsel ausdrücken, einen »manner bias« haben? In den Experimenten zum Erwerb des Deutschen habe ich deshalb auch Verben getestet, die keine graduellen Zustandsveränderungen beschreiben (s. Abschnitt 3).

Sollten Kinder jedoch Zustandsveränderungsverben generell anders interpretieren als Erwachsene, was kann dann der Grund dafür sein? Gentner (1978) stellt die Ergebnisse in Zusammenhang mit kognitiver Entwicklung. Die Handlungsart eines Agens ist leichter wahrnehmbar als die Zustandsveränderung eines Objekts. Da visuelle Information für Kinder sehr früh eine zentrale Rolle spielt, ist zu erwarten, daß Kinder ihre Wortbedeutungen darauf aufbauen. Die Vorliebe, Bedeutungskomponenten, die die Handlungsart eines Agens beschreiben, in die semantische Repräsentation von Verben aufzunehmen, ist als »manner bias« bekannt und wird als Teil eines allgemeineren Erwerbsmusters von Verbbedeutung interpretiert, das auch in Studien mit Longitudinaldaten belegt ist (s. Behrend et al. 1995 und Referenzen darin).

Allerdings ist der »manner bias« bisher nur durch Studien mit monomorphematischen Verben belegt. Hier wird eine komplexe Bedeutung (s. Abschnitt 1) durch eine morphologisch einfache Form ausgedrückt. In westgermanischen Sprachen (wie dem Deutschen, dem Holländischen, aber auch dem Englischen) können Zustandsveränderungen jedoch auch durch morphologisch komplexe Verben ausgedrückt werden.

Im Deutschen werden Zustandsveränderungen sogar produktiv durch komplexe Konstruktionen ausgedrückt, die den Endzustand durch eine abtrennbare Partikel auf der linguistischen Oberfläche transparent machen (*vollmachen, zumachen* etc.). Wie interpretieren Kinder diese Verben? Wenn Kinder beim Verständnis dieser Verben kein Problem haben, dann liegt der Schluß nahe, daß der »manner bias« kein kognitives, sondern ein sprachliches Problem ist. Das heißt, daß Kinder nur dann einen »manner bias« haben, wenn eine komplexe Bedeutung auf eine einfache sprachliche Form abgebildet wird (wie bei *fill*), aber nicht, wenn der Form-Bedeutungszusammenhang transparent ist (wie bei *vollmachen*). Wenn Kinder allerdings auch bei der Interpretation dieser semantisch transparenten Verben einen »manner bias« haben, dann haben wir es mit größerer Wahrscheinlichkeit mit einem generelleren, kognitiven Problem zu tun.

Mit den Verstehensexperimenten zum Erwerb des Deutschen habe ich getestet, wie Kinder Zustandsveränderungsverben interpretieren, die den Endzustand auf der linguistischen Oberfläche transparent machen.

3. Erwerb des Deutschen

Gegenstand der Studien, die zum Erwerb des Englischen durchgeführt wurden, sind monomorphematische Verben. Im Deutschen können Zustandsveränderungen zwar auch durch Simplexverben ausgedrückt werden (3a), aber eine produktivere Option sind morphologisch komplexe Ausdrücke mit abtrennbaren Partikeln[2] (3b und c) (s. z.B. Stiebels, Wunderlich 1992):

(3) a. den Mann wecken, die Tür schließen
     b. den Mann wachmachen, die Tür zumachen
     c. den Mann wachrütteln, die Tür zuschmettern

---

2 Es ist umstritten, ob es sich bei Konstruktionen wie *wachmachen* oder *zumachen* um morphologische oder syntaktische Konstrukte handelt. Für eine ausführliche Diskussion siehe Lüdeling (1998). Abgesehen von ihrem umstrittenen strukturellen Status können derartige komplexe Konstruktionen im Deutschen jedoch auf dieselben Zustandsveränderungen referieren wie Simplexverben.

Die komplexen Ausdrücke in 3b und c machen die Bedeutungskomponenten auf der linguistischen Oberfläche transparent: Die agentive Komponente ist im Basisverb spezifiziert; dieses kann ein generisches Verb sein (wie *machen* in 3b) oder als Vollverb Information über eine bestimmte Art und Weise geben (wie *rütteln, schmettern* in 3c). Die Partikel gibt Information über den resultierenden Zustand (wach, zu, voll).

Nach Clark (1993) spielt semantische Transparenz eine große Rolle beim Erwerb des Lexikons. Dies ist vor allem für den Bereich spontaner Wortbildungen belegt. Neubildungen (wie z.B. *abzangen* (2;4) für »mit der Zange abzwicken«, Clark 1993:231) werden aus Wörtern zusammengesetzt, deren Bedeutung schon erworben wurde; sie sind daher transparent.

Die Frage, der hier nachgegangen werden soll, ist, ob Kinder auch bei der Interpretation von komplexen Ausdrücken (wie in 3b und c) von semantischer Transparenz Gebrauch machen. Dies wurde in einer Verstehensstudie getestet.

Simplexverben (wie in 3a) wurden mit komplexen Konstruktionen, die generische Verben als Basisverben haben (wie in 3b), kontrastiert, da beide Verbtypen einen vergleichbaren semantischen Gehalt haben: Beide drücken Zustandsveränderungen aus, aber sie spezifizieren nicht die Art und Weise, wie diese zustandekommt. Das Verb *machen* wurde außerdem als Basisverb für alle komplexen Ausdrücke gewählt, da es als generisches Verb nicht viel semantische Information liefert und dadurch die Bedeutung der Partikel mehr Gewicht erhält (s. zu diesen Konstruktionen auch Talmy 1991). Diese Verben stellen also den Extremfall bezüglich der Transparenz des Endzustands dar. Weiterhin treten komplexe Ausdrücke der Form Partikel + *machen* früh in spontanen Äußerungen bei Kindern auf (Clark, Carpenter, Deutsch 1995, Behrens 1998). Kinder sind mit diesem Verbtyp also vertraut.

STUDIE 1: VERSTEHENSEXPERIMENT

Mit diesem Experiment wird getestet, ob auch Kinder, die das Deutsche erlernen, bei der Interpretation von Zustandsveränderungsverben den Endzustand vernachlässigen. Weiterhin wird die Hypothese getestet, ob transparente Verbmorphologie die Interpretation dieser Verben erleichtert.

Versuchspersonen: 20 Kinder. Alter: 4;1- 5;6. (Durchschnittsalter 4;11). Die Kinder wurden in zwei Altersgruppen eingeteilt:
Gruppe 1: 11 Kinder, Alter 4;1 – 4;11 (Durchschnittsalter: 4;7).
Gruppe 2: 9 Kinder, Alter 5;0 – 5;6 (Durchschnittsalter: 5;3).
Das Experiment wurde in zwei Kindergärten in Kleve[3] durchgeführt, jedes Kind wurde einzeln in einem separaten Raum getestet. Vier Erwachsene dienten als Kontrollgruppe.

Material: Getestet wurden acht Verbpaare, die Zustandsveränderungen ausdrücken. Jedes Verbpaar besteht aus einem Simplexverb und einer transparenten komplexen Konstruktion mit trennbarer Partikel. Die Hälfte der Partikel sind entweder ein- oder zweistellige Präpositionen wie in (a), oder Adjektive, wie in (b). Alle Simplexverben (bis auf *zerdeppern*, s. Appendix) und alle Partikeln sind in August (1984) als Teil des Wortschatzes von Vorschulkindern verzeichnet (für die vollständige Verbliste, s. Appendix):

(a) die Tür schließen   -   die Tür zumachen
(b) den Mann wecken   -   den Mann wachmachen

Um die Interpretation der Verben zu testen, wurden acht Filmpaare erstellt (Videoclips von ca. 50 Sekunden Dauer). Je ein Film eines Paares stellt eine Zustandsveränderung dar (z.B. für das Verbpaar »wecken/ wachmachen«: ein Mädchen weckt einen Mann, indem sie einen Wecker vor seiner Nase schellen läßt), im anderen Film fehlt der Endzustand (das Mädchen läßt den Wecker schellen, aber der Mann wacht nicht auf).

Methode: Jede Versuchsperson sah insgesamt 8 Filme: 4 Filme, bei denen der richtige Endzustand eintrat, und 4 Filme, bei denen er fehlte. Jede Versuchsperson sah nur einen Film eines Filmpaares, also z.B. entweder den Film, bei dem der Mann wach wurde oder den, bei dem er nicht wach wurde. Weiterhin hörte jede Versuchsperson 4 Simplexverben und 4 komplexe Konstruktionen in den Testfragen, gleichviel in jeder Bedingung (das (Nicht-) Eintreten des Endzustands und die (nicht-) transparente Verbmorphologie wurden also als »within-subjects« – Variablen eingesetzt):

Tab. 1: *Design Studie 1 (aus der Sicht einer Versuchsperson):*

Filmtyp:	Verbtyp:	Anzahl Filme pro Versuchsperson:
Endzustand tritt ein	Simplexverb	2
	komplexe Konstruktion	2
Endzustand tritt nicht ein	Simplexverb	2
	komplexe Konstruktion	2

Aufgabe der Kinder war es, sich die Video-clips zusammen mit einer Handpuppe (Plüschbär) und der Experimentatorin anzusehen. Vor jedem Film riet der Bär, was in dem Film wohl passieren wird (z.B. »Ich glaube, daß das Mädchen gleich

---

3   Den Kindergärten »Sonnenblume« und »Purzelbaum« in Kleve sei an dieser Stelle ganz herzlich für ihre Kooperation für das Zustandekommen von Studie 1 und 2 gedankt. Ein riesiges Dankeschön auch an Henriette Hendriks für vorzügliche Schauspielkunst in den Video-Stimuli.

einen Mann weckt.«). Der Film wurde abgespielt, und danach wurde das Kind gefragt, ob die Vorhersage des Bärs richtig war (»Und, stimmt das? Hat das Mädchen den Mann geweckt?«). Bei den komplexen Verben wurde die Partikel mit Absicht nie vom Verb getrennt, weil sich die Syntax der Frageform für die Simplexverben und die komplexen Verben so wenig wie möglich unterscheiden sollte.

Weiterhin wurden für jede Versuchsperson vier Kontrollfilme eingesetzt: Zwei Filme, bei denen ein Endzustand eintrat, aber die korrekte Antwort 'nein' ist (z.b. repariert die Schauspielerin ein Spielzeugauto, gefragt wurde jedoch, ob sie das Auto gewaschen hat). Zwei Filme, bei denen keine Zustandsveränderung eintrat und die korrekte Antwort 'ja' ist (z.b. schiebt das Mädchen ein Auto hin und her, ohne daß das Auto danach an einem anderen Ort ist, und gefragt wurde, ob sie das Auto geschoben hat).

Im Unterschied zu den Studien von Gropen et al. (1991) wurden statt Bilderserien Video-clips verwendet, da sich Verbbedeutungen so besser darstellen lassen und nicht inferiert werden muß, daß ein Zustand auf einem Bild die Folge einer Handlung auf einem Bild davor ist (s. auch Stoll 1997). Da es mein Anliegen war zu untersuchen, ob Kinder sensitiv für die Endzustandskomponente sind, und nicht, ob sie mit den Testverben die Handlungsart eines Agens assoziieren (das haben Gropen et al. 1991 nachgewiesen), zeigten die Filme immer eine Handlungsart, die typisch für die jeweiligen Testverben ist.

Generelle Hypothese: Wenn die Tendenz, den Endzustand zu vernachlässigen, Teil eines allgemeinen Erwerbsmusters ist, dann müßten auch Kinder, die das Deutsche erlernen, diese Tendenz haben.

Hypothese zur Verbmorphologie: Die komplexen Konstruktionen (wie *den Mann wachmachen*) machen auf der sprachlichen Oberfläche durch die Partikel transparent, in welchem Zustand sich ein Objekt befindet, nachdem die Handlung ausgeführt wurde (wach). Die Fehlerzahl sollte deshalb bei den komplexen Konstruktionen geringer sein als bei den Simplexverben (*den Mann wecken*), die diese Information nicht transparent machen.

Ergebnisse: Alle Erwachsenen beantworteten alle Fragen korrekt, d.h. sie gaben 'Ja'-Antworten auf die Fragen zu den Filmen, die Zustandsveränderungen zeigten, und 'Nein'-Antworten auf die Fragen zu den Filmen, bei denen der Endzustand fehlte. Alle Kinder gaben korrekte 'Ja'-Antworten auf die Fragen zu den Filmen, bei denen der Endzustand eintrat.

Problematisch für die Kinder waren die Filme, bei denen der Endzustand fehlte: In 70% der Fälle wurden zwar korrekte 'Nein'-Antworten gegeben, in 30%

der Fälle wurde jedoch inkorrekterweise mit 'Ja' geantwortet (Tabelle 2). Die generelle Hypothese, daß auch Kinder, die das Deutsche erlernen, den Endzustand vernachlässigen müßten, ist demnach bestätigt. Die gleiche Fehlerzahl wurde mit Simplexverben als auch mit transparenten komplexen Konstruktionen gemacht. Die Hypothese, daß die Fehlerzahl mit den transparenten Konstruktionen geringer sein müßte, kann deshalb nicht bestätigt werden.

Weiterhin ist kein signifikanter Unterschied bei der Anzahl der korrekten Antworten getrennt für die beiden Altersstufen zu beobachten. Dies gilt auch für die Ergebnisse mit den transparenten Verben. Inkorrekte Antworten auf die Fragen zu den Kontrollfilmen wurden in 15% der Fälle gegeben.

Tab. 2: *Studie 1 – Korrekte Antworten (in %)*

	Simplexverben Typ: wecken		komplexe Konstruktionen Typ: wachmachen	
	Endzustand tritt ein	Endzustand fehlt	Endzustand tritt ein	Endzustand fehlt
Gruppe 1: 11 Kinder Durchschnittsalter: 4;7 (Gesamtzahl Antworten: 88)	100%	68%	100%	64%
Gruppe 2: 9 Kinder Durchschnittsalter: 5;3 Gesamtzahl Antworten: 72)	100%	72%	100%	78%
Total: 20 Kinder (Gesamtzahl Antworten: 160)	100%	70%	100%	70%
4 Erwachsene (Gesamtzahl Antworten: 32)	100%	100%	100%	100%

Diskussion: In der Bedingung, bei der der Endzustand fehlte, wurden 30% inkorrekte 'Ja'-Antworten gegeben. Weiterhin wurde von Transparenz kein Gebrauch gemacht: Kinder gaben in gleicher Weise inkorrekte 'Ja'-Antworten, egal ob die Fragen Simplexverben enthielten oder komplexe Ausdrücke. Wie läßt sich das erklären?

Ein Grund für dieses Ergebnis könnte im Design des Experiments liegen: Die Hälfte der Fragen, die jedes Kind beantworten mußte, enthielt Simplexverben, die andere Hälfte komplexe Konstruktionen. Die Gefahr dabei ist, daß das Vorkommen einer dieser beiden Verbtypen die Interpretation des anderen beeinflussen kann. Deshalb habe ich eine Folgestudie durchgeführt, in der nur transparente komplexe Konstruktionen getestet wurden. Als Basisverben wurden diesmal Vollverben gewählt, die jeweils die Art und Weise spezifizieren, in der das Agens die Handlungen ausführt.

STUDIE 2: VERSTEHENSEXPERIMENT

Mit diesem Experiment wird getestet, ob die Tendenz, die Endzustandskomponente bei Zustandsveränderungsverben zu vernachlässigen, auch besteht, wenn das Testmaterial nur transparente komplexe Konstruktionen umfaßt.

Versuchspersonen: 10 Kinder. Alter 4;10 – 5;10 (Durchschnittsalter: 5;6).
Das Experiment wurde in einem Kindergarten in Kleve durchgeführt, jedes Kind wurde einzeln in einem separaten Raum getestet. 2 Erwachsene dienten als Kontrollgruppe.

Material: Getestet wurden 8 transparente komplexe Ausdrücke mit Vollverben als Basisverben (z.B. *den Mann wachklingeln*), die auf dieselben Zustandsveränderungen referieren können wie die Verben in Studie 1 (s. Appendix). Alle Basisverben sind in Augst (1984) als frei vorkommende Verben verzeichnet (bis auf das Verb *schütten*, dies wird jedoch als Basis von komplexen Ausdrücken mit einer Reihe von Partikeln wie *aus-*, *um-*, *weg-* gelistet). Die Filmpaare aus Studie 1 wurden wiederverwendet.

Methode: Die gleiche Methode wurde verwendet wie bei Studie 1, abgesehen davon, daß diesmal nur komplexe Konstruktionen getestet wurden.

Hypothese für die Filme, bei denen der Endzustand fehlt: Alle Testverben sind komplexe Konstruktionen (wie *den Mann wachklingeln*) und machen den Endzustand auf der sprachlichen Oberfläche durch die Partikel transparent (wach). Wenn Transparenz eine Rolle spielt, d.h. wenn die Ergebnisse aus Studie 1 (Fehlerzahl mit den komplexen Konstruktionen war nicht geringer als mit den Simplexverben) einem Fehler im experimentellen Aufbau zuzuschreiben sind, dann müßte die Anzahl korrekter Antworten höher sein als die Anzahl korrekter Antworten in Studie 1.

Ergebnisse: Die Erwachsenen gaben korrekte Antworten auf alle Fragen. Alle Kinder gaben korrekte Antworten auf die Fragen zu den Filmen, bei denen der Endzustand eintrat[4] und auf die Fragen zu allen Kontrollfilmen. Auf die Fragen zu den Filmen, bei denen der Endzustand fehlte, wurden 68% korrekte 'Nein'-Antworten gegeben (Tabelle 3). Die Hypothese muß verworfen werden: Die Anzahl korrekter Antworten ist nicht höher als die Anzahl korrekter Antworten in Studie 1 (70%).

Tab. 3: *Studie 2 – korrekte Antworten (in %)*

	komplexe Konstruktionen: Typ: wachklingeln	
	Endzustand tritt ein	Endzustand fehlt
20 Kinder (Gesamtzahl Antworten: 80)	98% (s. Fußnote 4)	68%
2 Erwachsene (Gesamtzahl Antworten: 16)	100%	100%

Diskussion Studie 1 und 2: In beiden Studien war die Anzahl inkorrekter Antworten in der Bedingung, bei der der Endzustand fehlte, unabhängig vom morphologischen Typ konstant ca. 30%. Wie lassen sich diese Ergebnisse erklären? Im folgenden werde ich anhand dieser Ergebnisse zunächst die Hypothese zur semantischen Transparenz kritisch beleuchten. Danach diskutiere ich, in welchem Zusammenhang die hier erhobenen Daten mit den bisher gewonnenen Erkenntnissen zum Erwerb des Englischen stehen.

Warum war die semantische Transparenz nicht erleichternd für die Interpretation der Verben? Mit beiden Experimenten wurde getestet, wie Kinder Zustandsveränderungsverben interpretieren, die den Endzustand auf der linguistischen Oberfläche durch eine Partikel transparent machen (*wachmachen, wach klingeln* etc.). Im ersten Experiment wurden zusätzlich nicht-transparente Simplexverben getestet (*wecken* etc.). Die Hypothese war, daß Kinder mit den transparenten Verben Situationen assoziieren sollten, bei denen auch tatsächlich ein Endzustand eintritt. Dem war aber nicht so. Die gleiche Anzahl Fehler wurde mit Simplexverben und mit transparenten komplexen Konstruktionen gemacht. Dies ist ein überraschendes Ergebnis, da gerade das Prinzip der Transparenz eine große Rolle beim Erwerb von Bedeutungen spielt (Clark 1993). Wie läßt sich das erklären?

Zum einen kann es daran liegen, daß die transparenten Ausdrücke gleichzeitig morphologisch komplex waren. Wie Clark (1993:120) argumentiert, kann morphologische Komplexität für das Verstehen erschwerend sein, da sie gegen das Prinzip der Einfachheit verstößt. Für die jüngeren Kinder im ersten Experiment könnte die morphologische Komplexität tatsächlich ein Problem gewesen sein (64% korrekte Antworten), während für die älteren Kinder die morphologisch bedingte semantische Transparenz für das Verständnis erleichternd gewirkt haben könnte (78% korrekte Antworten).[5]

---

4   Bis auf ein Kind (Alter 5;7), das auf die Frage »hat das Mädchen die Tür zugedrückt?« mit 'Nein' antwortete. Im dazugehörigen Film schloß die Schauspielerin eine schwere Eisentür, indem sie sie kräftig zudrückte.

Das Kind erklärte, daß Türen nur langsam zugemacht werden können, sonst gehen sie kaputt.

5   Darauf hat mich ein anonymer Gutachter hingewiesen.

Da jedoch komplexe Verben Bestandteil des aktiven Wortschatzes von vierjährigen Kindern sind (s. Abschnitt 3), ist es plausibler, anzunehmen, daß die semantische Transparenz selbst das Problem darstellen könnte: die morphologisch
komplexen Verben machen nicht nur den Endzustand auf der linguistischen
Oberfläche transparent, sondern auch die agentive Komponente, denn diese
wird separat im Basisverb spezifiziert.

Eine Frage, der man nun noch nachgehen sollte, ist, ob die Endzustandskomponente, obwohl transparent, nicht stark genug hervorgehoben war. Die Partikel
wurde in den Testfragen in beiden Experimenten nie vom Verb getrennt (»Hat
das Mädchen den Mann wachgemacht?«). Es besteht jedoch die Möglichkeit, die
Partikel getrennt vom Verb, ans Ende eines Satzes zu stellen (z.B. in einem
Hauptsatz: »Das Mädchen macht den Mann wach«). Es bleibt zu testen, ob Kinder mehr Gewicht auf den Endzustand legen, wenn sie die transparenten Verben
in einem solchen syntaktischen Umfeld hören.

Unabhängig davon, ob semantische Transparenz letztlich beim Verständnis
von Zustandsveränderungsverben doch eine Rolle spielten könnte, müssen jedoch auch die bisher erhobenen Daten erklärt werden. Dies werde ich im folgenden tun.

Wie interpretieren Kinder Zustandsveränderungsverben? Warum bejahen
Kinder die Frage, ob jemand geweckt (oder wachgemacht) wurde, selbst wenn
die Frage auf eine Situation referiert, bei der gar niemand wach wird? Ist dieses
Interpretationsverhalten Teil eines allgemeineren Erwerbsmusters?

Wie in Abschnitt 2. dargelegt wurde, sehen auch Kinder, die das Englische lernen, den Endzustand nicht als zentralen Bedeutungsbestandteil von Zustandsveränderungsverben. Für den Erwerb des Englischen wurde der Schluß gezogen,
daß Kinder Zustandsveränderungsverben so interpretieren, als ob diese Verben
die Handlungsart eines Agens spezifizieren (»manner bias«).

Diese Erklärung ist auch für den Erwerb des Deutschen nicht auszuschließen.
Da selbst mit transparenten Verben Fehler gemacht wurden, ist anzunehmen,
daß der »manner bias« nicht an bestimmte Form-Bedeutungszusammenhänge
gekoppelt ist. Es scheint sich hier also tatsächlich um ein generelleres Erwerbsmuster von Verbbedeutungen zu handeln, das möglicherweise mit kognitiver
Entwicklung zu tun hat (s. Abschnitt 2).

Interessanterweise zeigt nun eine qualitative Analyse der Daten zum Erwerb
des Deutschen, daß der Begriff »manner bias« zu grob ist. Kinder scheinen Zustandsveränderungsverben nicht wie reine »manner« Verben zu verstehen, d.h.
sie assoziieren sehr wohl eine Zustandsveränderung mit diesen Verben. Einige
Antwortbeispiele machen dies deutlich:

BEISPIELE INKORREKTER ANTWORTEN

STUDIE 1:
(4)   Hat das Mädchen den Mann geweckt?
        J 4;9:   Ja, aber der hat's gar nicht gehört.
(5)   Hat das Mädchen den Mann wachgemacht?
        N 4;5:   Ja, aber der tut nich aufwachen.
(6)   Hat das Mädchen ein Glas vollgemacht?
        L 5;4:   Ja, aber es sieht man jetzt nicht mehr.
(7)   Hat das Mädchen die Tür zugemacht?
        N 4;5:   Ja, aber er [= sie] hat's nicht geschafft.
STUDIE 2:
(8)   Hat das Mädchen eine Kerze ausgepustet?
        J 4;10: Ja.   Exp.: Aber ist die Kerze aus?   J: Nein, die brennt noch.

Diese Antworten sind in zweierlei Hinsicht interessant. Zum einen geben diese
Kinder zwar inkorrekte 'Ja'-Antworten, sie beschreiben jedoch auch, was am
Ende der Filme auf dem Bildschirm zu sehen ist. Diese Beschreibungen werden
oft durch *aber* eingeleitet, was darauf schließen läßt, daß das Ergebnis des Films
im Gegensatz zu ihren Erwartungen stand. Es läßt sich spekulieren, daß Kinder
nicht die Verknüpfung durch *aber* wählen würden, wenn sie mit den getesteten
Verben allein die Handlungsart eines Agens assoziierten.

Zweitens deutet die Verwendung von Ausdrücken wie »es nicht schaffen«
(Beispiel 7) darauf hin, daß die Schauspielerin in den Augen der Kinder ein bestimmtes Ergebnis intendiert hatte, dies aber nicht erreicht hat.[6]

Zusammengenommen heißt das: Auch wenn die Endzustandskomponente
keine zentrale Bedeutungskomponente darstellt, scheinen Kinder mit Zustandsveränderungsverben dennoch die Intention eines Agens zu verbinden, einen bestimmten Endzustand hervorzubringen. Weiterhin scheinen die Kinder anzunehmen, daß diese Intention realisiert werden kann, aber nicht muß.

Intentionalität ist nun nicht Teil der Bedeutung von Zustandsveränderungsverben wie *wecken* oder *füllen* (s. z.B. Haspelmath 1993). Interessanterweise gibt
es aber tatsächlich Verben, die die Intention eines Agens ausdrücken, einen bestimmten Endzustand zu erreichen. Nach Talmy (1991) beinhaltet die Bedeutung
des Verbs *wash* 'waschen' die Intention eines Agens, ein Objekt sauberzumachen
(s. dazu auch Pinker 1989:175). Weiterhin wird *wash* in einem Satz wie *I washed
the shirt* 'Ich wusch das Hemd' normalerweise so interpretiert, dass der Endzu-

---

6   Dies belegen auch korrekte Antworten   eine Nuß geknackt hat: »Die versuchte das,
    mancher Kinder. Zum Beispiel antwortete ein   aber die konnte das nicht.«
    Junge (5;2) auf die Frage, ob das Mädchen

stand »sauber« auch tatsächlich eintritt. Dem muß jedoch nicht immer so sein, denn mit *wash* – wie auch mit *waschen* im Deutschen – kann auch auf Situationen referiert werden, bei denen der Endzustand nicht erreicht wird:

(9)   Ich habe das Hemd gewaschen, aber es wurde nicht sauber.

Nach Talmy (1991) ist die Endzustandskomponente »sauber« an den lexikalischen Gehalt von *waschen* gebunden (ähnlich wie der Endzustand »tot« mit dem Verb *strangle* 'erwürgen' assoziiert ist). Sie ist jedoch kein fester Bestandteil der Bedeutung von *waschen,* denn sie ist durch einen *aber*-Satz streichbar (vgl. Beispiel (9)). Talmy (1991) nennt die Endzustandskomponente bei einem Verb wie *wash* deshalb eine »lexikalisierte Implikatur«.[7]

Im Gegensatz zu Verben wie *waschen* gibt es Verben, die nur die Handlungsart eines Agens spezifizieren (*streicheln, kitzeln* etc). Mit dem lexikalischen Gehalt dieser Verben wird kein Endzustand assoziiert:

(10)   Sie streichelte den Hund,   ??aber er wachte nicht auf.
                                        ??aber er hörte nicht auf zu winseln.

Es könnte nun sein, daß Kinder Zustandsveränderungsverben ähnlich interpretieren wie Verben des *waschen*-Typs. Das heißt, sie verbinden mit der Bedeutung von manchen Zustandsveränderungsverben die Intention eines Agens, einen Endzustand zu erreichen, zusammen mit der »Implikatur«, daß dieser Endzustand erreicht wird.[8]

Ein Hinweis darauf, daß Kinder nur bei bestimmten Verben die Endzustandskomponente als »lexikalisierte Implikatur« sehen, ist das generelle Fehlermuster: nur ein Kind von den insgesamt 30 Kindern, die in beiden Studien getestet wurden, gab konsistent inkorrekte Antworten in der Bedingung, bei der der Endzu-

---

7   Talmy (1991) führt aus, daß wir es dennoch nicht mit einer »konventionellen Implikatur« zu tun haben. Letztere ist zwar an den lexikalischen Gehalt von Wörtern gebunden (z.B. implikatiert *aber* einen Kontrast zwischen zwei Konjunkten), aber sie sind nicht streichbar. Vgl. mit Talmy's (1991) Analyse den Vorschlag Ehrichs (1997), Behandlungsverben wie *fegen* oder *putzen* (deren Bedeutung mit der von *waschen* vergleichbar ist) als ambig hinsichtlich ihrer Aktionsartenklassifikation einzustufen. D.h. diese Verben können sowohl atelisch (*Jonathan fegte eine Stunde lang*

die Terrasse), als auch telisch (*Jonathan fegte die Terrasse in einer Stunde*) verstanden werden.

8   Kinder sind sehr früh (d.h. im zweiten Lebensjahr) in der Lage, die Intentionen ihrer Gesprächspartner zu identifizieren (Tomasello, im Druck). Über das kindliche Verständnis von Implikaturen, die durch lexikalische Elemente ausgelöst werden, wie der Bedeutungsaspekt der »Intentionalität« bei *waschen,* ist noch nichts bekannt. Zum kindlichen Verständnis von figurativem Sprachgebrauch, wie z.B. von Metaphern, s. Gibbs (1994).

stand fehlte. Alle anderen Kinder, die Fehler gemacht haben, gaben auch eine oder mehr korrekte Antworten.

Wenn man sich also die Daten aus dieser Perspektive vor Augen führt, läßt sich die allgemeine Frage, wie Kinder die Bedeutung von Zustandsveränderungsverben lernen, durch eine speziellere ersetzen: Wie lernen Kinder, daß die Endzustandskomponente ein notwendiger Bedeutungsbestandteil ist, und nicht nur implikatiert?

4. Schlußbemerkung

Die für Zustandsveränderungsverben charakteristische Endzustandskomponente scheint für Kinder zunächst keine relevante Bedeutungskomponente zu sein. Dies ist sowohl durch Studien zum Erwerb des Englischen belegt (Gentner 1978, Gropen et al. 1991), als auch durch die beiden Studien, die ich zum Erwerb des Deutschen durchgeführt habe.

Während für den Erwerb des Englischen argumentiert wurde, daß Kinder Zustandsveränderungsverben so interpretieren, als ob sie die Handlungsart (»manner«) eines Agens beschreiben, lassen die Daten zum Erwerb des Deutschen einen anderen Schluß zu: Kinder assoziieren mit Zustandsveränderungsverben die Intention eines Agens, einen Endzustand hervorzubringen, zusammen mit der Implikatur, daß dieser Endzustand eintritt.

Die eingangs gestellte Frage, wie Kinder die Bedeutung von Zustandsveränderungsverben lernen, konnte ich mit diesem Beitrag nicht beantworten. Dafür bieten die hier diskutierten Daten eine präzisere Basis für weitere Untersuchungen: Warum sehen Kinder den Endzustand nur als implikatiert? Wie lernen sie, daß die Endzustandskomponente ein notwendiger Teil der Bedeutung von Zustandsveränderungsverben ist? Eine mögliche Antwort wurde schon getestet: Transparenz auf der linguistischen Oberfläche. Doch die Transparenz, wie sie in dieser Untersuchung verwendet wurde, ist den Ergebnissen nach für Kinder nicht der Schlüssel, um den Code zu knacken.

Literatur

Augst, G. (1984) (Hg.): *Kinderwort. Der aktive Kinderwortschatz (kurz vor der Einschulung).* – Frankfurt/ Main: Lang.

Behrend, D. (1990): The development of verb concepts: Children's use of novel verbs to label familiar and novel events. – In: *Child Development 61*, 681-696.

Behrend, D., Harris, L. & Cartwright, K. (1995): Morphological cues to verb meaning: Verb inflections and the initial mapping of verb meanings. – In: *Journal of Child Language 22*, 89-106.

Behrens, H. (1998): How difficult are complex verbs? Evidence from German, Dutch, and English. – In: *Linguistics* 36 (4). Sp*ecial Issue »Developing a Verb Category: Crosslinguistic Perspectives.«* 679-712.

Clark, E. (1993): *The lexicon in acquisition.* – Cambridge: Cambridge University Press.

Clark, E., Carpenter, K., Deutsch, W. (1995): Reference states and reversals: Undoing actions with verbs. – In: *Journal of Child Language 22*, 633-662.

Dowty, D. (1979): *Word meaning and Montague Grammar.* – Dordrecht: Reidel.

Ehrich, V. (1997): Wertsteigerung und Wertverlust – die Veränderung der Valenz. – In: C. Dürscheid, K.H. Ramers & M. Schwarz (Hgg.), *Sprache im Fokus. Festschrift für Heinz Vater zum 65.Geburtstag.* Tübingen: Niemeyer. 259-276.

Gentner, D. (1978): On relational meaning: The acquisition of verb meaning. – In: *Child Development 49*, 988-98.

Gibbs, R. (1994): The poetics of mind. Figurative, thought, language, and understanding. – Cambridge: CUP.

Gropen, J., Pinker, S., Hollander, M. & Goldberg, R. (1991): Syntax and semantics in the acquisition of locative verbs. – In: *Journal of Child Language 18*, 115-151.

Haspelmath, M. (1993): More on the typology of inchoative/ causative verb alternations. – In: B. Comrie, M. Polinsky (Hgg.): *Causatives and Transitivity.* Amsterdam: Benjamins. 87-120.

Klein W. (1997): An Analysis of the German Perfekt. Ms. Max-Planck-Institut für Psycholinguistik, Nijmegen.

Lüdeling, A. (1998): Strange resultatives in German: New evidence for a semantic treatment. – In: M. Moosally & R. Blight (Hgg.), *»The syntax and semantics of predication«, Proceedings of the 1997 Texas Linguistics Society Conference.* Austin, TX. 223-233.

Pinker, S. (1989): *Learnability and cognition: The acquisition of argument structure.* – Cambridge, MA: MIT-Press.

Stiebels, B. & Wunderlich, D. (1992): A lexical account of complex verbs. Arbeiten des Sonderforschungsbereichs 282 (Theorie des Lexikons) 30.

Stoll, S. (1997): The Role of Aktionsart for the Acquisition of Russian Aspect. – Erscheint in: *First Language.*

Talmy, L. (1991): Path to realization – via aspect and result. – In: L. Sutton, C. Johnson (Hgg.), *Proceedings of the 17th Annual Meeting of the Berkeley Linguistics Society, February 15-18 1991.* 480-519.

Tomasello, M. (im Druck): Perceiving Intentions and Learning Words in the Second Year of Life. – Erscheint in: M. Bowerman & S. Levinson (Hgg.): *Language acquisition and conceptual development.* Cambridge: Cambridge University Press.

Anhang

Testverben

STUDIE 1:   STUDIE 2:

	Präposition + *machen*:	Simplexverb:	Präposition + Vollverb:
1.	eine Tür zumachen	schließen	zudrücken
2.	eine Nuß aufmachen	knacken	aufknacken
3.	einen Apfel abmachen	pflücken	abpflücken
4.	eine Kerze ausmachen	löschen	auspusten

	Adjektiv + *machen*:	Simplexverb:	Adjectiv + Vollverb:
5.	ein Glas vollmachen	füllen	vollschütten
6.	ein Tier totmachen	töten	totschießen
7.	einen Mann wachmachen	wecken	wachklingeln
8.	einen Teller kaputtmachen	zerdeppern; Version 2: zerschlagen	kaputtschlagen

Glossar

Das folgende Glossar soll dem Interessierten den Einstieg in Grundbegriffe des Lexikonerwerbs erleichtern. Selbstverständlich mußte eine Auswahl von zu erläuternden Begriffen getroffen werden. Manche der Begriffe im Glossar werden in dem einleitenden Beitrag »Das Lexikon im Spracherwerb – ein Überblick« im Zusammenhang erläutert. Dort finden sich auch Verweise auf die einschlägige Literatur bzw. die vollständigen bibliographischen Angaben zu der im Glossar genannten Literatur. Für weitere Begriffserläuterungen verweisen wir auf terminologische Nachschlagewerke, insbesondere auf die folgenden: Bußmann, Hadumod (1992²): *Lexikon der Sprachwissenschaft.*- Stuttgart: Kröner, sowie Bussmann, Hadumod (1996): *Routledge Dictionary of Language and Linguistics.* Translated and edited by Gregory P. Trauth and Kerstin Kazzazi. – London/New York: Routledge.

Baby Talk (Ammensprache, Motherese/Mutterisch)
Damit wird das Phänomen bezeichnet, daß Eltern oder andere Erwachsene ihre an kleine Kinder gerichtete Äußerungen in spezifischer Weise modifizieren. Baby Talk ist langsamer, kürzer, hochtoniger, mit ausgeprägterer Intonation, flüssiger, syntaktisch einfacher und grammatisch korrekter als vergleichbare Erwachsenensprache. Vermutlich dient *Baby Talk* dazu, den Kindern den Spracherwerb zu erleichtern.

Bootstrapping (Steigbügelverfahren)
Bootstraps sind Schlaufen an Cowboystiefeln, die dem Träger den Einstieg erleichtern sollen. Diese Metapher wird in der Spracherwerbsforschung dazu verwendet, das Problem der Form-Bedeutungs-Zuordnung zu verdeutlichen. So ist einerseits argumentiert worden, daß der Einstieg in das formale Sprachsystem durch die Korrelation zu semantischen Kategorien erfolgt (zum Beispiel identifiziert das Kind Handelnde als AGENS, und dem

AGENS wird die strukturelle Subjekt-Position zugewiesen). Dieser These des *semantischen bootstrapping* steht die These des *syntaktischen bootstrapping* gegenüber, die umgekehrt davon ausgeht, daß der Erwerb syntaktischer Kenntnisse (zum Beispiel bezüglich der Argumentstruktur des Verbs) den Einstieg in die Semantik erleichtert.

Einfachheit, Prinzip der Einfachheit
Das Prinzip der Einfachheit ist eines der Erwerbsprinzipien nach Clark (1993). Es besagt, daß Sprecher es leichter finden, ein Wort zu bilden oder zu interpretieren, wenn es morphologisch einfach ist, d.h. je weniger seine Wurzel verändert ist. In bezug auf den Lexikonerwerb sagt dieses Prinzip unter anderem voraus, daß einfache Wörter (wie *Hund*) vor komplexen Wörtern (wie *Hundehütte*) erworben werden. Vgl. → Kontrast/Prinzip des Kontrasts, → Konventionalität/Prinzip der Konventionalität, → Transparenz/Prinzip der Transparenz, → Produktivität/Prinzip der Produktivität.

Elizitierte Daten
Elizitierte Daten sind Sprachproduktionsdaten, die im Gegensatz zu → Spontansprachdaten den Versuchspersonen in einer empirischen Untersuchung entlockt werden (vgl. engl. *to elicit* 'entlocken, hervorlocken'). In Elizitationsverfahren werden für die jeweilige Fragestellung spezifische Stimuli verwendet. Vgl. auch → Experimentelle Daten.

Experimentelle Daten
Experimentelle Daten werden aus Experimenten/Tests mit Versuchspersonen gewonnen. Dabei sind Produktionstests (die sich auf die Sprachproduktion beziehen) von Verständnistests (die sich auf die Sprachrezeption beziehen) zu unterscheiden. Vgl. auch → Elizitierte Daten.

Fast Mapping
Fast Mapping bedeutet »schnelles Abbilden« und bezeichnet die unmittelbare Übernahme von gerade gehörten, zuvor unbekannten Wörtern in das → Mentale Lexikon.

Fokuspartikel (Gradpartikel)
Unter Fokuspartikeln versteht man eine Klasse von Partikeln wie dt. *auch, nur, sogar*, die eine akzentuierte Bezugskonstituente haben, zum Beispiel *[Nur Péter] ist hier geblieben*.

Funktionswörter
Funktionswörter sind solche sprachliche Elemente, die primär grammatische (anstelle von lexikalischer) Bedeutung tragen, wie zum Beispiel Artikel, Pronomen, Konjunktion. Vgl. auch → Inhaltswörter.

Inhaltswörter
Inhaltswörter sind solche sprachliche Elemente, die eine selbständige lexikalische Bedeutung haben, wie zum Beispiel Substantive, Verben, Adjektive. Vgl. auch → Funktionswörter.

Inputfrequenz

Die Inputfrequenz bezeichnet die Häufigkeit des Auftretens bestimmter sprachlicher Formen in der an andere Gesprächsteilnehmer gerichteten Sprache.

Konnektionismus

Unter Konnektionismus versteht man einen theoretischen Ansatz, der Informationsverarbeitung als Ensemble lokaler und paralleler Prozesse (statt globaler und sequentieller Prozesse) beschreibt.

Komposition des Lexikons

Unter der Komposition des Lexikons ist die Zusammensetzung des Wortschatzes (zu einem bestimmten Meßzeitpunkt) nach Wortarten und deren Häufigkeiten zu verstehen.

Kontrast, Prinzip des Konstrasts

Das Prinzip des Kontrasts ist eines der Erwerbsprinzipien nach Clark (1993). Es besagt, daß Sprecher annehmen, daß Unterschiede hinsichtlich der Wortform auch Unterschiede in der Wortbedeutung signalisieren. Zum Beispiel gehen Kinder davon aus, daß die Wörter *Opa* und *Großvater* etwas Verschiedenes bedeuten, wenn ihnen gegenüber bisher immer das Wort *Opa* verwendet worden ist, und sie dann erst das Wort *Großvater* hören. Vgl. → Einfachheit /Prinzip der Einfachheit, → Konventionalität/Prinzip der Konventionalität, → Transparenz/ Prinzip der Transparenz, → Produktivität/Prinzip der Produktivität.

Konventionalität, Prinzip der Konventionalität

Das Prinzip der Konventionalität ist eines der Erwerbsprinzipien nach Clark (1993). Es besagt, daß für jede Bedeutung eine Form existiert, von der Sprecher in einer Sprachgemeinschaft erwarten, daß sie gebraucht wird. Zum Beispiel sollte man nicht das Wort *Polizeimann* verwenden, wenn es dasselbe wie das konventionelle Wort *Polizist* bedeutet. Kinder orientieren sich beim Lexikonerwerb an konventionellen Wörtern; (unkonventionelle) Neubildungen füllen in der Regel lexikalische Lücken. Vgl. → Einfachheit /Prinzip der Einfachheit, → Kontrast/Prinzip des Kontrasts, → Transparenz/ Prinzip der Transparenz, → Produktivität/Prinzip der Produktivität.

Kunstwörter

Kunstwörter sind zum Zwecke experimenteller Untersuchungen erfundene Wörter.

Längsschnittstudie (Langzeitstudie)

In einer Längsschnittstudie (engl. longitudinal study) werden ein oder mehrere Versuchspersonen über einen längeren Zeitraum hinweg (kontinuierlich oder in regelmäßigen Abständen) beobachtet. Auf diese Weise besteht die Möglichkeit, Einsicht in die Entwicklung eines bestimmten Phänomens zu bekommen. → Tagebuchstudien sind eine Art von Längsschnittstudie. Der Gegenbegriff zu Längsschnittstudie ist → Querschnittstudie.

Lexikon, Mentales Lexikon

Lexikon kann bedeuten: Lexikon$_1$ = Wörterbuch, das den Wortschatz einer Sprache enthält; Lexikon$_2$ = Komponente eines Sprachmodells, Teil eines grammatischen Systems; Lexikon$_3$ = »mentales« Lexikon, im menschlichen Gehirn befindlicher Wortschatzspeicher. Inwiefern es ein Entsprechungsverhältnis zwischen dem Lexikon$_2$ als Versuch einer grammatiktheoretischen Modellierung und dem Lexikon$_3$ als Versuch einer psycholinguistischen Modellierung gibt, ist ungeklärt. Dies zeigt sich insbesondere an der Frage, wie psychisch real die auf das Lexikon$_2$ bezogenen → Lexikoneinträge sind. Vgl. auch → Fast Mapping.

Lexikoneintrag (lexical entry)

Unter einem Lexikoneintrag versteht man die Information zu einer lexikalischen Einheit, zum Beispiel über ihre phonologischen, morphologischen, syntaktischen, semantischen und pragmatischen Eigenschaften. Welche Informationen im einzelnen angenommen werden, und welche Einheiten eigene Lexikoneinträge haben (monomorphematische Wörter, Komposita, Derivate, Idiome, Wurzeln, Affixe, Flexive, Fugenelemente, etc.), ist theorieabhängig. Vgl. → Lexikon, Mentales Lexikon.

MLU (Mean Length of Utterance)

Der MLU-Wert bezeichnet die durchschnittliche Äußerungslänge, bei der (im Englischen) die Morpheme oder (im Deutschen) die Wörter eines Sat-

zes gezählt und in Relation zur Anzahl der Äußerungen einer Stichprobe gebracht werden. Hat man zum Beispiel in einer Stichprobe die beiden Äußerungen *car* und *cars*, ergibt sich als MLU-Wert 1.5 (= 3 Morpheme geteilt durch 2 Äußerungen). Mithilfe des MLU-Wertes können einerseits bestimmte Erwerbsstadien quantitativ definiert werden, andererseits können MLU-Werte dazu dienen, Entwicklungsstadien bei unterschiedlicher individueller Entwicklung aufeinander zu beziehen.

Naming Insight

Naming Insight bezeichnet die kindliche Erkenntnis, daß Wörter Dinge benennen und damit eine Symbolfunktion haben.

Noun Bias

Noun Bias ('Vorliebe für Nomina') bezieht sich auf die Beobachtung, daß im frühen Spracherwerb bei vielen Kindern Nomina dominieren.

Nullhypothese

Die Nullhypothese nimmt an, daß sich zwei Stichproben nicht oder nur zufällig unterscheiden. Mit Hilfe statistischer Prüfverfahren soll dann die Wahrscheinlichkeit berechnet werden, daß ein für die Nullhypothese sprechendes Ergebnis erzielt wird. Vgl. auch → Signifikanzniveau.

Penultima

Unter Penultima versteht man die vorletzte Silbe eines Wortes. Die Präpenultima ist entsprechend die vorvorletzte Silbe eines Wortes.

Possessor/Possessum

Possessor und Possessum sind Termini, die sich auf ein Besitzverhältnis beziehen. Der Possessor ist derjenige, der etwas besitzt; das Possessum ist dasjenige, das (durch den Possessor) besessen wird. Possessor und Possessum können durch verschiedene grammatische Mittel ausgedrückt werden.

Produktivität, Prinzip der Produktivität

Das Prinzip der Produktivität ist eines der Erwerbsprinzipien nach Clark (1993). Es besagt, daß sich Sprecher bei der Bildung neuer Wörter auf das produktivste Wortbildungsmittel mit der entsprechenden Bedeutung stützen. Kinder sollten sich beim Wortbildungserwerb bezüglich der Analyse von Wörtern in ihrem Input an den produktivsten Wortbildungsmitteln orientieren und entsprechend in ihren Neubildungen die produktivsten Wortbildungsmittel verwenden. Vgl. → Einfachheit/Prinzip der Einfachheit, → Kontrast/Prinzip des Kontrasts, → Konventionalität/Prinzip der Konventionalität, → Transparenz/Prinzip der Transparenz.

Querschnittstudie

In einer Querschnittstudie werden mehrere Kinder zu einem bestimmten Meßzeitpunkt untersucht. Es gibt zum Beispiel Querschnittstudien, bei denen Daten von 124 Versuchspersonen zwischen 2 und 5 Jahren mit jeweils 1 Stunde Konversation pro Kind erhoben wurden. Die Vorteile von Querschnittstudien und → Längsschnittstudien können kombiniert werden.

Quantor

Quantoren sind sprachliche Ausdrücke, die der Spezifizierung bzw. Quantifizierung von Mengen dienen. Im Deutschen sind dies unter anderem unbestimmte Adjektive/Pronomina wie *alle, manche, einige,* Numeralia wie *ein(e), zwei, drei,* und der definite Artikel.

Relationale Wörter

Relationale Wörter bezeichnen Beziehungen zwischen Handlungen oder Objekten, zum Beispiel *da/weg, oben/unten, (d)ran/ab, auf/zu, wieder.* Es gibt sie in verschiedenen Wortarten; im frühen Wortschatz haben relationale Wörter einen großen Anteil.

Schema

Unter einem Schema versteht man ein verallgemeinertes Wissen, das aus einer Menge von Elementen (die bestimmte Eigenschaften miteinander teilen) abstrahiert wird. Nicht alle Elemente müssen aber auch alle Wissensbestandteile aufweisen. Schemata haben eine dynamische Struktur, sie können sich zum Beispiel verändern oder stärker/schwächer werden.

Signifikanzniveau

Die vor einer statistischen Berechnung festgelegte Grenze der Irrtumswahrscheinlichkeit α (zum Beispiel 5%)

wird als Signifikanzniveau bezeichnet. Ist die durch ein statistisches Prüfverfahren errechnete Wahrscheinlichkeit, daß das erzielte Ergebnis bei zutreffender → Nullhypothese eintritt, kleiner als das Signifikanzniveau, wird die Nullhypothese verworfen und das Ergebnis gilt als signifikant (d.h. die Wahrscheinlichkeit, daß die Stichproben sich zufällig unterscheiden, liegt unter 5%). Ist die errechnete Wahrscheinlichkeit größer, gilt das Ergebnis als nicht signifikant.

Sozial-expressive Wörter (Personal-Social Words)

Klasse von Wörtern unterschiedlicher Wortart, die der Herstellung sozialen Kontakts, der Steuerung der Interaktion, und dem Ausdruck von Gefühlen und Einstellungen dienen, wie zum Beispiel *nein, doch, bitte, hallo, hm, guck, aua*. Diese Wörter machen im frühen Wortschatz einen großen Anteil aus.

Spontansprachdaten

Spontansprachdaten sind Daten, die aus freien Gesprächen oder gelenkten Interviews, also aus Aufnahmen spontaner Sprache, stammen. Vgl. → Elizitierte Daten.

Tagebuchstudie (Diary Study)

Regelmäßige Aufzeichnungen von Eltern oder Psychologen über den Spracherwerb von (eigenen) Kindern während eines längeren Zeitraums. Tagebuchstudien sind typischerweise → Langzeitstudien (im Gegensatz zu →Querschnittstudien). Einer Reihe von Vorteilen (Reichtum und Detailliertheit der Daten, Erfassung individueller Unterschiede, Erfassung rascher Veränderungen, Erfassung des spontanen Sprachgebrauchs, Geeignetheit auch für kleine Kinder, Erleichterung der Deutung des Geäußerten durch die Vertrautheit mit dem Kind) stehen auch – vor allem im Vergleich mit Experimenten – Nachteile gegenüber (Unübersichtlichkeit und mangelnde Repräsentativität der Daten, Ausschluß zeitgleicher Experimente wegen Verfälschung der Natürlichkeit der Daten, Schlußfolgerungen bezüglich spezieller Fragestellungen sind kaum möglich). Eine der berühmtesten Tagebuchstudien ist Stern/Stern ([1907], 1928[4]).

Tilgung (Deletion)

Tilgung ist eine Bezeichnung für den Ausfall eines Segments (innerhalb eines Worts), zum Beispiel in der Sprachgeschichte, bei der Sprachproduktion, bei Spracherwerb oder Sprachverlust.

Tokenfrequenz

Die Tokenfrequenz ist die Auftretenshäufigkeit eines Wortzeichens ('token') innerhalb eines bestimmten Textes. Wird zum Beispiel das Wort *Sonne* dreimal in einem Text genannt, das Wort *Stern* zweimal, so hat *Sonne* eine Tokenfrequenz von 3, und *Stern* eine Tokenfrequenz von 2. Vgl. → Typefrequenz.

Transparenz, Prinzip der Transparenz

Das Prinzip der Transparenz ist eines der Erwerbsprinzipien nach Clark

(1993) Es besagt, daß Sprecher bei der Interpretation und Bildung neuer Wörter auf die Transparenz der Wörter achten; dabei gilt ein Wort als transparent, wenn es aus bekannten Wurzeln und Affixen besteht. Zum Beispiel ist *Tier+arzt* transparent, *Veterinär* dagegen nicht. Das Wort *Gardine* ist für einen Zweijährigen nicht transparent; es bildet stattdessen *Schienen+decke*. Vgl. → Einfachheit/Prinzip der Einfachheit, → Kontrast/Prinzip des Kontrasts, → Konventionalität/Prinzip der Konventionalität, → Produktivität/Prinzip der Produktivität.

Typefrequenz

Die Typefrequenz errechnet sich aus der Auftretenshäufigkeit eines (einem Token zugrundeliegenden) Konzepts ('type'). Kommen zum Beispiel in einem Text die drei Token *gehe, gehst, ging* vor, so ist die Typefrequenz 1 (bezogen auf den Lexikoneintrag zum Verb *gehen*). Vgl. → Tokenfrequenz.

Überdehnung (Overextension)

Ein Kind überdehnt die Bedeutung eines Worts, wenn es das Wort auf Referenzobjekte bezieht, die für einen Erwachsenen nicht in den Referenzbereich des Worts fallen, zum Beispiel wird das Wort *Auto* auch auf Straßenbahnen und Fahrräder bezogen. Der Gegenbegriff ist → Unterdehnung. Eine Überdehnung ist eine Art der → Übergeneralisierung.

Übergeneralisierung

Eine Übergeneralisierung ist eine (be-zogen auf die Zielsprache) unzulässige Verallgemeinerung, die ein Kind im Spracherwerb vornimmt. Zum Beispiel wird eine Regel auf eine Form übertragen, die zielsprachlich nicht nach dieser Regel gebildet wird, wie in der Übertragung der regelmäßigen Partizipflexion (*sagen – ich habe gesagt*) auf ein unregelmäßiges Verb (*schlafen – ich habe *geschlaft*) oder die Übertragung der regelmäßigen Pluralendung (*Auto – Autos*) auf einen unregelmäßigen Stamm (*Ente – *Entes*). Eine semantische Übergeneralisierung liegt bei der → Überdehnung vor.

Unterdehnung (Underextension)

Ein Kind unterdehnt die Bedeutung eines Wortes, wenn es das Wort nur auf eine Teilklasse der Referenzobjekte bezieht, auf die es ein Erwachsener beziehen würde. Zum Beispiel bezeichnet das Kind nur schwarze Katzen als *Katze*. Der Gegenbegriff zur Unterdehnung ist → Überdehnung.

Variablen

Variablen sind Faktoren, die in einem Experiment untersucht werden, indem sie systematisch variiert werden. Unter der unabhängigen Variable (UV) versteht man den Faktor, der aktiv verändert wird. Unter der abhängigen Variable (AV) versteht man den Faktor, bei dem ein Effekt aufgrund der UV beobachtet wird. Zum Beispiel soll ein Experiment zeigen, ob Wörter, die mit einer bestimmten Betonung vorgetragen werden, leichter im Kurzzeitgedächtnis gespeichert werden können als dieselben, aber monoton vorgetragenen Wörter. Dic UV ist die Darbietung der Wörter, die bezüglich Betonung vs. Nicht-Betonung variiert wird. Die AV ist die erfolgreiche Speicherung von Wörtern im Kurzzeitgedächtnis, gemessen in der Anzahl der von den Versuchspersonen aus dem Gedächtnis wiedergegebenen Wörter.

Variation

Vergleicht man mehrere Personen (zum Beispiel Kinder im gleichen Alter) in ihrem sprachlichen Verhalten miteinander, wird man auf unterschiedliche Realisierungen ('Varianten') eines sprachlichen Phänomens stoßen: es handelt sich um interindividuelle Variation. Auch wenn man nur eine Person untersucht, kann man (von Situation zu Situation, oder zu verschiedenen Meßzeitpunkten) auf Varianten stoßen: es handelt sich um intraindividuelle Variation.

Wachstumsmuster

Ein Wachstumsmuster ist ein Muster der Entwicklung des Wortschatzes, zum Beispiel schnelles oder sprunghaftes Anwachsen (→ Wortschatzspurt), mehrere kleine Sprünge, graduelles und lineares Wachstum, exponentielles Wachstum, oder auch Kombinationen davon.

Wortschatzspurt (Vocabulary Spurt)

Unter dem Wortschatzspurt versteht man eine Erwerbsphase ab Mitte des 2. Lebensjahres, in welcher der Wortschatz sehr schnell erweitert wird.

Zustandsveränderungsverb

Zustandsveränderungsverben sind Verben wie dt. *füllen, vollmachen,* zu deren Bedeutung es gehört, daß sie auf einen veränderten Zustand (zum Beispiel ist ein Behälter erst leer, dann voll) Bezug nehmen.

Sachregister

UTB Linguistik

Wilhelm von Humboldt
Über die Sprache
Reden vor der Akademie
Mit einem Nachwort herausgegeben
und kommentiert von Jürgen Trabant

UTB 1783, 1994, 277 Seiten,
DM 32,80/ÖS 239,–/SFr 30,50
UTB-ISBN 3-8252-1783-3

Die in dem vorliegenden Band erstmals
zusammengestellten Texte sind entstanden aus Vorträgen, die Wilhelm
von Humboldt (1767-1835), der be-
rühmte preußische Staatsmann und
Gründer der Berliner Universität, nach
dem Ausscheiden aus der aktiven Poli-
tik ab 1820 vor der Preußischen Akademie der Wissenschaften gehalten hat. In
diesen letzten fünfzehn Jahren seines
Lebens fand Humboldt Muße, seine
sprachphilosophische und sprachwis-
senschaftliche Konzeption weiter aus-
zuarbeiten und seine Sprachstudien
auszudehnen. Die Akademie-Vorlesun-
gen, die den größten Teil dessen darstellen, was Humboldt zu Lebzeiten
"Über die Sprache" veröffentlicht hat,
dokumentieren in chronologischer Folge die Entwicklung dieser Forschungen
und spiegeln das ganze Spektrum seiner
Sprachkonzeption.

Gert Rickheit / Hans Strohner
Grundlagen
der kognitiven
Sprachverarbeitung
Modelle, Methoden, Ergebnisse

UTB 1735, 1993, XVI, 325 Seiten,
DM 32,80/ÖS 239,–/SFr 30,50
UTB-ISBN 3-8252-1735-3

Willis Edmondson /
Juliane House
Einführung in die
Sprachlehrforschung

UTB 1697, 1993, XVI, 336 Seiten,
DM 34,80/ÖS 254,–/SFr 32,50
UTB-ISBN 3-8252-1697-7

Die Sprachlehrforschung untersucht das
Lernen und Lehren von Fremdsprachen
im Unterricht. Die verschiedenen Faktoren und Perspektiven, die bei der wissenschaftlichen Erforschung des Fremd-
sprachenunterrichts zu berücksichtigen
sind, werden exemplarisch dargestellt
und miteinander in Verbindung gebracht.

"Ich halte die *Einführung in die Sprachlehrforschung* für eine umfassende und
aktuelle Darstellung des Fachgebiets,
die Studierenden und den an theoretischen Hintergründen interessierten
PraktikerInnen einen guten Einstieg als
Basis für weitere spezialisierte Lektüre
bieten kann."
Jahrbuch Deutsch als Fremdsprache

"Dieser Band wird in herausragender
Weise dem Anspruch einer *Einführung*
gerecht."
Fremdsprachen Lehren und Lernen (FluL)

"Diese systematische Einführung zeich-
net sich durch ihre hervorrragende
Lesbarkeit aus."
Info DaF

Preisänderungen vorbehalten

Francke

UTB Linguistik

Eugenio Coseriu

Einführung in die Allgemeine Sprachwissenschaft

Aus dem Spanischen übersetzt von Monika Hübner, Silvia Parra Belmonte und Uwe Petersen

UTB 1372, 2. Aufl. 1992, 332 Seiten, DM 32,80/ÖS 239,–/SFr 30,50
UTB-ISBN 3-8252-1372-2

Die vorliegende Einführung in die Allgemeine Sprachwissenschaft stellt die wichtigsten sprachwissenschaftlichen Schulen unseres Jahrhunderts vergleichend vor, wobei ideengeschichtliche, sprachtheoretische und beschreibungstechnische Gesichtspunkte als Maßstab dienen. Am Schluß gelangt der Verfasser zu einer vorsichtigen Beurteilung der Leistung und Grenzen der verschiedenen Ansätze.

Eugenio Coseriu

Textlinguistik

Eine Einführung

Bearbeitet und herausgegeben von Jörn Albrecht

UTB 1808, 3., überarb. u. erw. Aufl. 1994, XVI, 252 Seiten, DM 32,80/ÖS 239,–/SFr 30,50
UTB-ISBN 3-8252-1808-2

In dieser Einführung wird ein eigenes, kohärentes Modell der Textlinguistik vorgestellt. Im Zentrum steht dabei die Etablierung einer "Linguistik des Sinns", d.h. einer linguistisch fundierten, nicht einzelsprachlich gebundenen Methode der Textinterpretation.

Georg von der Gabelentz

Die Sprachwissenschaft

Ihre Aufgaben, Methoden und bisherigen Ergebnisse

UTB 2036 Mittlere Reihe, 1999, 590 Seiten, DM 58,–/ÖS 423,–/SFr 52,50
UTB-ISBN 3-8252-2036-2

Georg von der Gabelentz (1840-1893) ist eigentlich der wichtigste Vorläufer der modernen Sprachwissenschaft. De Saussure gilt als Urheber der grundlegenden Unterscheidungen zwischen "langue" und "parole", zwischen "signifikant" und "signifié" sowie zwischen "Synchronie" und "Diachronie", diese Begriffe, von de Saussure neu und kohärent formuliert, gehen jedoch auf Georg von der Gabelentz zurück.

Hans-Rüdiger Fluck

Fachsprachen

Einführung und Bibliographie

UTB 483, 5., überarb. u. erw. Aufl. 1996, 360 Seiten, DM 34,80/ÖS 254,–/SFr 32,50
UTB-ISBN 3-8252-0483-9

Das Buch führt von einem soziolinguistischen Ansatz her in Theorie und Praxis der Fachsprachen ein und stellt den aktuellen Forschungsstand dar. Funktionen, linguistische Merkmale und gesellschaftliche Relevanz spezialsprachlicher Kommunikationsformen werden an zahlreichen Beispielen erläutert.

Preisänderungen vorbehalten

 UTB FÜR WISSENSCHAFT

Francke

UTB Linguistik

Rudi Keller
Zeichentheorie
Zu einer Theorie semiotischen
Wissens

UTB 1849,1995, 270 Seiten,
DM 29,80/ÖS 218,–/SFr 27,50
UTB-ISBN 3-8252-1849-X

Kommunizieren ist ein rationales Rate-spiel. Menschen sind in der Lage, wahr-nehmbare Ereignisse zu interpretieren und die Interpretationsfähigkeit ihrer Mitmenschen zum Zwecke des Kommu-nizierens auszubeuten. Sie verfügen über semiotische Kompetenz. Konventionelle sprachliche Zeichen sind nicht Voraus-setzung erfolgreicher kommunikativer Bemühungen, sondern deren ungeplante Konsequenz. Die hier vorgelegte Theorie will zeigen, wie durch die kommunikative Nutzung semiotischen Wissens sprach-liche Zeichen entstehen, wie sie funktio-nieren und wie sie sich verändern.

"Das Buch ist inhaltsreich, anregend ge-schrieben, und es enthält eine Fülle von Beispielen." *Linguistische Berichte*

Jürgen Trabant
Elemente der Semiotik

UTB 1908,1996, 180 Seiten,
DM 24,80/ÖS 181,–/SFr 23,–
UTB-ISBN 3-8252-1908-9

Dieser Band stellt zunächst die philoso-phischen, linguistischen und kommu-nikationswissenschaftlichen Theorian-sätze der Semiotik in leicht faßlicher Form dar. Danach wird ein Vorschlag für eine handlungstheoretische Auffas-sung des Zeichens unterbreitet.

Rudi Keller
Sprachwandel
Von der unsichtbaren Hand
in der Sprache

UTB 1567, 2., überarb. u. erw. Aufl. 1994,
238 Seiten, DM 26,80/ÖS 196,–/SFr 25,–
UTB-ISBN 3-8252-1567-9

Eine natürliche Sprache ist eine spontane Ordnung, d.h. sie ist weder Naturphä-nomen noch Artefakt, sondern ein Phä-nomen der dritten Art. Ihr gegenwär-tiger Zustand ist – von wenigen Aus-nahmen abgesehen – unbeabsichtigter, unreflektierter Nebeneffekt von Wahl-handlungen der einzelnen Sprecher im Zuge ihrer kommunikativen Bemü-hungen. Sprachwandel ist damit ein prototypisches Beispiel soziokultureller Evolution. Die Rekonstruktion des Wan-dels ist ein zentraler Baustein einer erklä-renden Theorie eines Sprachzustandes. Der ihr adäquate Modus ist die Erklä-rung mittels unsichtbarer Hand.

Pressestimmen:
"Zusammenfassend läßt sich sagen, daß die Lektüre des Buches überaus emp-fehlenswert, anregend und spannend ist. Die vielen überraschenden Beispiele aus völlig anderen Bereichen, die Präzision der Argumentation und der Begriffsdefi-finitionen, all dies fasziniert und über-zeugt." *Indogermanische Forschungen*

"Die Lektüre ist ein intellektuelles Ver-gnügen."
Zeitschrift für Dialektologie und Linguistik

Preisänderungen vorbehalten

Francke

UTB Linguistik

Matthias Hartig
Erfolgsorientierte Kommunikation

Wege zur kommunikativen Kompetenz

UTB 1965, 1997, 223 Seiten,
DM 26,80/ÖS 196,–/SFr 25,–
UTB-ISBN 3-8252-1965-8

Das Buch befaßt sich mit dem kommunikativen Handeln in Wirtschaft und Gesellschaft, wobei vor allem die Schlüsselqualifikation der kommunikativen Kompetenz im Vordergrund steht. Der Autor geht dabei von der Verbindung von Sprache, Persönlichkeit und sozialer Handlung aus und stellt die Fähigkeit der sensiblen Wahrnehmung vor allem verbaler und nonverbaler Mitteilungen in den Vordergrund.

Robert Schmitt-Brandt
Einführung in die Indogermanistik

UTB 1506, 1998, XX, 322 Seiten,
DM 36,80/ÖS 269,–/SFr 34,–
UTB-ISBN 3-8252-1506-7

Dieses Buch wendet sich an Indogermanisten und an Philologen, die sich mit einer oder mehreren indogermanischen Sprachen und ihren Literaturen beschäftigen. Ihnen allen können Grundkenntnisse der Vergleichenden indogermanischen Sprachwissenschaft helfen, historische Zusammenhänge zwischen einzelsprachlichen Phänomenen zu erkennen und Brücken zwischen ihren Studiengebieten zu schlagen. Der Band ist in erster Linie für Studierende gedacht.

Wilfried Kürschner
Grammatisches Kompendium

Systematisches Verzeichnis grammatischer Grundbegriffe

UTB 1526, 3., vermehrte u. bearb. Aufl. 1997,
334 Seiten, DM 29,80/ÖS 218,–/SFr 27,50
UTB-ISBN 3-8252-1526-1

In sachlich-systematischer Reihenfolge listet dieses Verzeichnis grammatische Grundbegriffe auf. Die Begriffe und ihre Definitionen werden mit Beispielen vornehmlich aus dem Deutschen ausführlich erläutert. Das *Kompendium* konzentriert sich auf zentrale Bereiche der grammatischen Beschreibung: Elementaren Begriffen aus der Semiotik (Zeichenlehre) und der Semantik (Bedeutungslehre) folgen Terminologiefelder zur Graphemik (Schreiblehre), Phonologie (Lautlehre), Morphologie (Wortformenlehre), zur Wortartenlehre und zur Syntax (Satzlehre). Die vorliegende Neuauflage ist um ein Kapitel zur Orthographie ergänzt worden.

"Kürschners sorgfältig gestaltetes Kompendium kann als Einstiegslektüre oder als Repetitorium benutzt werden. Es ist allen Philologiestudenten, insbesondere aber Germanisten zu empfehlen."
Beiträge zur Geschichte der deutschen Sprache und Literatur

Preisänderungen vorbehalten

Francke